U0941019

兰州统计年鉴

LANZHOU TONGJI NIANJIAN

2013

兰州市统计局
国家统计局兰州调查队 编

中国统计出版社
China Statistics Press

图书在版编目（CIP）数据

兰州统计年鉴. 2013 / 兰州市统计局, 国家统计局兰州调查队编. -- 北京 : 中国统计出版社, 2013.10
ISBN 978-7-5037-6975-7

Ⅰ. ①兰… Ⅱ. ①兰… ②国… Ⅲ. ①统计资料－兰州市－2013－年鉴 Ⅳ. ①C832.741-54

中国版本图书馆 CIP 数据核字(2013)第 226941 号

兰州统计年鉴-2013

作　　者/兰州市统计局　国家统计局兰州调查队
责任编辑/ 李玉秀
装帧设计/ 王继学
出版发行/ 中国统计出版社
地　　址/ 北京市丰台区西三环南路甲 6 号　邮政编码/100073
电　　话/ 邮购（010）63376909　书店（010）68783171
网　　址/ http://csp.stats.gov.cn
印　　刷/ 甘肃兴方正彩色数码快印有限公司
经　　销/ 新华书店
开　　本/ 890mm×1240mm　1/16
字　　数/ 900 千字
印　　张/ 23.75 印张　彩插 4
版　　别/ 2013 年 10 月第 1 版
版　　次/ 2013 年 10 月第 1 次印刷
定　　价/ 280 元

兰州新区

国家重要的产业基地　　西北地区重要的经济增长极

向西开放的重要战略平台　　承接产业转移示范区

兰州新区基本概况

兰州新区地处兰州、西宁、银川三个省会城市共生带的中间位置，距兰州市区38.5公里，规划面积806平方公里，核心区规划建设面积246平方公里。核心区现有人口约10万人。

2010年5月，国务院办公厅出台《关于进一步支持甘肃经济社会发展的若干意见》，明确提出“积极推进兰州新区发展”。2010年8月4日，兰州新区党工委、管委会筹委会正式成立。2011年2月16日，省委正式宣布兰州新区党政领导班子和部门负责人。2012年2月15日，国务院批复的《西部大开发“十二五”规划》中，将兰州新区列为国家“十二五”期间重点建设的西部五个城市新区之一。8月20日，国务院批准兰州新区为国家级新区，是全国第五个、西北第一个国家级新区。

战 略 定 位

根据国务院的批复，兰州新区的战略定位是：国家重要的产业基地，西北地区重要的经济增长极，向西开放的重要战略平台，承接产业转移示范区。

到2015年，城市框架及相关配套服务体系基本建成，交通及城区基础设施相对完善，生态环境显著改善，具备较强的集聚效应和要素资源的吸纳能力，产业集聚发展，初步探索形成以城带乡和欠发达地区实现跨越式发展的新模式。到2020年，基本建成特色鲜明、功能齐全、产业集聚、服务配套、人居环境良好的现代化新区。

发展优势

1. 区位优势。新区地处兰州、西宁、银川三个省会城市共生带的中间位置，位于中东部地区与中亚地区的对接点，是建设“兰西银”西三角的战略支撑，也是兰西格经济区的重要支点，具有“座中四联、承东启西、沟通南北”的区位优势。

2. 交通优势。新区具有铁路和空港双重枢纽优势，兰州中川国际机场，国道312线、109线、省道201线以及连霍高速、京藏高速等多条公路交通干线和高速公路在此交汇。开工建设的兰新铁路三四线、兰州至新区城际铁路，兰州老城区通往新区的快速通道等，将形成立体综合的交通网络体系，对外交通联系非常便捷。

3. 土地资源优势。兰州新区所在秦王川盆地空间开阔、地势平坦，城市建设用地规划范围面积有500多平方公里，非常适宜开发建设。

4. 水资源优势。引大入秦工程设计供水能力有4.43亿方，目前实际利用不到2亿方，还有2亿多方未利用，通过扩渠改造还可以再加2亿多方，水资源完全能够满足兰州新区未来的建设需求。

5. 要素资源优势。兰州是西部地区重要的科研基地和教育基地，拥有各类科研开发机构700多家，国家重点实验室10个，高等院校30所，拥有大量科研人才。新区正在大力推进职教园区建设，旨在为新区培育各类中高级职业技能人才。甘肃省劳动力资源充足，可

以为企业发展提供劳动力支撑。甘肃省内镍、铜、钴、钨、铅、锌等有色金属生产能力达500多万吨，石油、煤炭、中药材等资源丰富，能源电力供应富裕，国家西气东输、西油东输、西电东送从新区穿过，电力供应充足，天然气、用水、用电价格比较优势明显。

6. 政策优势。兰州新区的开发建设得到了国家和甘肃省的大力支持。兰州新区被国务院批准为国家级新区。甘肃省已将兰州新区批准为省级循环经济试验区并授予兰州新区地市级政府的行政审批权。国家、省市先后出台一系列政策专门支持兰州新区开发建设，兰州新区正面临着千载难逢的政策叠加机遇。

7. 产业基础。兰州新区初步形成了以装备制造业、生物医药、现代农业、现代物流为主体的产业体系。吉利汽车、三一重工、中铁建重工、国家石油储备库等一大批项目已落户新区，形成了较好的产业发展基础。

《兰州统计年鉴-2013》编辑部

编 辑 说 明

一、《兰州统计年鉴–2013》是全面反映兰州市经济和社会发展情况的资料性年刊。本书通过大量翔实可靠的资料，全面系统地记录了2012年兰州市经济发展和社会各方面的数据以及历史年份的重要数据，是各级党政部门以及国内外各界人士认识兰州、了解兰州必备的、不可缺少的综合性工具书。

二、《兰州统计年鉴–2013》分为两个部分。第一部分为特载篇，刊载了2012年全国、甘肃省、兰州市国民经济和社会发展统计公报；第二部分为统计资料篇，分综合、人口、工业、农业、固定资产投资等十五单元，反映了2012年兰州市经济指标及直辖市、省会城市、甘肃省十四个州市主要经济指标。为方便使用，每一部分资料后附有主要指标解释。

三、《兰州统计年鉴–2013》统计范围为兰州市行政辖区内全部经济社会活动计算。

四、《兰州统计年鉴–2013》所有价值指标为现价；发展（增长）速度按可比价计算。

五、《兰州统计年鉴–2013》中2008年GDP及增加值为按2008年经济普查口径调整数据。

六、由于国家核算制度和调查方法的原因，部分行业区域汇总数与全市数据存在一些误差。

七、《兰州统计年鉴–2013》使用符号说明：#表示其中项。

八、由于时间仓促，编辑水平有限，难免有错漏之处，恳请广大读者批评指正。

《兰州统计年鉴–2013》编辑部

2013年10月

目　　录

统计公报

统计资料

一、综合

二、人口

三、工业、能源

四、交通运输业

五、农业

六、固定资产投资、建筑业

七、城市建设、环境保护

八、商业、物价

九、财政、金融

十、劳动、工资

十一、教育、科技及文化

十二、卫生、司法

十三、人民生活

十四、市州主要经济指标

十五、全国主要指标对比

中华人民共和国2012年国民经济和社会发展统计公报[1]

中华人民共和国国家统计局

（2013年2月22日）

2012年，面对复杂严峻的国际经济形势和艰巨繁重的国内改革发展稳定任务，全国各族人民在党中央、国务院的正确领导下，坚持以科学发展为主题，以加快转变经济发展方式为主线，按照稳中求进的工作总基调，认真贯彻落实加强和改善宏观调控的各项政策措施，国民经济运行总体平稳，各项社会事业取得新的进步，为全面建成小康社会奠定了良好基础。

一、综合

初步核算，全年国内生产总值[2]519322亿元，比上年增长7.8%。其中，第一产业增加值52377亿元，增长4.5%；第二产业增加值235319亿元，增长8.1%；第三产业增加值231626亿元，增长8.1%。第一产业增加值占国内生产总值的比重为10.1%，第二产业增加值比重为45.3%，第三产业增加值比重为44.6%。

图1　2008-2012年国内生产总值及其增长速度

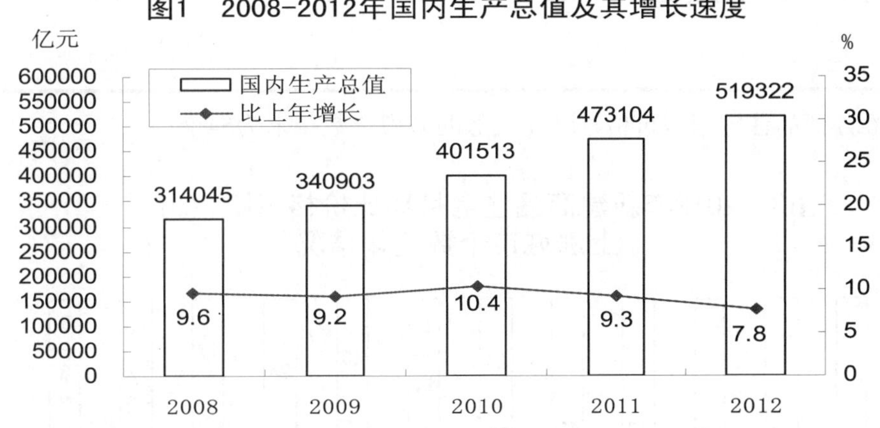

全年居民消费价格比上年上涨2.6%，其中食品价格上涨4.8%。固定资产投资价格上涨1.1%。工业生产者出厂价格下降1.7%。工业生产者购进价格下降1.8%。农产品生产者价格[3]上涨2.7%。

图2　2012年居民消费价格月度涨跌幅度

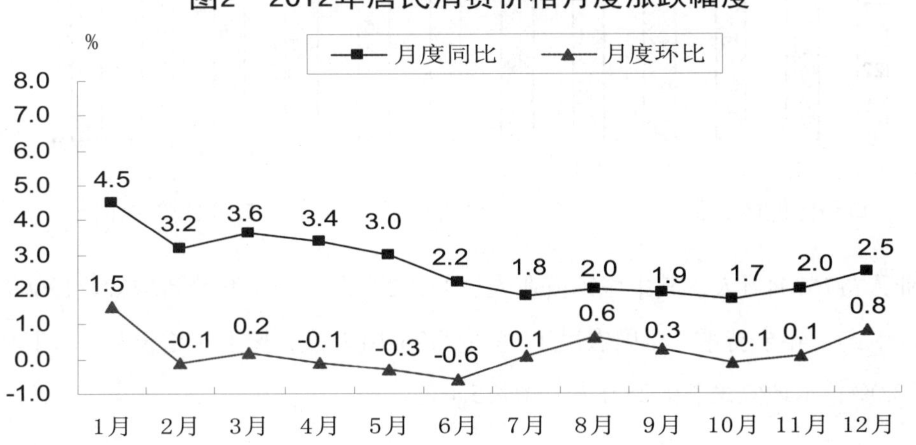

表1　2012年居民消费价格比上年涨跌幅度

单位：%

指　　标	全国	城市	农村
居民消费价格	2.6	2.7	2.5
其中：食　品	4.8	5.1	4.0
烟酒及用品	2.9	2.9	2.7
衣　着	3.1	2.9	3.8
家庭设备用品及维修服务	1.9	2.1	1.5
医疗保健和个人用品	2.0	2.0	2.1
交通和通信	–0.1	–0.3	0.6
娱乐教育文化用品及服务	0.5	0.4	1.0
居　住	2.1	2.2	1.9

70个大中城市新建商品住宅销售价格月环比上涨的城市个数年末为54个。

图3　2012年新建商品住宅月环比价格下降、持平、上涨城市个数变化情况

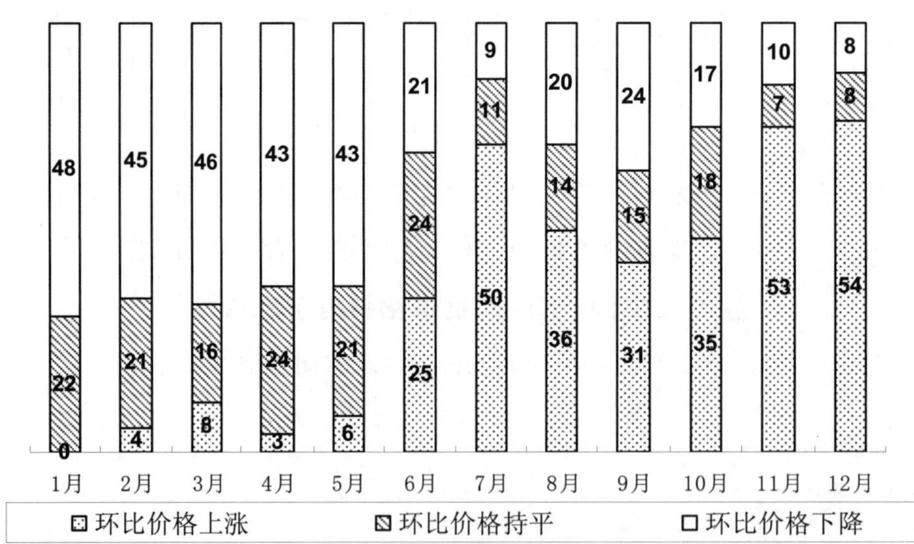

年末全国就业人员76704万人，其中城镇就业人员37102万人。全年城镇新增就业1266万人。年末城镇登记失业率为4.1%，与上年末持平。全国农民工[4]总量为26261万人，比上年增长3.9%。其中，外出农民工16336万人，增长3.0%；本地农民工9925万人，增长5.4%。

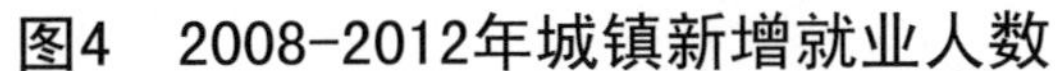
图4　2008-2012年城镇新增就业人数

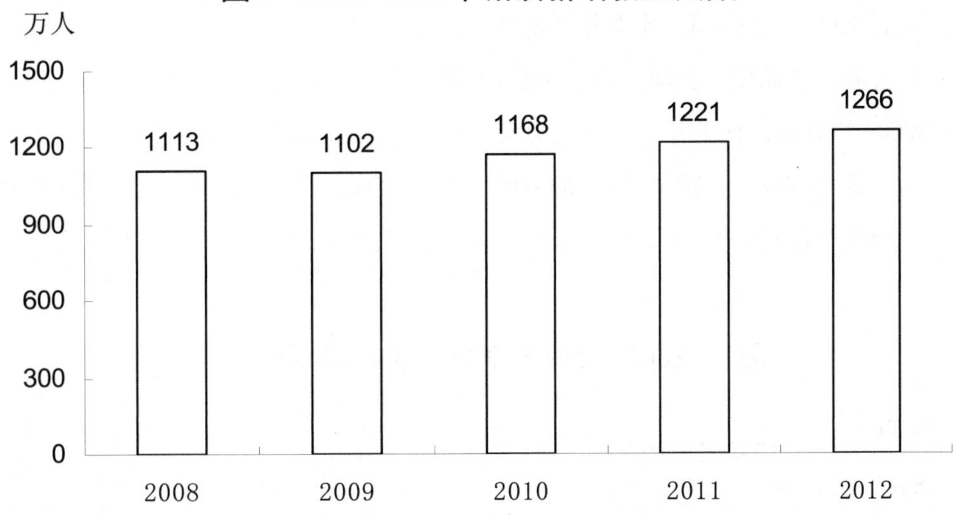

年末国家外汇储备33116亿美元，比上年末增加1304亿美元。年末人民币汇率为1美元兑6.2855元人民币，比上年末升值0.25%。

图5　2008-2012年年末国家外汇储备及其增长速度

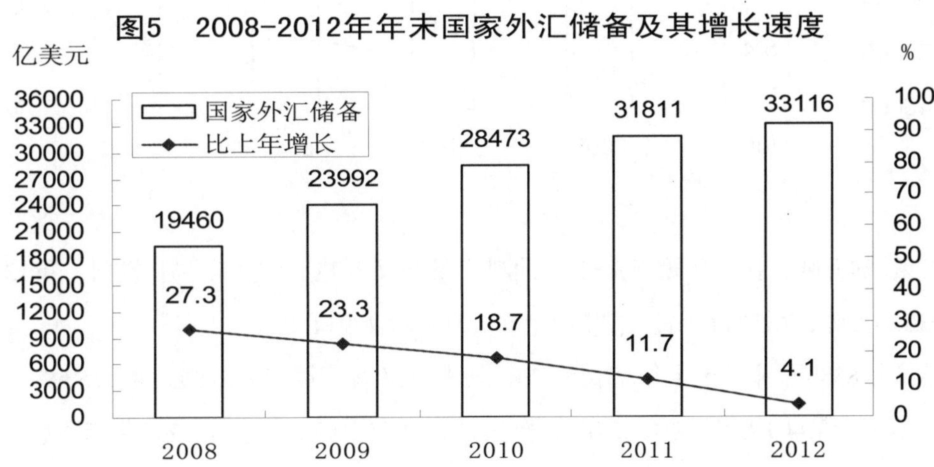

全年全国公共财政收入[5]117210亿元，比上年增加13335亿元，增长12.8%；其中税收收入100601亿元，增加10862亿元，增长12.1%。

图6　2008-2012年公共财政收入[6]及其增长速度

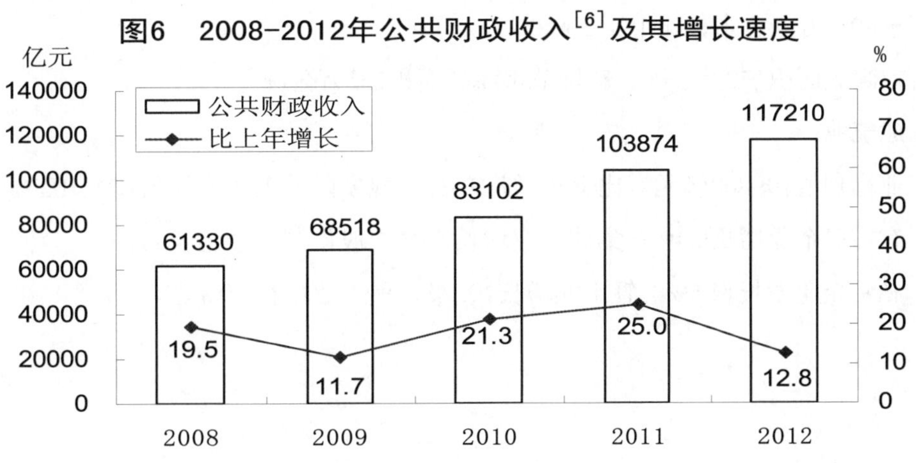

二、农业

全年粮食种植面积11127万公顷，比上年增加69万公顷；棉花种植面积470万公顷，减少34万公顷；油料种植面积1398万公顷，增加12万公顷；糖料种植面积203万公顷，增加9万公顷。

全年粮食产量58957万吨，比上年增加1836万吨，增产3.2%。其中，夏粮产量12995万吨，增产2.8%；早稻产量3329万吨，增产1.6%；秋粮产量42633万吨，增产3.5%。其中，主要粮食品种中，稻谷产量20429万吨，增产1.6%；小麦产量12058万吨，增产2.7%；玉米产量20812万吨，增产8.0%。

图7　2008-2012年粮食产量及其增长速度

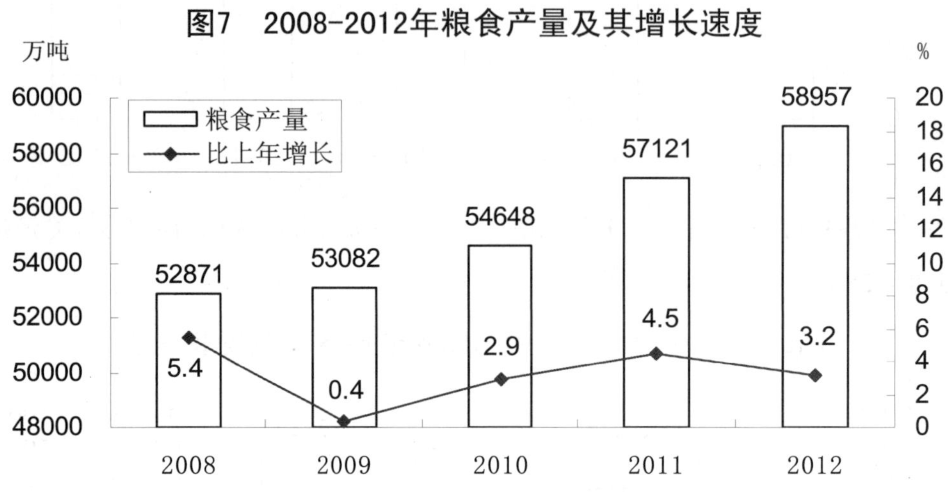

全年棉花产量684万吨，比上年增产3.8%。油料产量3476万吨，增产5.1%。糖料产量13493万吨，增产7.8%。烤烟产量320万吨，增产11.5%。茶叶产量180万吨，增产11.2%。

全年肉类总产量8384万吨，比上年增长5.4%。其中，猪肉产量5335万吨，增长5.6%；牛肉产量662万吨，增长2.3%；羊肉产量401万吨，增长2.0%；禽肉产量1823万吨，增长6.7%。年末生猪存栏47492万头，增长1.6%；生猪出栏69628万头，增长5.2%。禽蛋产量2861万吨，增长1.8%。牛奶产量3744万吨，增长2.3%。

全年水产品产量5906万吨，比上年增长5.4%。其中，养殖水产品产量4305万吨，增长7.0%；捕捞水产品产量1601万吨，增长1.3%。

全年木材产量8088万立方米，比上年下降0.7%。

全年新增有效灌溉面积172万公顷，新增节水灌溉面积235万公顷。

三、工业和建筑业

全年全部工业增加值199860亿元，比上年增长7.9%。规模以上工业增加值增长10.0%。在规模以上工业中，国有及国有控股企业增长6.4%；集体企业增长7.1%，股份制企业增长11.8%，外商及港澳台商投资企业增长6.3%；私营企业增长14.6%。轻工业增长10.1%，重工业增长9.9%。

图8　2008-2012年全部工业增加值及其增长速度

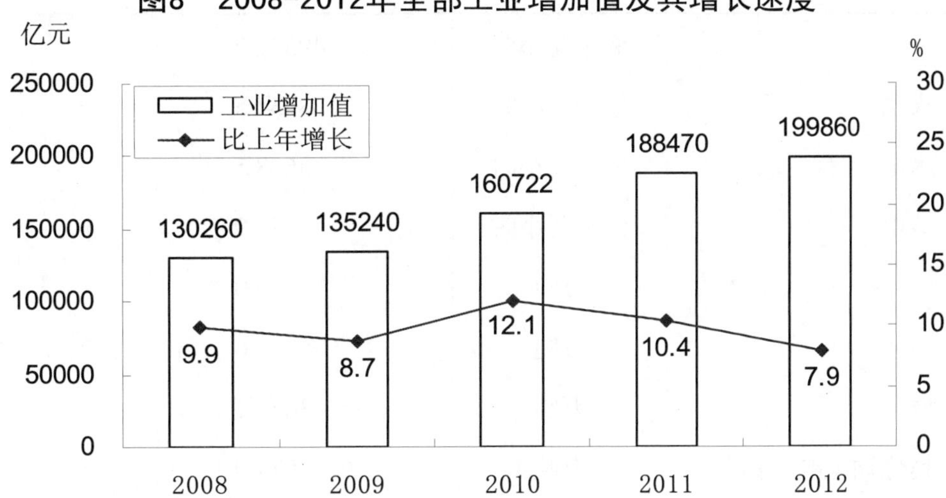

全年规模以上工业[7]中，农副食品加工业增加值比上年增长13.6%，纺织业增长12.2%，通用设备制造业增长8.4%，专用设备制造业增长8.9%，汽车制造业增长8.4%，计算机、通信和其他电子设备制造业增长12.1%，电气机械和器材制造业增长9.7%。六大高耗能行业[8]增加值比上年增长9.5%，其中，非金属矿物制品业增长11.2%，化学原料和化学制品制造业增长11.7%，有色金属冶炼和压延加工业增长13.2%，黑色金属冶炼和压延加工业增长9.5%，电力、热力生产和供应业增长5.0%，石油加工、炼焦和核燃料加工业增长6.3%。高技术制造业增加值比上年增长12.2%。

表2　2012年主要工业产品产量及其增长速度

产品名称	单　位	产　量	比上年增长%
纱	万吨	2984.0	9.8
布	亿米	840.8	3.3
化学纤维	万吨	3800.0	12.1
成品糖	万吨	1406.8	18.5
卷　烟	亿支	25160.9	2.8
彩色电视机	万台	12823.3	4.8
其中：液晶电视机	万台	11418.3	10.9
家用电冰箱	万台	8427.0	–3.1
房间空气调节器	万台	13281.1	–4.5
一次能源生产总量	亿吨标准煤	33.3	4.8
原　煤	亿吨	36.5	3.8
原　油	亿吨	2.07	2.3
天然气	亿立方米	1072.2	4.4

产品名称	单　位	产　量	比上年增长%
发电量	亿千瓦小时	49377.7	4.8
其中：火电	亿千瓦小时	38554.5	0.6
水电	亿千瓦小时	8608.5	23.2
核电	亿千瓦小时	973.9	12.8
粗　钢	万吨	71716.0	4.7
钢　材[9]	万吨	95317.6	7.6
十种有色金属	万吨	3672.2	6.9
其中：精炼铜（电解铜）	万吨	574.0	9.5
原铝（电解铝）	万吨	1985.8	12.3
氧化铝	万吨	3769.6	10.3
水　泥	亿吨	22.1	5.3
硫　酸	万吨	7686.3	2.7
纯　碱	万吨	2408.8	5.0
烧　碱	万吨	2696.1	9.0
乙　烯	万吨	1486.8	–2.7
化　肥（折100%）	万吨	7296.0	10.1
发电机组（发电设备）	万千瓦	13005.6	–9.7
汽　车	万辆	1927.7	4.7
其中：基本型乘用车（轿车）	万辆	1077.1	6.4
大中型拖拉机	万台	46.3	15.3
集成电路	亿块	823.1	14.4
程控交换机	万线	2826.3	–6.8
移动通信手持机	万台	118154.3	4.3
微型计算机设备	万台	35411.0	10.5

全年规模以上工业企业实现利润55578亿元，比上年增长5.3%，其中国有及国有控股企业14163亿元，下降5.1%；集体企业819亿元，增长7.5%，股份制企业32867亿元，增长7.2%，外商及港澳台商投资企业12688亿元，下降4.1%；私营企业18172亿元，增长20.0%。

全年全社会建筑业增加值35459亿元，比上年增长9.3%。全国具有资质等级的总承包和专业承包建筑业企业实现利润4818亿元，增长15.6%，其中国有及国有控股企业1236亿元，增长21.9%。

图9　2008-2012年建筑业增加值及其增长速度

四、固定资产投资

全年全社会固定资产投资374676亿元，比上年增长20.3%，扣除价格因素，实际增长19.0%。其中，固定资产投资（不含农户）364835亿元，增长20.6%；农户投资9841亿元，增长8.3%。东部地区投资[10]151742亿元，比上年增长16.5%；中部地区投资87909亿元，增长24.1%；西部地区投资88749亿元，增长23.1%；东北地区投资41243亿元，增长26.3%。

图10　2008-2012年全社会固定资产投资及其增长速度

表3　2012年分行业固定资产投资（不含农户）及其增长速度

单位：亿元

行　　　业	投资额	比上年增长%
总　　计	**364835**	**20.6**
农、林、牧、渔业	9004	32.2
采矿业	13129	11.8
制造业	124971	22.0
电力、热力、燃气及水的生产和供应业	16536	12.8
建筑业	4036	24.6
批发和零售业	9816	33.0

行　　业	投资额	比上年增长%
交通运输、仓储和邮政业	30296	9.1
住宿和餐饮业	5102	30.2
信息传输、软件和信息技术服务业	2834	30.6
金融业	932	46.2
房地产业[11]	92357	22.1
租赁和商务服务业	4645	37.4
科学研究和技术服务业	2176	27.8
水利、环境和公共设施管理业	29296	19.5
居民服务、修理和其他服务业	1718	26.0
教育	4679	20.3
卫生和社会工作	2645	23.0
文化、体育和娱乐业	4299	36.2
公共管理、社会保障和社会组织	6363	9.2

在固定资产投资（不含农户）中，第一产业投资9004亿元，比上年增长32.2%；第二产业投资158672亿元，增长20.2%；第三产业投资197159亿元，增长20.6%。

表4　2012年固定资产投资新增主要生产能力

指　　标	单　位	绝对数
新增发电机组容量	万千瓦	8020
新增220千伏及以上变电设备	万千伏安	18208
新建铁路投产里程	公里	5382
其中：高速铁路[12]	公里	2723
增建铁路复线投产里程	公里	4763
电气化铁路投产里程	公里	6054
新建公路	公里	58672
其中：高速公路	公里	9910
港口万吨级码头泊位新增吞吐能力	万吨	49522
新增光缆线路长度	万公里	267

全年房地产开发投资71804亿元，比上年增长16.2%。其中，住宅投资49374亿元，增长11.4%；办公楼投资3367亿元，增长31.6%；商业营业用房投资9312亿元，增长25.4%。

全年新开工建设城镇保障性安居工程住房781万套（户），基本建成城镇保障性安居工程住房601万套。

表5　2012年房地产开发和销售主要指标完成情况及其增长速度

指　　标	单 位	绝对数	比上年增长%
投资额	亿元	71804	16.2
其中：住宅	亿元	49374	11.4
其中：90平方米及以下	亿元	16789	21.9
房屋施工面积	万平方米	573418	13.2
其中：住宅	万平方米	428964	10.6
房屋新开工面积	万平方米	177334	-7.3
其中：住宅	万平方米	130695	-11.2
房屋竣工面积	万平方米	99425	7.3
其中：住宅	万平方米	79043	6.4
商品房销售面积	万平方米	111304	1.8
其中：住宅	万平方米	98468	2.0
本年资金来源	亿元	96538	12.7
其中：国内贷款	亿元	14778	13.2
其中：个人按揭贷款	亿元	10524	21.3
本年土地购置面积	万平方米	35667	-19.5
本年土地成交价款[13]	亿元	7410	-16.7

五、国内贸易

全年社会消费品零售总额210307亿元，比上年增长14.3%，扣除价格因素，实际增长12.1%。按经营地统计，城镇消费品零售额182414亿元，增长14.3%；乡村消费品零售额27893亿元，增长14.5%。按消费形态统计，商品零售额186859亿元，增长14.4%；餐饮收入额23448亿元，增长13.6%。

图11　2008-2012年社会消费品零售总额及其增长速度

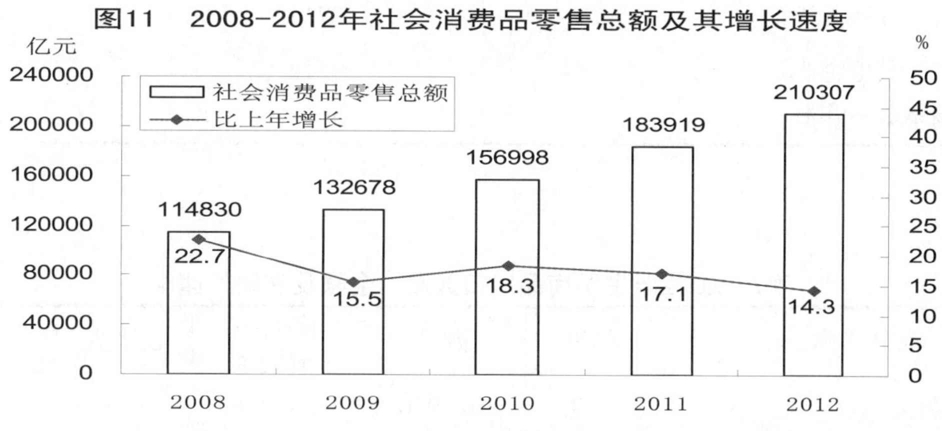

在限额以上企业商品零售额中，汽车类零售额比上年增长7.3%，粮油类增长19.9%，肉禽蛋类增长18.0%，服装类增长17.7%，日用品类增长17.5%，文化办公用品类增长17.7%，通讯器材类增长28.9%，化妆品类增长17.0%，金银珠宝类增长16.0%，中西药品类增长23.0%，家用电器和音像器材类增长7.2%，家具类增长27.0%，建筑及装潢材料类增长24.6%。

六、对外经济

全年货物进出口总额38668亿美元，比上年增长6.2%。其中，出口20489亿美元，增长7.9%；进口18178亿美元，增长4.3%。进出口差额（出口减进口）2311亿美元，比上年增加762亿美元。

表6　2012年货物进出口总额及其增长速度

单位：亿美元

指　　标	绝对数	比上年增长%
货物进出口总额	38668	6.2
货物出口额	20489	7.9
其中：一般贸易	9880	7.7
加工贸易	8628	3.3
其中：机电产品	11794	8.7
高新技术产品	6012	9.6
其中：国有企业	2563	-4.1
外商投资企业	10227	2.8
其他企业	7699	21.1
货物进口额	18178	4.3
其中：一般贸易	10218	1.4
加工贸易	4812	2.4
其中：机电产品	7824	3.8
高新技术产品	5068	9.5
其中：国有企业	4954	0.3
外商投资企业	8712	0.8
其他企业	4512	17.2
进出口差额（出口减进口）	2311	—

表7　2012年主要商品出口数量、金额及其增长速度

商品名称	单位	数量	比上年增长%	金额（亿美元）	比上年增长%
煤（包括褐煤）	万吨	926	-36.8	16	-41.6
钢材	万吨	5573	14.0	515	0.5
纺织纱线、织物及制品	——	—	—	958	1.2
服装及衣着附件	——	—	—	1591	3.9
鞋类	——	—	—	468	12.2

商品名称	单位	数量	比上年增长%	金额（亿美元）	比上年增长%
家具及其零件	——	—	—	488	28.7
自动数据处理设备及其部件	万台	183275	–0.1	1853	5.1
手持或车载无线电话	万台	101447	15.9	810	29.1
集装箱	万个	248	–23.5	84	–26.1
液晶显示板	万个	316650	29.7	363	22.9
汽车（包括整套散件）	万辆	99	20.1	127	27.5

表8　2012年主要商品进口数量、金额及其增长速度

商品名称	数量（万吨）	比上年增长%	金额（亿美元）	比上年增长%
谷物及谷物粉	1398	156.7	48	134.2
大豆	5838	11.2	350	17.6
食用植物油	845	28.7	97	25.6
铁矿砂及其精矿	74355	8.4	956	–15.0
氧化铝	502	165.1	18	133.3
煤（包括褐煤）	28851	29.8	287	20.2
原油	27102	6.8	2207	12.1
成品油	3982	–1.9	330	0.6
初级形状的塑料	2370	2.9	462	–2.2
纸浆	1646	14.0	110	–7.5
钢材	1366	–12.3	178	–17.5
未锻造的铜及铜材	465	14.1	386	4.9

表9　2012年对主要国家和地区货物进出口额及其增长速度

单位：亿美元

国家和地区	出口额	比上年增长%	进口额	比上年增长%
美国	3518	8.4	1329	8.8
欧盟	3340	–6.2	2121	0.4
中国香港	3235	20.7	180	15.9
东盟	2043	20.1	1958	1.5
日本	1516	2.3	1778	–8.6
韩国	877	5.7	1686	3.7
印度	477	–5.7	188	–19.6
俄罗斯	441	13.2	441	9.2
中国台湾	368	4.8	1322	5.8

图12　2008-2012年货物进出口总额

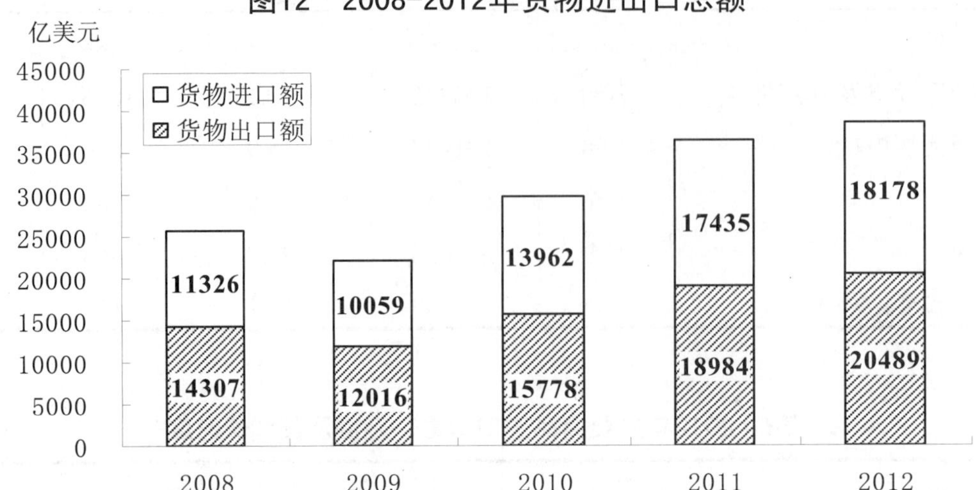

全年非金融领域新批外商直接投资企业24925家，比上年下降10.1%。实际使用外商直接投资金额1117亿美元，下降3.7%。

表10　2012年非金融领域外商直接投资及其增长速度

行　　业	企业数（家）	比上年增长%	实际使用金额（亿美元）	比上年增长%
总　　计	**24925**	**-10.1**	**1117.2**	**-3.7**
其中：农、林、牧、渔业	882	2.0	20.6	2.7
制造业	8970	-19.3	488.7	-6.2
电力、燃气及水的生产和供应业	187	-12.6	16.4	-22.6
交通运输、仓储和邮政业	397	-3.9	34.7	8.9
信息传输、计算机服务和软件业	926	-6.8	33.6	24.4
批发和零售业	7029	-3.2	94.6	12.3
房地产业	472	1.3	241.2	-10.3
租赁和商务服务业	3229	-8.2	82.1	-2.0
居民服务和其他服务业	192	-9.4	11.6	-38.2

全年非金融类对外直接投资额772亿美元，比上年增长28.6%。

全年对外承包工程业务完成营业额1166亿美元，比上年增长12.7%；对外劳务合作派出各类劳务人员51.2万人，增长13.3%。

七、交通、邮电和旅游

全年货物运输总量412亿吨，比上年增长11.5%。货物运输周转量173145亿吨公里，增长8.7%。全年规模以上港口完成货物吞吐量97.4亿吨，比上年增长6.8%，其中外贸货物吞吐量30.1亿吨，增长8.8%。规模以上港口集装箱吞吐量17651万标准箱，增长8.1%。

表11　2012年各种运输方式完成货物运输量及其增长速度

指　　标	单　　位	绝对数	比上年增长%
货物运输总量	**亿　　吨**	**412.1**	**11.5**
铁路	亿　　吨	39.0	-0.7
公路	亿　　吨	322.1	14.2
水运	亿　　吨	45.6	7.0
民航	万　　吨	541.6	-2.0
管道	亿　　吨	5.3	-7.8
货物运输周转量	**亿吨公里**	**173145.1**	**8.7**
铁路	亿吨公里	29187.1	-0.9
公路	亿吨公里	59992.0	16.8
水运	亿吨公里	80654.5	6.9
民航	亿吨公里	162.2	-6.8
管道	亿吨公里	3149.3	9.1

全年旅客运输总量379亿人次，比上年增长7.6%。旅客运输周转量33369亿人公里，增长7.7%。

表12　2012年各种运输方式完成旅客运输量及其增长速度

指　　标	单　　位	绝对数	比上年增长%
旅客运输总量	亿人次	379.0	7.6
铁路	亿人次	18.9	4.8
公路	亿人次	354.3	7.8
水运	亿人次	2.6	4.3
民航	亿人次	3.2	9.2
旅客运输周转量	亿人公里	33368.8	7.7
铁路	亿人公里	9812.3	2.1
公路	亿人公里	18468.4	10.2
水运	亿人公里	77.4	3.9
民航	亿人公里	5010.7	10.4

年末全国民用汽车保有量达到12089万辆（包括三轮汽车和低速货车1145万辆），比上年末增长14.3%，其中私人汽车保有量9309万辆，增长18.3%。民用轿车保有量5989万辆，增长20.7%，其中私人轿车5308万辆，增长22.8%。

全年完成邮电业务总量[14]15022亿元，比上年增长13.0%。其中，邮政业务总量2037亿元，增长26.7%；电信业务总量12985亿元，增长11.1%。邮政业全年完成邮政函件业务70.74亿件，包裹业务0.69亿件，快递业务量56.85亿件。电信业全年局用交换机容量新增478万门，总容量43906万门；新增移动电话交换机容量[15]11234万户，达到182870万户。年末固定电话用户27815万户，其中，城市电话用户18893万户，农村电话用户8922万户。新增移动电话用户12590万户，年末达到111216万户，其中3G移动电话用户[16]23280万户。年末全国固定及移动电话用户总数达到139031万户，比上年末增加11896万户。电话普及率达到103.2部/百人。互联网上网人数5.64亿人，其中宽带上网人数5.30亿人。互联网普及率达到42.1%。

图13　2008－2012年年末电话用户数

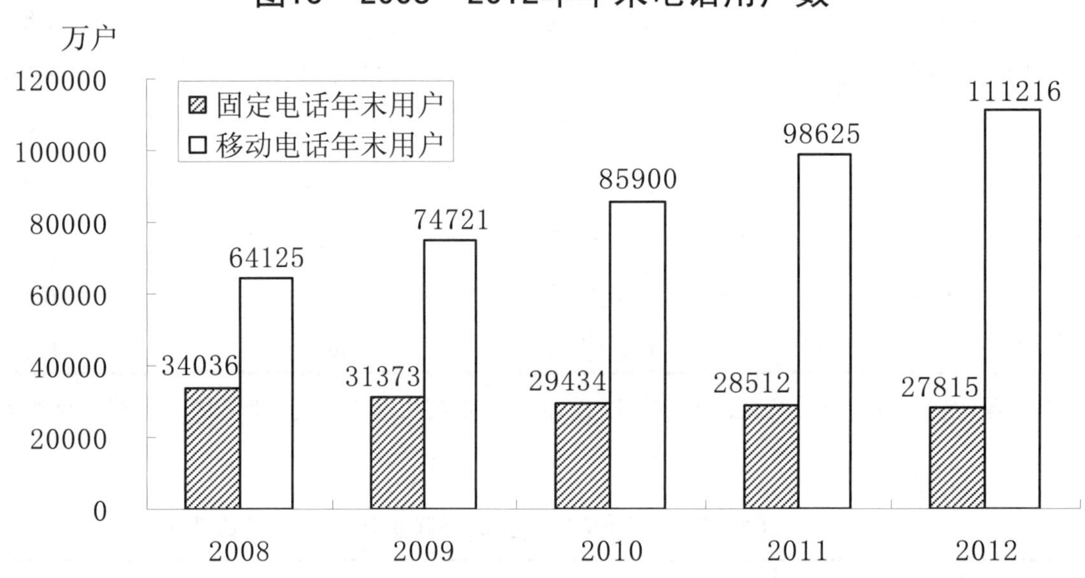

全年国内出游人数29.6亿人次，比上年增长12.1%；国内旅游收入22706亿元，增长17.6%。入境旅游人数13241万人次，下降2.2%。其中，外国人2719万人次，增长0.3%；香港、澳门和台湾同胞10521万人次，下降2.9%。在入境旅游者中，过夜旅游者5772万人次，增长0.3%。国际旅游外汇收入500亿美元，增长3.1%。国内居民出境人数8318万人次，增长18.4%。其中因私出境7706万人次，增长20.2%，占出境人数的92.6%。

八、金融

年末广义货币供应量（M2）余额为97.4万亿元，比上年末增长13.8%；狭义货币供应量（M1）余额为30.9万亿元，增长6.5%；流通中现金（M0）余额为5.5万亿元，增长7.7%。

年末全部金融机构本外币各项存款余额94.3万亿元，比年初增加11.6万亿元，其中人民币各项存款余额91.8万亿元，增加10.8万亿元。全部金融机构本外币各项贷款余额67.3万亿元，增加9.1万亿元，其中人民币各项贷款余额63.0万亿元，增加8.2万亿元。全年社会融资规模[17]为15.8万亿元，按可比口径计算，比上年多2.9万亿元。

表13　2012年年末全部金融机构本外币存贷款余额及其增长速度

单位：亿元

指　　标	年末数	比上年末增长%
各项存款余额	943102	14.1
其中：住户存款	410201	16.6
其中：人民币	406192	16.7
非金融企业存款	345124	9.9
各项贷款余额	672875	15.6
其中：境内短期贷款	268152	23.3
境内中长期贷款	363894	9.0

年末主要农村金融机构（农村信用社、农村合作银行、农村商业银行）人民币贷款余额78320亿元，比年初增加11544亿元。全部金融机构人民币消费贷款余额104357亿元，增加15656亿元。其中，个人短期消费贷款余额19367亿元，增加5826亿元；个人中长期消费贷款余额84990亿元，增加9830亿元。

全年上市公司通过境内市场累计筹资5841亿元，比上年减少939亿元。其中，首次公开发行A股154只，筹资1034亿元，减少1791亿元；A股再筹资（包括配股、公开增发、非公开增发[18]、认股权证）2093亿元，减少155亿元；上市公司通过发行可转债、可分离债、公司债筹资2713亿元，增加1006亿元。全年公开发行创业板股票74只，筹资351亿元。

全年发行公司信用类债券[19]3.7万亿元，比上年增加1.4万亿元。

全年保险公司原保险保费收入[20]15488亿元，比上年增长8.0%，其中寿险业务原保险保费收入8908亿元；健康险和意外伤害险业务原保险保费收入1249亿元；财产险业务原保险保费收入5331亿元。支付各类赔款及给付4716亿元，其中寿险业务给付1505亿元；健康险和意外伤害险赔款及给付395亿元；财产险业务赔款2816亿元。

九、教育、科学技术和文化

全年研究生教育招生59.0万人，在学研究生172.0万人，毕业生48.6万人。普通高等教育本专科招生688.8万人，在校生2391.3万人，毕业生624.7万人。各类中等职业教育招生761.0万人，在校生2120.3万人，毕业生673.6万人。全国普通高中招生844.6万人，在校生2467.2万人，毕业生791.5万人。全国初中招生1570.8万人，在校生4763.1万人，毕业生1660.8万人。普通小学招生1714.7万人，在校生9695.9万人，毕业生1641.6万人。特殊教育招生6.6万人，在校生37.9万人，毕业生4.9万人。幼儿园在园幼儿3685.8万人。

图14　2008—2012年普通高等教育、中等职业教育及普通高中招生人数

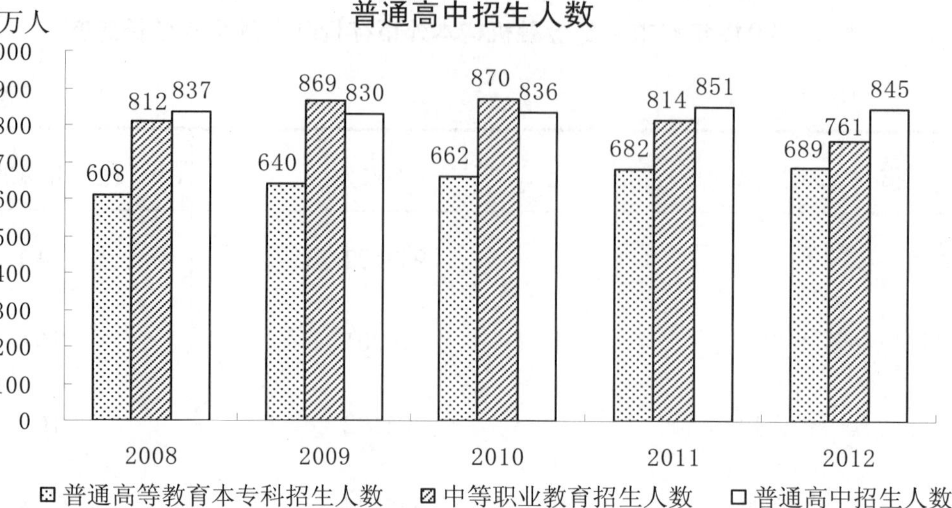

全年研究与试验发展（R&D）经费支出10240亿元，比上年增长17.9%，占国内生产总值的1.97%，其中基础研究经费498亿元。全年国家安排了1701项科技支撑计划课题，1165项“863”计划课题。累计建设国家工程研究中心130个，国家工程实验室128个。累计建设国家地方联合工程研究中心149个，国家地方联合工程实验室180个。国家认定企业技术中心达到887家。省级企业技术中心达到8137家。实施新兴产业创投计划[21]，累计支持设立102家创业投资企业，资金总规模近290亿元，投资了创业企业238家。全年受理境内外专利申请205.1万件，其中境内申请188.6万件，占91.9%。受理境内外发明专利申请65.3万件，其中境内申请52.3万件，占80.1%。全年授予专利权125.5万件，其中境内授权114.4万件，占91.1%。授予发明专利权21.7万件，其中境内授权13.7万件，占63.2%。截至年底，有效专利350.9万件，其中境内有效专利289.9万件，占82.6%；有效发明专利87.5万件，其中境内有效发明专利43.5万件，占49.7%。全年共签订技术合同28.2万项，技术合同成交金额6437.1亿元，比上年增长35.1%。全年成功发射卫星19次。神舟九号载人飞船与天宫一号目标飞行器顺利实现首次空间交会对接，北斗二号卫星导航系统完成区域组网并正式提供运行服务，“蛟龙”号载人深潜器海试成功突破7000米。

图15　2008—2012年研究与试验发展（R&D）经费支出

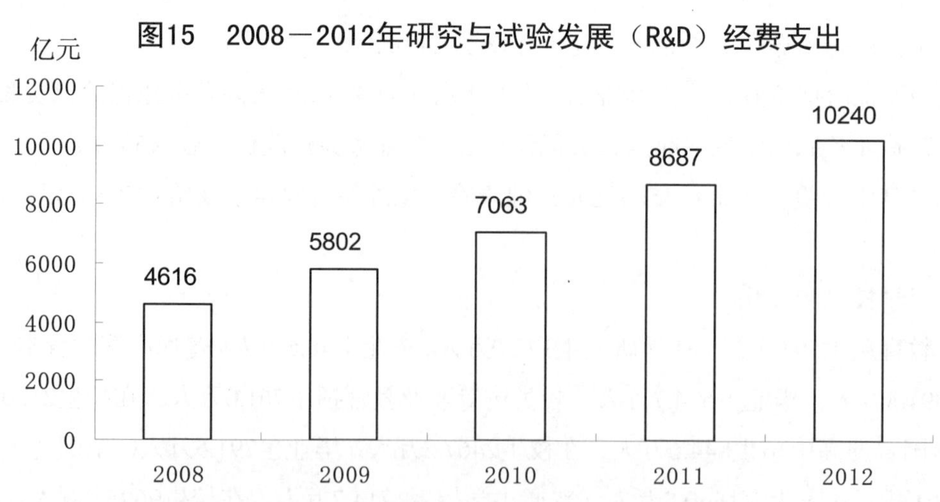

年末全国共有产品检测实验室28128个，其中国家检测中心509个。全国现有产品质量、体系认证机构173个，已累计完成对105224个企业的产品认证。全国共有法定计量技术机构3496个，全年强制检定计量

器具6267万台（件）。全年制定、修订国家标准1986项，其中新制定1375项。全年中央气象台和省级气象台共发布气象预警信号5123次，警报4049次。全国共有地震台站1687个，区域地震台网32个。全国共有海洋观测站79个。测绘地理信息部门公开出版地图1662种。

年末全国文化系统共有艺术表演团体2089个，博物馆2838个，全国共有公共图书馆2975个，文化馆3286个。各类广播电视播出机构共有2579座。有线电视用户2.14亿户，有线数字电视用户1.43亿户。年末广播节目综合人口覆盖率为97.5%；电视节目综合人口覆盖率为98.2%。全年生产电视剧506部17703集，电视动画片222838分钟。全年生产故事影片745部，科教、纪录、动画和特种影片[22]148部。出版各类报纸476亿份，各类期刊34亿册，图书81亿册（张）。年末全国共有档案馆4107个，已开放各类档案11662万卷（件）。

全年我国运动员在24个运动大项中获得107个世界冠军，共创14项世界纪录。在伦敦奥运会上，我国运动员共获得38枚金牌，奖牌总数88枚，位列奥运会金牌榜和奖牌榜第二位。在伦敦残奥会上，我国运动员共获得95枚金牌，蝉联金牌榜和奖牌榜第一位。

十、卫生和社会服务

年末全国共有医疗卫生机构961830个，其中医院23005个，乡镇卫生院37128个，社区卫生服务中心（站）33646个，诊所（卫生所、医务室）179644个，村卫生室663355个，疾病预防控制中心3506个，卫生监督所（中心）3037个。卫生技术人员650万人，其中执业医师和执业助理医师252万人，注册护士242万人。医疗卫生机构床位557万张，其中医院403万张，乡镇卫生院106万张。全年甲、乙类法定报告传染病发病人数321.7万例，报告死亡16721人；报告传染病发病率238.76/10万，死亡率1.24/10万。

图16　2008-2012年卫生技术人员人数

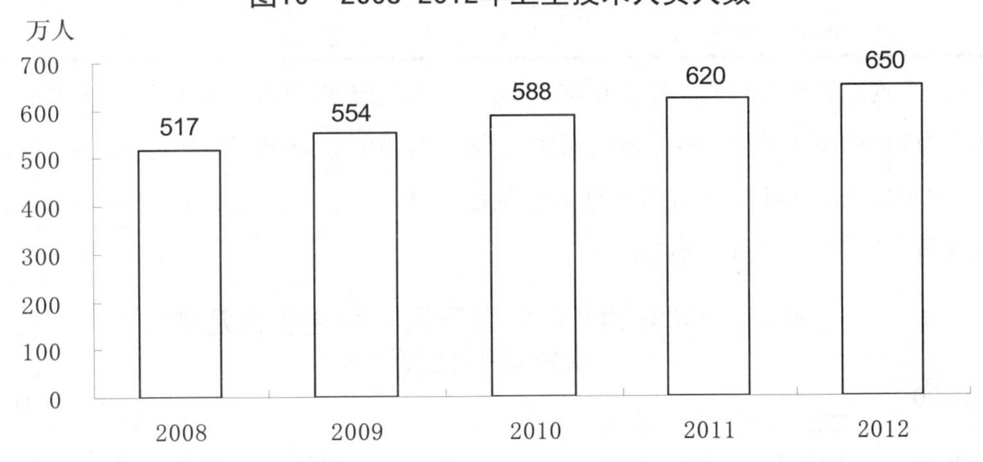

年末全国共有各类提供住宿的社会服务机构[23]4.7万个，床位429.8万张，收养救助各类人员296.7万人。其中，养老服务机构4.2万个，床位381.0万张，收养各类人员262.0万人。年末共有社区服务中心1.6万个，社区服务站7.2万个。年末全国共有2142.5万人纳入城市居民最低生活保障，5340.9万人纳入农村居民最低生活保障，545.9万人纳入农村五保供养[24]。全年救助城市医疗困难群众666.4万人次，救助农村医疗困难群众1908.4万人次；资助1158.9万城镇困难群众参加城镇医疗保险，资助3915.1万农村困难群众参加新型农村合作医疗。

十一、人口、人民生活和社会保障

年末全国大陆总人口为135404万人，比上年末增加669万人，其中城镇人口为71182万人，占总人口比重为52.6%，比上年末提高1.3个百分点。全年出生人口1635万人，出生率为12.10‰；死亡人口966万人，死亡率为7.15‰；自然增长率为4.95‰。出生人口性别比为117.70。0–14岁（含不满15周岁）人口22287万人，占总人口的16.5%，比上年末提高0.01个百分点；15–59岁（含不满60周岁）劳动年龄人口93727万人，比上年末减少345万人，占总人口的69.2%，比上年末下降0.60个百分点；60周岁及以上人口19390万人，占总人口的14.3%，比上年末提高0.59个百分点。全国人户分离的人口[25]为2.79亿人，其中流动人口[26]为2.36亿人。

表14　2012年年末人口数及其构成

单位：万人

指　标	年末数	比重%
全国总人口	**135404**	**100.0**
其中：城镇	71182	52.6
乡村	64222	47.4
其中：男性	69395	51.3
女性	66009	48.7
其中：0–14岁（含不满15周岁）	22287	16.5
15–59岁（含不满60周岁）	93727	69.2
60周岁及以上	19390	14.3
其中：65周岁及以上	12714	9.4

全年农村居民人均纯收入7917元，比上年增长13.5%，扣除价格因素，实际增长10.7%；农村居民人均纯收入中位数[27]为7019元，增长13.3%。城镇居民人均可支配收入24565元，比上年增长12.6%，扣除价格因素，实际增长9.6%；城镇居民人均可支配收入中位数为21986元，增长15.0%。农村居民食品消费支出占消费总支出的比重为39.3%，城镇为36.2%。

图17　2008-2012年农村居民人均纯收入及其实际增长速度

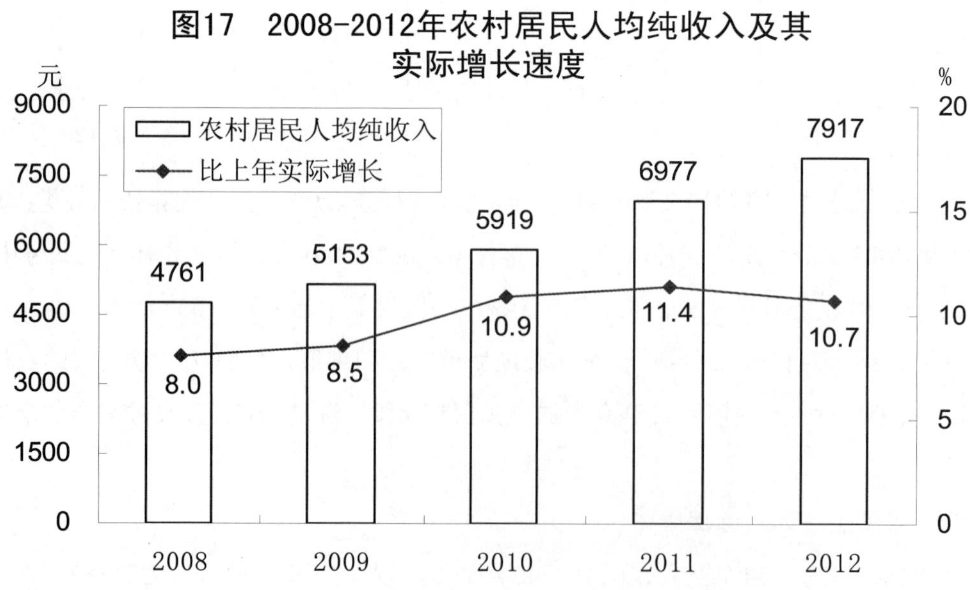

图18　2008-2012年城镇居民人均可支配收入及其实际增长速度

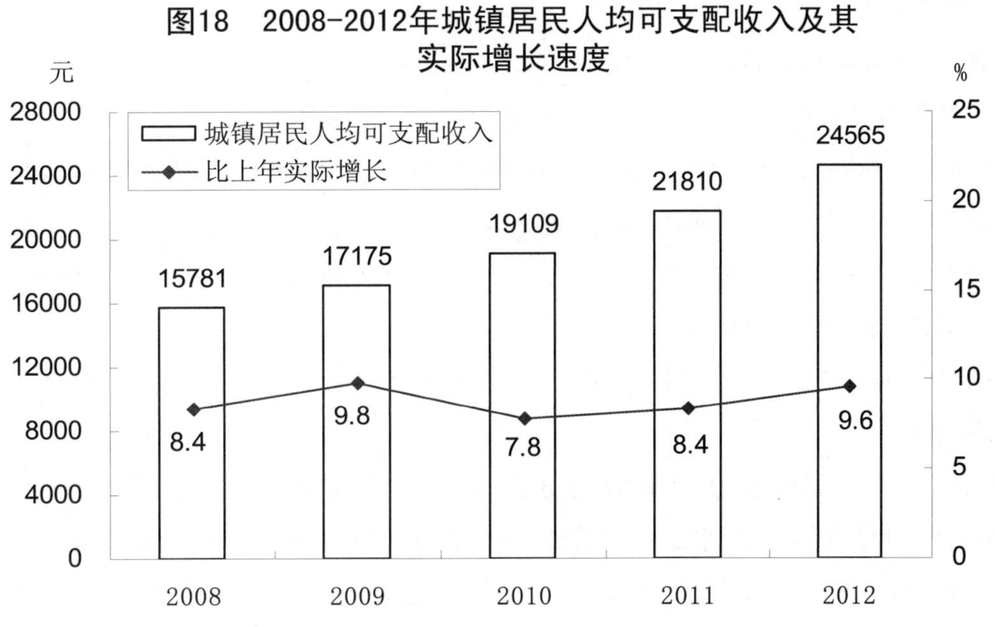

年末全国参加城镇职工基本养老保险人数30379万人，比上年末增加1988万人。其中，参保职工22978万人，参保离退休人员7401万人。全国参加城乡居民社会养老保险人数48370万人，增加15187万人。其中享受待遇人数13075万人。参加城镇基本医疗保险的人数53589万人，增加6246万人。其中，参加城镇职工基本医疗保险[28]人数26467万人，参加城镇居民基本医疗保险人数27122万人。参加城镇基本医疗保险的农民工4996万人，增加355万人。参加失业保险的人数15225万人，增加908万人。年末全国领取失业保险金人数204万人。参加工伤保险的人数18993万人，增加1297万人，其中参加工伤保险的农民工7173万人，增加345万人。参加生育保险的人数15445万人，增加1553万人。年末，2566个县（市、区）开展了新型农村合作医疗工作，新型农村合作医疗参合率98.1%；1-9月新型农村合作医疗基金支出总额[29]为1717亿元，受益11.5亿人次。2012年，按照农村扶贫标准年人均纯收入2300元（2010年不变价），年末农村贫困人口为9899万人，比上年末减少2339万人。

十二、资源、环境和安全生产

全年全国国有建设用地供应总量[30]69.0万公顷，比上年增长17.5%。其中，工矿仓储用地20.3万公顷，增长5.6%；房地产用地[31]16.0万公顷，下降4.2%；基础设施等其他用地32.7万公顷，增长43.4%。

全年水资源总量28410亿立方米。全年平均降水量676毫米。年末全国422座大型水库蓄水总量2120亿立方米，比上年末多蓄水164亿立方米。全年总用水量6110亿立方米，与上年基本持平。其中，生活用水增长3.2%，工业用水下降0.8%，农业用水下降0.5%，生态补水增长7.2%。万元国内生产总值用水量[32]129立方米，比上年下降7.2%。万元工业增加值用水量76立方米，下降8.0%。人均用水量452立方米，下降0.4%。

全年完成造林面积601万公顷，其中人工造林410万公顷。林业重点工程完成造林面积274万公顷，占全部造林面积的45.6%。截至年底，自然保护区达到2640个，其中国家级自然保护区363个。新增水土流失治理面积4.2万平方公里，新增实施水土流失地区封育保护面积2.6万平方公里。截至年底，已确权集体林地面积为18000万公顷，其中发放林权证的面积为17187万公顷。

全年平均气温为9.4℃，共有7个台风登陆。

初步核算，全年能源消费总量36.2亿吨标准煤，比上年增长3.9%。煤炭消费量增长2.5%；原油消费量增长6.0%；天然气消费量增长10.2%；电力消费量增长5.5%。全国万元国内生产总值能耗下降3.6%。

七大水系的571个水质监测断面中，Ⅰ～Ⅲ类水质断面比例占63.9%，劣Ⅴ类水质断面比例占12.4%。七大水系水质总体为轻度污染，水质保持基本稳定。

近岸海域301个海水水质监测点中，达到国家一、二类海水水质标准的监测点占69.4%，三类海水占6.6%，四类、劣四类海水占23.9%。

在监测的316个城市中，城市区域声环境质量好的城市占3.5%，较好的占75.9%，轻度污染的占20.3%，中度污染的占0.3%。

年末城市污水处理厂日处理能力达11858万立方米，比上年末增长4.9%；城市污水处理率达到84.9%，提高1.3个百分点。城市集中供热面积49.2亿平方米，增长3.8%。建成区绿地率达到35.5%，提高0.2个百分点。

全年农作物受灾面积2496万公顷，下降23.1%，其中绝收183万公顷，下降36.9%。全年因洪涝地质灾害造成直接经济损失1661亿元，上升31.8%。全年因旱灾造成直接经济损失244亿元，下降73.7%。全年因低温冷冻和雪灾造成直接经济损失61亿元，下降79.0%。全年因海洋灾害造成直接经济损失155亿元，上升150%。全年大陆地区共发生5级以上地震16次，成灾11次，造成直接经济损失83亿元。全年共发生森林火灾3966起，下降28.5%。

全年各类生产安全事故共死亡71983人，比上年下降4.7%。亿元国内生产总值生产安全事故死亡人数为0.142人，下降17.9%；工矿商贸企业就业人员10万人生产安全事故死亡人数为1.64人，下降12.8%；道路交通万车死亡人数为2.5人，下降10.7%；煤矿百万吨死亡人数为0.374人，下降33.7%。

注释:

［1］本公报中数据均为初步统计数。各项统计数据均未包括香港特别行政区、澳门特别行政区和台湾省。部分数据因四舍五入的原因，存在着与分项合计不等的情况。

［2］国内生产总值、各产业增加值绝对数按现价计算，增长速度按不变价格计算。

［3］农产品生产者价格是指农产品生产者直接出售其产品时的价格。

［4］年度农民工数量包括年内在本乡镇以外从业6个月以上的外出农民工和在本乡镇内从事非农产业6个月以上的本地农民工两部分。

［5］公共财政收入是指政府凭借国家政治权力，以社会管理者身份筹集以税收为主体的财政收入。

［6］图中2008年至2011年数据为公共财政收入决算数，2012年为执行数。

［7］2012年起，国家统计局执行新的国民经济行业分类标准，工业行业大类由原来的39个调整为41个，固定资产投资（不含农户）行业分类也按新的标准进行了调整。

［8］六大高耗能行业分别为：化学原料和化学制品制造业、非金属矿物制品业、黑色金属冶炼和压延加工业、有色金属冶炼和压延加工业、石油加工炼焦和核燃料加工业、电力热力生产和供应业。

[9] 钢材产量数据中含部分使用钢材加工成其他钢材的重复计算因素。

[10] 固定资产投资按东部、中部、西部和东北地区计算的合计数据小于全国数据，是因为有部分跨地区的投资未计算在地区数据中。其中，东部地区是指北京、天津、河北、上海、江苏、浙江、福建、山东、广东和海南10省（市）；中部地区是指山西、安徽、江西、河南、湖北和湖南6省；西部地区是指内蒙古、广西、重庆、四川、贵州、云南、西藏、陕西、甘肃、青海、宁夏和新疆12省（区、市）；东北地区是指辽宁、吉林和黑龙江3省。

[11] 房地产业投资除房地产开发投资外，还包括建设单位自建房屋以及物业管理、中介服务和其他房地产投资。

[12] 高速铁路是指最高营运速度达到200公里/小时及以上的铁路。

[13] 本年土地成交价款是指房地产开发企业进行土地使用权交易活动的最终金额，与土地购置费不同。

[14] 邮电业务总量按2010年不变价格计算。

[15] 移动电话交换机容量是指移动电话交换机根据一定话务模型和交换机处理能力计算出来的最大同时服务用户的数量。

[16] 3G 是指第三代蜂窝移动通信系统（3rd-generation，简称3G），3G 移动电话用户是指报告期末在计费系统拥有使用信息、占用3G 网络资源的在网用户。

[17] 社会融资规模是指一定时期内实体经济从金融体系获得的资金总额，是增量概念。

[18] 非公开增发又叫定向增发，不含资产认购部分。

[19] 公司信用类债券包括非金融企业债务融资工具、企业债券以及公司债、可转债等。

[20] 原保险保费收入是指保险企业确认的原保险合同保费收入。

[21] 新兴产业创投计划是指中央财政专项资金通过与地方政府资金、社会资本共同发起设立创业投资企业，或以股权投资模式直接投资创业企业等方式，培育和促进新兴产业发展的活动。

[22] 特种影片是指那些采用与常规影院放映在技术、设备、节目方面不同的电影展示方式，如巨幕电影、立体电影、立体特效（4D）电影、动感电影、球幕电影等。

[23] 提供住宿的社会服务机构除收养性机构外，还包括救助类机构、社区类机构以及军休所、军供站等机构。

[24] 农村五保供养是指老年、残疾和未满16周岁的村民，无劳动能力、无生活来源又无法定赡养、抚养、扶养义务人，或者其法定赡养、抚养、扶养义务人无赡养、抚养、扶养能力的村民，在吃、穿、住、医、葬方面得到的生活照顾和物质帮助。

[25] 人户分离的人口是指居住地与户口登记地所在的乡镇街道不一致且离开户口登记地半年以上的人口。

[26] 流动人口是指人户分离人口中不包括市辖区内人户分离的人口。市辖区内人户分离的人口是指一个直辖市或地级市所辖区内和区与区之间，居住地和户口登记地不在同一乡镇街道的人口。

[27] 人均收入中位数是指将所有调查户按人均收入水平从低到高顺序排列，处于最中间位置的调查户的人均收入。

［28］城镇职工基本医疗保险人数包括参保职工和参保退休人员。城镇居民基本医疗保险的参保对象是不属于城镇职工基本医疗保险覆盖范围的城镇非从业人员。

［29］按卫生部统计制度规定，新型农村合作医疗基金支出总额和受益人次目前仅统计到1–9月份。

［30］国有建设用地供应总量是指报告期市、县人民政府根据年度土地供应计划依法以出让、划拨、租赁等方式将国有建设用地使用权提供给单位或个人使用的国有建设用地总量。

［31］房地产用地是指商服用地和住宅用地的总和。

［32］万元国内生产总值用水量、万元工业增加值用水量和万元国内生产总值能耗按2010年不变价格计算。

资料来源：本公报中城镇新增就业、登记失业率、社会保障数据来自人力资源社会保障部；外汇储备和汇率数据来自外汇局；财政数据来自财政部；水产品产量数据来自农业部；木材产量、林业、森林火灾数据来自林业局；灌溉面积、水资源数据来自水利部；新增发电机组容量、新增220千伏及以上变电设备数据来自中电联；新建铁路投产里程、增建铁路复线投产里程、电气化铁路投产里程、铁路运输数据来自铁道部；新建公路、港口万吨级码头泊位新增吞吐能力、公路运输、水运、港口货物吞吐量数据来自交通运输部；新增光缆线路长度、新增移动电话交换机容量、电话用户、上网人数等通信数据来自工业和信息化部；保障性住房、城市污水处理、城市集中供热面积、建成区绿地率数据来自住房城乡建设部；货物进出口数据来自海关总署；外商直接投资、对外直接投资、对外承包工程、对外劳务合作等数据来自商务部；民航数据来自民航局；管道数据来自中石油、中石化；民用汽车、交通事故数据来自公安部；邮政业务数据来自邮政局；旅游数据来自旅游局、公安部；货币金融、公司信用类债券数据来自人民银行；上市公司数据来自证监会；保险业数据来自保监会；教育数据来自教育部；安排科技计划课题、技术合同等数据来自科技部；国家工程研究中心、企业技术中心、新兴产业创投等数据来自发展改革委；专利数据来自知识产权局；发射卫星数据来自国防科工局；质量检验、国家标准制定修订数据来自质检总局；气象预警、平均气温、登陆台风数据来自气象局；地震数据来自地震局；测绘数据来自测绘局；海洋观测站、海洋灾害造成直接经济损失数据来自海洋局；艺术表演团体、博物馆、公共图书馆、文化馆数据来自文化部；广播电视、电影数据来自广电总局；报纸、期刊、图书数据来自新闻出版总署；档案数据来自档案局；体育数据来自体育总局；残奥会数据来自中国残联；卫生、新农合数据来自卫生部；社会服务、低保和五保供养数据、农作物受灾面积、洪涝地质灾害造成直接经济损失、旱灾造成直接经济损失、低温冷冻和雪灾造成直接经济损失来自民政部；国有建设用地供应数据来自国土资源部；自然保护区、环境监测数据来自环境保护部；安全生产数据来自安全监管总局；其他数据均来自国家统计局。

2012 年甘肃省国民经济和社会发展统计公报

甘肃省统计局　国家统计局甘肃调查总队

（2013 年 3 月 1 日）

2012 年，全省各族人民在党中央、国务院和省委、省政府的正确领导下，在以实际行动迎接党的十八大的热潮中，坚持稳中求进，好中求快的发展主基调，积极转变发展方式，加快产业结构调整，奋力谋划项目建设，大力发展各项社会事业，努力保障和改善民生，全省经济社会持续稳定较快发展，为转型跨越，富民兴陇，与全国同步进入全面建成小康社会奠定了良好基础。

一、综合

经济增长：初步核算，全年实现生产总值 5650.2 亿元，比上年增长 12.6%。其中，第一产业增加值 780.4 亿元，增长 6.8%；第二产业增加值 2600.6 亿元，增长 14.2%；第三产业增加值 2269.2 亿元，增长 12.5%，其中批发和零售贸易业增加值 398.6 亿元，增长 10.4%，金融保险业增加值 184.4 亿元，增长 24.2%，房地产业增加值 146.3 亿元，增长 6.5%。

三次产业结构由上年的 13.5 : 47.4 : 39.1 调整为 13.8 : 46.0 : 40.2，与上年相比，第二产业所占比重下降 1.4 个百分点，第一、三产业所占比重分别上升 0.3 和 1.1 个百分点。

就业：年末共有城乡就业人员 1491.59 万人，比上年末增加 18.99 万人。城镇登记失业率为 2.68%，比上年下降 0.43 个百分点。失业人员再就业人数为 13.6 万人，比上年增长 16.74%。

图1　2006-2012年甘肃省生产总值及增长速度

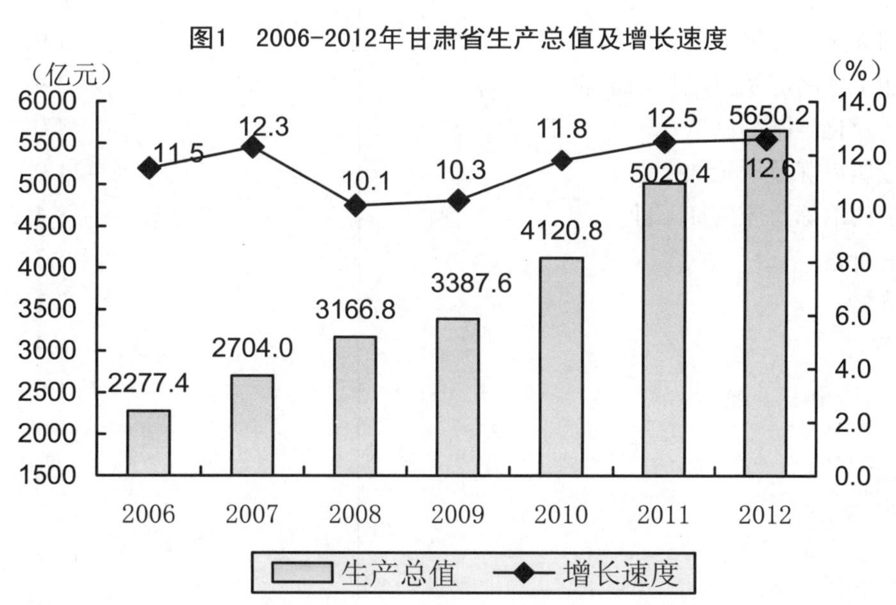

物价：全省居民消费价格总水平比上年上涨 2.7%，其中城市上涨 2.5%，农村上涨 3.1%。全省商品零售价格总水平比上年上涨 2.6%。

表 1 2012 年甘肃省居民消费价格比上年上涨（%）

指　　标	全省	城市	农村
居民消费价格	2.7	2.5	3.1
食品	4.1	3.8	4.7
#粮食	2.3	2.3	2.3
肉禽及其制品	4.2	3.3	5.7
油脂	4.5	4.8	4.0
鲜蛋	–3.4	–4.2	–1.4
鲜菜	10.7	9.9	12.7
鲜果	–3.5	–6.9	3.8
烟酒及用品	3.0	3.4	2.7
衣着	2.6	2.3	3.1
家庭设备用品及服务	1.1	0.8	1.9
医疗保健及个人用品	3.8	3.1	4.9
交通和通信	0.4	0.3	0.6
娱乐教育文化用品及服务	1.0	0.9	1.1
居住	1.8	2.1	1.4

全年工业生产者出厂价格总水平比上年下降 3.2%，工业生产者购进价格总水平下降 1.3%，固定资产投资价格总水平上涨 2.1%，农产品生产价格总水平上涨 6.4%。

表 2 2012 年甘肃省生产价格比上年上涨（%）

指　标	2012 年
工业生产者出厂价格	–3.2
#煤炭开采和洗选业	4.5
石油和天然气开采业	–1.9
石油加工、冶炼及核燃料加工业	3.9
化学原料及化学制品制造业	4.0
黑色金属冶炼及压延加工业	–11.9
有色金属冶炼及压延加工业	–18.4
工业生产者购进价格	–1.3
固定资产投资价格	2.1
农产品生产价格	6.4
#谷物	1.9
棉花	–12.7
油料	3.4
蔬菜	15.1
水果	19.5
中药材	13.1
畜产品	2.7

二、农业

全年粮食总产量 1109.7 万吨，比上年增产 9.4%。其中，夏粮产量 323.8 万吨，增产 1.3%；秋粮产量 785.9 万吨，增产 13.1%。

粮食作物种植面积 283.94 万公顷，比上年增加 0.57 万公顷；棉花种植面积 4.82 万公顷，增加 0.03 万公顷；油料种植面积 33.64 万公顷，减少 1.45 万公顷；蔬菜种植面积 45.40 万公顷，增加 3.86 万公顷；中药材种植面积 21.12 万公顷，增加 2.57 万公顷。

年末大牲畜存栏 650.9 万头（只），比上年末下降 1.0%；牛存栏 488.89 万头，下降 1.9%；羊存栏 1932.79 万只，增长 1.8%；猪存栏 655.32 万头，增长 5.4%。牛、羊、猪出栏分别为 172.67 万头、1087.16 万只和 721.83 万头，分别比上年增长 1.9%、2.3%和 6.2%。

图2　2006-2012年甘肃省粮食产量及增长速度

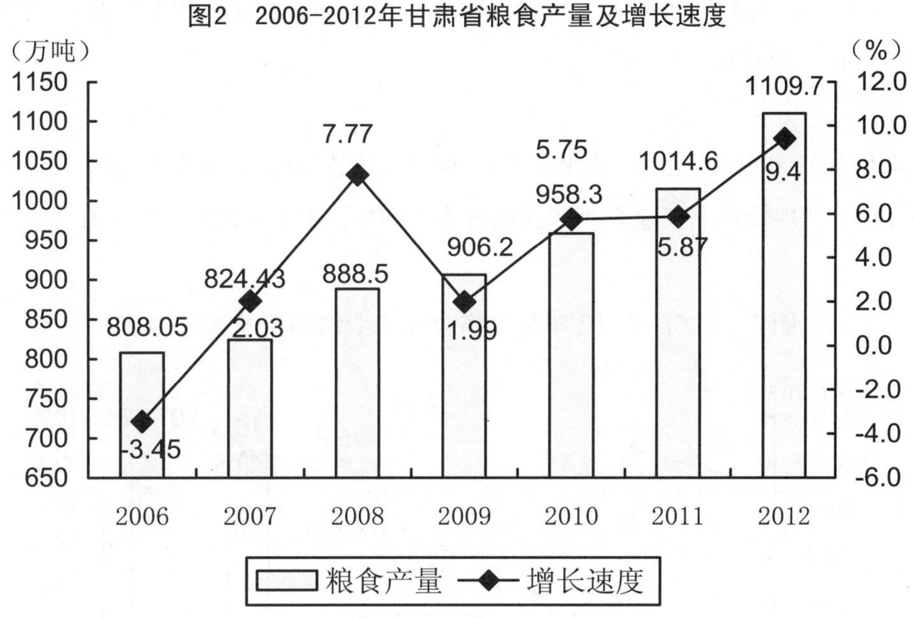

全年肉类总产量 92.28 万吨，比上年增长 4.3%，其中牛肉、羊肉分别增长 1.9%和 2.3%。牛奶产量 48.52 万吨，比上年增长 2.9%；绵羊毛产量 2.95 万吨，增长 1.7%。全年水产品产量 1.33 万吨，比上年增长 1.5%。

表 3　2012 年甘肃省主要农产品产量情况

单位：万吨、%

产品名称	产量	比上年增长
粮食	1109.7	9.4
油料	67.00	5.5
# 油菜籽	33.93	2.4
棉花	8.10	6.7
甜菜	24.65	36.3
烤烟	1.09	10.5
中药材	75.94	22.6
水果	359.71	8.7

产品名称	产量	比上年增长
蔬菜	1460.42	10.6
肉类	92.28	4.3
# 牛肉	18.04	1.9
羊肉	17.18	2.3
牛奶	48.52	2.9
绵羊毛	2.95	1.7
水产品	1.33	1.5

主要经济作物中，棉花产量 8.10 万吨，比上年增产 6.7%；烤烟产量 1.09 万吨，增产 10.5%；油料产量 67.0 万吨，增产 5.5%；水果产量 359.71 万吨，增产 8.7%；蔬菜产量 1460.42 万吨，增产 10.6%；中药材产量 75.94 万吨，增产 22.6%。

三、工业

全年完成工业增加值 2074.24 亿元，比上年增长 14.5%。规模以上工业企业完成工业增加值 1931.37 亿元，比上年增长 14.6%。规模以上工业企业产品销售率 93.4%，比上年回落 1.8 个百分点。

图 3　2006-2012 年甘肃省全部工业增加值及增长速度

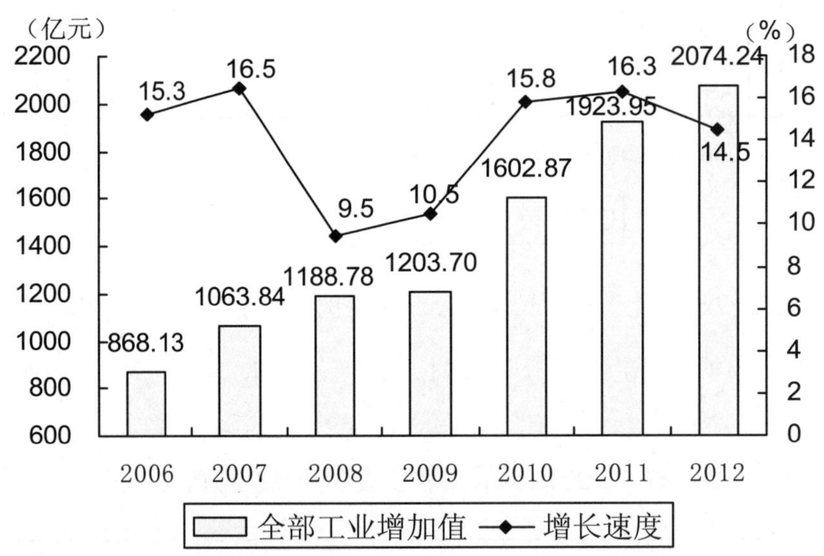

规模以上工业增加值中，国有及国有控股企业完成工业增加值 1488.36 亿元，比上年增长 11.1%；集体企业完成工业增加值 43.73 亿元，增长 19.5%；股份制企业完成工业增加值 1355.82 亿元，增长 15.2%；外商及港澳台投资企业完成工业增加值 29.42 亿元，增长 1.1%。

轻工业完成增加值 278.75 亿元，比上年增长 18.8%；重工业完成增加值 1652.62 亿元，增长 14.0%。

全年发电量 1083.25 亿千瓦小时，比上年增长 5.38%；原油 629.52 万吨，增长 25.24%；原油加工量 1520.52 万吨，下降 5.76%；粗钢产量 810.16 万吨，下降 1.18%；钢材 883.04 万吨，增长 8.65%；水泥 3515.06 万吨，增长 27.97%；十种有色金属 294.10 万吨，增长 34.15%。

表 4　2012 年甘肃省主要工业产品产量情况

产品名称	单位	产量	比上年增长（%）
卷烟	万箱	88.00	7.32
原油	万吨	629.52	25.24
天然气	万立方米	12792.00	57.03
原油加工量	万吨	1520.52	-5.76
发电量	亿千瓦小时	1083.25	5.38
#水电	亿千瓦小时	294.61	24.50
粗钢	万吨	810.16	-1.18
钢材	万吨	883.04	8.65
十种有色金属	万吨	294.10	34.15
# 铝	万吨	176.00	49.90
镍	万吨	12.78	0.63
铜	万吨	70.86	13.30
铅	万吨	2.15	12.57
锌	万吨	32.08	31.37
水泥	万吨	3515.06	27.97
硫酸	万吨	313.25	21.08
纯碱	万吨	20.12	6.01
烧碱	万吨	24.89	0.57
乙烯	万吨	64.17	-7.52
化肥（折 100%）	万吨	79.20	27.40
化学农药	万吨	0.17	21.43
发电设备	万千瓦	6.20	49.40
集成电路	亿块	72.10	10.45

全年规模以上工业企业实现利润总额 259.2 亿元，比上年增长 5.3%，其中国有及国有控股企业实现利润 201.87 亿元，增长 2.6%。规模以上工业亏损企业亏损额 113.05 亿元，增长 1.6%，其中国有及国有控股亏损企业亏损额 96.59 亿元，下降 6.7%。

石化、有色、电力、冶金、食品、煤炭和装备制造业等支柱产业完成工业增加值 1755.42 亿元，比上年增长 13.34%，占规模以上工业的 90.89%；实现利润 226.51 亿元，增长 4.96%，占规模以上工业的 87.39%。其中，装备制造业完成工业增加值 136.61 亿元，增长 15.72%；实现利润 16.51 亿元，增长 0.67%。

表 5　2012 年甘肃省重点支柱行业主要经济指标

单位：亿元、%

支柱行业	工业增加值		利润总额	
	绝对数	比上年增长	绝对数	比上年增长
石化工业	559.90	3.27	115.31	105.9
有色工业	316.14	31.80	30.40	–57.9
电力工业	167.52	8.52	11.06	
冶金工业	191.25	14.44	6.17	–76.4
食品工业	217.50	17.03	28.27	53.8
煤炭工业	166.51	15.50	18.79	–30.0
装备制造业	136.61	15.72	16.51	0.67

四、固定资产投资

固定资产投资：全年完成固定资产投资 6013.42 亿元，比上年增长 43.85%。其中，项目投资 5452.40 亿元，增长 42.83%。按三次产业分，第一产业投资 238.04 亿元，增长 24.34%；第二产业投资 3211.64 亿元，增长 57.98%，其中工业投资 2215.09 亿元，增长 45.82%；第三产业投资 2563.74 亿元，增长 31.08%。

图 4　2006–2012 年甘肃省固定资产投资及增长速度

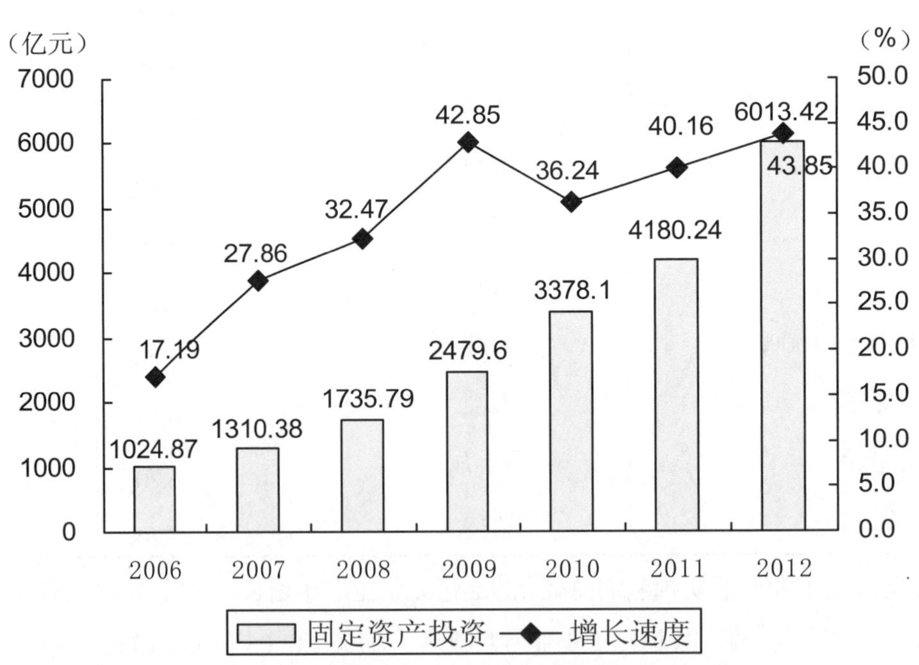

项目投资中，采矿业投资 370.38 亿元，增长 65.90%；制造业投资 1171.49 亿元，比上年增长 48.83%；电力、燃气及水的生产和供应业投资 673.21 亿元，增长 32.36%；建筑业投资 996.55 亿元，增长 93.90%；水利、环境和公共设施管理业投资 486.95 亿元，增长 72.89%。

表6　2012年甘肃省分行业项目投资及其增长速度

单位：亿元、%

行　业	投资额	比上年增长
农、林、牧、渔业	238.04	24.34
采矿业	370.38	65.90
制造业	1171.49	48.83
电力、燃气及水的生产和供应业	673.21	32.36
建筑业	996.55	93.90
批发和零售业	181.46	75.07
交通运输、仓储和邮政业	308.14	29.58
住宿和餐饮业	78.05	79.91
信息传输、计算机服务和软件业	41.79	15.76
金融业	14.55	63.73
房地产业	329.18	18.38
租赁和商务服务业	36.07	98.07
科学研究、技术服务和地质勘查业	39.25	49.10
水利、环境和公共设施管理业	486.95	72.89
居民服务和其它服务业	53.85	348.48
教育	99.08	40.39
卫生、社会保障和社会福利业	57.64	8.92
文化、体育和娱乐业	73.17	87.20
公共管理和社会组织	203.51	-47.04

房地产开发投资：完成房地产开发投资561.02亿元，比上年增长54.60%，其中住宅投资412.51亿元，增长59.85%。房屋施工面积5634.95万平方米，比上年增长47.90%；房屋竣工面积844.50万平方米，增长28.74%。商品房销售面积978.44万平方米，增长19.92%。

五、交通、邮电和旅游

全年交通运输、仓储和邮政业实现增加值319.66亿元，比上年增长10.60%。

交通运输：全年各种运输方式完成货物周转量2401.15亿吨公里，比上年增长34.05%；旅客周转量666.41亿人公里，增长12.08%。其中，铁路运输完成货运周转量1489.73亿吨公里，增长30.27%，旅客周转量379.75亿人公里，增长20.72%；公路运输完成货运周转量905.94亿吨公里，增长39.93%，旅客周转量286.44亿人公里，增长8.06%。

表 7　2012 年甘肃省主要运输方式完成货物运输量及其增长速度

指标	单位	绝对数	比上年增长（%）
货运量	亿吨	4.64	35.67
# 铁路	亿吨	0.63	17.89
公路	亿吨	4.00	39.04
货物周转量	亿吨公里	2401.15	34.05
# 铁路	亿吨公里	1489.73	30.27
公路	亿吨公里	905.94	39.93
航空	亿吨公里	0.21	10.21

表 8　2012 年甘肃省主要运输方式完成旅客运输量及其增长速度

指标	单位	绝对数	比上年增长（%）
客运量	亿人次	6.45	5.86
# 铁路	亿人次	0.24	1.27
公路	亿人次	6.19	6.05
航空	亿人次	0.01	14.10
旅客周转量	亿人公里	666.41	12.08
# 铁路	亿人公里	379.75	20.72
公路	亿人公里	286.44	8.06
航空	亿人公里	17.01	15.70

年末全省民用汽车保有量 128.87 万辆，比上年末增长 22.05%。其中，轿车 58.51 万辆，增长 26.40%；本年新注册汽车 23.33 万辆，增长 13.69%。年末私人汽车保有量 109.92 万辆，比上年末增长 25.47%；私人轿车保有量 45.72 万辆，增长 31.80%。

邮电通信：按 2010 年价格计算，全年完成邮电业务总量 188.21 亿元，比上年增长 11.89%。其中，电信业务总量 179.97 亿元，增长 11.96%；邮政业务总量 8.24 亿元，增长 10.46%。年末固定电话用户 377.77 万户，比上年末下降 4.71%。其中，城市 272.42 万户，增长 0.92%；农村 105.34 万户，下降 16.73%。本年减少固定电话用户 18.66 万户。年末移动电话用户 1763.55 万户，本年新增 149.98 万户。其中，3G 移动电话用户 308.7 万户。年末互联网宽带接入用户达到 163.3 万户，比上年末增长 12.13%。

旅游：全年国内旅游人数 7824.26 万人次，比上年增长 34.29%；国内旅游收入 469.65 亿元，增长 41.22%。全年境外入境旅游人数 10.20 万人次，比上年增长 12.02%。其中，外国人 6.69 万人次，增长 22.39%；港澳台同胞 3.51 万人次，下降 3.57%。全年国际旅游外汇收入 2235 万美元，比上年增长 28.47%。

六、国内贸易

全年实现社会消费品零售总额 1877.04 亿元，比上年增长 16.0%。按销售单位所在地统计，城镇实现社会消费品零售总额 1500.55 亿元，增长 16.0%，其中城区实现社会消费品零售总额 1123.90 亿元，增长 16.8%；乡村实现社会消费品零售总额 376.49 亿元，增长 15.8%。

图 5　2006–2012 年甘肃省社会消费品零售总额及增长速度

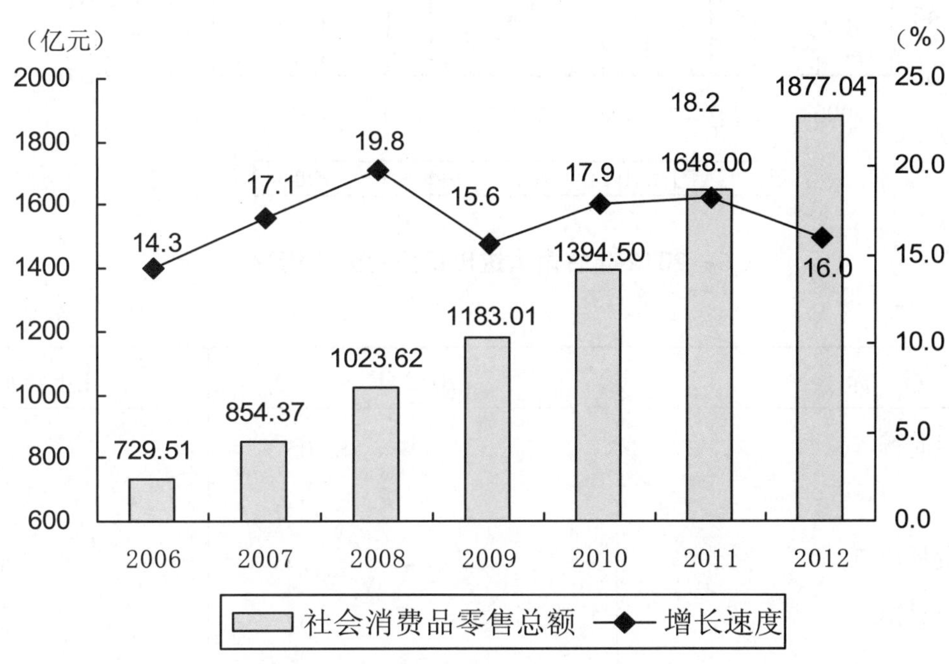

全年限额以上批发和零售业实现零售额 747.64 亿元，比上年增长 29.06%。其中，石油及制品类零售额 334.47 亿元，增长 31.44%；汽车类零售额 165.22 亿元，增长 20.27%；粮油、食品、饮料、烟酒类零售额 67.47 亿元，增长 33.42%；服装鞋帽、针、纺织品类零售额 49.03 亿元，增长 24.90%；家用电器和音像器材类零售额 18.36 亿元，增长 15.76%；中西药类零售额 17.42 亿元，增长 45.41%；金银珠宝类零售额 14.29 亿元，增长 21.90%；日用品类零售额 14.25 亿元，增长 25.33%。

七、对外经济

对外贸易：全年外贸进出口总值为 89.05 亿美元，比上年增长 1.99%。其中，出口总值为 35.74 亿美元，增长 65.53%；进口总值为 53.31 亿美元，下降 18.88%。一般贸易出口 27.13 亿美元，增长 130.0%；加工贸易出口 1.97 亿美元，下降 27.85%。机电产品出口 10.78 亿美元，增长 109.45%。

利用外资：全年外商直接投资合同项目 20 个，比上年减少 8 个。实际使用外商直接投资 0.61 亿美元，比上年下降 13.01%。全年对外承包工程和劳务合作合同金额 2.06 亿美元，下降 62.34%；对外承包工程和劳务合作完成营业额 2.65 亿美元，下降 10.77%。

图 6　2006–2012 年甘肃省进出口总额及增长速度

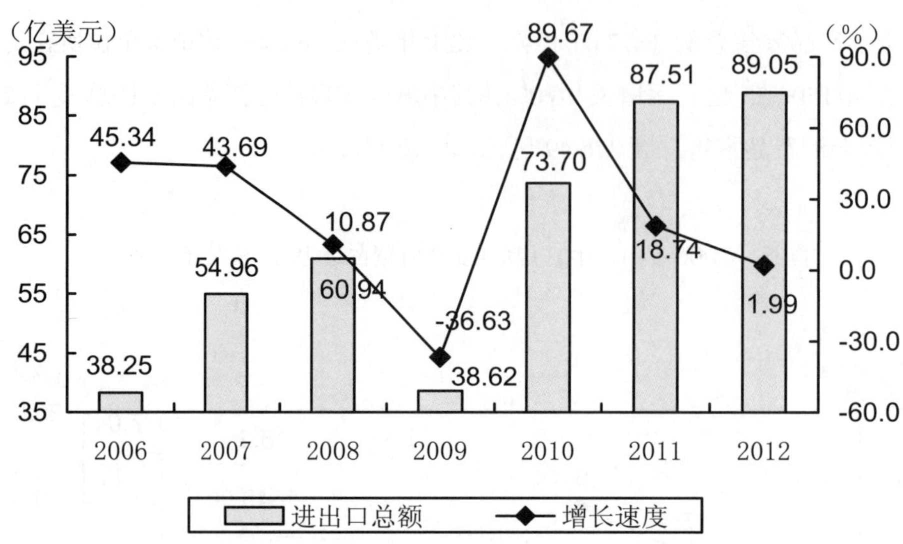

表 9　2012 年甘肃省进出口贸易分类情况

单位：亿美元、%

指　标	2012 年	比上年增长
海关进出口总额	89.05	1.99
出口额	35.74	65.53
#一般贸易出口	27.13	130.00
加工贸易出口	1.97	–27.85
#机电产品出口	10.78	109.45
高新技术产品出口	0.28	27.46
进口额	53.31	–18.88
#一般贸易进口	49.46	–13.05
加工贸易进口	2.36	–69.80
#机电产品进口	1.85	13.65
高新技术产品进口	0.79	223.75

八、财政、金融、证券和保险业

财政：全年大口径财政收入为 1080.38 亿元，比上年增长 17.34%。全省公共财政预算收入为 520.88 亿元，增长 19.65%。其中，增值税 60.52 亿元，增长 23.64%；营业税 136.72 亿元，增长 24.23%；企业所得税 36.53 亿元，增长 27.79%；个人所得税 13.54 亿元，下降 3.67%。公共财政预算支出为 2063.44 亿元，增长 15.20%。

金融：年末全省金融机构本外币各项存款余额 10129.69 亿元，比上年末增长 19.72%。全省金融机构人民币各项存款余额 10033.40 亿元，增长 19.53%。其中，单位存款余额 4652.81 亿元，增长 19.53%；城乡居民储蓄存款余额 5050.08 亿元，增长 19.35%。年末全省金融机构本外币各项贷款余额 7196.60 亿元，比上年末增长 25.46%。全省金融机构人民币各项贷款余额 6829.42 亿元，增长 24.88%。

图 7　2006-2012 年甘肃省城乡居民储蓄存款余额及增长速度

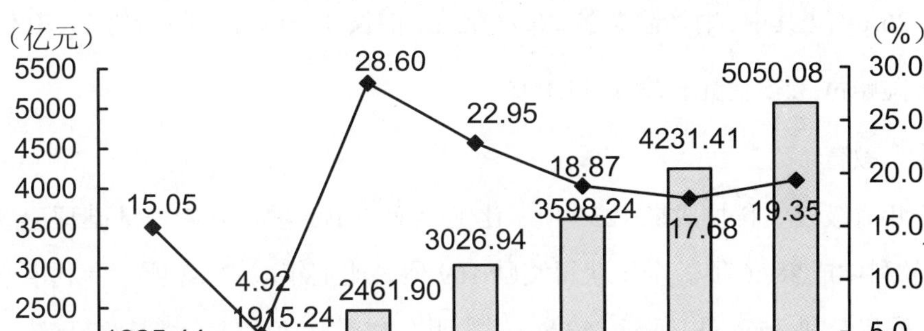

表 10　2012 年甘肃省金融机构各项存贷款余额

单位：亿元、%

指　标	年末数	比上年末增长
金融机构本外币各项存款余额	10129.69	19.72
金融机构人民币各项存款余额	10033.4	19.53
# 单位存款	4652.81	19.53
城乡居民储蓄存款	5050.08	19.35
金融机构本外币各项贷款余额	7196.60	25.46
金融机构人民币各项贷款余额	6829.42	24.88
# 短期贷款	2291.55	30.07
中长期贷款	4123.71	18.82
# 农村信用社贷款	912.01	33.33
# 个人消费贷款	490.60	27.65
# 个人住房贷款	288.47	19.20

证券：年末全省共有境内股票上市公司 24 家，与上年末持平。年末股票市价总值为 1214.78 亿元，比上年末增长 17.45%。发行、配售股票筹集资金 88.47 亿元，比上年增长 17.90%。

保险：全年保费收入 158.77 亿元，比上年增长 12.66%。其中，财产险收入 55.94 亿元，增长 20.31%；寿险收入 90.84 亿元，增长 7.94%；健康险和意外伤害险收入 11.99 亿元，增长 16.63%。全年赔付额 48.18 亿元，比上年增长 26.14%。其中，财产险赔款 26.93 亿元，增长 38.86%；寿险给付 17.70 亿元，增长 12.81%；健康险和意外伤害险赔付 3.55 亿元，增长 14.15%。

九、科学技术、教育

科学技术：全年省级以上科技成果 1233 项，比上年增加 125 项。其中，基础理论成果 27 项，应用技术成果 1140 项，软科学成果 66 项。全年获得奖励 169 项，比上年减少 12 项。专利申请受理 8261 件，比上年增长 56.3%；授权专利 3664 件，增长 53.8%；发明专利授权 704 件，增长 27.8%。全年共签订技术合同 2883 项，技术合同成交金额 73.06 亿元，增长 38.80%。

教育：全省研究生教育招生 0.98 万人，比上年增长 5.34%，在学研究生 2.83 万人，增长 4.94%；普通高等教育招生 13.13 万人，增长 5.07%，在校学生 43.11 万人，增长 6.36%；中等职业教育招生 14.43 万人，下降 4.75%；普通高中招生 22.61 万人，增长 2.06%；初中学校招生 37.59 万人，下降 7.56%；普通小学招生 34.12 万人，增长 0.88%；特殊教育招生 0.14 万人，下降 1.58%；幼儿园在园幼儿 48.03 万人，增长 11.14%。

表 11　2012 年甘肃省各类教育招生和在校生情况

单位：万人、%

指标	招生数		在校生数		毕业生数	
	绝对数	比上年增长	绝对数	比上年增长	绝对数	比上年增长
研究生教育	0.98	5.34	2.83	4.94	0.80	11.76
普通高等教育	13.13	5.07	43.11	6.36	10.30	3.98
中等职业教育	14.43	–4.75	42.39	–0.77	12.66	–2.69
普通高中	22.61	2.06	66.49	1.19	21.36	5.63
初中学校	37.59	–7.56	118.02	–8.19	44.26	–3.41
普通小学	34.12	0.88	206.35	–6.23	39.87	–6.46

十、文化、卫生、体育

文化：年末，全省共有文化馆 103 个，公共图书馆 103 个，博物馆(含纪念馆)150 个，艺术表演团体 73 个，广播和电视综合人口覆盖率分别为 96.89%和 97.56%，分别比上年提高 3.19 和 3.51 个百分点。有线电视用户 201.18 万户，下降 8.75%；有线数字电视用户 161.77 万户，增长 9.47%。省级报纸出版 5.02 亿份，比上年增长 4.09%；期刊出版 1.18 亿册，增长 5.3%；图书出版 7112 万册（张），增长 5.4%。

卫生：年末，全省共有卫生机构 26401 个，其中医院 401 个，卫生院 1379 个，社区卫生服务中心（站）616 个，诊所（卫生所、医务室）6906 个，妇幼保健院（所、站）98 个，专科疾病防治院（所、站）6 个，疾病预防控制中心（防疫站）102 个，卫生监督机构 91 个。医院、卫生院拥有床位 10.05 万张，比上年增长 10.87%。卫生技术人员 11.06 万人，增长 3.95%。其中执业医师和执业助理医师 4.29 万人，增长 4.18%；注册护士 3.71 万人，增长 9.22%。全年甲、乙类法定报告传染病发病人数 8.51 万例，报告死亡 115 人；报告传染病发病率 332.71/10 万，死亡率 0.45/10 万。

体育：全年获得各类奖牌 129 枚，比上年增加 20 枚。

十一、人口与人民生活

人口：年末全省常住人口为 2577.55 万人，比上年末增加 13.36 万人。其中，城镇人口 998.80 万人，占 38.75%，比重比上年提高 1.6 个百分点；乡村人口 1578.75 万人，占 61.25%，比重下降 1.6 个百分点。按年龄分，0–14 岁人口 444.89 万人，占 17.26%，比重比上年末下降 0.47 个百分点；15–64 岁人口 1915.89 万人，占总人口的 74.33%，比重提高 0.38 个百分点； 65 周岁及以上人口 216.77 万人，占总人口的 8.41%，比重提高 0.09 个百分点。按性别分，男性人口 1316.87 万人，占 51.09%；女性人口 1260.68 万人，占 48.91%。

全年出生人口 31.15 万人，人口出生率为 12.11‰，比上年上升 0.03 个千分点；死亡人口 15.56 万人，人口死亡率为 6.05‰，上升 0.02 个千分点；人口自然增长率为 6.06‰，上升 0.01 个千分点。出生人口性别比为 117.29。

人民生活：全年城镇居民人均可支配收入 17156.89 元，比上年增长 14.47%；城镇居民人均消费性支出 12847.05 元，增长 14.82%；城镇居民家庭食品消费支出占消费总支出的比重为 35.82%，比上年降低 1.56 个百分点。农村居民人均纯收入 4506.7 元，增长 15.3%；农村居民人均生活消费支出 4146.2 元，增长 13.1%；农村居民家庭食品消费支出占消费总支出的比重为 39.8%，比上年降低 2.4 个百分点。

图 8　2006–2012 年甘肃省城镇居民人均可支配收入及增长速度

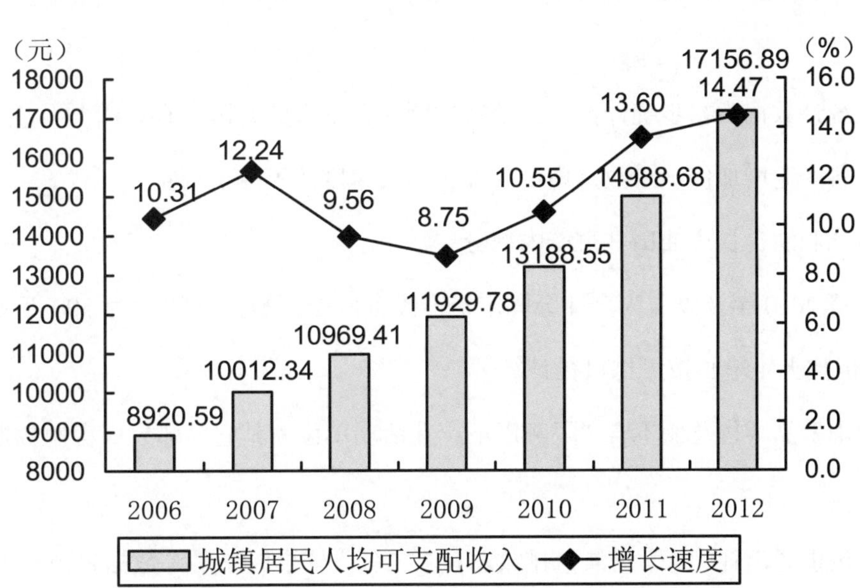

图 9　2006-2012 年甘肃省农村居民人均纯收入及增长速度

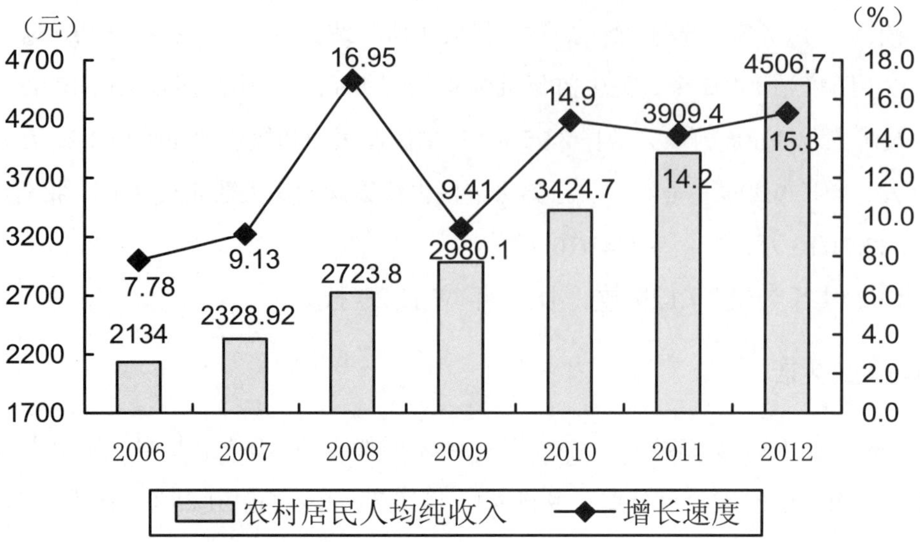

（元）　（%）

年份	农村居民人均纯收入（元）	增长速度（%）
2006	2134	7.78
2007	2328.92	9.13
2008	2723.8	16.95
2009	2980.1	9.41
2010	3424.7	14.9
2011	3909.4	14.2
2012	4506.7	15.3

十二、安全生产与自然灾害

安全生产：全年生产安全事故死亡 1639 人，比上年下降 5.64%。亿元生产总值生产安全事故死亡人数为 0.29 人，下降 17.14%。工矿商贸企业就业人员生产安全事故 10 万人死亡人数为 2.90 人，下降 14.96%。煤矿百万吨死亡人数为 0.738 人，下降 3.66%。全年发生道路交通事故 2954 起，造成 1438 人死亡、3343 人受伤，直接经济损失 1659.7 万元；道路交通万车死亡人数为 5.92 人，下降 14.08%。

全年平均气温 8.0℃，平均降水量 443.8 毫米。

自然灾害：全年农作物受灾面积 67.64 万公顷，比上年下降 44.1%。其中成灾面积 49 万公顷，下降 44.4%。发生各类地质灾害 144 起，比上年增加 29 起，造成死亡人数 7 人，直接经济损失 1.52 亿元，比上年下降 70.36%。

注：

1. 本公报各项统计数据为初步统计数。部分数据因四舍五入的原因，存在着与分项合计不等的情况。

2. 生产总值、各产业增加值绝对数按现价计算，增长速度按不变价计算。

3. 工业增加值和利润含长庆油田甘肃境内部分。

4. 固定资产投资 2010 年及以前为全社会固定资产投资口径，2010 年以后为 500 万元以上项目及房地产开发投资口径，但比上年增长按可比口径计算。

5. 2012 年社会消费品零售总额不含“限额以下产业活动单位和其它”部分零售额数据，其增长速度按可比口径计算。

6. 万元生产总值能源消耗、化学需氧量排放总量、二氧化硫排放总量等数据将由有关部门进一步核实后于近期公布。

7. 本公报中城镇登记失业率、失业人员再就业人数、财政数据来自甘肃省财政厅，货币金融数据来自中国人民银行兰州中心支行，保险数据来自保监会甘肃监管局，证券数据来自证监会甘肃监管局，外贸数据来自兰州海关，旅游数据来自甘肃省旅游局，交通运输数据来自甘肃省交通厅、兰州铁路局和东航甘肃分公司，通信数据来自甘肃省通信管理局，邮政数据来自甘肃省邮政总公司，教育数据来自甘肃省教育厅，科技数据来自甘肃省科技厅，专利数据来自甘肃省专利局，气象数据来自甘肃省气象局，文化数据来自甘肃省文化厅，广播、电视数据来自甘肃省广播电影电视局，卫生数据来自甘肃省卫生厅，体育数据来自甘肃省体育局，安全生产数据来自甘肃省安全生产监督管理局。

2012年兰州市国民经济和社会发展统计公报

兰州市统计局　国家统计局兰州调查队

（2013年3月18日）

2012年以来，面对国内外复杂多变的经济形势，全市上下认真学习贯彻党的十八大精神，积极落实省上对兰州工作的一系列要求，以促进实体经济发展、提高经济首位度、加快“五个标准”建设、落实“3341”项目工程，扩大投资消费政策措施为抓手，奋发向上、攻坚克难，经济社会保持了平稳较快发展的良好态势,为全面建成小康社会奠定了良好基础。兰州新区被批准为全国第五个、西北第一个国家级新区。

一、综合

初步核算，全市实现生产总值1564.41亿元，比上年增长13.4%。其中，第一产业增加值45.14亿元，增长7.6%；第二产业增加值744.70亿元，增长12.2%；第三产业增加值774.57亿元，增长14.8%。三次产业比例为2.89∶47.60∶49.51。非公有制经济增加值617.9亿元，增长18.57%，占全市GDP的比重为39.49%。

图1　　2005-2012年生产总值及增长速度

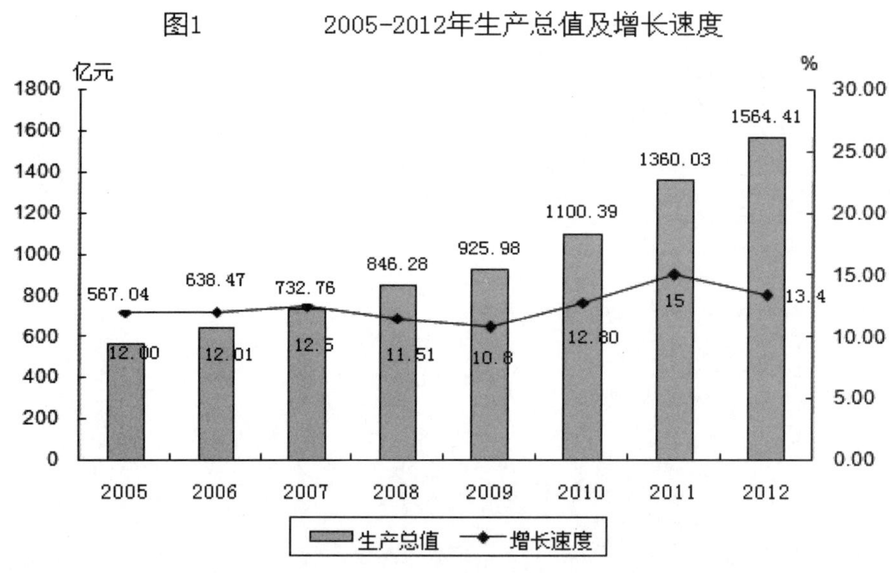

安全生产形势总体稳定。亿元GDP生产安全事故死亡人数为0.19人；道路交通万车死亡人数为5.49人；煤矿百万吨死亡人数1.8人。

二、农业

全年农作物播种面积333.36万亩，其中粮食作物播种面积 195.25万亩，比上年下降0.95%，玉米双垄全膜覆盖栽培面积42.23万亩。粮食总产量44.20万吨，比上年增长4.27%；其中：夏粮17.14万吨，较上年增长1%；秋粮27.06万吨，比上年增长6.45%。蔬菜播种面积81.85万亩，增长8.45 %；蔬菜产量229.29万吨，增长9.59%。

图2　　2005-2012年粮食产量及增长速度

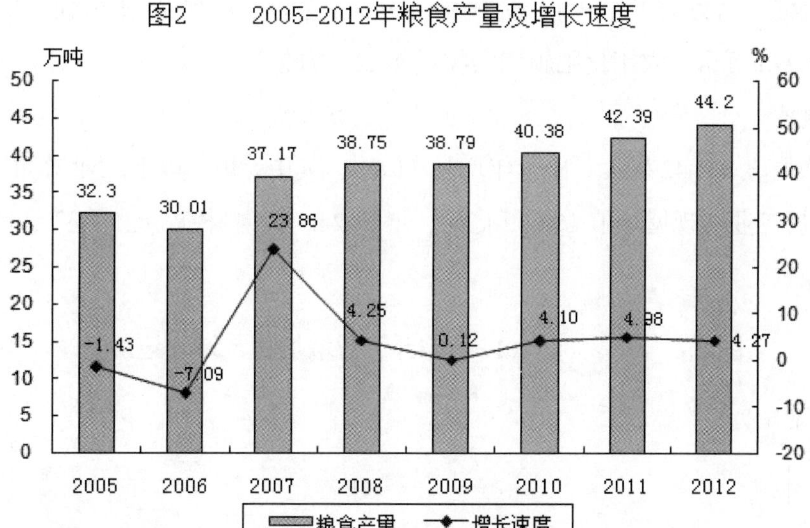

图3　　2005-2012年蔬菜产量及增长速度

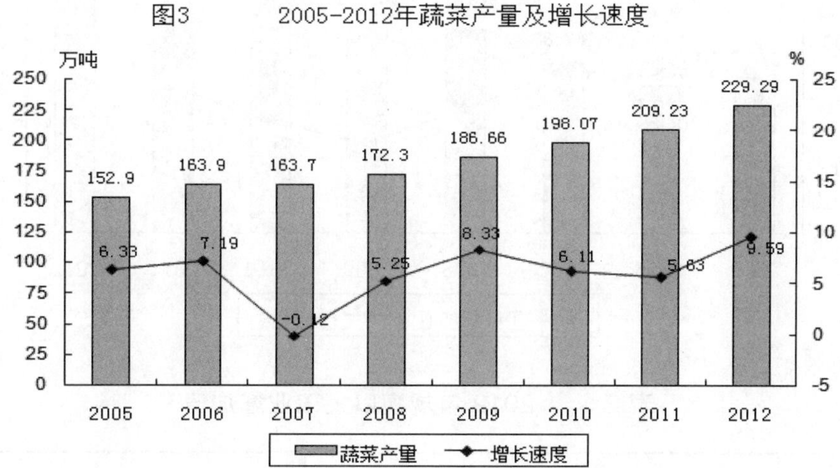

表 1　　2012 年主要农产品产量

单位：万吨

产品名称	产　量	比上年增长（%）
粮食	44.20	4.27
蔬菜	229.29	9.59
油料	2.56	14.80
瓜类	14.36	13.52
肉类	3.20	4.58
#猪肉	2.41	1.26
牛肉	0.07	-13.2
羊肉	0.38	2.78
鲜蛋	1.94	2.82
牛奶	6.66	1.82
水产品	0.13	-0.55

年末拥有农业机械总动力 153 万千瓦，完成机耕 116 千公顷、机播 74 千公顷、机收 37 千公顷。全市新增有效灌溉面积 1.275 万亩，农用化肥施用实物量 14.27 万吨。

三、工业和建筑业

全市实现工业增加值 562.42 亿元，比上年增长 11.8%。其中，规模以上工业增加值 538.15 亿元，增长 11.5%。规模以上市属工业实现增加值 104.99 亿元，增长 24.3%。规模以上工业产品销售率 94.8%，比上年回落 1.9 个百分点。

图4　　2005-2012年全部工业增加值及增长速度

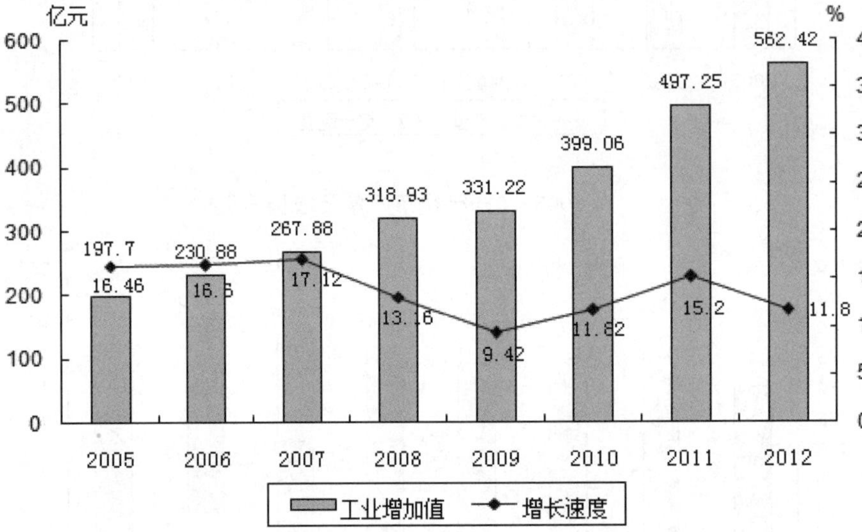

表 2　　2012 年规模以上工业增加值

单位：亿元

指　标	2012 年	比上年增长（%）
规模以上工业增加值	538.15	11.5
#轻工业	128.83	20.2
重工业	409.32	9.2
#国有经济	65.68	11.1
集体经济	8.15	21.0
股份合作	0.25	44.8
股份制	434.21	11.1
外商及港澳台	16.72	8.9
其他	13.14	27.1
#国有控股	443.54	8.7
#大中型企业	455.29	10.8
#国有企业	40.23	15.3

表 3　　　2012 年主要工业产品产量

产品名称	单位	产量	比上年增长（%）
啤酒	万升	44704	3.3
卷烟	亿支	277.15	6.5
原煤	万吨	716.32	38.6
原油加工量	万吨	1002.12	-4.9
汽油	万吨	209.86	-5.3
水泥	万吨	847.17	46.9
平板玻璃	万重量箱	496.79	-13.9
钢材	万吨	212.98	30.5
原铝	万吨	84.89	37.5
发电量	亿千瓦小时	203.74	11.8
铁合金	万吨	38.51	-14.1

全社会建筑业完成增加值 182.28 亿元，比上年增长 13.4%。

四、固定资产投资

全年完成固定资产投资额 1239.18 亿元，比上年增长 42.34%。其中，房地产开发投资 223.3 亿元，增长 39.85%。

图5　2005-2012年固定资产投资额及增长速度

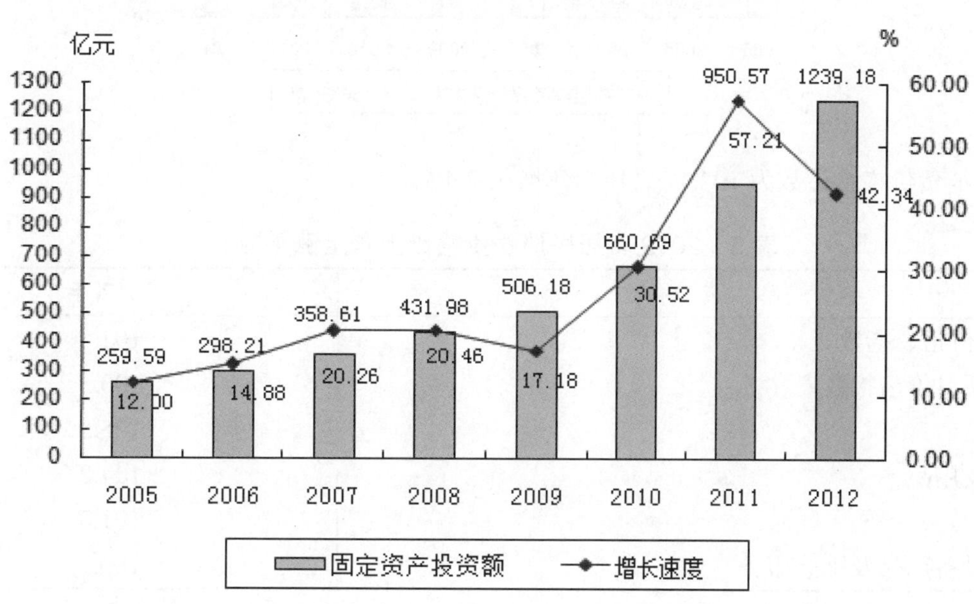

在固定资产投资中，第一产业 24.94 亿元，占 2.01%，比上年增长 366.79%；第二产业 387.88 亿元，占 31.3%，比上年增长 42.47%；第三产业 826.36 亿元，占 66.69%，比上年增长 39.36%。全社会新增固定资产 951.28 亿元，比上年增长 132.01%。

五、国内贸易和物价

全年完成社会消费品零售总额 749.12 亿元,比上年增长 17.1%。

表 4　2012 年社会消费品零售总额按行业分组

单位：亿元

指　　标	2012 年	比上年增长（%）
社会消费品零售总额	749.12	17.10
#批发业	55.76	22.38
零售业	563.81	16.19
住宿业	5.36	17.29
餐饮业	124.19	18.9

图6　　2005-2012年社会消费品零售总额及增长速度

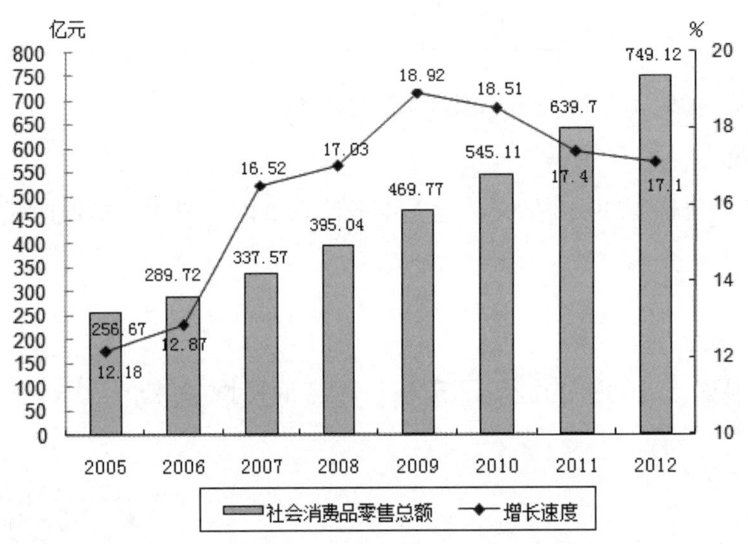

全年居民消费价格总指数为 102.4%，比上年增长 2.4%。

表 5　2012 年居民消费价格比上年上涨（%）

指　　标	2012 年
居民消费价格总指数	102.4
#服务项目价格指数	100.3
#食品	105.5
烟酒及用品	104.2
衣着	101.3
家庭设备用品及维修服务	100.3

指　　标	2012年
医疗保健和个人用品	101.9
交通和通讯	99.9
娱乐教育文化用品及服务	99.3
居住	100.7

六、对外经济和旅游

进出口总额33.94亿美元，比上年增长83.35%。其中，出口26.92亿美元，比上年增长123.79%；进口7.02亿美元，比上年增长8.33%。成功举办了第十八届兰洽会，全年新批外商投资企业8家，比上年增长14.29%；合同投资总额7947.5万美元，比上年下降25.12%；合同外资额4638万美元，比上年增长15.54%。

全年接待国内旅游人数2101.51万人次，比上年增长49.7%；入境旅游人数3.9万人次，比上年增长2.9%。国内旅游收入154.35亿元，比上年增长50.9%。

七、交通和邮电

交通运输业稳步发展，交通基础设施进一步完善。

表6　　2012年各种运输方式完成运输量及增长速度

指　标	单位	2012年	比上年增长（%）
货运量	万吨	9671.89	8.58
铁　路	万吨	1003.95	-17.34
公　路	万吨	8664.34	13.06
民　航	万吨	3.6	34.33
客运量	万人	4829.07	10.03
铁　路	万人	996.95	-4.33
公　路	万人	3373.82	13.76
民　航	万人	458.3	20.32

全年完成电信业务总量47.14亿元，邮政业务总量1.76亿元。全市拥有固定电话机92.96万部，其中公用电话15.71万部(含智能网专用接入终端公用电话)。移动用户达418.93万户。计算机互联网用户达49.69万户。

八、财政、金融和保险业

全年地区性财政收入406.08亿元，比上年增长16%。公共财政预算收入103.73亿元，增长19.93%。公共财政预算支出202.43亿元，增长15.36%。

年末金融机构各项存款余额4589.26亿元，比上年增长19.71%。各项贷款余额3672.85亿元，比上年增长25.87%。城乡居民储蓄存款余额1743.18亿元，比上年增长17.77%。

全年承保总额达11462.4亿元，比上年下降13.94%；保险业务收入59.66亿元，增长13.79%；赔付支出16.34亿元，增长18.11%。

九、城市建设

全市以城市基础设施项目建设为重点，全面推进重点项目和民生工程，城市形象和面貌得到改善提升。城市轨道交通项目正式开工建设。制定实施“一横三环九纵”城市骨干路网规划，下大力气解决城市交通拥堵问题。南山路东段建成通车，金雁黄河大桥建成通车，圆通黄河大桥基本建成。小西湖等5个立交交通点改造启动实施。兰州新区推进“四纵四横”主干道、兰秦快速通道水秦基本建成。全面开展大气污染防治,完成燃煤锅炉改造363台3064蒸吨,全年优质天数达到270天,比上年增加28天,优良率达到73.97%,较大地改善了居民出行条件和生活环境。

十、教育、文化体育和卫生

各类学校在校学生92.9万人。其中，高等学校37.7万人，中等专业学校8.5万人，普通中学18.4万人，小学20.4万人。各级各类教育事业全面发展,义务教育整体水平稳步提高。学龄儿童入学率达100%，普通初中升学率95.2%。近郊四区高中阶段教育入学率达97.4%。

全市拥有图书馆9个，文化馆10个。成功举办了第二届兰州国际马拉松，被中国田径协会评为年度“金牌赛事”。广泛开展“中国西北游、出发在兰州”宣传推介，有效扩大了城市知名度和影响力。

全市拥有各级各类医疗卫生机构1603个，设置床位27492张，拥有卫生技术人员27668人，每千人拥有卫生技术人员7.6人。

十一、人口与人民生活

全市户籍总人口321.52万人，其中，市区人口206.38万人。户籍总人口中非农业人口202.5万人，比上年减少0.17万人；农业人口119.02万人，比上年减少1.61万人。

全年新增城镇就业人员8.3万人，城镇登记失业率为1.63%。完成了城乡低保和农村五保提标工作。保险覆盖面不断扩大。全市参加养老保险的单位5432户，参保职工36.93万人;参加失业保险的企事业单位达到4488户，参保职工56.05万人;参加基本医疗保险人数为79.86万人。

全年城镇居民人均可支配收入18442.76元,比上年增长15.61%，其中工资性收入12457.39元，增长12.87%。人均消费性支出14167.9元，增长14.70%。城镇居民家庭恩格尔系数为37.28%。农村居民人均纯收入6224.32元,比上年增长18.51%,其中工资性收入3316.22元,增长25.48%。人均生活消费支出4760.18元，增长18.12%。农村居民家庭恩格尔系数为37.69%。

图7　2005-2012年城镇居民人均可支配收入及增长速度

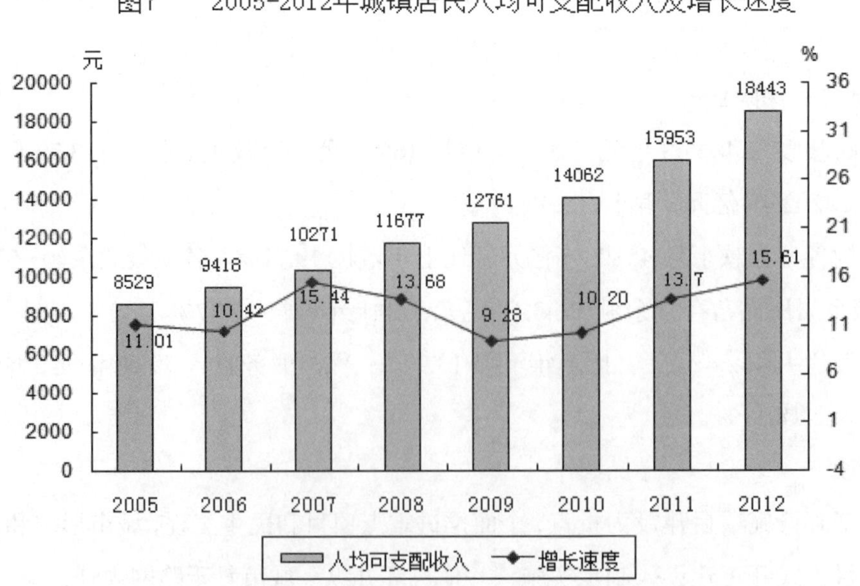

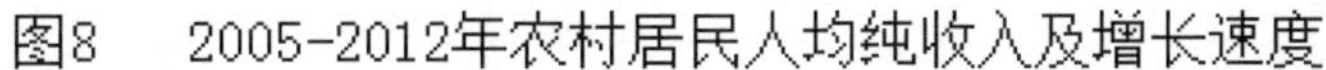
图8　2005-2012年农村居民人均纯收入及增长速度

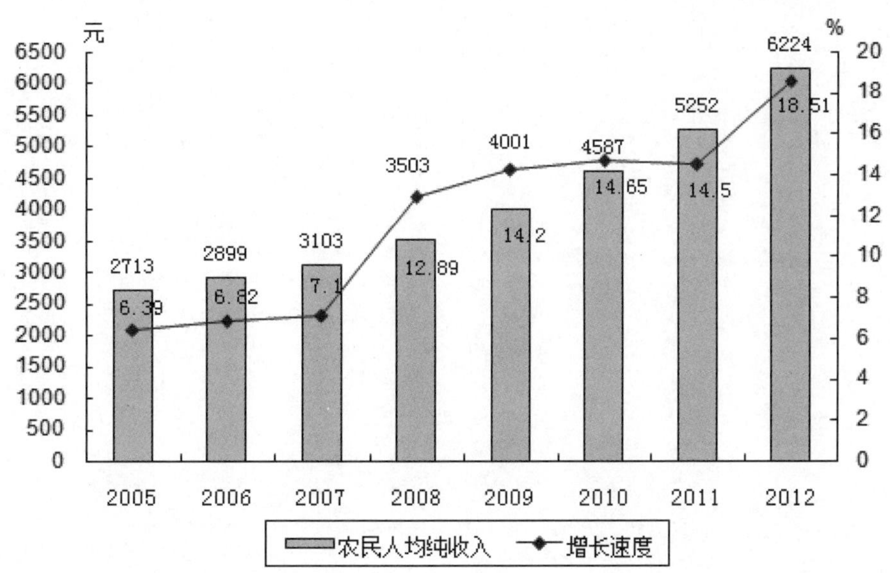

注：1、本公报各项统计数据为初步统计数。统计范围为兰州行政辖区内全部社会经济活动。

2、生产总值（GDP）、各产业增加值按现行价格计算，增长速度按可比价格计算。

3、本公报中安全生产数据来自兰州市安全生产监督管理局，外贸数据来自兰州市商务局，合同投资数据来自兰州市经济合作服务局，旅游数据来自兰州市旅游局，财政收入数据来自兰州市财政局，金融数据来自中国人民银行兰州中心支行，保险数据来自中国保险监督管理委员会甘肃监管局，文教数据来自兰州市文化广播影视新闻出版局、兰州市教育局，医疗数据来自兰州市卫生局，人口数据来自兰州市公安局，城镇就业人员、失业率、社会保障数据来自兰州市人力资源与社会保障局，交通运输数据来自兰州市铁路局、兰州市交通运输局、兰州中川机场管理有限公司，电信数据来自中国电信有限公司兰州分公司、中国联合网络通信有限公司兰州分公司、中国移动通信集团兰州分公司。

一、综 合

1－1 行政区划

（2012 年）

	镇数	乡数	街道办事处数	社区居委会数	村民委员会数
全市	**35**	**26**	**52**	**399**	**731**
市区	9	7	52	381	152
城关区			25	151	18
七里河区	4	2	9	77	60
西固区	2	4	7	72	40
安宁区			8	59	
红古区	3	1	3	22	34
各县	26			18	579
永登县	13	5		11	240
皋兰县	5	2		3	71
榆中县	8	12		4	268

1－2 气象

（2012 年）

	市区	永登县	皋兰县	榆中县
年（1－12）平均气温（℃）	**10.5**	**7.5**	**6.6**	**5.5**
冬季（12－2）	-3.5	-7.6	-7.1	-8.0
春季（3－5）	12.6	10.0	8.8	7.4
夏季（6－8）	23.1	21.0	18.7	17.6
秋季（9－11）	9.8	6.8	6.2	5.1
年（1－12）降水量（毫米）	**293.0**	**231.2**	**393.3**	**405.8**
冬季	5.5	1.6	10.7	10.7
春季	87.2	46.9	97.8	78.7
夏季	138.7	115.8	197.8	196.0
秋季	60.9	66.2	86.7	118.3

1－3 县区所辖街道办事处、乡、镇名称

（2012 年）

	街道办事处、镇	乡
城关区	东岗街道、拱星墩街道、火车站街道、 团结新村街道、渭源路街道、东岗西路街道、 铁路东村街道、铁路西村街道、皋兰路街道、 广武门街道、五泉街道、酒泉路街道、 白银路街道、张掖路街道、临夏路街道 伏龙坪街道、草场街街道、焦家湾街道、 盐场路街道、靖远路街道、嘉峪关街道 雁南街道、雁北街道、青白石街道、高新区街道	
七里河区	西园街道、西湖街道、建兰路街道、 敦煌路街道、西站街道、晏家坪街道、 龚家湾街道、土门墩街道、 秀川街道、阿干镇、八里镇、 彭家坪镇、西果园镇	魏岭乡、黄峪乡
西固区	先锋路街道、福利路街道、西固城街道、 临洮街街道、西柳沟街道、陈坪街道、 四季青街道、新城镇、东川镇	金沟乡、柳泉乡、 河口乡、达川乡
安宁区	十里店街道、安宁西路街道、沙井驿街道、 刘家堡街道、培黎街道、孔家崖街道、 银滩路街道、安宁堡街道	
红古区	花庄镇、海石湾镇、平安镇、 窑街街道、下窑街道、矿区街道	红古乡
永登县	城关镇、红城镇、中堡镇、武胜驿镇、 河桥镇、连城镇、中川镇、秦川镇、 苦水镇、大同镇、龙泉寺镇、树屏镇、上川镇	柳树乡、坪城乡、民乐乡、 通远乡、七山乡
皋兰县	西岔镇、忠和镇、什川镇、石洞镇	黑石川乡、中心乡、水阜乡
榆中县	城关镇、夏官营镇、高崖镇、 金崖镇、和平镇、甘草店镇、 青城镇、定远镇	小康营乡、马坡乡、连搭乡、 新营乡、清水驿乡、龙泉乡、 中连川乡、贡井乡、园子岔乡、 上花岔乡、哈岘乡、韦营乡

1－4 各部门机构数和人数

	机构数(个)					
	2006	2008	2009	2010	2011	2012
基层组织						
镇政府	34	34	34	34	35	35
乡政府	27	27	27	26	26	26
街道	51	52	52	52	52	52
社区居委会	353	390	390	390	399	399
村民委员会	785	749	749	749	731	731
居民总户数(万户)	91.16	96.31	98.35	100.18	102	103.17
规模以上工业企业	**546**	**553**	**504**	**480**	**342**	**344**
#国有及国有控股企业	148	129	128	121	106	90
集体企业	111	100	57	49	28	24
建筑施工企业	**294**	**346**	**343**	**329**	**327**	**464**
国有经济	53	49	41	41	41	44
集体经济	40	38	37	34	36	40
其他经济	201	259	265	254	250	380
卫生						
医院、卫生院	168	160	159	163	167	166
卫生防疫站	12	11	11	11	11	11
妇幼保健站、所	10	10	10	10	10	10
教育						
高等院校(含成人教育)	18	19	19	19	19	19
中等专业学校	34	36	38	40	40	41
普通中学	249	224	221	219	211	206
小学	870	786	733	697	676	616
幼儿园	239	247	294	281	295	324
文化事业机构						
图书馆	8	9	9	8	8	8
群众艺术馆	9	9	9	9	9	9

1-5 国民经济和社会发展总量与速度指标

	总量指标				
	1995	2006	2007	2008	2009
人口					
户籍总人口(万人)	270.84	313.64	319.58	322.28	323.59
#非农业人口	142.99	185.69	198.53	201.63	202.77
农业人口	127.85	127.95	120.75	120.65	120.82
男女性别比(以女性为100)	107.18	105.40	105.20	105.03	104.30
人口自增率(‰)	9.78	5.84	7.64	6.27	4.35
就业					
从业人员(万人)	161.22	150.63	153.98	157.15	162.72
#单位从业人员	87.39	56.71	56.41	53.15	54.68
#在岗职工		55.60	54.19	50.96	52.18
城镇登记失业人数(万人)	1.70	2.26	2.20	1.89	2.12
宏观经济					
地区生产总值(亿元)	210.43	638.47	732.76	847.47	925.98
第一产业	11.83	22.73	26.09	28.10	30.55
第二产业	120.85	290.38	336.08	408.59	433.62
第三产业	77.75	325.36	370.59	410.85	461.81
非公有制经济增加值		194.99	236.40	287.62	351.96
支出法地区生产总值	210.43	638.47	732.76	847.47	925.98
#最终消费支出	109.72	300.66	330.82	364.45	395.49
居民消费支出	85.18	238.58	258.59	280.90	302.35
政府消费支出	24.54	62.08	72.23	83.54	93.14
资本形成总额	83.04	328.48	396.85	488.48	543.96
固定资本形成	66.02	298.21	358.61	429.58	502.15
存货增加	17.01	30.27	38.24	58.90	41.81
固定资产投资					
固定资产投资总额(亿元)	66.02	298.21	358.61	431.98	506.18
#房地产	10.52	53.81	74.54	92.51	98.61
财政					
地区财政收入(亿元)		106.19	134.06	152.44	254.80
#公共财政预算收入	10.09	33.14	46.63	50.86	57.04
公共财政预算支出	11.77	63.13	83.30	99.56	119.83
物价总指数(上年=100)					
商品零售价格指数(%)	115.50	100.30	103.10	107.20	100.50
居民消费价格总指数(%)	119.00	101.70	105.30	107.20	99.60
利用外资					
合同投资总额(亿美元)	1.88	0.96	3.10	1.87	1.79
合同外资额(亿美元)	0.97	0.38	0.82	0.95	0.78
实际使用外资额(亿美元)				0.39	0.43

总量指标			年平均增长速度(%)			比上年增长(%)
2010	2011	2012	1996—2000	2001—2005	2006 - 2010	
323.54	323.30	321.52	1.42	1.41	0.75	-0.55
202.92	202.67	202.50	2.24	2.86	1.98	-0.08
120.62	120.63	119.02	0.48	0.48	-1.15	-1.33
104.20	103.40	102.86				
3.06	5.95	4.28				
176.48	179.72	181.95	-2.00	0.68	3.20	1.24
55.74	56.76	58.32	-6.02	-2.29	-0.47	2.75
53.14	53.39	56.44	-1.58	-3.10	0.17	5.71
2.37	2.15	1.44	11.73	-8.97	5.08	-3.30
1 100.39	1 360.03	1 564.41	8.86	11.18	11.92	13.40
33.79	40.00	45.14	4.99	4.48	4.73	7.60
529.18	656.55	744.70	8.06	11.75	13.21	12.20
537.42	663.48	774.57	10.11	11.30	11.26	14.80
433.40	521.16	579.99	17.29	17.27	19.34	11.29
1 100.39	1 360.03	1 564.41	8.86	11.18	11.92	13.40
441.27	545.71	605.57	6.27	10.87	9.60	10.50
332.22	427.36	466.18	6.34	10.99	8.26	10.40
109.04	118.35	139.39	6.06	10.49	14.49	10.80
662.58	826.86	983.71	16.43	10.45	14.86	15.70
611.49	899.14	1 004.16	21.62	9.31	15.03	13.40
51.09	-72.28	-20.45	-30.79	43.94	18.68	-22.70
660.69	950.57	1 239.18	18.42	11.05	20.54	42.34
118.28	159.67	223.31	13.75	21.29	17.61	39.85
304.13	350.63	406.08				16.00
72.76	86.49	103.73	10.48	11.74	20.26	19.93
146.93	175.48	202.60	12.56	18.75	23.95	15.45
103.90	105.4	102.40	0.40	-0.62	1.01	2.40
103.80	105.4	102.40	1.80	0.79	0.63	2.40
0.97	1.06	0.79	1.75			-25.12
0.33	0.40	0.46	2.55	15.08		15.54
0.20	0.17	0.08				-56.00

1－5 续表 1

	总量指标				
	1995	2006	2007	2008	2009
农业					
耕地面积(万亩)	328.36	316.37	315.23	314.79	314.51
农林牧渔业劳动力(万人)	43.61	42.46	41.67	41.43	40.77
农林牧渔业增加值(亿元)	11.83	22.73	26.09	28.10	30.55
主要农产品产量(万吨)					
粮食	29.57	30.01	37.17	38.75	38.79
油料	1.20	2.17	2.23	2.11	1.98
甜菜	1.78	0.55	0.67	0.70	0.45
水果	9.22	11.85	12.47	12.34	12.65
肉类	3.81	4.37	4.00	2.81	2.92
猪牛羊肉	3.79	4.04	3.71	2.54	2.65
工业					
规模以上工业增加值(亿元)		212.39	247.92	296.59	308.17
轻工业		41.00	43.55	53.67	59.67
重工业		171.39	204.38	242.92	248.50
主要工业产品产量					
呢绒(万米)	411.00	554.25	556.64	553.70	451.75
卷烟(万支)	817 500	1 944 414	2 285 550	2 425 481	2 265 221
发电量(亿千瓦时)	45.81	121.06	128.60	121.51	164.41
原煤(万吨)	147.38	553.12	575.50	464.83	452.76
水泥(万吨)	151.09	409.61	441.84	487.21	516.05
建筑业					
建筑业增加值(亿元)	17.85	59.50	68.20	79.32	102.40
施工房屋面积(万平方米)	622.00	1 162.07	1 205.57	1 403.85	1 593.00
竣工房屋面积(万平方米)	278.00	462.81	447.94	528.85	464.00
交通运输					
货运量(万吨)	3 245.40	6 263.85	6 839.45	7 206.66	7 358.37
铁路	724.00	903.10	1 234.50	1 318.65	1 202.33
公路	2 521.00	5 360.00	5 604.00	5 887.00	6 155.00
空运	0.40	0.75	0.95	1.01	1.04
客运量(万人)	1 380.50	2 731.67	2 925.50	3 150.41	3 373.04
铁路	448.00	635.90	672.53	777.16	874.19
公路	904.00	1 995.62	2 112.37	2 253.18	2 346.24
空运	28.50	100.15	140.60	120.07	152.61
邮电通信业					
邮电业务总量(亿元)	3.42	25.23	29.75	28.50	29.36
国内商业					
社会消费品零售总额(亿元)	96.67	289.72	337.57	395.04	469.77
旅游					
国内旅游者(万人次)		348.20	435.00	522.00	700.01
入境旅游者(万人次)		5.82	6.53	4.60	2.39
旅游总收入(亿元)		21.84	26.70	31.00	37.20
对外经济贸易					
进出口总额(亿美元)	4.47	7.88	7.15	7.15	4.88
进口额	0.86	2.08		1.29	1.82
出口额	3.61	5.80	5.66	5.86	3.06

总量指标			年平均增长速度(%)			比上年增长(%)
2010	2011	2012	1996—2000	2001—2005	2006-2010	
314.22	314.01	314.44	-0.39	-0.32	-0.17	0.14
40.34	40.88	39.85	0.82	-0.86	-1.50	-2.52
33.79	40.00	44.55	4.99	4.48	8.83	11.38
40.38	42.39	44.20	2.50	-0.70	4.57	4.27
2.26	2.23	2.56	5.66	8.63	-1.11	14.80
0.53	0.51	0.44	9.01	-25.95	-2.77	-13.73
12.90	13.10	13.56	1.62	1.15	4.04	3.51
3.14	3.06	3.20	1.40	3.32	-5.56	4.58
2.84	2.73	2.86	-2.38	3.03	-6.15	4.76
372.67	465.03	538.15		13.14	14.12	11.50
76.19	97.27	128.83		11.83	16.99	20.20
296.48	367.76	409.32		12.89	13.43	9.20
490.40	491.60	459.00	-3.16	0.98	-2.57	-6.60
2 395 810	2 602 713	2 771 520	10.96	8.82	9.44	6.50
169.27	182.13	203.74	-3.19	18.91	6.13	11.80
486.03	511.37	716.32	-7.19	-1.30	-1.00	38.60
548.06	568.56	847.17	4.17	8.03	6.39	46.90
130.12	159.30	182.28	13.66	9.13	11.49	13.40
1 842.00	2 709.00	4 815.33	0.39	10.59	11.92	77.75
458.00	720.00	1 108.43	2.62	6.28	1.32	53.95
8 054.29	8 907.70	9 671.89	9.75	2.94	6.16	8.58
1 221.15	1 214.52	1 003.95	2.40	0.14	8.28	-17.34
6 832.00	7 663.5	8 664.34	11.53	3.43	5.81	13.06
2.56	2.68	3.60	5.79	3.84	12.24	34.33
3 963.16	4 388.82	4 829.07	7.66	5.02	8.35	10.03
975.81	1 042.06	996.95	1.22	4.27	10.71	-4.33
2 627.00	2 965.86	3 373.82	10.41	5.04	6.74	13.76
360.36	380.90	458.30	5.29	13.77	25.96	20.32
36.05	44.27	48.90	41.01	4.77	8.41	10.46
545.11	639.72	749.12	10.61	9.91	16.26	17.11
887.50	1 403.60	2 101.51				49.72
3.20	3.8	3.90				2.90
63.50	102.30	154.35				50.90
10.60	18.80	33.94	2.00	12.13	8.16	83.35
1.90	6.50	7.02	7.59	11.74	-2.53	8.33
8.7	12.30	26.92	4.95	12.30	11.71	123.79

1－5 续表 2

	总量指标				
	1995	2006	2007	2008	2009
金融保险					
金融机构各项存款(亿元)	263.29	1 615.51	1 791.12	2 156.29	3 833.55
金融机构各项贷款(亿元)	223.79	1 188.90	1 346.58	1 520.26	2 917.88
中外资保险公司保险金额(亿元)	276.00	1 748.03	2 403.70	2 652.02	13 319.38
中外资保险公司保费(亿元)	2.32	21.29	24.11	35.45	52.43
中外资保险公司赔款及给付(亿元)	0.80	3.22	4.53	4.92	13.84
教育(万人)					
在校学生数	53.94	80.51	84.13	91.10	94.60
#普通高等学校	3.87	16.79	17.14	20.07	23.85
中等专业学校	2.28	4.04	4.92	5.78	6.31
普通中学	12.99	22.20	21.56	20.80	18.74
小学	27.61	25.11	24.92	23.46	20.88
地方财政用于教育支出(万元)	20 994	129 103	181 881	230 436	339 636
文化					
图书(万册)	6 181	7 571	7 591	7 593.00	9 502.00
家庭、生活、环境					
家庭					
家庭总户数(万户)	72.09	91.16	94.33	96.31	102.00
城镇居民平均每户家庭人口(人)	3.14	2.78	2.74	2.67	2.73
农村居民平均每户家庭人口(人)	4.86	4.20	4.15	4.18	3.97
婚姻					
结婚数(万对)	2.16	4.74	2.36		2.81
离婚数(万对)	0.12	0.44	0.45	0.41	0.60
居住					
城镇居民人均居住面积(平方米)	8.81	17.98	17.00	17.60	18.42
农村居民人均居住面积(平方米)	17.21	21.94	22.37	22.90	24.00
生活					
城镇居民人均可支配收入(元)	3 539	94.18	10 271	11 677.00	15 952.57
农村居民人均纯收入(元)	1 142	2 898	3 103	3 503.00	5 252.00
城乡居民储蓄存款余额(亿元)	137.16	687.75	710.52	907.10	1 480.16
工资					
单位从业人员劳动报酬总额(亿元)	50.69	98.79	115.20	133.16	198.37
单位从业人员平均劳动报酬(元)	5 564	18 822	22 152	25 849.00	28569.00
卫生					
卫生机构数	957	290	1 646	1 456	2 362
#医院、卫生院个数	250	168	160	160	167
卫生机构床位数	14 098	15 658	17 045	31 461	25 411
#医院、卫生院床位数	14 322	14 854	15 884	21 220	18 444
卫生技术人员	21 344	20 651	20 573	20 721	26 363
#医生	9 585	8 801	8 890	8 971	10 745
市政建设					
自来水供应量(万吨)	38 345	21 437	21 770	28 670.00	29 401.00
道路面积(万平方米)		2 214	1 057.1	1 635.00	2 168.35
园林绿化面积(公顷)		3 561.81	3 892.81	4 593.00	4 471.00
环境					
工业废水排放量(万吨)		4 029	3 725	3 737.12	4 097.28
工业废气排放量(亿标立方米)		1 342	1 766	1 869.68	3 183.02

注:2008 年卫生机构床数包含社区数,与往年数据不可比;个别市政建设指标与往年不可比。

总量指标			年平均增长速度(%)			比上年增长(%)
2010	2011	2012	1996—2000	2001—2005	2006 - 2010	
3 235.84	3 833.55	4 589.26	20.61	16.18	17.88	19.71
2 359.28	2 917.88	3 672.85	21.35	13.10	16.71	25.87
12 335.43	13 319.38	11462.40	42.13	0.82	49.21	-13.94
58.12	52.43	59.66	24.36	21.36	26.18	13.79
11.12	13.84	16.34	18.00	10.76	29.53	18.11
94.76	94.60	92.90	3.19	3.89	4.40	-2.32
22.76	23.85	24.75	13.31	19.99	4.83	3.77
6.22	6.31	6.29	10.93	1.23	11.56	-0.32
19.89	18.74	18.42	5.55	5.29	-2.01	-1.71
21.76	20.88	20.38	1.06	2.92	-2.82	-2.39
295 364	339 636	403 815	15.81	19.87	22.22	18.90
9 260.00	9 502	9 350	2.55	1.42	4.25	-1.60
100.18	102.00	103.17	2.49	1.99	2.17	1.15
2.60	2.73	2.73	0.13	2.21	-1.40	持平
4.14	3.97	3.95	1.79	0.96	-0.43	-0.50
2.47	2.81	2.50	2.43	1.22	4.00	-11.03
0.54	0.60	0.55	5.92	6.58	17.84	-8.33
18.46	18.42	19.08	6.55	6.64	2.04	3.58
25.00	24.00	31.00	0.73	6.11	2.29	29.17
14 061.84	15 952.57	18 442.76	12.28	7.83	10.52	15.61
4 587.00	5 252.00	6 224.00	11.92	6.24	11.07	18.51
1 295.95	1 480.16	1 743.18	16.79	14.31	17.38	17.77
171.78	198.37	239.77	4.22	6.93	14.54	20.87
33 340.00	37 754	43 658	10.45	12.67	14.95	15.64
2 257	2 362	2 359	6.97	3.41	51.26	-0.13
163	167	166	0.60	平	-0.84	-0.6
25 498	25 411	27 545	0.09	0.91	-29.73	8.40
16 916	18 444	19 936	0.58	3.47	3.92	8.09
24 388	26 363	27 914	4.85	2.39	5.41	5.88
10 060	10 745	11 308	6.54	2.99	4.82	5.24
24 276.00	29 401	26 827.67	2.96	6.88	0.99	-8.75
2 161.50	2 168.35	2 218.89	1.71	17.77	3.67	2.33
4 441.00	4 471	5 494	5.37	27.97	-2.25	22.88
2 529.1	4 097.28	4 624.55	3.18	11.76	-9.42	12.87
1 805	3 183.02	3 954.42				24.23

1－6 地区生产总值

单位:亿元

年份	地区生产总值	第一产业	第二产业	工业	建筑业	第三产业	#交通运输仓储及邮政业	批发和零售业	人均GDP(元)
"一五"时期									
1953	1.46	0.20	0.36	0.24	0.12	0.90	0.38	0.32	179
1954	1.76	0.21	0.46	0.32	0.14	1.09	0.39	0.38	202
1955	2.43	0.23	0.85	0.59	0.26	1.35	0.46	0.44	255
1956	3.31	0.24	1.52	0.93	0.59	1.55	0.49	0.51	308
1957	3.72	0.26	1.70	1.06	0.64	1.76	0.50	0.57	313
"二五"时期									
1958	4.99	0.25	2.65	2.01	0.64	2.09	0.78	0.58	388
1959	7.69	0.25	5.23	4.39	0.84	2.21	0.86	0.66	548
1960	8.09	0.25	5.88	4.89	0.99	1.96	0.64	0.61	553
1961	4.52	0.25	2.62	2.45	0.17	1.65	0.47	0.47	314
1962	4.32	0.24	2.37	2.24	0.13	1.71	0.43	0.54	314
三年调整期									
1963	5.82	0.29	3.67	3.42	0.25	1.86	0.43	0.63	421
1964	7.94	0.34	5.39	5.07	0.32	2.21	0.48	0.64	544
1965	10.01	0.39	7.09	6.48	0.61	2.53	0.65	0.59	647
"三五"时期									
1966	9.85	0.40	6.91	6.69	0.22	2.54	0.62	0.59	609
1967	11.70	0.41	8.80	8.52	0.28	2.49	0.57	0.57	702
1968	12.92	0.43	10.15	9.82	0.33	2.34	0.50	0.51	759
1969	13.55	0.46	10.68	10.40	0.28	2.41	0.54	0.54	786
1970	14.99	0.52	11.92	11.51	0.41	2.55	0.60	0.59	856
"四五"时期									
1971	16.22	0.53	13.03	12.78	0.25	2.66	0.62	0.60	896
1972	17.96	0.53	14.34	13.89	0.45	3.09	0.67	0.79	958
1973	18.91	0.53	14.91	14.26	0.65	3.47	0.73	0.98	981
1974	20.84	0.66	16.40	15.82	0.58	3.78	0.79	1.11	1 063
1975	22.70	0.67	17.89	17.23	0.66	4.14	0.85	1.26	1 143
"五五"时期									
1976	22.69	0.69	17.76	17.10	0.66	4.24	0.88	1.32	1 130
1977	21.82	0.70	16.78	16.21	0.57	4.34	0.91	1.38	1 077
1978	21.80	0.74	16.56	15.85	0.71	4.50	0.94	1.44	1 067
1979	24.54	0.78	18.60	17.72	0.88	5.16	0.95	1.63	1 180
1980	25.68	0.94	18.80	17.64	1.16	5.94	0.98	1.96	1 209

注:人均GDP自2007年后按常住人口计算,2007年以前数据按户籍人口计算。

1－6 续表

年份	地区生产总值	第一产业	第二产业			第三产业			人均GDP(元)
				工业	建筑业		#交通运输仓储及邮政业	批发和零售业	
“六五”时期									
1981	24.01	0.80	16.75	15.61	1.14	6.46	10.60	2.27	1 116
1982	25.82	0.84	18.09	16.67	1.42	6.89	1.28	2.27	1 179
1983	29.49	1.12	20.89	19.25	1.64	7.48	1.51	2.39	1 326
1984	35.40	1.40	23.74	21.80	1.94	10.26	1.90	4.00	1 579
1985	43.50	1.90	28.16	25.46	2.70	13.44	2.72	5.17	1 915
“七五”时期									
1986	50.79	2.20	32.01	28.66	3.35	16.58	3.87	6.18	2 198
1987	56.11	2.33	33.95	29.68	4.27	19.83	4.27	7.23	2 383
1988	64.30	3.06	36.77	32.15	4.62	24.47	4.74	9.76	2 682
1989	73.69	3.80	42.60	38.52	4.08	27.29	5.31	10.03	3 015
1990	77.89	4.26	45.05	40.13	4.92	28.58	5.21	10.09	3 126
“八五”时期									
1991	85.23	5.01	45.50	40.17	5.33	34.72	5.49	11.20	3 364
1992	100.57	5.53	52.52	46.11	6.41	42.52	6.41	13.37	3 918
1993	126.72	6.54	73.65	64.64	9.01	46.53	7.55	14.87	4 878
1994	172.49	9.57	100.92	87.69	13.23	62.00	9.22	20.75	6 548
1995	210.43	11.83	120.85	103.01	17.82	77.75	10.25	26.82	7 844
“九五”时期									
1996	225.01	13.72	119.25	96.82	22.43	92.04	12.58	31.98	8 228
1997	237.42	14.08	119.36	94.04	25.32	103.98	17.31	35.79	8 532
1998	252.55	15.24	121.06	92.09	28.97	116.25	21.11	39.29	8 949
1999	267.46	15.61	125.65	94.42	31.23	126.19	23.57	42.21	9 360
2000	300.32	15.89	140.71	107.04	33.67	143.72	29.60	45.66	10 387
“十五”时期									
2001	341.68	16.89	156.38	116.37	37.01	171.42	37.10	49.27	11 638
2002	381.41	17.68	166.87	126.38	40.49	196.85	45.45	53.39	12 768
2003	433.65	18.38	188.70	143.19	45.51	226.57	50.54	58.47	14 328
2004	500.25	20.61	218.30	167.70	50.60	261.34	54.97	65.65	16 335
2005	567.04	22.13	249.99	197.70	52.29	294.92	48.47	55.70	18 296
“十一五”时期									
2006	638.47	22.73	290.38	230.88	59.50	325.36	52.68	61.56	20 419
2007	732.76	26.09	336.08	267.88	68.20	370.59	59.78	70.02	22 325
2008	847.47	28.10	408.52	318.93	89.59	410.85	63.90	76.38	25 664
2009	925.98	30.55	433.62	331.22	102.40	461.81	64.37	90.29	27 904
2010	1 100.39	33.79	529.18	399.06	130.12	537.42	71.53	108.40	30 672
“十二五”时期									
2011	1 360.03	40.00	656.55	497.25	159.30	663.48	89.01	133.95	37 570
2012	1 564.41	45.14	744.70	562.42	182.28	774.57	108.56	148.66	43 175

1-7 地区生产总值构成

单位:%

年份	地区生产总值	第一产业	第二产业			第三产业		
				工业	建筑业		#交通运输仓储及邮政业	批发和零售业
“一五”时期								
1953	100.00	13.62	24.39	16.44	8.22	61.99	26.03	21.92
1954	100.00	11.93	26.14	18.18	7.95	61.93	22.16	21.59
1955	100.00	9.34	34.95	24.28	10.70	55.71	18.93	18.11
1956	100.00	7.32	45.91	28.10	17.82	46.77	14.80	15.41
1957	100.00	6.99	45.70	28.49	17.20	47.31	13.44	15.32
“二五”时期								
1958	100.00	5.14	53.04	40.28	12.83	41.82	15.63	11.62
1959	100.00	3.25	68.01	57.09	10.92	28.74	11.18	8.58
1960	100.00	3.09	72.68	60.44	12.24	24.23	7.91	7.54
1961	100.00	5.53	57.96	54.20	3.76	36.50	10.40	10.40
1962	100.00	5.56	54.86	51.85	3.01	39.58	9.95	12.50
三年调整期								
1963	100.00	5.01	62.99	58.76	4.30	32.00	7.39	10.82
1964	100.00	4.28	67.88	63.85	4.03	27.83	6.05	8.06
1965	100.00	3.90	70.83	64.74	6.09	25.27	6.49	5.89
“三五”时期								
1966	100.00	4.06	70.15	67.92	2.23	25.79	6.29	5.99
1967	100.00	3.50	75.21	72.82	2.39	21.28	4.87	4.87
1968	100.00	3.37	78.55	76.01	2.55	18.08	3.87	3.95
1969	100.00	3.39	78.82	76.75	2.07	17.79	3.99	3.99
1970	100.00	3.48	79.55	76.78	2.74	16.97	4.00	3.94
“四五”时期								
1971	100.00	3.23	80.34	78.79	1.54	16.43	3.82	3.70
1972	100.00	2.95	79.84	77.34	2.51	17.20	3.73	4.40
1973	100.00	2.80	78.85	75.41	3.44	18.35	3.86	5.18
1974	100.00	3.17	78.69	75.91	2.78	18.14	3.79	5.33
1975	100.00	2.93	78.83	75.90	2.91	18.24	3.74	5.55
“五五”时期								
1976	100.00	3.04	78.27	75.36	2.91	18.69	3.88	5.82
1977	100.00	3.18	76.93	74.29	2.61	19.89	4.17	6.32
1978	100.00	3.39	75.96	72.71	3.26	20.64	4.31	6.61
1979	100.00	3.18	75.79	72.21	3.59	21.03	3.87	6.64
1980	100.00	3.66	73.21	68.69	4.52	23.13	3.82	7.63

1－7 续表

年份	地区生产总值	第一产业	第二产业	工业	建筑业	第三产业	#交通运输仓储及邮政业	批发和零售业
"六五"时期								
1981	100.00	3.33	69.77	65.01	4.75	26.90	4.41	9.45
1982	100.00	3.25	70.06	64.56	5.50	26.68	4.96	8.79
1983	100.00	3.80	70.85	65.28	5.56	25.35	5.12	8.10
1984	100.00	3.96	67.06	61.58	5.48	28.98	5.37	11.30
1985	100.00	4.37	64.74	58.53	6.21	30.90	6.25	11.89
"七五"时期								
1986	100.00	4.33	63.02	56.43	6.60	32.64	7.62	12.17
1987	100.00	4.15	60.51	52.90	7.61	35.34	7.61	12.89
1988	100.00	4.76	57.19	50.00	7.19	38.06	7.37	15.18
1989	100.00	5.16	57.81	52.27	5.54	37.03	7.21	13.61
1990	100.00	5.46	57.85	51.52	6.32	36.69	6.69	12.95
"八五"时期								
1991	100.00	5.88	53.38	47.13	6.25	40.74	6.44	13.14
1992	100.00	5.49	52.23	45.85	6.37	42.28	6.37	13.29
1993	100.00	5.16	58.12	51.01	7.11	36.72	5.96	11.74
1994	100.00	5.55	58.51	50.84	7.67	35.94	5.34	12.03
1995	100.00	5.62	57.43	48.95	8.48	36.95	4.87	12.74
"九五"时期								
1996	100.00	6.10	53.00	43.03	9.97	40.91	5.59	14.21
1997	100.00	5.93	50.27	39.61	10.66	43.80	7.29	15.07
1998	100.00	6.04	47.93	36.46	11.47	46.03	8.36	15.56
1999	100.00	5.84	46.98	35.30	11.68	47.18	8.81	15.78
2000	100.00	5.29	46.85	35.64	11.21	47.86	9.86	15.20
"十五"时期								
2001	100.00	4.94	44.89	34.06	10.83	50.17	10.86	14.42
2002	100.00	4.64	43.75	33.14	10.62	51.61	11.92	14.00
2003	100.00	4.24	43.51	33.02	10.49	55.25	11.66	13.48
2004	100.00	4.12	43.64	33.52	10.11	52.24	10.99	13.12
2005	100.00	3.90	44.10	34.87	9.22	52.00	10.90	12.77
"十一五"时期								
2006	100.00	3.56	45.48	36.16	9.32	50.96	8.25	9.64
2007	100.00	3.56	45.87	36.56	9.31	50.57	8.16	9.56
2008	100.00	3.32	48.20	37.63	10.57	48.48	7.54	9.01
2009	100.00	3.30	46.83	35.77	11.06	49.87	6.95	9.75
2010	100.00	3.07	48.09	36.27	11.82	48.84	6.50	9.85
"十二五"时期								
2011	100.00	2.94	48.27	36.56	11.71	48.79	6.54	9.85
2012	100.00	2.89	47.60	35.96	11.65	49.51	6.94	9.50

1－8 地区生产总值指数

单位:%　　　　（上年＝100）

年份	地区生产总值	第一产业	第二产业	工业	建筑业	第三产业	#交通运输仓储及邮政业	#批发和零售业	人均 GDP
1955	119.70	103.30	125.20	124.10	120.60	122.80			109.30
1956	119.60	104.20	135.60	126.50	162.70	114.30			106.20
1957	116.00	105.10	124.60	130.20	111.60	112.70			105.10
“二五”年均	**104.12**	**96.01**	**112.02**	**117.02**	**90.33**	**97.98**			**101.15**
1958	128.00	92.40	150.90	163.90	115.80	118.40			118.30
1959	128.50	82.40	156.70	168.80	110.40	108.90			117.80
1960	111.90	100.10	128.80	135.80	88.00	89.70			107.30
1961	61.90	99.20	50.10	48.60	63.80	80.50			63.00
1962	107.40	107.90	115.60	120.20	83.80	97.00			112.40
三年调整期	**122.79**	**119.10**	**127.91**	**125.82**	**145.77**	**114.99**			**118.06**
1963	120.60	118.60	128.60	125.00	164.30	108.90			119.90
1964	122.90	119.80	124.40	124.40	124.10	120.90			116.30
1965	124.90	118.90	130.80	128.10	151.90	115.50			118.00
“三五”年均	**103.02**	**103.54**	**103.69**	**104.86**	**94.73**	**101.54**			**100.48**
1966	102.30	102.90	100.70	107.20	59.40	105.60			97.60
1967	92.40	103.00	87.60	86.00	106.10	99.60			89.90
1968	102.30	103.30	107.10	107.40	104.50	93.90			100.10
1969	108.10	103.70	111.20	113.10	93.50	103.00			106.70
1970	111.00	104.80	114.10	113.20	123.90	106.10			109.30
“四五”年均	**109.27**	**104.32**	**109.75**	**110.60**	**98.63**	**109.38**			**106.59**
1971	107.50	100.60	109.40	113.70	64.20	104.70			104.00
1972	110.30	100.60	110.80	110.30	120.00	111.50			106.40
1973	105.90	97.10	103.90	103.50	110.50	112.90			103.10
1974	109.40	124.00	108.50	108.80	104.10	108.80			107.60
1975	113.40	101.40	116.50	117.20	105.30	109.20			112.10
“五五”年均	**102.56**	**100.54**	**101.86**	**101.68**	**105.16**	**106.20**			**101.71**
1976	100.50	100.60	99.60	99.60	99.50	102.70			99.40
1977	100.20	100.70	98.90	99.00	98.10	102.80			99.30
1978	102.20	95.60	102.50	102.10	110.40	102.70			101.30
1979	109.70	102.10	108.60	108.50	109.50	113.60			107.80
1980	100.50	103.90	100.00	99.50	109.00	109.70			101.00

注:人均 GDP 自 2007 年后按常住人口计算,2007 年以前数据按户籍人口计算。

1－8 续表

年份	地区生产总值	第一产业	第二产业	工业	建筑业	第三产业	#交通运输仓储及邮政业	#批发和零售业	人均 GDP
"六五"年均	**108.87**	**110.96**	**106.50**	**104.96**	**114.24**	**112.47**			**107.46**
1981	96.70	80.80	92.60	87.50	109.00	106.80			95.50
1982	106.90	110.10	107.50	106.50	120.60	105.50			105.10
1983	111.40	124.90	112.20	113.00	103.50	108.50			109.70
1984	117.00	117.80	110.90	111.00	110.00	127.00			116.10
1985	113.50	128.50	110.60	109.00	130.00	115.90			112.10
"七五"年均	**106.41**	**105.53**	**107.75**	**107.30**	**111.98**	**104.56**			**104.45**
1986	112.30	109.90	109.60	108.00	125.90	116.30			110.40
1987	107.80	97.50	108.10	106.00	126.30	108.90			105.80
1988	103.80	100.50	108.00	108.00	108.10	98.70			101.90
1989	103.80	109.60	106.40	107.50	98.30	99.30			101.80
1990	104.60	110.90	106.70	107.00	104.20	100.70			102.60
"八五"年均	**109.48**	**104.87**	**110.58**	**110.01**	**115.24**	**108.73**			**108.64**
1991	102.20	112.50	98.80	98.00	105.20	106.30			101.20
1992	110.30	107.20	110.40	109.80	114.80	110.70			108.90
1993	111.60	102.70	114.90	115.30	113.97	107.90			110.30
1994	114.49	101.20	119.60	118.80	125.90	110.90	114.47	113.80	110.27
1995	109.20	101.20	110.30	109.30	117.30	108.90	113.21	111.30	112.91
"九五"年均	**108.86**	**104.99**	**108.06**	**107.05**	**113.66**	**110.11**	**115.53**	**110.07**	**107.09**
1996	109.18	105.80	109.30	108.40	114.80	109.45	112.00	112.20	107.24
1997	108.88	103.60	108.80	107.00	119.70	109.50	125.60	109.60	107.10
1998	108.74	107.10	106.60	105.00	115.00	111.30	117.10	111.40	107.00
1999	108.24	104.50	107.40	107.00	109.50	109.47	109.90	109.00	107.23
2000	109.24	104.00	108.20	107.90	109.60	110.83	113.70	108.20	106.89
"十五"年均	**111.18**	**104.48**	**111.75**	**112.55**	**109.14**	**111.30**	**111.63**	**109.41**	**109.44**
2001	110.54	105.50	109.90	110.10	109.40	111.56	113.90	108.30	108.86
2002	110.79	104.80	110.81	110.84	110.70	111.36	116.70	108.60	108.89
2003	110.99	104.80	111.60	111.90	110.90	111.01	108.90	108.50	109.55
2004	111.58	103.27	112.70	113.56	109.80	111.40	110.87	109.40	110.28
2005	112.00	104.05	113.78	116.46	105.00	111.17	108.00	112.30	109.65
"十一五"年均	**111.92**	**104.73**	**113.21**	**113.59**	**111.49**	**111.26**	**107.07**	**112.16**	**110.90**
2006	112.01	103.11	115.01	116.60	109.01	110.13	108.63	110.20	111.02
2007	112.50	103.69	115.78	117.12	110.30	110.22	110.39	111.57	111.90
2008	111.51	105.71	111.43	113.16	104.02	111.96	107.67	109.19	110.83
2009	110.80	106.17	110.23	109.42	113.56	111.64	101.10	115.10	110.21
2010	112.80	105.01	113.72	111.82	121.28	112.39	107.79	114.85	111.30
"十二五"年均									
2011	115.00	105.20	116.30	115.20	119.60	114.30	116.30	113.40	114.90
2012	113.40	107.60	112.20	111.80	113.40	114.80	119.30	108.80	113.24

1－9 各县区生产总值

单位:万元　　(2012 年)

	县区生产总值	第一产业	第二产业			第三产业			人均 GDP(元)
				工业	建筑业		#交通运输仓储及邮政业	#批发和零售业	
兰州市	**15 644 079**	**451 400**	**7 447 000**	**5 624 200**	**1 822 800**	**7 745 679**	**1 085 644**	**1 486 575**	**43 175**
城关区	5 251 958	14 292	1 091 681	447 930	643 751	4 145 985	315 017	933 905	40 871
七里河区	3 191 096	37 442	1 882 499	1 512 499	370 000	1 271 155	258 365	249 045	55 489
西固区	3 151 213	32 463	2 395 435	2 086 100	309 335	723 315	117 292	210 058	86 122
安宁区	945 889	2 711	494 900	338 800	156 100	448 278	2 271	69 840	33 686
红古区	895 279	73 027	611 734	507 900	103 834	210 518	67 602	24 668	63 271
永登县	958 453	104 196	453 707	323 207	130 500	400 550	167 071	28 283	22 594
皋兰县	379 133	58 300	223 599	180 089	43 510	97 234	25 693	12 506	28 315
榆中县	701 880	123 050	445 019	380 019	65 000	133 811	20 828	19 730	16 021

1－10 各县区生产总值构成

单位:%　　(2012 年)

	生产总值	第一产业	第二产业			第三产业		
				工业	建筑业		#交通运输仓储及邮政业	#批发和零售业
兰州市	**100.00**	**2.89**	**47.60**	**35.96**	**11.65**	**49.51**	**6.94**	**9.50**
城关区	100.00	0.27	20.79	8.53	12.26	78.94	6.00	17.78
七里河区	100.00	1.17	58.99	47.40	11.59	39.83	8.10	7.80
西固区	100.00	1.03	76.02	66.20	9.82	22.95	3.72	6.67
安宁区	100.00	0.29	52.32	35.82	16.50	47.39	0.24	7.38
红古区	100.00	8.16	68.33	56.73	11.60	23.51	7.55	2.76
永登县	100.00	10.87	47.34	33.72	13.62	41.79	17.43	2.95
皋兰县	100.00	15.38	58.98	47.50	11.48	25.6	6.78	3.30
榆中县	100.00	17.53	63.40	54.14	9.26	19.06	2.97	2.81

1-11 各县区生产总值指数

（2012 年）（上年=100）

	生产总值	第一产业	第二产业			第三产业			人均 GDP
				工业	建筑业		#交通运输仓储及邮政业	#批发和零售业	
兰州市	**113.40**	**107.60**	**112.20**	**111.80**	**113.40**	**114.80**	**119.30**	**108.80**	**113.24**
城关区	115.60	106.00	116.50	116.50	116.60	115.30	114.50	111.90	115.40
七里河区	115.50	107.40	118.00	118.30	117.00	112.70	115.50	105.50	126.00
西固区	106.40	107.20	103.70	101.50	119.20	114.70	115.40	117.80	106.16
安宁区	106.50	106.10	117.60	117.90	117.00	115.20	109.60	109.30	118.30
红古区	117.30	107.00	119.20	119.40	118.10	114.70	109.10	115.30	117.30
永登县	115.40	106.60	119.20	119.10	119.30	113.00	115.10	115.70	107.40
皋兰县	117.40	106.50	120.80	121.60	117.30	115.70	115.20	140.20	115.50
榆中县	115.02	106.76	119.22	119.09	119.80	112.53	116.10	110.89	115.00

主要统计指标解释

行政区划　指国家对行政区域的划分。根据宪法规定，我国的行政区域划分如下：（1）全国分为省、县、自治区、直辖市；（2）省、自治区分为自治州、县、自治县、市；（3）自治州分为县、自治县、市；（4）县、自治县分为乡、民族乡、镇；（5）直辖市和较大的市区分为区、县；（6）国家在必要时设立的特别行政区。

耕地面积　指经过开垦用以种植农作物并经常进行耕耘的土地面积。包括种有作物的土地面积、休闲地、新开荒地和抛荒未满三年的土地面积。

林业面积　指成品种植乔木、竹类、灌木、沿海红树林等林木的土地面积，包括有林地、灌木林、疏林地、未成林造林地、迹地、苗圃等。

草地面积　指牧区和农区用于放牧牲畜或割草，植被盖度在5%以上的草原、草坡、草山等面积。包括天然的和人工种植或改良的草地面积。

气　温　指空气的温度，我国一般以摄氏度（℃）为单位表示。气象观测的温度表是放在离地面约1.5米处通风良好的百叶箱里测量的，因此，通常说的气温指的是离地面1.5米处百叶箱中的温度。其统计计算方法为：

月平均气温　是将全月各日的平均气温相加，除以该月的天数而得。

年平均气温　是将12个月的平均气温累加后除以12而得。

降水量　指从天空降落到地面的液态或固态（经融化后）水、未经蒸发、渗透、流失而在地面上积聚的深度。其统计计算方法为：

月降水量是将全月各日的降水量累加而得。

年降水量是将12个月的月降水量累加而得。

日照时数　指太阳实际照射地面的时间。其统计方法与降水量相同。

可比价格　指计算各种总量指标所采用的扣除了价格变动因素的价格，可进行不同时期总量指标的对比。按可比价格计算总量指标有两种方法：一种是直接用产品产量乘某一年的不变价格计算；另一种是用价格指数进行缩减。

平均增长速度　我国计算平均增长速度有两种方法：一种是习惯上经常使用的“水平法”，又称几何平均法，是以间隔期最后一年的水平同基期水平对比来计算平均每年增长（或下降）速度；另一种是“累计法”，又称代数平均法或方程法，是以间隔期内各年水平的总和同基期水平对比来计算平均每年增长（或下降）速度。

在一般正常情况下，两种方法计算的平均每年增长速度比较接近；但在经济发展不平衡、出现大起大落时，两种方法计算的结果差别较大。

企业（单位）登记注册类型　是以在工商行政管理机关登记注册的各类企业为划分对象，以工商行政管理部门对企业登记注册的类型为依据，将企业登记注册类型分为内资企业、港澳台商投资企业和外商投资企业三大类。内资企业包括国有企业、集体企业、股份合作企业、联营企业、有限责任公司、股份有限公司、私营公司和其他企业；港澳台商投资企业和外商投资企业分别包括合资经营企业、合作经营企业、独资经营企业和股份有限公司。对不在工商行政管理部门进行登记注册的行政机关、事业单位和社会团体，主要按其经费来源和管理方式进行划分。

国有企业 指企业全部资产归国家所有，并按《中华人民共和国企业法人登记管理条例》规定登记注册的非公司制的经济组织。不包括有限责任公司中的国有独资公司。

集体企业 指企业资产归集体所有，并按《中华人民共和国企业法人登记管理条例》规定登记注册的经济组织。

股份合作企业 指以合作制为基础，由企业职工共同出资入股，吸收一定比例的社会资产投资组建，实行自主经营，自负盈亏，共同劳动，民主管理，按劳分配与按股分红相结合的一种集体经济组织。

联营企业 指两个及两个以上相同或不同所有制性质的企业法人或事业单位法人，按自愿、平等、互利的原则，共同投资组成经济组织。联营企业包括国有联营企业、集体联营企业、国有与集体联营企业和其他联营企业。

有限责任公司 指根据《中华人民共和国公司登记管理条例》规定登记注册，由两个以上、五十个以下的股东共同出资，每个股东以其所认缴的出资额对公司承担有限责任，公司以其全部资产对其债务承担责任的经济组织。有限责任公司包括国有独资公司以及其他有限责任公司。

股份有限公司 指根据《中华人民共和国公司登记管理条例》规定登记注册，其全部注册资本由等额股份构成并通过发行股票筹集资本，股东以其认购的股份对公司承担有限责任，公司以其全部资产对其债务承担责任的经济组织。

私营企业 指由自然人投资设立或由自然人控投，以雇佣劳动为基础的营利性经济组织。包括按照《公司法》、《合伙企业法》、《私营企业暂行条例》规定登记注册的私营有限责任公司、私营股份有限公司、私营合伙企业和私营独资企业。

其他企业 指上述企业之外的其他内资经济组织。

与港澳台商合资经营企业 指港澳台地区投资企业与内地企业依照《中华人民共和国中外合资经营企业法》及有关法律的规定，按合同规定的比例投资设立、分享利润和分担风险的企业。

与港澳台商合作经营企业 指港澳台地区投资者与内地企业依照《中华人民共和国中外合作经营企业法》及有关法律的规定，依照合作合同的约定进行投资或提供条件设立、分配利润和分担风险的企业。

港澳台商独资经营企业 指依照《中华人民共和国外资企业法》及有关法律的规定，在内地由港澳台地区投资者全额投资设立的企业。

港澳台商投资股份有限公司 指根据国家有关规定，经外贸部依法批准设立，其中港、澳、台商的股本占公司注册资本的比例达25%以上的股份有限公司。凡其中港、澳 、台商的 股本占公司注册资本的比例小于25%的，属于内资 企业中的股份有限公司。

中外合资经营企业 指外国企业或外国人与中国内地企业依照《中华人民共和国中外合资企业法》及有关法律的规定，按合同规定的比例投资设立、分享利润和分担风险的企业。

中外合作经营企业　指外国企业或外国人与中国内地企业依照《中华人民共和国中外合作经营企业法》及有关法律的规定，依照合作合同的约定进行投资或提供条件设立、分配利润和分担风险的企业。

外资企业　指依照《中华人民共和国外资企业法》及有关法律的规定，在中国内地由外国投资者全额投资设立的企业。

外商投资股份有限公司　指根据国家有关规定，经外经贸部部依法批准设立，其中外资的股本占公司注册资本的比例达25%以上的股份有限公司。凡其中外资股本占公司注册资本的比例小于25%的，属于内资企业中的股份有限公司。

行政机关、事业单位和社会团体　参照企业登记注册类型，主要按其经费来源和管理方式划分。具体规定如下：

（1）行政机关：包括国家机关和政党机关，原则上均列为"国有"。但有特殊规定的，如供销社等，则列为"集体"。

（2）事业单位：包括经国家机构编制部门和有关业务主管部门批准成立的各类事业单位，不包括实行企业化管理的事业单位。事业单位的划分办法如下：

①由国家财政预算拨款或列入财政预算外资金管理以及经费主要来源于国有主管部门或国有上级单位的事业单位，列为"国有"。

②经费主要来源于集体单位的事业单位，列为"集体"。

③公民个人（或个人合伙）开办的事业单位，列为"私营"。

④上述以外的其他事业单位，如果其经费来源不明确，按管理方式进行归类。

（3）社会团体：包括经民政部门批准成立以及未纳入社会团体管理条例范围的工会、妇联等各类社会团体。社会团体的划分办法如下：

①未纳入民政部社会团体管理条例范围的工会、妇联、共青团、青联、工商联、科协、侨联等社会团体，国家拨款设立的基金会或基金管理组织以及经费主要来源于国有业务主管部门或国有上级单位的社会团体，列为"国有"。

②经费主要来源于集体单位的社会团体，列为"集体"。

③公民个人（或个人合伙）开办的社会团体，划为"私营"。

④上述以外的其他社会团体，如果其经费来源不明确，改按管理方式进行归类。

进出口总额　海关进出口总额指实际进出我国国境的货物总金额。包括对外贸易实际进出口货物，来料加工装配进出口货物，国家间、联合国及国际组织无偿援助物资和赠送品，华侨、港澳台同胞和外籍华人捐赠品，租赁期满归承租人所有的租赁货物，进料加工进出口货物，边境地方贸易及边境地区小额贸易进出口货物（边民互市贸易除外），中外合资企业、中外合作经营企业、外商独资经营企业进出口货物和公用物品，到、离岸价格在规定限额以上的进出口货样和广告品（无商业价值、无使用价值和免费提供出口的除外），从保税仓库提取在中国境内销售的进口货物，以及其他进出口货物。进出口总额用以观察一个国家在对外贸易方面的总规模。我国规定出口货物按离岸价格统计，进口货物按到岸价格统计。

国际旅游（外汇）收入　指入境旅游的外国人、华侨、港澳同胞和台湾同胞在中国大陆旅游过程中发生的一切旅游支出，对于国家来说就是国际旅游（外汇）收入。

地区生产总值（GDP） 指一个国家（或地区）所有常住单位在一定时期内生产活动的最终成果。地区生产总值有三种表现形态，即价值形态、收入形态和产品形态。从价值形态看，它是所有常住单位在一定时期内生产的全部货物和服务价值超过同期中间投入的全部非固定资产货物和服务价值的差额、即所有常住单位的增加值之和；从产品形态看，它是所有常住单位在一定时期内最终使用的货物和服务价值与货物和服务净出口价值之和。在实际核算中，地区生产总值有三种计算方法，即生产法、收入法和支出法。三种方法分别从不同的方面反映地区生产总值及其构成。

三次产业是根据社会生产活动历史发展的顺序对产业结构的划分，产品直接取自自然界的部门称为第二产业，为生产和消费提供各种服务的部门称为第三产业。它是世界上较为通用的产业结构分类，但各国的划分不尽一致。

我国的三次产业划分是：

第一产业：农业（包括种植业、林业、牧业和渔业）。

第二产业：工业（包括采掘业、制造业、电力、煤气及水的生产和供应业）和建筑业。

第三产业：除第一、第二产业以外的其他各业。由于第三产业包括的行业多、范围广、根据我国的实际情况，第三产业可分为两大部分：一是流通部门，二是服务部门。具体又可分为四个层次：

第一层次：流通部门，包括交通运输、仓储及邮电通信业、批发和零售贸易、餐饮业。

第二层次：为生产和生活服务的部门，包括金融、保险业、地质勘查业、水利管理业，记地产业，社会服务业、农、林、牧、渔服务业，交通运输辅助业，综合技术服务业等。

第三层次：为提高科学文化水平和居民素质服务的部门，包括教育、文化艺术及广播电影电视业，卫生、体育和社会福利业，科学研究业等。

第四层次：为社会公共需要服务的部门，包括国家机关、政党机关和社会团体以及军队、警察等。

支出法国内生产总值 指一个国家（或地区）所有常住单位在一定时期内用于最终消费，资本形成总额，以及货物和服务的净出口总额，它反映本期生产的国内生产总值的使用及构成。

最终消费 指常住单位在一定时期内对于货物和服务的全部最终消费支出，也就是常住单位为满足物质、文化和精神生活的需要，从本国经济领土和国外购买的货物和服务的支出；不包括非常住单位在本国经济领土内的消费支出。最终消费分为居民消费和政府消费。

居民消费 指常住住户对货物和服务的全部最终消费支出。居民消费按市场价格计算，即按居民支付的购买者价格计算。购买者价格是购买者取得货物所支付的价格，包括购买者支付的运输和商业费用。居民消费除了直接以货币形式购买货物和服务的消费之外，还包括以其他方式获得的货物和服务的消费支出，即所谓的虚拟消费支出。居民虚拟消费支出包括以下几种类型：单位以实物报酬及实物转移的形式提供给劳动者的货物和服务；住户生产并由本住户消费了的货物和服务，其中的服务仅指住户的自有住房服务；金融机构提供的金融媒介服务；保险公司提供的保险服务。

政府消费 指政府部门为全社会提供公共服务的消费支出和免费或以较低价格向住户提供的货物和服务的净支出。前者等于政府服务的产出价值减去政府单位所获得的经营收入的价值，政府服务的产出价值等于它的经常性业务支出加上固定资产折旧；后者等于政府部门免费或以较低价格向住户提供的货物和服务的市场价值减去向住户收取的价值。

资本形成总额 指常住单位在一定时期内获得的减去处置的固定资产加存货的变动，包括固定资本形成总额和存货增加。

固定资本形成总额 指常住单位购置、转入和自产自用的固定资产，扣除固定资产的销售和转出后的价值，分有形固定资产形成总额和无形固定资产形成总额。有形固定资产形成总额包括一定时期内完成的建筑工程、安装工程和设备工器购置（减处置）价值，以及土地改良、新增役、种、奶、毛、娱乐用牲畜和新增经济林木价值。无形固定资产形成总额包括矿藏的勘探，计算机软件、娱乐和文学艺术品原件等获得减处置。

存货增加 指常住单位存货实物最变动的市场价值，即期末价值减去期初价值的差额。存货增加可以是正值，也可是负值；正值表示存货上升，负值表示存货下降。它包括生产单位购进的原材料、燃料和储备物资等存货，以及生产单位生产的产成品、在制品等。

货物和服务净出口 指货物和服务出口减货物和服务进口的差额。出口包括常住单位向非常住单位出售或无偿转让的各种货物和服务的价值；进口包括常住单位从常住单位购买或无偿得到的各种货物和服务的价值。由于服务活动的提供与使用同时发生，因此服务的进出口业务并不发生出入境现象，一般把常住单位从国外得到的服务作为进口，非常住单位从本国得到的服务作为出口。货物的出口和进口都按离岸价格计算。

劳动者报酬 指劳动者因从事生产活动所获得的全部报酬。包括劳动者获得的各种形式的工资、奖金和津贴，既包括货币形式的，也包括实物形式的；还包括劳动者所享受的公费医疗和医药卫生费、上下班交通补贴和单位支付的社会保险费等。对于个体经济来说，其所有者所获得的劳动报酬和经营利润不易区分，这两部分统一作为劳动者报酬处理。

生产税净额 指生产税减生产补贴后的余额。生产税指政府对生产单位生产、销售和从事经营活动以及因从事生产活动使用某些生产要素（如固定资产、土地、劳动力）所征收的各种税、附加费和规费。生产补贴与生产税相反，指政府对生产单位的单方面收入转移，因此视为负生产税，包括政策亏损补贴、粮食系统价格补贴、外贸企业出口退税收等。

固定资产折旧 指一定时期内为弥补固定资产损耗按照核定的固定资产折旧率提取的固定资产折旧，或按国民经济核算统一规定的折旧率虚拟计算的固定资产折旧。它反映了固定资产在当期生产中的转移价值。各类企业和企业化管理的事业单位的固定资产折旧是指实际计提并计入成本费中的折旧费；不计提折旧的政府机关、非企业化管理的事业单位和居民住房的固定资产折旧是按照统一规定的折旧率和固定资产原值计算的虚拟折旧。原则上，固定资产折旧应按固定资产的重置价值计算，但是目前我国尚不具备对全社会固定资产进行重估价的基础，所以暂时只能采用上述办法。

营业盈余 指常住单位创造的增加值扣除劳动者报酬、生产税净额和固定资产折旧后的余额。它相当于企业的营业利润加上生产补贴，但要扣除从利润中开支的工资和福利等。

二、人　口

2－1 人口数及构成(户籍数)

单位:万人

年份	年末户籍总人口	按性别分				按城乡分			
		男		女		非农业人口		农业人口	
		人口数	比重(%)	人口数	比重(%)	人口数	比重(%)	人口数	比重(%)
1979	210.35	110.72	52.64	99.63	47.36	97.75	46.47	112.60	53.53
1980	214.50	112.68	52.53	101.82	47.47	100.17	46.70	114.33	53.30
1981	215.98	113.53	52.57	102.45	47.43	102.42	47.42	113.56	52.58
1982	221.96	116.09	52.30	105.87	47.70	103.56	46.66	118.40	53.34
1983	222.84	116.74	52.39	106.10	47.61	107.63	48.30	115.21	51.70
1984	225.59	118.09	52.35	107.50	47.65	109.68	48.62	115.91	51.38
1985	228.71	119.60	52.29	109.11	47.71	112.69	49.27	116.02	50.73
1986	233.40	121.73	52.16	111.67	47.84	116.53	49.93	116.87	50.07
1987	237.49	123.55	52.02	113.94	47.98	119.24	50.21	118.25	49.79
1988	241.98	126.00	52.07	115.98	47.93	122.66	50.69	119.32	49.31
1989	246.74	128.27	51.99	118.47	48.01	125.56	50.89	121.18	49.11
1990	251.69	131.54	52.26	120.15	47.74	127.10	50.50	124.59	49.50
1991	255.01	132.70	52.04	122.31	47.96	129.85	50.92	125.16	49.08
1992	258.38	134.10	51.90	124.28	48.10	132.20	51.16	126.18	48.84
1993	261.21	135.43	51.85	125.78	48.15	133.87	51.25	127.34	48.75
1994	265.67	137.73	51.84	127.94	48.16	138.70	52.21	126.97	47.79
1995	270.84	140.11	51.73	130.73	48.27	142.99	52.80	127.85	47.20
1996	276.09	142.41	51.58	133.68	48.42	147.54	53.44	128.55	46.56
1997	280.46	144.57	51.55	135.89	48.45	150.65	53.72	129.81	46.28
1998	283.93	146.22	51.50	137.71	48.50	153.75	54.15	130.18	45.85
1999	287.19	148.08	51.56	139.11	48.44	156.58	54.52	130.61	45.48
2000	290.68	149.62	51.47	141.06	48.53	159.75	54.96	130.93	45.04
2001	296.51	152.47	51.42	144.04	48.58	164.87	55.60	131.64	44.40
2002	300.95	154.67	51.39	146.28	48.61	170.09	56.52	130.86	43.48
2003	304.36	156.53	51.43	147.83	48.57	175.54	57.68	128.82	42.32
2004	308.11	158.53	51.45	149.58	48.55	180.27	58.51	127.84	41.49
2005	311.74	160.29	51.42	151.45	48.58	183.93	59.00	127.81	41.00
2006	313.64	160.94	51.31	152.70	48.69	185.69	59.20	127.95	40.80
2007	319.28	163.68	51.27	155.6	48.73	198.53	62.18	120.75	37.82
2008	322.28	165.09	51.23	157.19	48.77	201.63	62.56	120.65	37.44
2009	323.59	165.2	51.05	158.39	48.95	202.77	62.66	120.82	37.34
2010	323.54	165.09	51.03	158.44	48.97	202.92	62.72	120.62	37.28
2011	323.3	164.35	50.84	158.95	49.16	202.67	62.69	120.63	37.31
2012	321.52	163.03	50.71	158.49	49.29	202.5	62.98	119.02	37.02

2-2 人口自然变动情况

年份	出生人口(人)	出生率(‰)	死亡人口(人)	死亡率(‰)	自然增长率(‰)
1979	30212	14.36	9410	4.73	9.63
1980	23621	11.01	9702	4.85	6.16
1981	35132	16.27	9940	4.82	11.45
1982	36541	16.46	10409	4.70	11.76
1983	34831	15.63	10403	4.68	10.95
1984	33714	14.91	10441	4.62	10.29
1985	31721	13.87	10430	4.55	9.32
1986	37634	16.12	10430	4.46	11.66
1987	39136	16.48	10400	4.69	11.79
1988	39024	16.13	10411	4.67	11.46
1989	35728	14.48	9549	3.87	10.61
1990	32518	12.92	9539	3.79	9.13
1991	34554	13.55	12546	4.92	8.63
1992	33693	13.04	13229	5.12	7.92
1993	33905	12.98	10762	4.12	8.86
1994	31987	12.04	10228	3.85	8.19
1995	38621	14.40	12398	4.62	9.78
1996	41756	15.27	12428	4.54	10.73
1997	34588	12.34	14824	5.28	7.06
1998	31938	11.24	15842	5.56	5.68
1999	26837	9.39	11002	3.85	5.54
2000	39386	13.62	19904	6.88	6.74
2001	32626	11.00	10324	3.48	7.52
2002	28276	9.40	12730	4.22	5.18
2003	26083	8.62	12399	4.10	4.52
2004	30509	9.96	18249	5.96	4.00
2005	32817	10.59	11202	3.61	6.98
2006	31249	9.99	12962	4.15	5.84
2007	36346	11.49	12180	3.85	7.64
2008	33596	10.47	13462	4.20	6.27
2009	31660	9.81	17641	5.46	4.35
2010	35785	11.06	25904	8.0	3.06
2011	30598	9.46	11342	3.51	5.95
2012	34178	10.60	20381	6.32	4.28

2-3 各县区人口情况

（2012 年）

	土地面积（平方公里）	常住人口（万人）	户籍人口			
			年末总户数（万户）	年末总人口（万人）	#非农业人口	人口密度（人/平方公里）
兰州市	**13 085.6**	**363.05**	**103.17**	**321.52**	**202.50**	**246**
城关区	222.0	128.47	30.97	92.60	91.18	4 171
七里河区	420.5	56.46	15.87	46.88	39.16	1 115
西固区	383.6	36.62	11.26	32.58	27.00	849
安宁区	85.9	27.96	6.06	20.08	20.08	2 338
红古区	519.6	13.83	5.10	14.23	9.52	274
永登县	5 652.2	42.42	15.82	52.97	7.55	94
皋兰县	2 556.0	13.39	5.98	18.36	3.14	72
榆中县	3 245.8	43.90	12.12	43.81	4.86	135

2-4 就业基本情况

单位:万人

	1995	2000	2008	2009	2010	2011	2012
从业人员合计	**161.22**	**145.67**	**157.15**	**162.72**	**176.48**	**179.72**	**181.95**
第一产业	43.61	45.43	41.75	41.08	40.78	41.19	40.75
第二产业	61.96	43.88	42.37	44.72	47.16	47.25	47.16
第三产业	55.64	56.36	73.03	76.92	88.54	91.28	94.04
从业人员构成	**100.00**	**100.00**	**100.00**	**100.00**	**100.00**	**100.00**	**100.00**
第一产业	27.05	31.39	26.57	25.25	23.11	22.92	22.4
第二产业	38.43	30.12	26.96	27.48	26.72	26.29	25.92
第三产业	34.52	38.69	46.47	47.27	50.17	50.79	51.68
按城乡分从业人员	**161.22**	**145.67**	**157.15**	**162.72**	**176.48**	**179.72**	**181.95**
城镇从业人员	87.40	64.06	86.59	92.03	105.33	108.99	110.93
#国有单位	70.03	51.78	34.32	37.33	40.43	38.8	39.13
城镇集体单位	15.20	9.06	1.76	1.74	1.91	1.92	2.02
股份合作单位	2.16	3.22	0.33	0.22	0.23	0.19	0.19
联营单位			0.03	0.04	0.25	0.04	0.03
有限责任公司			11.52	10.56	8.19	11.00	11.63
股份有限公司			4.52	3.8	3.83	4.09	4.48
私营企业	1.69	6.38	18.57	20.17	30.67	31.48	29.07
港澳台商投资单位			0.31	0.31	0.27	0.05	0.13
外商投资单位			0.21	0.43	0.36	0.40	0.50
其他			0.15	0.25	0.27	0.27	0.21
个体	6.14	6.44	14.87	17.18	18.92	20.75	23.54
乡村从业人员	65.99	68.79	70.56	70.69	71.15	70.73	71.02
城镇单位从业人数	**87.39**	**64.06**	**53.15**	**54.68**	**55.74**	**56.76**	**58.32**
#国有单位	70.03	51.78	34.32	37.33	37.63	38.8	39.13
城镇集体单位	15.20	9.06	1.76	1.74	1.91	1.92	2.02
其他单位	2.16	3.22	17.07	15.61	16.20	16.04	17.17
城镇单位女性从业人员			**18.21**	**18.13**	**18.28**	**18.17**	**19.96**
城镇登记失业人数	**1.70**	**2.96**	**1.89**	**2.12**	**2.37**	**2.15**	**1.44**
城镇登记失业率(%)		**2.60**	**2.8**	**3.09**	**3.12**	**2.94**	**1.63**
下岗失业人员再就业人数		**0.96**	**2.49**	**2.03**	**1**	**2.72**	**3.17**

2－5 城乡劳动力资源配置情况

单位:万人

	合计	城镇	乡村
年末劳动力资源总数	**291.43**	**197.56**	**93.87**
#当年新增加的劳动力资源	3.94	2.23	1.71
年末16岁以上全部人数	**311.14**	**213.39**	**97.75**
#不计入劳动力资源的人数	19.71	15.83	3.88
经济活动人口	**187.15**	**116.13**	**71.02**
从业人员	181.95	110.93	71.02
按就业身份分组			
在岗职工	56.44	56.44	
私营业主	7.79	7.09	0.70
个体户主	12.71	9.85	2.86
私营企业和个体从业人员	42.82	35.67	7.15
农村劳动力	60.31		60.31
其他从业人员	1.88	1.88	
按经济类型分组			
国有经济	39.13	39.13	
集体经济	62.33	2.02	60.31
私营经济	35.42	29.07	6.35
个体经济	27.90	23.54	4.36
联营经济	0.03	0.03	
股份制经济	16.30	16.30	
外商投资经济	0.50	0.50	
港、澳、台投资经济	0.13	0.13	
其他经济	0.21	0.21	
按国民经济行业分组			
农林牧渔业	40.75	0.90	39.85
采矿业	2.84	1.56	1.28
制造业	20.90	15.15	5.75
电力、燃气及水的生产和供应业	1.63	1.63	
建筑业	21.80	12.99	8.81
交通运输、仓储和邮政业	6.53	2.64	3.89
信息传输、计算机服务和软件业	6.41	6.12	0.29
批发和零售业	36.76	32.00	4.76
住宿和餐饮业	9.08	6.26	2.82
金融业	2.44	2.30	0.14
房地产业	1.26	1.26	
租赁和商务服务业	4.68	3.47	1.21
科学研究、技术服务和地质勘查业	3.60	3.47	0.13
水利、环境和公共设施管理	1.91	1.47	0.44
居民服务和其他服务业	3.58	3.33	0.25
教育	6.87	6.37	0.50
卫生、社会保障和社会福利业	3.19	2.65	0.54
文化、体育和娱乐业	1.79	1.50	0.29
公共管理和社会组织	5.93	5.86	0.07
非经济活动人口	**104.28**	**81.43**	**22.85**
#16岁以上在校学生	44.96	41.37	3.59

2－6 从业人员

单位：万人

年份	从业人员合计	单位从业人员				城镇私营企业及个体劳动者	农村劳动者
			国有单位	集体单位	其他单位		
1979	103.23	61.66	53.11	8.55		0.05	41.52
1980	106.56	59.93	53.12	6.81		0.20	44.43
1981	108.90	63.00	55.84	7.16		0.72	45.18
1982	115.51	64.20	56.75	7.45		0.53	50.78
1983	118.74	66.22	58.05	8.17		0.87	51.65
1984	123.35	67.01	58.61	8.40	0.02	1.98	54.36
1985	127.98	71.05	61.68	9.37	0.03	2.57	54.36
1986	132.58	73.38	63.33	9.96	0.09	2.52	56.68
1987	135.35	75.47	65.45	9.91	0.11	2.31	57.55
1988	138.54	76.36	66.25	9.97	0.14	3.50	58.68
1989	140.17	76.37	65.94	10.30	0.14	3.40	60.40
1990	143.97	79.34	67.36	11.85	0.14	2.86	61.77
1991	151.47	84.86	68.87	15.81	0.19	3.84	62.78
1992	157.36	87.58	69.47	17.68	0.44	5.91	63.86
1993	160.12	87.30	69.58	17.18	0.53	8.13	64.89
1994	160.89	88.14	70.33	16.67	1.14	7.29	65.46
1995	161.22	87.40	70.03	15.20	2.16	7.82	65.99
1996	162.27	86.26	68.93	15.31	2.02	9.44	66.57
1997	160.26	82.64	67.83	13.00	1.81	10.39	67.23
1998	160.37	82.53	67.22	10.11	5.21	13.23	67.48
1999	152.32	65.17	51.12	9.00	5.06	19.53	67.61
2000	145.70	64.06	51.78	9.06	3.22	12.82	68.79
2001	141.40	59.04	47.17	5.28	6.59	13.19	69.17
2002	153.36	59.42	46.06	4.83	8.53	13.87	80.07
2003	154.23	60.01	45.18	4.13	10.90	15.85	78.25
2004	150.04	59.34	44.75	3.52	11.06	23.80	66.90
2005	150.75	57.06	43.87	3.11	10.08	23.33	70.36
2006	150.63	56.71	35.35	2.69	18.67	23.09	70.83
2007	153.98	56.46	35.35	2.69	18.42	26.98	70.54
2008	157.15	53.15	34.32	1.76	17.07	33.44	70.56
2009	162.72	54.68	37.33	1.74	15.61	37.35	70.69
2010	176.48	55.74	37.63	1.91	16.20	49.59	71.15
2011	179.72	56.76	38.80	1.92	16.04	52.23	70.73
2012	181.95	58.32	39.13	2.02	17.17	52.61	71.02

2－6 续表

年份	从业人员				构成(%)		
		第一产业	第二产业	第三产业	第一产业	第二产业	第三产业
1979	103.23						
1980	106.56						
1981	108.90						
1982	115.51						
1983	118.74						
1984	123.35						
1985	127.98						
1986	132.58	38.80	56.39	37.79	29.27	42.53	28.50
1987	135.35	41.60	56.40	37.35	30.74	41.67	27.60
1988	138.54	43.76	58.13	37.64	31.59	41.96	27.17
1989	140.17	43.56	57.86	38.76	31.08	41.28	27.65
1990	143.97	44.99	58.54	40.44	31.25	40.66	28.09
1991	151.47	45.80	61.31	44.36	30.24	40.48	29.29
1992	157.36	46.46	63.86	47.03	29.52	40.58	29.89
1993	160.12	43.43	64.83	51.86	27.12	40.49	32.39
1994	160.89	43.53	61.48	55.88	27.06	38.21	34.73
1995	161.22	43.61	61.96	55.64	27.05	38.43	34.51
1996	162.27	43.57	60.48	58.23	26.85	37.27	35.88
1997	160.26	44.44	58.16	57.66	27.73	36.29	35.98
1998	160.37	44.80	55.49	60.08	27.94	34.40	37.46
1999	152.32	44.60	45.91	61.80	29.28	30.14	40.57
2000	145.70	45.43	43.88	56.36	31.18	30.12	38.70
2001	141.40	45.56	39.88	55.91	32.22	28.20	39.58
2002	142.96	45.04	40.09	57.83	31.51	28.04	45.45
2003	145.63	44.72	42.78	58.13	30.71	29.73	39.92
2004	150.04	41.65	48.09	59.00	27.75	32.93	39.32
2005	150.75	44.68	43.18	62.89	29.64	28.64	41.72
2006	150.63	42.81	44.92	62.90	28.42	29.82	41.76
2007	153.98	42.04	45.86	66.08	27.26	29.73	43.01
2008	157.15	41.75	42.37	73.03	26.57	26.96	46.47
2009	162.72	41.08	44.72	76.92	25.25	27.48	47.27
2010	176.48	40.78	47.16	88.54	23.11	26.72	50.17
2011	179.72	41.19	47.25	91.28	22.92	26.29	50.79
2012	181.95	40.75	47.16	94.04	22.40	25.92	51.68

2－7 全市分行业从业人员

单位:万人　　　　　　　　　　　　　　　　(2012 年)

	从业人员	单位从业人员	城镇私营企业	城镇个体劳动者	农村劳动者
合计	**181.95**	**58.32**	**29.07**	**23.54**	**71.02**
农、林、牧、渔业	40.75	0.16	0.38	0.36	39.85
采矿业	2.84	1.35	0.11	0.10	1.28
制造业	20.90	12.48	1.90	0.77	5.75
电力、煤气和水生产和供应业	1.63	1.56	0.07		
建筑业	21.80	10.39	2.55	0.05	8.81
交通、仓储和邮政业	6.53	2.00	0.44	0.20	3.89
信息传输、计算机服务和软件	6.41	4.95	1.10	0.07	0.29
批发和零售业	36.76	0.77	15.83	15.40	4.76
住宿和餐饮业	9.08	0.67	2.26	3.33	2.82
金融业	2.44	2.22	0.08		0.14
房地产业	1.26	0.92	0.34		
租赁和商务服务业	4.68	1.14	1.97	0.36	1.21
科学研究技术服务和地质勘探业	3.60	2.78	0.69		0.13
水利、环境和公共设施管理	1.91	1.34	0.13		0.44
居民服务和其他服务业	3.58	0.12	0.77	2.44	0.25
教育	6.87	6.34	0.03		0.50
卫生、社会保障和社会福利业	3.19	2.33	0.06	0.26	0.54
文化、体育和娱乐业	1.79	0.95	0.35	0.20	0.29
公共管理和社会组织	5.93	5.86			0.07
按三次产业分					
第一产业	40.75	0.16	0.38	0.36	39.85
第二产业	47.16	25.77	4.63	0.92	15.84
第三产业	94.04	32.39	24.06	22.26	15.33

2-8 市属分行业从业人员

（2012 年）　　　　单位：万人

	从业人员	单位从业人员	城镇私营企业	城镇个体劳动者	农村劳动者
合计	**144.87**	**21.24**	**29.07**	**23.54**	**71.02**
农、林、牧、渔业	40.73	0.14	0.38	0.36	39.85
采矿业	1.61	0.12	0.11	0.10	1.28
制造业	11.05	2.63	1.90	0.77	5.75
电力、煤气和水生产和供应业	0.71	0.64	0.07		
建筑业	14.13	2.72	2.55	0.05	8.81
交通、仓储和邮政业	5.89	1.36	0.44	0.20	3.89
信息传输、计算机服务和软件	2.76	1.30	1.10	0.07	0.29
批发和零售业	36.29	0.30	15.83	15.40	4.76
住宿和餐饮业	8.61	0.20	2.26	3.33	2.82
金融业	0.72	0.50	0.08		0.14
房地产业	1.00	0.66	0.34		
租赁和商务服务业	3.88	0.34	1.97	0.36	1.21
科学研究技术服务和地质勘探业	1.17	0.35	0.69		0.13
水利、环境和公共设施管理	1.78	1.21	0.13		0.44
居民服务和其他服务业	3.52	0.06	0.77	2.44	0.25
教育	3.74	3.21	0.03		0.50
卫生、社会保障和社会福利业	2.02	1.16	0.06	0.26	0.54
文化、体育和娱乐业	1.13	0.29	0.35	0.20	0.29
公共管理和社会组织	4.11	4.04			0.07
按三次产业分					
第一产业	40.73	0.14	0.38	0.36	39.85
第二产业	27.50	6.11	4.63	0.92	15.84
第三产业	76.65	15.00	24.06	22.26	15.33

2-9全市城镇非私营单位从业人员

单位:人　　　　　　　　　　　　　　(2012年)

	合计	在岗职工	国有单位	城镇集体单位	其他单位
合计	**583 204**	**564 415**	**391 298**	**20 217**	**171 689**
按执行会计标准类别分组					
企　　业	398 542	386 762	208 595	18 757	171 190
事　　业	135 318	130 681	133 483	1 336	499
机　　关	49 220	46 848	49 220		
民间非营利组织					
其　　他	124	124		124	
按国民经济行业分组(GB/T 4754-2011)					
农、林、牧、渔业	1 605	1 523	1 243	167	195
农　　业	123	123	58	65	
林　　业	728	718	725		3
畜 牧 业	380	350	278	102	
渔　　业					
农、林、牧、渔服务业	374	332	182		192
采 矿 业	13 497	13 495	1 404		12 093
制 造 业	124 799	123 162	62 004	6 368	56 427
电力、热力、燃气及水生产和供应业	15 574	15 340	13 413		2 161
电力、热力生产和供应业	10 164	9 943	8 110		2 054
燃气生产和供应业	1 415	1 415	1 415		
水的生产和供应业	2 599	2 586	2 492		107
建筑业	103 878	100 627	49 070	6 135	48 673
房屋建筑业	72 475	70 278	29 470	2 960	40 045
土木工程建筑业	21 966	20 968	11 905	3 122	6 939
建筑安装业	8 701	8 645	7 407		1 294
建筑装饰和其他建筑业	736	736	288	53	395
批发和零售业	18 405	18 228	5 224	1 788	11 393
批发业	8 461	8 318	3 507	749	4 205
零售业	9 944	9 910	1 717	1 039	7 188
交通运输、仓储和邮政业	51 016	49 959	39 830	599	10 587
铁路运输业	29 864	29 516	29 864		
道路运输业	12 804	12 407	1 881	402	10 521
水上运输业	47	47	47		
航空运输业	1 566	1 566	1 566		
管道运输业					
装卸搬运和运输代理业	2 137	2 123	2 137		
仓 储 业	1 557	1 299	1 294	197	66
邮政业	3 041	3 001	3 041		
住宿和餐饮业	7 740	7 423	4 219	408	3 113
住宿业	5 450	5 141	3 681	394	1 375
餐饮业	2 290	2 282	538	14	1 738
信息传输、软件和信息技术服务业	6 708	6 336	2 608	29	4 071
电信、广播电视和卫星传输服务	4 986	4 985	2 350	14	2 622
互联网和相关服务	606	606	218		388
软件和信息技术服务业	1 116	745	40	15	1 061

2－9 续表

	合计		国有单位	城镇集体单位	其他单位
		在岗职工			
金融业	22 226	21 654	6 859	1 150	14 217
货币金融服务业	17 229	17 006	6 798	1 150	9 281
资本市场服务业					
保险业	4 981	4 632	45		4 936
其他金融业	16	16	16		
房地产业	9 191	8 955	4 011	50	5 130
房地产开发经营	5 337	5 239	2 587	7	2 743
物业管理	2 766	2 653	367	43	2 356
房地产中介服务	55	50	24		31
租赁和商务服务业	11 398	6 823	9 121	1 731	546
租赁业	77	77	14	63	
商务服务业	11 321	6 746	9 107	1 668	546
科学研究、技术服务业	27 754	27 319	25 374	178	2 202
研究和试验发展	11 139	11 010	10 543	154	442
专业技术服务业	13 326	13 082	11 555	17	1 754
科技推广和应用服务业	3 289	3 227	3 276	7	6
水利、环境和公共设施管理业	13 435	12 273	13 337		98
水利管理业	3 129	2 645	3 129		
生态保护和环境治理业	868	818	770		98
公共设施管理业	9 438	8 810	9 438		
居民服务、修理和其他服务业	1 198	1 144	856	325	17
居民服务业	795	750	470	325	
机动车、电子产品和日用产品修理业	386	386	386		
其他服务业	17	8			17
教育	63 361	62 353	63 092	28	241
卫生和社会工作	23 302	21 641	21 750	1 198	354
卫生	22 761	21 105	21 209	1 198	354
社会工作	541	536	541		
文化、体育和娱乐业	9 540	9 413	9 306	63	171
新闻和出版业	2 509	2 487	2 509		
广播、电视、电影和影视录音制作业	2 934	2 934	2 934		
文化艺术业	2 836	2 736	2 773	63	
体育	835	833	835		
娱乐业	426	423	255		171
公共管理、社会保障和社会组织	58 577	55 772	58 577		
其中：中国共产党机关	2 054	2 036	2 054		
国家机构	54 081	51 318	54 081		
人民政协、民主党派	673	673	673		
社会保障	178	169	178		
群众社团、社会团体和其他成员组织	1 591	1 576	1 591		

2－10 市属城镇非私营单位从业人员

单位：人　　　　　　　　　　（2012 年）

	合计	在岗职工	国有单位	城镇集体单位	其他单位
合计	**212 428**	**202 747**	**124 098**	**9 635**	**78 695**
按企、事业机关分					
企业	108 967	105 114	22 596	8 175	78 196
事业	67 735	64 202	65 900	1 336	499
机关	35 602	33 307	35 602		
民间非盈利组织					
其他	124	124		124	
按国民经济行业分					
农、林、牧、渔业	1 380	1 307	1 210	167	3
农　　业	123	123	58	65	
林　　业	684	684	681		3
畜 牧 业	380	350	278	102	
渔　　业					
农、林、牧、渔服务业	193	150	193		
采 矿 业	1 238	1 236	1 210		28
制 造 业	26 252	26 070	2 836	1 781	21 635
电力、热力、燃气及水生产和供应业	6 391	6 157	5 372		1 019
电力、热力生产和供应业	2 489	2 268	1 577		912
燃气生产和供应业	1 415	1 415	1 415		
水的生产和供应业	2 487	2 474	2 380		107
建筑业	27 173	25 040	4 087	3 048	20 038
房屋建筑业	18 980	17 335	2 074	2 960	13 946
土木工程建筑业	6 749	6 317	2 013	80	4 656
建筑安装业	1 283	1 227			1 283
建筑装饰和其他建筑业	161	161		8	153
批发和零售业	13 648	13 546	1 679	1 133	10 836
批发业	5 050	4 977	1 166	149	3 735
零售业	8 598	8 569	513	984	7 101
交通运输、仓储和邮政业	13 041	12 530	2 118	402	10 521
铁路运输业					
道路运输业	12 455	12 058	1 532	402	10 521
水上运输业	47	47	47		
航空运输业					
管道运输业					
装卸搬运和运输代理业					
仓 储 业	466	392	466		
邮政业	73	33	73		
住宿和餐饮业	3 038	3 023	1 139	93	1 806
住宿业	1 636	1 629	1 019	79	538
餐饮业	1 402	1 394	120	14	1 268
信息传输、软件和信息技术服务业	1 965	1 604	181	29	1 755
电信、广播电视和卫星传输服务	537	537	169	14	354
互联网和相关服务	400	400	12		388
软件和信息技术服务业	1 028	667		15	1 013

2－10 续表

	合计	在岗职工	国有单位	城镇集体单位	其他单位
金融业	5 030	4 937	761	305	3 964
货币金融服务业	4 994	4 904	725	305	3 964
资本市场服务业					
保险业	20	17	20		
其他金融业	16	16	16		
房地产业	6 603	6 439	1 471	39	5 093
房地产开发经营	3 014	2 929	286		2 728
物业管理	2 572	2 518	199	39	2 334
房地产中介服务	55	50	24		31
租赁和商务服务业	3 422	3 421	1 865	1 070	487
租赁业	8	8	2	6	
商务服务业	3 414	3 413	1 863	1 064	487
科学研究、技术服务业	3 462	3 331	2 692	17	753
研究和试验发展	443	441	361		82
专业技术服务业	1 830	1 739	1 148	17	665
科技推广和应用服务业	1 189	1 151	1 183		6
水利、环境和公共设施管理业	12 138	10 982	12 040		98
水利管理业	2 309	1 825	2 309		
生态保护和环境治理业	451	407	353		98
公共设施管理业	9 378	8 750	9 378		
居民服务、修理和其他服务业	585	576	243	325	17
居民服务业	534	534	209	325	
机动车、电子产品和日用产品修理业	34	34	34		
其他服务业	17	8			17
教育	32 136	31 679	31 867	28	241
卫生和社会工作	11 621	10 264	10 193	1 198	230
卫生	11 271	9 914	9 843	1 198	230
社会工作	350	350	350		
文化、体育和娱乐业	2 918	2 883	2 747		171
新闻和出版业	647	647	647		
广播、电视、电影和影视录音制作业	675	675	675		
文化艺术业	1 133	1 103	1 133		
体育	157	155	157		
娱乐业	306	303	135		171
公共管理、社会保障和社会组织	40 387	37 722	40 387		
其中:中国共产党机关	1 249	1 231	1 249		
国家机构	37 903	35 278	37 903		
人民政协、民主党派	316	316	316		
社会保障	178	169	178		
群众社团、社会团体和其他成员组织	741	728	741		

2－11 按登记注册类型分的其他单位从业人员

单位:万人

	2007	2008	2009	2010	2011	2012
城镇单位从业人员	18.42	17.03	15.61	16.20	16.04	17.17
内资	17.7	16.41	14.88	15.57	15.59	16.54
股份合作	0.34	0.32	0.22	0.23	0.19	0.19
联营	0.04	0.03	0.04	0.25	0.04	0.03
#国有联营				0.21		
集体联营	0.04					
有限责任公司	11.8	10.52	10.57	10.99	11.00	11.63
#国有独资	2.9	3.05	3.42	2.80	3.55	3.70
股份有限公司	5.36	5.34	3.8	3.83	4.09	4.49
其他	0.16	0.21	0.25	0.27	0.27	0.21
港、澳、台商投资	0.35	0.31	0.31	0.27	0.05	0.13
外商投资	0.38	0.31	0.42	0.36	0.40	0.50

主要统计指标解释

人口数　指一定时点、一定地区范围内的有生命的个人的总和。

出生率　（又称粗出生率）指在一定时期内（通常为一年）一定地区的出生人数与同期内平均人数（或期中人数）之比。一般用于千分率表示。本资料中的出生率指年出生率，其计算公式为：

出生率=出生人数/年平均人数*1000

式中：出生人数指活产婴儿，即胎儿脱离母体时（不管怀孕月数），有过呼吸或其他生命现象。年平均人数指年初、年底人口数的平均数，也可用年中人口数代替。

死亡率　（又称粗死亡率）指在一定时期内（通常为一年）一定地区的死亡人数与同期内平均人数（或期中人数）之比，一般用千分率表示。本资料中的死亡率指年死亡率，其计算公式为：

死亡率=年死亡人数/年平均人数*1000

人口自然增长率　指在一定时期内（通常为一年）人口自然增加数（出生人数减死亡人数）与该时期内平均人数（或期中人数）之比，一般用于千分率表示。计算公式为：

人口自然增长率=（本年出生人数-本年死亡人数）/年平均人数*1000

社会劳动者人数　指在16岁以上，有劳动能力，参加或要求参加社会经济活动的人口；包括就业人员和失业人员。

就业人员　指从事一定社会劳动并取得劳动报酬或经营收入的人员，包括在岗职工、再就业的离退休人员、私营业主、个体户主、私营和个体业人员、乡镇就业人员、农村就业人员、其他就业人员（包括民办教师、宗教职业者、现役军人等）。这一指标反映了一定时期内全部劳动力资源的实际利用情况，是研究我国基本国情国力的重要指标。

各单位的就业人员　指在各级国家机关、政党机关、社会团体及企业、事业单位中工作，取得工资或其他形式的劳动报酬的全部人员。包括在岗职工、再就业的离退休人员、民办教师以及在各单位中工作的外方人员和港澳台方人员、兼职人员、借用的外单位人员和第二职业者。不包括离开本单位仍保留劳动关系的职工。各单位的就业人员反映了各单位实际参加生产或工作的全部劳动力。

城镇私营和个体就业人员　城镇私营就业人员指在工商管理部门注册登记，其经营地址设在县城关镇（含城关镇）以上的私营企业就业人员；包括私营企业投资者和雇工。城镇个体就业人员指在工商管理部门注册登记，并持有城镇户口或在城镇长期居住，经批准从事个体工商经营的就业人员；包括个体经营者和在个体工商户劳动的家庭帮工和雇工。

城镇登记失业人员　指有非农业户口，在一定的劳动年龄内，有劳动能力，无业而要求就业，并在当地就业服务机构进行求职登记的人员。

城镇登记失业率　指城镇登记失业人数同城镇单位就业人数、城镇私营企业及个体就业人数和城外地登记失业人数之和的比。计算公式为：

城镇登记失业率=城镇登记失业人数/（城镇单位就业人数+城镇私营企业及个体就业人数+城镇登记失

业人数）*100%

职工 指在国有经济、城镇集体经济、联营经济、股份制经济、外商和港、澳、台投资经济、其他经济单位及其附属机构工作，并由其支付工资的各类人员，不包括返聘的离休人员、民办教师、在国有经济单位工作外方人员和港、澳、台人员（1998年以后的数据无均为在岗职工数据，其他相关指标如职工工资总额，职工平均工资等指标也从1998年按此口径进行了相应调整）。

国有单位职工 指在国有经济单位及其附属机构工作，并由其支付工资的各类人员。

城镇集体单位职工 指在城镇集体经济单位及其管理部门工作，并由其支付工资的各类人员。

其他单位职工 指在联营经济、股份制经济、外商投资经济、港、澳、台投资经济单位工作，并由其支付工资的各类人员。

在岗职工 指在本单位工作并由单位支付工资的人员，以及有工作岗位，但由于学习、病伤产假等原因暂未工作，仍由单位支付工资的人员

三、工业、能源

3－1 工业总产值

单位：万元

年份	工业总产值	规模以上工业总产值			规模以下工业总产值
			轻工业	重工业	
1979	387 180	382 146	68 279	313 867	5 034
1980	393 214	388 655	82 644	306 011	4 559
1981	393 634	368 655	83 879	284 776	24 979
1982	402 933	397 848	94 511	303 337	5 085
1983	452 318	446 016	100 809	345 207	6 302
1984	506 286	497 314	119 696	377 618	8 972
1985	650 997	636 937	170 041	466 896	14 060
1986	736 686	716 432	183 217	533 215	20 254
1987	814 390	788 055	199 186	588 869	26 335
1988	974 522	935 277	255 726	679 551	39 245
1989	1 236 599	1 137 169	296 794	840 375	99 430
1990	1 337 530	1 266 043	310 566	955 477	71 487
1991	1 412 200	1 337 000	320 200	1 016 800	75 200
1992	1 624 700	1 526 000	353 200	1 172 800	98 700
1993	2 148 400	1 979 800	362 000	1 617 800	168 600
1994	2 813 500	2 536 700	424 500	2 112 200	276 800
1995	3 063 300	2 719 400	487 600	2 231 800	343 900
1996	3 337 100	2 880 400	514 600	2 365 800	456 700
1997	3 633 400	3 026 500	612 500	2 414 000	606 900
1998	3 458 292	2 874 587	540 416	2 334 171	583 705
1999	3 525 637	2 994 886	510 166	2 484 720	530 751
2000	4 151 708	3 822 717	633 789	3 188 928	328 991
2001	4 465 245	4 119 243	717 486	3 401 757	346 002
2002	4 855 780	4 501 780	826 553	3 675 227	354 000
2003	5 615 352	5 266 652	924 420	4 342 232	348 700
2004	6 963 369	6 553 669	1 017 456	5 536 213	409 700
2005	8 324 634	7 883 023	943 905	6 939 118	441 611
2006	10 121 752	9 531 331	1 076 998	8 454 333	590 421
2007	12 466 174	11 806 174	1 295 577	10 510 597	660 000
2008	14 266 389	13 556 379	1 275 307	12 281 072	710 010
2009	14 096 146	13 315 146	1 437 491	11 877 655	781 000
2010	16 843 587	15 914 704	1 750 149	14 164 555	928 833
2011	19 738 858	18 913 058	2 020 394	16 892 664	825 800
2012	21 236 242	20 554 242	2 534 796	18 019 446	682 000

注：2000 年以前工业总产值划分为乡及乡以上和乡以下。

3－2 工业总产值指数

（上年＝100）

年份	工业总产值	规模以上工业总产值			规模以下工业总产值
			轻工业	重工业	
1979	105.46	105.33	87.34	109.91	124.23
1980	99.65	100.43	116.58	97.17	90.56
1981	94.05	94.01	55.92	103.24	99.30
1982	107.26	107.30	143.71	102.52	102.12
1983	111.47	111.38	160.03	102.43	123.92
1984	110.68	110.42	110.64	110.35	142.36
1985	117.13	116.89	145.79	108.55	140.03
1986	108.32	107.86	92.42	113.84	144.03
1987	109.35	109.06	114.74	107.28	125.90
1988	111.10	110.36	113.50	109.31	148.84
1989	106.90	105.75	105.27	105.91	150.30
1990	108.09	106.22	105.79	106.37	157.71
1991	103.27	103.16	101.95	103.58	105.14
1992	110.48	109.20	106.61	110.08	133.03
1993	109.55	106.77	101.37	108.39	149.61
1994	111.00	109.74	104.62	111.48	123.97
1995	109.10	105.10	108.10	101.78	148.58
1996	109.62	104.90	101.90	107.61	138.01
1997	116.40	110.90	126.73	103.74	141.96
1998	105.10	102.66	92.27	106.34	113.93
1999	106.00	106.20	105.30	106.70	105.21
2000	109.88	107.10	106.45	107.30	
2001	112.00	111.70	114.30	110.90	
2002	113.60	113.38	114.66	113.00	
2003	112.60	112.94	109.95	113.89	
2004	114.90	114.73	109.82	115.32	104.75
2005	114.65	114.82	108.43	115.98	112.17
2006	114.88	114.98	111.60	115.07	114.72
2007	121.43	122.02	113.59	123.09	110.91
2008	115.19	116.02	116.41	115.83	102.51
2009	110.10	110.50	119.60	108.50	108.74
2010	112.35	112.62	118.54	111.98	110.09
2011	116.31	116.18	110.64	116.73	118.40
2012	109.50	109.40	125.00	107.50	110.10

3－3 工业增加值

单位：万元

年份	工业增加值	比上年增长(%)	按轻重工业分		#规模以上工业增加值	比上年增长(%)
			轻工业	重工业		
1979	177 174	8.50	31 705	145 469		
1980	176 356	－0.50	37 475	138 881		
1981	156 142	－12.50	42 255	113 887		
1982	166 653	6.50	39 510	127 143		
1983	192 461	13.00	43 430	149 031		
1984	218 007	11.00	52 314	165 693		
1985	254 647	9.00	67 614	187 033		
1986	286 571	8.00	72 847	213 724		
1987	296 764	6.00	74 503	222 261		
1988	321 494	8.00	86 969	234 525		
1989	385 201	7.50	96 481	288 720		
1990	401 259	7.00	97 461	303 798		
1991	401 739	－2.00	95 368	306 371		
1992	461 109	9.80	95 378	365 731		
1993	646 352	15.30	119 053	527 299		
1994	876 935	13.20	175 387	701 548		
1995	1 030 058	9.20	206 012	824 046		
1996	968 213	8.40	193 643	774 570		
1997	940 371	7.00	188 074	752 297		
1998	920 899	5.00	184 180	736 719	828 299	3.66
1999	944 221	7.00	188 844	755 377	846 121	5.80
2000	1 070 358	7.90	214 072	856 286	963 358	7.70
2001	1 163 695	10.10	232 739	930 956	1 049 095	10.00
2002	1 263 817	10.90	252 764	1 011 053	1 137 817	10.86
2003	1 431 915	11.90	286 383	1 145 532	1 295 515	12.12
2004	1 677 000	13.57	335 400	1 341 600	1 517 200	14.58
2005	1 977 008	16.46	359 940	1 617 068	1 813 854	18.36
2006	2 308 800	16.60	445 669	1 816 131	2 123 855	17.17
2007	2 678 794	17.12	485 481	2 193 313	2 479 248	17.98
2008	3 189 304	13.16	581 414	2 607 886	2 965 904	13.50
2009	3 312 200	9.42	665 850	2 646 350	3 081 700	9.83
2010	3 990 648	11.82	841 902	3 148 746	3 726 746	12.3
2011	4 972 500	15.15	1 073 030	3 899 470	4 650 290	15.0
2012	5 624 200	11.80	1 208 922	4 415 278	5 381 538	11.5

3－4 全市及市属工业增加值

单位：万元　　　　　　　　　　（2012 年）

	全市		市属	
	工业增加值	比上年增长（%）	工业增加值	比上年增长（%）
总计	**5 623 738**	**11.80**	**1 292 085**	**21.6**
规模以上工业	**5 381 538**	**11.50**	**1 049 885**	**24.3**
#国有企业	656 837	11.10	48 154	6.0
集体企业	81 492	21.00	79 356	20.0
股份合作企业	2 484	44.80	2 484	44.8
股份制	4 342 142	11.10	664 640	28.4
港澳台及外商商投资企业	167 221	8.90	129 436	10.9
其他经济类型	131 362	27.10	125 815	30.0
#轻工业	1 288 316	20.20	274 819	22.7
重工业	4 093 222	9.20	775 066	24.9

3－5 工业企业单位数及工业总产值

单位：个、万元　　　　　　　　　　（2012 年）

	全市		市属	
	企业单位数	工业总产值	企业单位数	工业总产值
总计	**3 439**	**21 236 242**	**3 360**	**5 308 309**
规模以上工业企业	**344**	**20 554 242**	**265**	**4 626 309**
#国有企业	39	3 195 224	11	175 611
集体企业	24	393 152	23	384 905
股份合作企业	4	15 032	4	15 032
股份制企业	220	15 655 541	178	3 036 701
外商及港澳台商投资企业	18	723 044	14	476 786
其他企业	39	572 249	35	537 274
#轻工业	—	2 534 796	—	1 040 867
重工业	—	18 019 446	—	3 585 441
规模以下工业企业	**3 095**	**682 000**	**3 095**	**682 000**

3－6 规模以上工业企业单位数和工业总产值、销售产值

（2012 年） 单位:万元

	企业单位数(个)	工业总产值	工业销售产值
总计	**344**	**20 554 242**	**19 493 219**
#国有控股企业	90	16 123 243	15 483 968
按登记注册类型分			
国有企业	39	3 195 224	3 027 994
集体企业	24	393 152	336 026
股份合作企业	4	15 032	12 554
股份制企业	220	15 655 541	14 907 043
外商及港澳台商投资企业	18	723 044	703 703
其他企业	39	572 249	505 899
按轻重工业			
轻工业	—	2 534 796	2 401 799
重工业	—	18 019 446	17 091 420
按工业行业大类分			
采掘业			
煤炭开采和洗选业	3	307 151	410 122
非金属矿采选业	2	4 870	4 360
制造业			
农副食品加工业	14	225 705	218 587
食品制造业	10	131 954	120 163
酒、饮料和精制茶制造业	11	427 149	435 241
烟草制品业	2	1 074 531	975 293
纺织业	4	49 821	47 575
纺织服装、服饰业	2	27 547	4 632
皮革、毛皮、羽毛(绒)及其制品业	1	18 116	48 831

3-6 规模以上工业企业单位数和工业总产值、销售产值

（2012 年）　　单位：万元

	企业单位数（个）	工业总产值	工业销售产值
木材加工及木、竹、藤、棕、草制品业	1	5 535	1 350
造纸及纸制品业	2	11 128	5 596
印刷和记录媒介复制业	5	28 842	32 748
石油加工、炼焦及核燃料加工业	11	5 878 709	7 792 314
化学原料及化学制品制造业	37	2 575 112	979 876
医药制造业	16	393 680	366 110
化学纤维制造业	1	10 000	8 690
橡胶和塑料制品业	20	203 088	182 177
非金属矿物制品业	47	1 139 726	875 171
黑色金属冶炼及压延加工业	28	1 268 219	1 019 439
有色金属冶炼及压延加工业	9	1 684 510	1 853 155
金属制品业	16	375 423	328 154
通用设备制造业	22	242 876	170 789
专用设备制造业	27	741 833	649 905
交通运输设备制造业	8	135 775	270 477
电气机械及器材制造业	19	485 132	311 706
计算机、通信和其他电子设备制造业	2	30 196	39 584
仪器仪表制造业	3	39 642	14 024
工艺品及其他制造业	1		
电力、热力的生产和供应业	15	2 298 228	2 071 389
燃气生产和供应业	2	183 515	181 356
水的生产和供应业	3	54 912	53 258

3-7 市属规模以上工业企业单位数和工业总产值、销售产值

单位:万元　　　　　　　　　　(2012年)

	企业单位数(个)	工业总产值	工业销售产值
总计	**265**	**4 626 309**	**4 188 379**
#国有控股企业	26	619 639	577 978
按登记注册类型分			
国有企业	11	175 611	140 349
集体企业	23	384 905	327 779
股份合作企业	4	15 032	12 554
股份制企业	178	3 036 701	2 758 388
外商及港澳台商投资企业	14	476 786	475 521
其他企业	35	537 274	473 787
按轻重工业分			
轻工业	—	1 040 867	1 014 892
重工业	—	3 585 441	3 173 487
按工业行业类型分			
采掘业			
煤炭开采和洗选业	2	61 072	58 162
非金属矿采选业	2	4 870	4 360
制造业			
农副食品加工业	13	140 309	127 054
食品制造业	9	131 954	120 163
酒、饮料和精制茶制造业	10	380 219	388 311
纺织业	2	19 516	14 689
纺织服装、服饰业	2	5 650	4 632
木材加工及木、竹、藤、棕、草制品业	1	5 535	1 350

3－7 市属规模以上工业企业单位数和工业总产值、销售产值

单位:万元　　　　　　　　　　　　　　（2012 年）

	企业单位数(个)	工业总产值	工业销售产值
家具制造业			
造纸及纸制品业	2	11 128	5 596
印刷和记录媒介复制业	2	1 912	5 132
文教体育用品制造业			
石油加工、炼焦及核燃料加工业	7	172 678	107 342
化学原料及化学制品制造业	27	566 624	625 365
医药制造业	13	232 581	229 773
化学纤维制造业	1	10 000	8 690
橡胶制品业和塑料制品业	20	197 238	182 177
非金属矿物制品业	38	808 081	697 182
黑色金属冶炼及压延加工业	25	427 728	352 695
有色金属冶炼及压延加工业	5	107 241	112 599
金属制品业	11	109 785	84 553
通用设备制造业	19	134 056	151 184
专用设备制造业	18	315 421	236 025
交通运输设备制造业	5	102 744	101 314
电气机械及器材制造业	14	299 959	198 743
计算机、通信和其他电子设备制造业	1	5 949	12 827
仪器仪表制造业	2	17 920	9 957
工艺品及其他制造业			
电力、热力的生产和供应业	8	272 001	271 944
燃气生产和供应业	1	10 004	10 004
水的生产和供应业	3	53 258	53 258

3－8 规模以上工业增加值

（2012 年）　　　　单位:万元

	工业增加值	比上年增长（%）
总计	**5 381 538**	**11.5**
#国有控股企业	4 435 359	8.7
按登记注册类型分		
国有企业	656 837	11.1
集体企业	81 492	21.0
股份合作企业	2 484	44.8
股份制企业	4 342 142	11.1
外商及港澳台商投资企业	167 221	8.9
其他企业	131 362	27.1
按隶属关系分		
中央企业	3 604 774	8.3
省属企业	726 879	11.3
市及市以下属企业	1 049 885	24.3
按轻重工业分		
轻工业	1 288 316	20.2
重工业	4 093 222	9.2
按工业行业分		
煤炭开采和洗选业	185 427	25.2
非金属矿采选业	2 166	19.9
农副食品加工业	39 185	19.2
食品制造业	21 985	22.9
酒、饮料和精制茶制造业	109 282	10.2
烟草制品业	849 647	23.1
纺织业	21 028	－2.4
纺织服装、服饰业	10 677	15.5

3-8 续表

	工业增加值	比上年增长(%)
皮革、毛皮、羽毛(绒)及其制品业	3 756	31.3
木材加工及木、竹、藤、棕、草制品业	1 601	28.9
家具制造业		
造纸及纸制品业	2 724	-18.7
印刷和记录媒介复制业	12 088	3.8
文教体育用品制造业		
石油加工、炼焦及核燃料加工业	1 557 035	-2.4
化学原料及化学制品制造业	402 942	-4.2
医药制造业	149 141	28.9
化学纤维制造业	3 480	-52.9
橡胶制品业和塑料制品业	38 160	38.2
非金属矿物制品业	261 681	20.0
黑色金属冶炼及压延加工业	296 963	19.7
有色金属冶炼及压延加工业	331 294	38.9
金属制品业	42 240	33.7
通用设备制造业	54 544	10.8
专用设备制造业	186 944	16.7
交通运输设备制造业	21 677	13.4
电气机械及器材制造业	89 105	19.2
计算机、通信和其他电子设备制造业	13 023	4.7
仪器仪表制造业	10 122	64.9
工艺品及其他制造业		
电力、热力的生产和供应业	496 792	10.5
燃气生产和供应业	34 868	8.4
水的生产和供应业	36 495	-1.8

3-9 市属规模以上工业增加值

（2012 年） 单位：万元

	工业增加值	比上年增长（%）
总计	**1 049 885**	**24.3**
#国有控股企业	185 424	4.0
按登记注册类型分		
国有企业	48 154	6.0
集体企业	79 356	20.0
股份合作企业	2 484	44.8
股份制企业	664 640	28.4
外商及港澳台商投资企业	129 436	10.9
其他企业	125 815	30.0
按轻重工业分		
轻工业	274 818	22.7
重工业	775 067	24.9
按工业行业分		
煤炭开采和洗选业	36 869	193.8
非金属矿采选业	2 166	19.9
农副食品加工业	31 755	25.3
食品制造业	21 985	22.9
酒、饮料和精制茶制造业	92 829	12.7
纺织业	7 023	26.6
纺织服装、服饰业	2 190	2.7
木材加工及木、竹、藤、棕、草制品业	1 601	28.9
家具制造业		
造纸及纸制品业	2 724	-18.7
印刷和记录媒介复制业	801	-36.8
文教体育用品制造业		
石油加工、炼焦及核燃料加工业	45 507	10.0
化学原料及化学制品制造业	111 296	10.3
医药制造业	72 363	53.2
化学纤维制造业	3 480	139.4
橡胶和塑料制品业	37 061	40.4
非金属矿物制品业	171 781	24.8
黑色金属冶炼及压延加工业	97 716	42.8
有色金属冶炼及压延加工业	11 410	20.1
金属制品业	13 748	34.4
通用设备制造业	26 323	39.9
专用设备制造业	79 620	16.2
交通运输设备制造业	8 781	8.0
电气机械及器材制造业	40 476	13.9
计算机、通信和其他电子设备制造业	2 566	14.9
仪器仪表制造业	4 509	102.0
工艺品及其他制造业		
电力、热力的生产和供应业	74 008	10.5
燃气生产和供应业	1 901	25.5
水的生产和供应业	35 395	-1.6

3－10 规模以上独立核算工业企业效益指标

（2012 年）

	工业经济效益指数(%)	总资产贡献率(%)	资产保值增值率(%)
总计	**274.30**	**11.48**	**105.78**
#国有控股企业	319.67	13.11	99.96
按登记注册类型分			
国有企业	210.56	3.42	92.75
集体企业	185.88	10.67	119.75
股份合作企业	82.14	－1.82	500.00
股份制企业	307.03	13.73	106.61
外商和港澳台商投资企业	224.06	12.06	107.62
其他企业	193.08	5.95	121.74
按工业行业分			
采掘业			
煤炭开采和洗选业	153.38	8.44	112.00
非金属矿采选业	28.73		
制造业			
农副食品加工业	321.55	5.59	101.79
食品制造业	151.85	5.48	118.60
酒、饮料和精制茶制造业	260.84	14.39	125.63
烟草制品业	2 096.89	111.53	126.70
纺织业	81.50		93.33
纺织服装、服饰业	42.15		150.00
皮革、毛皮、羽毛(绒)及其制品业	145.38	10.64	118.75
木材加工及木、竹、藤、棕、草制品业	31.57		100.00
家具制造业			
造纸及纸制品业	43.46		
印刷和记录媒介复制业	101.58	5.88	115.00
文教体育用品制造业			
石油加工、炼焦及核燃料加工业	583.55	13.61	91.16
化学原料及化学制品制造业	235.10	2.54	99.59
医药制造业	298.17	8.92	128.34
化学纤维制造业	100.74		500.00
橡胶和塑料制品业	168.98	8.65	139.39
非金属矿物制品业	191.43	6.96	115.22
黑色金属冶炼及压延加工业	259.72	－0.47	70.52
有色金属冶炼及压延加工业	233.14	－2.87	92.85
金属制品业	146.68	6.17	135.33
通用设备制造业	108.69	3.94	107.43
专用设备制造业	155.98	5.26	113.69
交通运输设备制造业	117.41	4.60	144.17
电气机械及器材制造业	131.25	4.15	81.77
计算机、通信和其他电子设备制造业	130.78	4.28	109.46
仪器仪表制造业	36.74		80.00
电力、煤气及水的生产和供应业			
电力、热力的生产和供应业	509.41	9.09	108.93
燃气生产和供应业	209.74	8.00	107.32
水的生产和供应业	246.03	5.00	108.29

资产负债率(%)	流动资产周转次数(次/年)	工业成本费用利润率(%)	全员劳动生产率(元/人、年)	产品销售率(%)
62.25	**2.06**	**-1.52**	**328 140**	**94.84**
65.23	2.37	-2.90	396 014	96.04
78.71	2.03	-0.90	234 584	94.77
67.67	1.71	6.35	135 820	85.47
54.55	0.87	-7.14	24 841	83.52
59.62	2.07	-2.36	380 890	95.22
32.27	2.06	9.17	185 801	97.33
58.33	2.31	1.46	187 660	88.41
78.84	0.92	2.19	115 892	133.52
100.00	1.33			89.53
64.60	1.86	3.37	391 847	96.85
76.71	0.86	5.79	109 927	91.06
50.12	2.78	8.87	218 565	101.89
17.91	1.71	32.42	2 832 158	90.76
42.47	1.35	-2.17	70 094	95.49
50.00	1.00			16.81
59.57	2.47	6.76	18 779	269.55
50.00	0.50			24.39
66.67	2.50			50.29
32.35	1.03	5.00	40 292	113.54
64.78	3.48	-6.04	819 492	132.55
52.74	1.86	-1.29	309 955	38.05
21.86	0.52	24.30	248 569	93.00
37.50	1.50			86.90
55.77	2.48	2.48	127 201	89.70
56.16	1.11	4.56	186 915	76.79
83.50	2.40	-2.27	329 959	80.38
71.58	2.42	-8.39	331 294	110.01
41.90	0.72	6.83	105 601	87.41
60.84	0.78	4.30	68 181	70.32
54.36	1.18	2.50	143 803	87.61
60.23	1.01	4.96	36 128	199.21
67.43	0.88	1.09	127 293	64.25
75.23	0.38	11.94	43 412	131.09
50.00	1.14			35.38
104.70	6.62		551 992	90.13
60.89	2.38	6.76	174 339	98.82
25.36	1.82	20.00	182 473	96.99

3－11 规模以上独立核算工业企业主要经济指标

单位：个、万元、人　　（2012 年）

	企业单位数	#亏损企业	全部从业人员年平均人数	流动资产合计
总计	**344**	**108**	**164 000**	**8 754 000**
#国有控股企业	90	33	112 000	6 123 000
按登记注册类型分				
国有企业	39	16	28 000	1 261 000
集体企业	24	5	6 000	184 000
股份合作企业	4	2	1 000	15 000
股份制企业	220	71	114 000	6 816 000
外商和港澳台商投资企业	18	4	9 000	297 000
其他企业	39	10	6 000	181 000
按工业行业分				
煤炭开采和洗选业	3	1	16 000	332 000
黑色金属矿采选业				
有色金属矿采选业				
非金属矿采选业	2	1		3 000
农副食品加工业	14	5	1 000	115 000
食品制造业	10	4	2 000	148 000
饮料制造业	11	4	5 000	122 000
烟草制品业	2	1	3 000	661 000
纺织业	4	2	3 000	34 000
纺织服装、鞋、帽制造业	2	1		4 000
皮革、毛皮、羽毛(绒)及其制品业	1		2 000	32 000
木材加工及木、竹、藤、棕、草制品业	1	1		2 000
家具制造业				
造纸及纸制品业	2	1		2 000
印刷业和记录媒介的复制	5	1	3 000	39 000
文教体育用品制造业				
石油加工、炼焦及核燃料加工业	11	2	19 000	2 233 000
化学原料及化学制品制造业	37	13	13 000	450 000
医药制造业	16	1	6 000	689 000
化学纤维制造业	1			4 000
橡胶制品业				
塑料制品业	20	4	3 000	67 000
非金属矿物制品业	47	14	14 000	711 000
黑色金属冶炼及压延加工业	28	17	9 000	410 000
有色金属冶炼及压延加工业	9	6	10 000	618 000
金属制品业	16	5	4 000	239 000
通用设备制造业	22	7	8 000	246 000
专用设备制造业	27	3	13 000	509 000
交通运输设备制造业	8	1	7 000	250 000
电气机械及器材制造业	19	5	7 000	309 000
通信设备、计算机及其他电子设备制造业	2	0	3 000	191 000
仪器仪表及文化、办公用机械制造业	3	2		7 000
工艺品及其他制造业	1			1 000
电力、热力的生产和供应业	15	6	9 000	232 000
燃气生产和供应业	2		2 000	66 000
水的生产和供应业	3		2 000	28 000

年末负债合计	主营业务收入	主营业务税金及附加	营业费用	管理费用	利润总额（亏损为负）	利税总额
11 371 000	**18 011 000**	**1 566 000**	**328 000**	**888 000**	**-255 000**	**1 856 000**
8 958 000	14 533 000	1 533 000	180 000	741 000	-389 000	1 609 000
2 695 000	2 554 000	13 000	46 000	130 000	-23 000	74 000
203 000	315 000	4 000	11 000	11 000	19 000	31 000
30 000	13 000			2 000	-1 000	-1 000
8 026 000	14 099 000	1 533 000	212 000	700 000	-305 000	1 655 000
222 000	611 000	13 000	51 000	31 000	50 000	81 000
195 000	419 000	3 000	8 000	14 000	5 000	16 000
626 000	305 000	5 000	4 000	47 000	7 000	51 000
4 000	4 000					
104 000	214 000		5 000	6 000	7 000	8 000
168 000	127 000		12 000	6 000	7 000	10 000
202 000	339 000	18 000	44 000	14 000	26 000	56 000
146 000	1 129 000	647 000	14 000	32 000	118 000	907 000
31 000	46 000		1 000	6 000	-1 000	1 000
3 000	4 000			1 000		
28 000	79 000		1 000	3 000	5 000	5 000
1 000	1 000					
2 000	5 000					
22 000	40 000	1 000	3 000	10 000	2 000	4 000
2 809 000	7 776 000	856 000	45 000	363 000	-443 000	542 000
539 000	838 000	6 000	18 000	47 000	-11 000	12 000
223 000	355 000	3 000	30 000	37 000	69 000	88 000
3 000	6 000					
58 000	166 000	2 000	3 000	5 000	4 000	8 000
766 000	788 000	6 000	36 000	45 000	35 000	71 000
895 000	988 000	1 000	20 000	38 000	-23 000	-16 000
1 471 000	1 486 000	3 000	34 000	35 000	-132 000	-107 000
163 000	172 000	2 000	7 000	17 000	10 000	20 000
247 000	193 000	1 000	8 000	18 000	8 000	12 000
455 000	601 000	4 000	18 000	72 000	15 000	35 000
262 000	252 000		2 000	24 000	12 000	16 000
325 000	273 000	1 000	10 000	25 000	3 000	16 000
246 000	73 000	1 000	7 000	11 000	8 000	9 000
4 000	8 000					
1 000						
1 359 000	1 535 000	8 000		4 000		79 000
137 000	157 000	1 000	6 000	13 000	10 000	17 000
71 000	51 000			9 000	9 000	12 000

3-12 市属规模以上独立核算工业企业效益指标

（2012 年）

	工业经济效益指数(%)	总资产贡献率(%)	资本保值增值率(%)
总计	**183.99**	**6.88**	**123.82**
#国有控股企业	154.08	6.94	108.52
按登记注册类型分			
国有企业	174.37	6.58	103.23
集体企业	177.55	9.89	127.63
股份合作企业	82.14	-1.82	500.00
股份制企业	179.24	6.01	127.56
外商和港澳台商投资企业	235.73	12.07	109.83
其他企业	210.95	7.02	124.04
按工业行业分			
采掘业			
煤炭开采和洗选业	186.35	14.29	80.00
非金属矿采选业	28.73		
制造业			
农副食品加工业	252.86	2.10	102.17
食品制造业	144.83	5.32	107.32
酒、饮料和精制茶制造业	252.32	19.84	122.86
烟草制品业	25.00		150.00
纺织业	145.97	23.08	109.09
纺织服装、服饰业	50.97		150.00
皮革、毛皮、羽毛(绒)及其制品业			
木材加工及木、竹、藤、棕、草制品业	31.57		100.00
家具制造业			
造纸及纸制品业	43.46		
印刷和记录媒介复制业	71.50		100.00
文教体育用品制造业			
石油加工、炼焦及核燃料加工业	126.35	19.23	93.75
化学原料及化学制品制造业	192.54	10.77	130.93
医药制造业	201.24	5.58	150.59
化学纤维制造业	100.74	0.00	500.00
橡胶和塑料制品业	167.12	8.65	139.39
非金属矿物制品业	177.81	6.05	116.22
黑色金属冶炼及压延加工业	274.07	3.28	72.50
有色金属冶炼及压延加工业	164.92	4.76	104.17
金属制品业	167.27	9.68	145.16
通用设备制造业	110.02	4.64	104.13
专用设备制造业	241.76	5.83	146.24
交通运输设备制造业	138.53	1.77	288.89
电气机械及器材制造业	138.39	4.75	68.14
计算机、通信和其他电子设备制造业	164.89	7.93	115.63
仪器仪表制造业	56.06		200.00
电力、煤气及水的生产和供应业			
电力、热力的生产和供应业	189.88	7.44	69.70
燃气生产和供应业	189.18	14.29	125.00
水的生产和供应业	243.10	5.00	108.29

资产负债率(%)	流动资产周转次数(次/年)	工业成本费用利 润 率(%)	全员劳动生产率(元/人、年)	产品销售率(%)
55.76	**1.28**	**4.22**	**169 339**	**90.53**
69.77	1.33	2.88	123 616	93.28
60.49	1.11	4.52	160 514	79.92
63.12	1.81	5.08	132 260	85.16
54.55	0.87	-7.14	24 841	83.52
58.09	1.13	3.35	170 420	90.84
35.37	1.65	13.15	184 908	99.73
56.86	2.43	1.84	209 692	88.18
42.86	1.60		184 344	95.24
100.00	1.33			89.53
67.13	1.12	0.82	317 552	90.55
76.60	0.87	4.46	109 927	91.06
49.81	2.74	9.41	185 657	102.13
25.00				
7.69	1.88	15.38		75.27
50.00	1.00			81.98
50.00	0.50			24.39
66.67	2.50			50.29
83.33	1.00			268.42
42.31	4.89	3.37		62.16
60.92	3.07	3.43	139 120	110.37
12.52	0.39	16.76	144 727	98.79
37.50	1.50			86.90
55.77	2.48	2.48	123 537	92.36
55.35	1.02	3.73	171 781	86.28
84.15	2.48	-0.33	325 721	82.46
40.48	4.78	0.92	114 104	105.00
27.42	1.89	3.17	137 479	77.02
58.28	0.85	5.37	52 646	112.78
55.99	1.07	4.95	265 399	74.83
53.98	1.48	1.25	87 814	98.61
73.90	1.03	1.08	134 919	66.26
77.44	0.49	17.95	25 657	215.62
60.00	1.00			55.56
104.75	1.55	0.73	185 020	99.98
28.57	9.00	10.00		100.00
25.36	1.82	20.00	176 977	100.00

3－13 市属规模以上独立核算工业企业主要经济指标

单位:个、万元、人　　　　　　　　　　　（2012 年）

	企业单位数	#亏损企业	全部从业人员年平均人数	流动资产合计
总计	**265**	**80**	**62 000**	**2 865 000**
#国有控股企业	26	10	15 000	449 000
按登记注册类型分				
国有企业	11	4	3 000	146 000
集体企业	23	5	6 000	170 000
股份合作企业	4	2	1 000	15 000
股份制企业	178	58	39 000	2 142 000
外商和港澳台商投资企业	14	2	7 000	232 000
其他企业	35	9	6 000	160 000
按工业行业分				
煤炭开采和洗选业	2	1	2 000	10 000
黑色金属矿采选业				
有色金属矿采选业				
非金属矿采选业	2	1		3 000
农副食品加工业	13	5	1 000	108 000
食品制造业	9	4	2 000	133 000
饮料制造业	10	4	5 000	107 000
烟草制品业	1	1		4 000
纺织业	2			8 000
纺织服装、鞋、帽制造业	2	1		4 000
木材加工及木、竹、藤、棕、草制品业	1	1		2 000
家具制造业				
造纸及纸制品业	2	1		2 000
印刷业和记录媒介的复制	2	1		3 000
文教体育用品制造业				
石油加工、炼焦及核燃料加工业	7	1		19 000
化学原料及化学制品制造业	27	7	8 000	166 000
医药制造业	13	1	5 000	532 000
化学纤维制造业	1			4 000
橡胶制品业				
塑料制品业	20	4	3 000	67 000
非金属矿物制品业	38	13	11 000	621 000
黑色金属冶炼及压延加工业	25	14	3 000	122 000
有色金属冶炼及压延加工业	5	2	1 000	23 000
金属制品业	11	2	1 000	35 000
通用设备制造业	19	7	6 000	185 000
专用设备制造业	18	1	3 000	178 000
交通运输设备制造业	5	1	1 000	54 000
电气机械及器材制造业	14	3	3 000	181 000
通信设备、计算机及其他电子设备制造业	1		1 000	86 000
仪器仪表及文化、办公用机械制造业	2	1		4 000
工艺品及其他制造业	1			1 000
电力、热力的生产和供应业	8	3	4 000	174 000
燃气生产和供应业	1			1 000
水的生产和供应业	3		2 000	28 000

年末负债合计	主营业务收入	主营业务税金及附加	营业费用	管理费用	利润总额（亏损为负）	利税总额
2 876 000	**3 676 000**	**33 000**	**143 000**	**172 000**	**149 000**	**285 000**
794 000	599 000	6 000	10 000	42 000	17 000	53 000
147 000	162 000	1 000	4 000	15 000	7 000	14 000
166 000	308 000	4 000	11 000	11 000	15 000	26 000
30 000	13 000			2 000	-1 000	-1 000
2 155 000	2 423 000	14 000	74 000	109 000	79 000	160 000
208 000	382 000	11 000	47 000	23 000	42 000	68 000
170 000	388 000	3 000	7 000	12 000	7 000	18 000
6 000	16 000			4 000		3 000
4 000	4 000					
96 000	121 000		2 000	4 000	1 000	2 000
144 000	116 000		12 000	5 000	5 000	7 000
128 000	293 000	14 000	43 000	11 000	24 000	49 000
1 000	10 000			1 000		1 000
1 000	15 000			2 000	2 000	3 000
3 000	4 000			1 000		
1 000	1 000					
2 000	5 000					
5 000	3 000					
11 000	93 000	1 000	1 000	1 000	3 000	5 000
198 000	510 000	5 000	10 000	17 000	17 000	32 000
92 000	210 000	1 000	11 000	15 000	30 000	39 000
3 000	6 000					
58 000	166 000	3 000	3 000	5 000	4 000	8 000
595 000	634 000	4 000	29 000	30 000	23 000	49 000
154 000	303 000		4 000	5 000	-1 000	3 000
17 000	110 000		1 000	2 000	1 000	2 000
17 000	66 000	1 000	1 000	4 000	2 000	5 000
176 000	157 000	1 000	7 000	13 000	7 000	13 000
174 000	191 000	1 000	8 000	20 000	9 000	15 000
61 000	80 000			4 000	1 000	2 000
218 000	187 000		3 000	8 000	2 000	10 000
127 000	42 000	1 000	7 000	7 000	7 000	8 000
3 000	4 000					
1 000						
507 000	269 000	1 000		3 000	2 000	16 000
2 000	9 000		1 000	1 000	1 000	1 000
71 000	51 000			9 000	9 000	12 000

3－14 规模以上工业企业分行业主要指标构成

单位：%　　　　(2012 年)

	工业总产值	工业增加值	工业销售产值
总计	**100.00**	**100.00**	**100.00**
煤炭开采和洗选业	1.49	3.45	2.10
黑色金属矿采选业			
有色金属矿采选业			
非金属矿采选业	0.02	0.04	0.02
农副食品加工业	1.10	0.73	1.12
食品制造业	0.64	0.41	0.62
酒、饮料和精制茶制造业	2.08	2.03	2.23
烟草制品业	5.23	15.79	5.00
纺织业	0.24	0.39	0.24
纺织服装、服饰业	0.13	0.20	0.02
皮革、毛皮、羽毛(绒)及其制品业	0.09	0.07	0.25
木材加工及木、竹、藤、棕、草制品业	0.03	0.03	0.01
家具制造业			
造纸及纸制品业	0.05	0.05	0.03
印刷和记录媒介复制业	0.14	0.22	0.17
文教体育用品制造业			
石油加工、炼焦及核燃料加工业	28.60	28.93	39.97
化学原料及化学制品制造业	12.53	7.49	5.03
医药制造业	1.92	2.77	1.88
化学纤维制造业	0.05	0.06	0.04
橡胶和塑料制品业	0.99	0.71	0.93
非金属矿物制品业	5.54	4.86	4.49
黑色金属冶炼及压延加工业	6.17	5.52	5.23
有色金属冶炼及压延加工业	8.20	6.16	9.51
金属制品业	1.83	0.78	1.68
通用设备制造业	1.18	1.01	0.88
专用设备制造业	3.61	3.47	3.33
交通运输设备制造业	0.66	0.40	1.39
电气机械及器材制造业	2.36	1.66	1.60
计算机、通信和其他电子设备制造业	0.15	0.24	0.20
仪器仪表制造业	0.19	0.19	0.07
工艺品及其他制造业			
电力、热力的生产和供应业	11.18	9.23	10.63
燃气生产和供应业	0.89	0.65	0.93
水的生产和供应业	0.27	0.68	0.27

年末资产总计	年末负债总计	产品销售收入	应交增值税
100.00	**100.00**	**100.00**	**100.00**
4.30	6.00	2.00	7.00
0.90	1.00	1.00	
1.20	1.00	1.00	
2.20	2.00	2.00	2.00
4.50	1.00	6.00	26.00
0.40			
0.30			
0.40			
23.70	25.00	43.00	23.00
5.60	5.00	5.00	3.00
5.60	2.00	2.00	3.00
7.50	7.00	4.00	6.00
5.90	8.00	5.00	1.00
11.20	13.00	8.00	4.00
2.10	1.00	1.00	1.00
2.20	2.00	1.00	1.00
4.60	4.00	3.00	3.00
2.40	2.00	1.00	1.00
2.60	3.00	2.00	2.00
1.80	2.00		
7.10	12.00	9.00	13.00
1.20	1.00	1.00	1.00
1.50	1.00	0.00	1.00

3－15 各县区规模以上工业企业主要经济指标

单位:万元　　　　　　　　　　　　　(2012 年)

	城关区	七里河区	西固区
企业及单位数(个)	50	52	60
#亏损企业	16	17	14
工业销售产值	855 438	3 609 312	9 095 600
#出口交货值	36 020	40 118	8 200
全部从业人员年平均人数	20 807	29 947	43 000
年末资产总计	1 549 517	2 611 937	5 942 000
#产成品	66 174	58 907	256 000
流动资产年平均余额	807 767	1 366 290	2 961 000
固定资产净值年平均余额	4 166 152	349 900	2 786 300
年末负债合计	821 571	1 434 928	3 869 000
年末所有者权益	727 946	1 177 009	2 073 000
主营业务收入	844 584	3 171 746	9 015 000
#主营业务销售税金及附加	6 343	664 212	868 000
管理费用	86 626	124 940	434 000
利润总额	84 224	135 638	－426 000
利税总额	120 253	1 018 920	606 000
工业经济效益综合指数(%)	204.54	462.36	359.59
总资产贡献率(%)	6.45	42.72	11.49
资产负债率(%)	50.19	54.94	65.11
流动资产周转次数(次/年)	1.08	2.32	3.04
工业成本费用利润率(%)	10.41	5.66	－4.97
全员劳动生产率(元/人、年)	175 192	492 859	478 162
产品销售率(%)	96.60	95.77	97.46

安宁区	红古区	永登县	皋兰县	榆中县
70	14	43	30	25
16	7	21	7	10
1 355 872	1 708 247	1 347 791	645 816	947 606
8 230	89 646	0	560	10 755
15 662	22 316	14 000	4 384	11 708
1 995 180	2 292 000	1 515 000	323 816	2 037 897
99 216	84 000	54 000	23 312	101 478
1 010 750	864 000	474 000	155 157	827 201
704 200	859 000	1 041 000	151 034	930 828
885 741	1 445 000	1 206 000	248 031	1 460 090
1 109 439	847 000	309 000	75 785	577 807
1 004 352	1 210 000	1 252 000	571 781	939 368
12 820	9 000	2 000	1 560	1 664
60 147	76 000	39 000	14 112	53 851
64 439	-13 000	-49 000	20 262	-72 242
101 638	64 000	-29 000	31 821	-57 114
190.00	90.11	176.02	333.59	189.90
6.52	5.34	0.59	12.49	-2.00
44.39	63.58	79.60	76.60	72.00
0.99	1.49	2.64	3.70	1.22
6.64	-1.15	-3.77	3.68	-7.08
201 638	199 467	202 291	368 613	281 021
87.90	92.46	95.20	91.90	85.18

3－16 规模以上工业企业主要产品产量

	1995	2008	2009	2010	2011	2012	比上年增长(%)
原煤(万吨)	147.38	464.83	452.76	486.03	511.37	716.32	38.6
原油加工(万吨)	106.15	1 001.90	1 045.19	1 033.72	1 053.36	1 002.12	－4.9
汽油(万吨)	82.90	212.30	236.16	201.7	221.55	209.86	－5.3
煤油(万吨)	33.87	41.22	45.66	29.48	28.75	34.27	19.2
柴油(万吨)	115.60	420.62	458.72	457.62	477.32	444.42	－6.9
润滑油(万吨)	35.52	22.29	17.35	23.93	25.23	24.82	－1.6
燃料油(万吨)	84.14	13.63	6.61	16.35	12.52	15.63	24.9
焦炭(万吨)	0.60	42.12	43.59	44.99	44.92	42.18	－6.1
发电量(万千瓦时)	458 103	1 215 070	1 644 050	1 692 679	1 821 306	2 037 375	11.8
啤酒(千升)	75 593	399 781	436 922	470 152	432 683	447 037	3.3
合成洗涤剂(万吨)	3.26	2.24	2.25	1.74	1.39	0.05	－96.6
卷烟(万支)	817 500	2 425 481	2 265 221	2 395 810	2 602 713	2 771 520	6.5
纱(万吨)	0.79	0.10	0.34	0.32	0.32	0.11	－66.2
绒线(毛线)(吨)	4 236	188					
毛机织物(呢绒)(万米)	411.00	553.70	451.75	490.4	491.6	459.00	－6.6
合成橡胶(万吨)	5.19	12.22	16.36	18.64	18.35	17.79	－3.0
合成纤维单体(万吨)	2.07	2.82	1.99	2.40	2.38	2.46	3.2
塑料制品(万吨)	2.01	5.50	5.70	5.25	4.53	7.91	22.8
#塑料薄膜(万吨)	1.04	2.04	1.74	1.80	1.72	1.31	27.9
机制纸板(万吨)	0.64	0.50					
合成氨(万吨)	16.51	26.93	35.06	30.02	25.36	28.11	10.9
农用化肥(万吨)	11.28	25.90	30.38	21.61	16.35	18.12	8.4
#氮肥(万吨)	9.98	24.37	30.38	21.61	16.35	18.12	8.4
磷肥(万吨)	6.40	1.52					
乙烯(万吨)	7.27	70.15	69.38	69.48	69.39	64.67	－6.8
聚丙烯树脂(万吨)	5.75	41.14	39.95	38.93	40.06	40.07	
水泥(万吨)	151.09	487.21	516.05	548.06	568.56	847.17	46.9
平板玻璃(万重量箱)	258.25	576.59	508.09	653.89	577.14	496.79	－13.9
钢材(万吨)	1.38	111.56	144.29	138.62	163.17	212.98	30.5
铁合金(万吨)	11.54	37.63	40.80	45.54	44.93	38.50	－14.1
原铝(电解铝)(万吨)	17.66	77.05	75.74	79.71	61.73	84.89	37.5
变压器(万千伏安)	34.51	140.81	212.69	227.76	224.99	294.02	30.7
家用洗衣机(万台)	30.32	9.81	9.50	8.34	6.47	5.97	－7.8

3－17 各县区规模以上工业增加值

（2012 年）　　单位：亿元

	规模以工业增加值	比上年增长（%）
兰州市	**538.15**	**11.50**
城关区	36.44	18.20
七里河区	147.60	18.40
西固区	205.61	1.30
安宁区	31.58	18.50
红古区	49.70	19.60
永登县	28.32	20.40
皋兰县	16.16	23.00
榆中县	32.90	19.10

3－18 工业企业主要能源消费与库存

（2012 年）

	年初库存量	本年消费量			年末库存量
			工业生产消费量	非工业生产消费量	
原煤（万吨）	100.29	1 214.51	1 193.83	20.68	125.06
焦炭（万吨）	15.20	160.50	160.12	0.38	12.25
原油（万吨）	14.73	1 003.33	1 003.33		17.11
汽油（万吨）	0.01	0.79	0.34	0.44	0.01
煤油（万吨）		0.02	0.02		
柴油（万吨）	0.27	2.92	2.36	0.56	0.22
燃料油（万吨）		1.99	1.99		
天然气（亿立方米）	0.01	9.36	9.18	0.18	0.02
热力（万百万千焦）		2 666.03	2 625.93	40.10	
电力（亿千瓦时）		283.46	275.68	7.78	

3－19 规模以上工业企业主要能源品种消费量

（2012 年）

	煤炭（万吨）	焦炭（万吨）	天然气（亿立方米）	原油（万吨）
规模以上工业企业	**1 276.60**	**160.50**	**9.36**	**1 003.33**
轻工业	8.15		0.60	
重工业	1 268.45	160.50	8.76	1 003.33
采掘业	38.68			
煤炭开采和洗选业	38.59			
黑色金属矿采选业				
非金属矿采选业	0.08			
制造业	550.77	160.50	9.36	1 003.33
农副食品加工业	0.69			
食品制造业	1.80			
饮料制造业	1.47		0.26	
烟草制品业			0.06	
纺织业	0.02			
纺织服装、鞋、帽制造业	0.07			
皮革、毛皮、羽毛（绒）等	1.15			
木材加工及木、竹、藤等	0.08			
家具制造业				
造纸及纸制品业	0.07			
印刷业和记录媒介的复制	0.30			
文教体育用品制造业				
石油加工炼焦及核燃料	41.67		4.47	1 003.33
化学原料及化学制品制造	32.62	36.27	1.92	
医药制造业	1.31		0.16	
化学纤维制造业				
橡胶制品业	0.14	0.18		
塑料制品业	125.21			
非金属矿物制品业	89.37	8.12	1.25	
黑色金属冶炼及压延	245.21	101.80		
有色金属冶炼及压延	0.89	13.97	0.80	
金属制品业	1.76		0.02	
通用设备制造业	2.77	0.06	0.01	
专用设备制造业	1.19		0.17	
汽车制造业	1.17			
铁路、船舶、航空航天和其他运输设备制造业			0.05	
电气机械及器材制造业	0.76	0.10	0.14	
通信设备、计算机及其他	0.78		0.04	
仪器仪表及文化、办公用				
电力、煤气及水的生产等	687.15			
电力、热力的生产和供应	687.00			
燃气生产和供应业				
水的生产和供应业	0.16			

汽油(万吨)	柴油(万吨)	燃料油 (万吨)	炼厂干气 (万吨)	其他石油 制品(万吨)	热力 (万百万千焦)	电力 (亿千瓦时)
0.79	**2.92**	**1.99**	**66.48**	**36.84**	**2 666.03**	**283.46**
0.11	0.14				27.33	4.56
0.67	2.77	1.99	66.48	36.84	2 638.70	278.90
0.07	0.30					4.95
0.07	0.29					4.94
						0.01
0.59	2.47	1.99	66.48	36.84	2 660.94	253.68
0.01						0.25
	0.02					0.29
0.01	0.09					1.13
						0.23
0.01	0.01				22.23	0.24
						0.01
						0.06
						0.03
0.01						0.08
0.07	0.33	1.99	66.07	36.84	2 514.52	22.53
0.14	0.26		0.41		70.08	32.97
0.03	0.01					0.76
0.03	0.04					1.00
0.04	1.10			0.01	8.65	17.79
0.02	0.04				37.39	41.93
0.06	0.39					131.84
0.02	0.01				1.28	0.26
0.02	0.01					0.36
0.05	0.02				6.80	0.83
0.01	0.02					0.09
0.01	0.08					0.22
0.03	0.02					0.59
0.01						0.14
						0.05
0.13	0.15				5.09	24.83
0.09	0.14					23.36
0.02	0.01					0.52
0.02					5.09	0.94

主要统计指标解释

工业　指从事自然资源的开采，对采掘品和农产品进行加工和再加工的物质部门。具体包括：（1）对自然资源的开采，如采矿、晒盐、森林采伐等（但不包括禽兽捕猎和水产捕捞）；（2）对农副产品的加工、再加工、如粮油加工、食品加工、轧花、缫丝、纺织、制革等；（3）对采掘品的加工、再加工、如炼铁、炼钢、化工生产、石油加工、机器制造、木材加工等，以及电力、自来水、煤气的生产和供应等；（4）对工业品的修理、翻新，如机器设备的修理、交通运输工具（包括小卧车）的修理等。

1984年以前农村的村及村以下办工业归属农业，1984年以后划归工业。

工业统计调查单位　工业统计调查单位分为两类：独立核算法人工业企业和工业活动单位。

（1）独立核算法人工业企业 是指从事工业生产经营活动的单位。独立核算法人工业企业应同时具备以下条件：①依法成立，有自己的名称、组织机构和场所，能够承担民事责任；②独立拥有和使用资产、承担负债，有权与其他单位签订合同；③独立核算盈亏，并能够编制资产负债表。

（2）工业活动单位 是指在一个场所从事一种或主要从事一种工业生产活动的经济单位。它包括独立核算工业企业按主营业务活动（即工业生产活动）划分的主营业务活动单位和非工业企业所属的工业生产活动单位（即原非独立核算工业生产单位）。工业活动单位，一般应同时具备以下三个条件：①具有一个场所，从事一种或主要从事一种工业活动；②单独组织工业生产、经营或业务活动；③单独核算收入和支出。

本年鉴中涉及的企业登记注册类型：

（1）国有及国有控股企业 指国有企业加上国有控股企业。国有企业（即过去的全民所有制工业或国营工业）是指企业全部资产归国家所有，并按《中华人民共和国企业法人登记管理条例》规定登记注册的非公司制的经济组织。包括国有企业、国有独资公司和国有联营企业。1957年以前的公私合营和私营工业，后均改造为国营工业，1992年改为国有工业，这部分工业的资料不单独分列时，均包括在国有企业内。国有控股企业是对混合所有制经济的企业进行的“国有控股”分类。它是指这些企业的全部资产中国有资产（股份）相对其他所有者中的任何一个所有者占资（股）最多的企业。该分组反映了国有经济控股情况。

（2）集体企业 指企业资产归集体所有，并按《中华人民共和国企业法人登记管理条例》规定登记注册的经济组织。是社会主义公有制经济的组成部分。包括城乡所有使用集体投资举办的企业，以及部分个人通过集资自愿放弃所有权并依法经工商行政管理机关认定为集体所有制的企业。

（3）股份合作企业 指以合作制为基础，由企业职工共同出资入股，吸收一定比例的社会资产投资组建，实行自主经营，自负盈亏，共同劳动，民主管理，按劳分配与按股分红相结合的一种集体经济组织。

（4）联营企业 指两个及两个以上相同或不同所有制性质的企业法人或事业单位法人，按自愿、平等、互利的原则，共同投资组成的经济组织。联营企业包括：

国有联营企业指国有企业与国有企业间的联营；

集体联营企业指集体企业与集体企业间的联营；

国有与集体联营企业指国有企业与集体企业间的联营。

（5）有限责任公司 指根据《中华人民共和国公司登记管理条例》规定登记注册，由两个以上，五十个以下的股东共同出资，每个股东以其所认缴的出资额对公司承担有限责任，公司以其全部资产对其债务承担责任的经济组织。

有限责任公司包括国有独资公司以及其他有限责任公司。

（6）股份有限公司 指根据《中华人民共和国企业法人登记管理条例》规定登记注册，其全部注册资本由等额股份构成并通过发行股票筹集体资本，股东以其认购的股份对公司承担的有限责任，公司以其全部资产对其债务承担责任的经济组织。

（7）私营企业 指由自然人投资设立或由自然人控股，以雇佣劳动为基础的营利性经济组织。包括按照《公司法》、《合伙企业法》、《私营企业暂行条例》规定登记注册的私营有限责任公司、私营股份有限公司、私营合伙企业和私营独资企业。

（8）港、澳、台商投资企业 指企业注册登记类型中的港、澳、台资合资、合作、独资经营企业和股份有限公司之和。

（9）外商投资企业 指企业注册登记类型中的中外合资、合作经营企业、外资企业和外商投资股份有限公司之和。

“三资”企业系指港、澳、台商投资企业和外资企业的简称。

规模以上工业企业 规模以上工业为年主营业务收入500万元以上的企业。

轻工业 指主要提供生活消费品和制作手工工具的工业。按其所使用的原料不同，可分为两大类：（1）以农产品为原料的轻工业，是指直接或间接以农产品为基本原料的轻工业。主要包括食品制造、饮料制造、烟草加工、纺织、缝纫、皮革和毛皮制作、造纸以及印刷等工业；（2）以非农产品为原料的轻工业，是指以工业品为原料的轻工业。主要包括文教体育用品、化学药品制造、合成纤维制造、日用化学制品、日用玻璃制品、日用金属制品、手工工具制造、医疗器械制造、文化和办公用机械制造等工业。

重工业 是指为国民经济各部门提供物质技术基础的主要生产资料的工业。按其生产性质和产品用途，可以分为下列三类：（1）采掘（伐）工业，是指对自然资源的开采，包括石油开采、煤炭开采、金属矿开采、非金属矿开采和木材采伐等工业；（2）原材料工业，指向国民经济各部门提供基本材料、动力和燃料的工业。包括金属冶炼及加工、炼焦及焦炭、化学、化工原料、水泥、人造板以及电力、石油和煤炭加工等工业；（3）加工工业，是指对工业原材料进行再加工制造的工业。包括装备国民经济各部门的机械设备制造工业、金属结构、水泥制品等工业，以及为农业提供的生产资料如化肥、农药等工业。

根据上述划分原则，修理业中以重工业产品为修理作业对象的划为重工业，反之划为轻工业。

工业总产值 是以货币表现的工业企业在一定时期内生产的已出售或可供出售工业产品总量，它反映一定时间内工业生产的总规模和总水平。它包括：在本企业内不再进行加工，经检验，包装入库（规定不需包装的产品除外）的成品价值，对外加工费收入，自制半成品、在产品期末初差额价值。工业总产值采用“工厂法”计算，即以工业企业作为一个整体，按企业工业生产活动的最终成果来计算，企业内部不允许重复计算，不能把企业内部各个车间（分厂）生产的成果相加。但在企业之间、行业之间、地区之间存在着重复计算。

轻重工业总产值的划分是按“工厂法”计算的，即一个工业企业生产的主要产品性质属于轻工业，则该企业的全部总产值作为轻工业总产值；如它的主要产品性质属于重工业，则该企业的全部总产值作为重工业总产值。

工业增加值 是指工业行业在报告期内以货币表现的工业生产活动的最终成果。

实收资本 指企业实际收到的投资人投入的资本。按投资主体可分为国家资本、集体资本、法人资本、个人资本、港澳台资本和外商资本等。

资产合计 指企业拥有或控制的能以货币计量的经济资源。包括各种财产、债权和其他权利。资产按其流动性划分为流动资产、长期投资、固定资产、无形及递延资产和其他资产。

（1）流动资产 指企业可以在一年内或者超过一年的一个生产周期内变现或耗用的资产合计。包括现金及各种存款、短期投资、应收及预付款项、存货等。

（2）固定资产 指企业固定资产净值、固定资产清理、在建工程、待处理固定资产损失所占用的资金合计。

（3）无形资产 指企业长期使用而没有实物形态的资产。包括专利权、非专利技术、商标权、著作权、土地使用权、商誉等。

负债合计 指企业承担能以货币计量，将以资产或劳务偿付的债务。负债一般按偿还期长短分为流动负债和长期负债、递延税项等。

（1）流动负债 指企业在一年内或者超过一年的一个营周期内需要偿还的债务合计，其中包括短期借款、应付及预收款项、应付工资、应交税金和应交利润等。

（2）长期负债 指企业在一年以上或者超过一年的一个营业周期以上需要偿还的债务合计，其中包括长期借款、应付债务、长期应付款项等。

所有者权益 指企业投资人对企业净资产的所有权。企业净资产等于企业全部资产减去全部负债后的余额，其中包括投资者对企业的最初投入，以及资本公积金、盈余公积金和未分配利润，对股份制企业即为股东权益。

固定资产原价 指企业在建造、购置、安装、改建、扩建、技术改造某项固定资产时所支出的全部货币总额。它一般包括买价、包装费、运杂费和安装费等。

固定资产净值 是指固定资产原价减去历年已提折旧额后的净额。

流动资产 是指可以在一年或者超过一年的一个营业周期内变现或者耗用的资产，包括现金及各种存款、短期投资、应收及预付货款、存货等。

产品销售收入 指企业销售产品和提供劳务等主要经营业务取得的收入总额。

产品销售成本 指企业销售品和提供劳务等主要经营业务的实际成本。

产品销售税金及附加 指企业销售产品和提供工业性劳务等主要经营业务应负担的城市维护建设税、消费税、资源税和教育费附加。

产品销售利润 指企业销售产品和提供工业性劳务等主要经营业务收入扣除其成本、费用、税金后的利润。

利润总额　指企业实现的利润。

应交增值税　指企业在报告期内应交纳的增值税额。

总资产贡献率　反映企业全部资产的获利能力，是企业经营业绩和管理水平的集中表现，是评价和考核企业盈利能力的核心指标。计算公式为：

总资产贡献率=（利润总额+税金总额+利息支出）/平均资产总额*100%

资产负债率　该指标既反映企业经营风险的大小，也反映企业利用债权人提供的资金从事经营活动的能力。计算公式为：

资产负债率=负债总额/资产总额*100%

工业成本费用利润率　指在一定时期内实现的利润与成本费用之比，是反映工业生产成本及费用投入的经济效益指标，同时也是反映降低成本的经济效益的指标。计算公式为：

工业成本费用利润率（%）=利润总额/成本及费用总额*100%

工业增加值率　指在一定时期内工业增加值占同期工业总产值的比重，反映降低中间消耗的经济效益。计算公式为：

工业增加值率（%）=工业增加值（现价）/工业总产值*100%

流动资产周转次数　指在一定时期内流动资产完成的周转次数，反映流动资产的周转速度。计算公式为：

流动资产周转次数=产品销售收入/全部流动资产平均余额

产品销售率　指报告期工业销售产值与同期全部工业总产值之比，是反映工业产品已实现销售的程度，分析工业产销衔接情况，研究工业产品满足社会需求程度的指标。计算公式为：

产品销售率（%）=工业销售产值/工业总产值（现价）*100%

全员劳动生产率　指根据产品的价值量指标计算的平均每一个从业人员在单位时间内的产品生产量。是考核企业经济活动的重要指标，是企业生产技术水平、经营管理水平、职工技术熟练程度和劳动积极性的综合表现。目前我国的全员劳动生产率是将工业企业的工业增加值除以同一时期全部从业人员的平均人数来计算的。计算公式为：

全员劳动生产率（%）=工业增加值/全部从业人员平均人数*100%

四、交通运输业

4－1 交通运输业基本情况

	2008	2009	2010	2011	2012	比上年增长(%)
客运量总计(万人)	**3 150.41**	**3 373.04**	**3 963.16**	**4 388.82**	**4 829.07**	**10.03**
铁路	777.16	874.19	975.81	1 042.06	996.95	-4.33
公路	2 253.18	2 346.24	2 627.00	2 965.86	3 373.82	13.76
民用航空	120.07	152.61	360.36	380.90	458.30	20.32
货运量总计(万吨)	**7 206.66**	**7 358.37**	**8 054.29**	**8 907.70**	**9 671.89**	**8.58**
铁路	1 318.65	1 202.33	1 221.15	1 214.52	1 003.95	-17.34
公路	5 887.00	6 155.00	6 832.00	7 663.50	8 664.34	13.06
民用航空	1.01	1.04	2.56	2.68	3.60	34.33
公路货运周转量(万吨公里)	**268 812.00**	**299 187.00**	**348 553.00**	**408 905.50**	**575 369.50**	**40.71**
公路旅客周转量(万人公里)	**236 636.00**	**247 188.81**	**286 738.00**	**331 490.90**	**481 164.50**	**45.15**

4－2 客运量和货运量

年份	客运量合计(万人)				货运量合计(万吨)			
		铁路	公路	民航		铁路	公路	民航
1984	1 165.40	451.60	709.00	4.80	1 721.11	1 040.00	681.00	0.11
1985	1 000.00	466.00	527.00	7.00	1 541.17	817.00	724.00	0.17
1986	1 120.60	503.00	606.00	11.60	1 723.17	942.00	781.00	0.17
1987	1 166.50	517.00	638.00	11.50	1 977.20	1 073.00	904.00	0.20
1988								
1989	1 273.00	510.00	753.00	10.00	2 075.23	905.00	1 170.00	0.23
1990	1 037.00	405.00	620.00	12.00	2 282.18	892.00	1 390.00	0.18
1991	1 162.50	409.00	736.00	17.50	2 529.25	896.00	1 633.00	0.25
1992	1 250.30	434.00	790.00	26.30	3 015.30	1 191.00	1 824.00	0.30
1993	1 303.20	446.60	828.00	28.60	2 701.30	703.00	1 998.00	0.30
1994	1 342.00	460.00	863.00	19.00	2 849.35	599.00	2 249.00	0.35
1995	1 380.50	448.00	904.00	28.50	3 245.40	724.00	2 521.00	0.40
1996	1 476.70	415.70	1 002.50	58.50	3 558.62	725.00	2 833.30	0.32
1997	1 568.50	431.10	1 082.40	55.00	3 932.34	742.00	3 190.00	0.34
1998	1 693.10	443.30	1 223.50	26.30	4 272.95	698.20	3 574.40	0.35
1999	1 832.00	459.00	1 345.00	28.00	4 749.00	764.00	3 985.00	0.41
2000	2 002.00	476.00	1 483.00	43.00	5 167.00	815.00	4 351.00	0.53
2001	2 140.80	499.40	1 608.00	33.40	5 400.60	758.00	4 642.00	0.60
2002	2 253.30	556.30	1 662.00	35.00	5 633.89	823.90	4 809.00	0.99
2003	2 208.73	473.87	1 695.00	39.86	5 580.78	652.98	4 927.00	0.80
2004	2 416.48	567.15	1 798.00	51.33	5 785.81	782.93	5 002.00	0.88
2005	2 545.68	586.77	1 896.00	62.91	5 972.19	820.55	5 151.00	0.64
2006	2 731.67	635.90	1 995.62	100.15	6 263.85	903.10	5 360.00	0.75
2007	2 925.50	672.53	2 112.37	140.60	6 839.45	1 234.50	5 604.00	0.95
2008	3 150.41	777.16	2 253.18	120.07	7 206.66	1 318.65	5 887.00	1.01
2009	3 373.04	847.19	2 346.24	152.61	7 358.27	1 202.23	6 155.00	1.04
2010	3 802.30	975.81	2 627.00	199.49	8 054.29	1 221.15	6 832.00	1.14
2011	4 388.82	1 042.06	2 965.86	380.90	8 907.7	1 214.52	7 663.50	2.68
2012	4 829.07	996.95	3 373.82	458.30	9 671.89	1 003.95	8 664.34	3.60

4－3 邮电业务基本情况

	2008	2009	2010	2011	2012
邮电业务总量(亿元)	28.50	29.36	36.05	44.27	48.90
电信业务总量(亿元)	26.58	27.64	34.35	42.43	47.14
邮政业务总量(亿元)	1.92	1.72	1.70	1.84	1.76
函件(万件)	1 122.21	1 301.93	1 182.71	1 129.56	1 548.69
普通包件(万件)	29.93	27.86	26.14	8.94	9.99
代办特快专递(万件)	79.19	66.18	71.00	72.42	68.24
报刊期发数(万份)				5 750.71	6 458.60
固定长途电话(万分)				27 084.31	23 156.38
本地电话年末用户(万户)	113.92	98.38	104.66	105.45	94.39
#住宅电话年末用户	45.56	74.98	88.29	89.15	51.85
公用电话(万户)	14.00	23.40	16.37	16.30	15.78
年末移动电话用户(万户)	263.90	293.54	349.25	390.04	418.93
国际互联网用户(户)	296 900	382 000	500 400	468 600	496 900
邮电局所(处)	164	165	165	145	147
集邮业务(万枚)	817.72	822.31	650.83	1 159.35	921.52

注:报刊期发数由原来的期末数变为累计数。

主要统计指标解释

货（客）运量　指在一定时期内，各种运输工具实际运送的货物（旅客）数量。它是反映运输业为国民经济和人民生活服务的数量指标，也是制定和检查运输生产计划、研究运输发展规模和速度的重要指标。货运按吨计算，客运按人计算。货物不论运输距离长短、货物类别，均按实际重量统计。旅客不论行程远近或票价多少，均按一人一次客运量统计；半价票、小孩票也按一人统计。

邮电业务总量　指以价值量形式表现的邮电通信企业为社会提供各类邮电通信服务的总数量。邮电业务量按专业分类包括函件、包件、汇票、报刊发行、邮政快件、特快专递、邮政储蓄、集邮、公众电报、用户电报、传真、长途电话、出租电路、移动电话、分组交换数据通信、出租代维等。计算方法为各类产品乘以相应的平均单价（不变价）之和，再加上出租电路和设备、代用户维护电话交换机和线路等的服务收入。它综合反映了一定时期邮电业务发展的总成果，是研究邮电业务量构成和发展趋势的重要指标。计算公式为：

邮电业务总量=Σ（各类邮电业务量×不变单价）+出租代维及其他业务收入

移动电话用户　是指通过移动电话交换机进入移动电话网、占用移动电话号码的电话用户。用户数量以报告期末在移动电话营业部门实际办理登记手续进入移动电话网的户数进行计算，一部移动电话统计为一户。

电话用户　指接入国家公众固定电话网，并按固定电话业务进行经营管理的电话用户。1997年以前，电话用户分为市内电话用户和农村电话用户。“市内电话用户”是指接入县城及县以上城市的电话网上的电话用户；“农村电话用户”是指接入县邮电局农话台及县以下农村电话交换点，以县城为中心（除市话用户外）联通县、乡（镇）、行政村、村民小组的用户。从1997年起，电话用户数分组调整为以用户所在区域划分为“城市电话用户”和“乡村电话用户”，与过去的按市内电话和农村电话划分方法不同。而电话用户总数、电话机总部数统计范围不变。

城市电话用户　指直辖市、省辖市、地级市、县级市的市区、市郊区及县城（包括县人民政府所在地的县城关区或行政建制相当于县人民政府所在地的镇）范围内接入局用交换机的电话用户数，包括分布在农村地区的独立工矿区、林区、驻军等接入局用交换机的电话用户数。

乡村电话用户　指县城关区以下的集镇和农村接入局用交换机的电话用户数。

住宅电话用户　是指安装在居民住宅或农民家里并按照住宅电话登记注册和收费的电话用户。包括私人付费、单位付费和按规定免费安装的住宅电话用户。

局用交换机容量　是指安装在本地电信运营商内用于接结续本地固定电话的电话交换机容量，有倍增设备按倍增后的数量计算。包括现用和备用的人工或自动交换机的全部容量。

五、农 业

5－1 各县区农村基本情况

（2012 年）

	乡镇数(个)	#镇	村民委员会(个)	乡村户数(万户)	乡村人口(万人)
兰州市	**61**	**35**	**780**	**34.13**	**131.38**
城关区	0	0	39	1.51	4.78
七里河区	6	4	63	2.18	9.15
西固区	6	2	49	2.35	7.91
安宁区	0	0	12	1.26	4.24
红古区	4	3	38	1.43	5.95
永登县	18	13	240	11.33	45.92
皋兰县	7	5	71	4.32	15.39
榆中县	20	8	268	9.75	38.04

5－2 各县区农村劳动力情况

（2012 年）

单位：万人

	农村劳动力	#乡村从业人员	#农林牧渔业	工业	建筑业	交通运输仓储及邮政业	批发零售贸易业	住宿和餐饮业
兰州市	82.05	71.02	39.85	5.75	4.76	3.86	2.58	2.20
城关区	2.67	2.37	0.81	0.27	0.01	0.20	0.26	0.17
七里河区	5.69	5.13	3.11	0.58	0.16	0.23	0.21	0.13
西固区	4.91	4.44	1.86	0.72	0.30	0.35	0.22	0.19
安宁区	2.61	2.21	0.63	0.31	0.04	0.27	0.27	0.22
红古区	3.88	3.11	1.89	0.25	0.22	0.24	0.17	0.10
永登县	28.92	25.36	13.83	1.95	1.71	1.46	0.82	0.75
皋兰县	9.09	8.14	4.67	0.65	0.53	0.48	0.23	0.24
榆中县	24.28	20.26	13.05	1.02	1.79	0.63	0.40	0.40

5－3 农林牧渔业增加值

单位:万元

年份	农林牧渔业增加值	农业	林业	牧业	渔业	服务业
1979	7 788.36	6 638.07	110.88	1 038.06	1.38	
1980	9 392.15	8 045.01	132.86	1 213.24	1.04	
1981	7 994.08	6 504.60	193.21	1 295.24	1.03	
1982	8 420.08	6 584.56	455.83	1 378.05	2.00	
1983	11 178.75	8 947.76	676.09	1 553.05	1.85	
1984	14 017.15	11 046.91	994.06	1 974.45	1.73	
1985	18 976.08	15 294.47	1 041.19	2 635.64	4.78	
1986	22 036.67	17 611.67	911.00	3 492.48	21.52	
1987	23 296.91	18 423.25	746.92	4 077.74	49.00	
1988	30 603.00	22 452.91	741.23	7 239.48	169.38	
1989	38 054.41	27 624.39	716.71	9 578.27	135.05	
1990	42 605.00	31 278.31	1 198.86	9 800.29	327.54	
1991	50 054.63	36 455.46	1 287.62	11 901.63	409.92	
1992	55 261.00	41 527.47	968.69	12 226.92	537.92	
1993	65 390.76	49 687.61	1 320.88	13 853.49	528.78	
1994	95 391.00	67 546.45	2 431.70	24 568.40	844.45	
1995	118 296.96	89 095.33	2 856.17	25 149.63	1 195.83	
1996	137 205.13	103 602.91	3 229..78	29 073.27	1 299.17	
1997	140 826.62	101 431.00	3 262.37	34 891.39	1 240.97	
1998	152 430.54	116 295.29	3 248.73	31 399.17	1 487.35	
1999	156 129.94	119 674.18	2 851.99	31 506.43	2 097.34	
2000	158 915.80	121 106.04	3 299.07	33 007.61	1 503.08	
2001	168 914.30	129 533.55	2 800.48	34 706.09	1 874.18	
2002	176 821.31	135 578.93	2 300.11	37 217.84	1 724.43	
2003	185 709.77	140 560.98	2 754.87	38 760.00	1 700.40	
2004	206 062.21	147 959.34	2 409.67	51 800.50	1 665.82	2 226.83
2005	221 299.01	162 258.36	1 174.17	53 642.65	1 880.66	2 343.17
2006	227 335.06	165 709.78	1 634.15	55 151.49	2 141.87	2 697.77
2007	260 863.43	198 151.39	1 425.23	56 178.84	2 177.63	2 930.35
2008	281 007.69	223 506.73	1 756.52	47 491.08	2 732.45	5 520.91
2009	305 453.65	248 499.34	1 911.75	46 525.01	2 669.97	5 847.58
2010	337 891.83	275 887.33	2 861.70	52 612.57	496.06	6 025.21
2011	400 073.13	324 875.17	3 864.68	62 003.54	640.14	8 689.60
2012	445 480.50	363 945.30	3 845.21	67 444.56	676.85	9 568.58

注:1、自 2003 年起农林牧渔业增加值为新行业口径,新增农林牧渔服务业;包括农业、林业、牧业、渔业和农林牧渔服务业增加值;
2、2008 年农林牧渔业有关数据为农普口径统计数据,增速为可比速度。

5-4 农林牧渔业增加值指数

（上年=100）

年份	农林牧渔业增加值	农业	林业	牧业	渔业	服务业
1979	91.22	90.94	97.74	91.90	120.64	
1980	116.38	116.52	100.82	117.47	76.63	
1981	80.78	77.28	140.01	92.49	84.28	
1982	110.09	105.85	240.79	108.59	193.66	
1983	124.86	128.12	140.26	106.71	93.45	
1984	117.78	114.97	140.86	121.65	92.58	
1985	128.48	131.52	85.46	135.44	358.13	
1986	109.90	108.54	87.89	122.57	198.01	
1987	97.50	97.07	81.89	101.32	394.66	
1988	100.60	101.82	85.77	98.42	113.07	
1989	109.64	107.26	79.81	129.21	119.04	
1990	110.88	110.45	115.30	106.56	129.05	
1991	112.49	116.61	74.64	102.90	98.43	
1992	107.23	108.74	96.52	102.31	106.62	
1993	102.74	92.72	169.67	137.29	159.33	
1994	101.18	101.96	104.93	98.72	101.45	
1995	101.20	102.73	97.83	96.67	120.55	
1996	105.83	107.53	102.31	101.04	106.33	
1997	103.60	100.78	97.72	113.47	95.79	
1998	107.10	112.87	101.33	90.94	114.79	
1999	120.42	119.27	121.58	127.15	107.02	
2000	107.60	107.09	116.48	107.45	90.42	
2001	105.50	105.60	98.00	106.00	105.80	
2002	104.80	105.40	70.70	105.70	107.80	
2003	104.90	104.84	130.00	104.87	100.00	
2004	103.27	100.94	96.61	111.90	96.76	115.17
2005	104.05	104.88	42.69	104.20	112.90	105.22
2006	103.11	101.97	135.51	104.92	113.92	115.13
2007	103.69	107.59	79.45	92.52	101.67	108.62
2008	105.71	103.96	123.90	115.74	103.87	103.32
2009	103.17	106.39	105.00	104.80	116.99	103.74
2010	105.01	104.89	138.64	109.08	34.11	99.46
2011	105.20	104.37	119.38	104.65	118.54	139.21
2012	106.70	107.26	95.30	104.56	100.37	106.29

5-5 农林牧渔业增加值及构成

	绝对数(万元)		构成(%)		比上年增长(%)
	2012	2011	2012	2011	
农林牧渔业增加值	**445 480.50**	**400 073.13**	**100.00**	**100.00**	**6.70**
农业	363 945.30	324 875.17	81.70	81.20	7.26
林业	3 845.21	3 864.68	0.86	0.97	-4.70
牧业	67 444.56	62 003.54	15.14	15.50	4.56
渔业	676.85	640.14	0.15	0.16	0.37
农林牧渔服务业	9 568.58	8 689.60	2.15	2.17	6.29

5-6 各县区农林牧渔业增加值

单位:万元

(2012 年)

	农林牧渔业增加值						比上年增长(%)
		农业	林业	牧业	渔业	服务业	
兰州市	**445 480.50**	**363 945.30**	**3 845.21**	**67 444.56**	**676.85**	**9 568.58**	**6.70**
城关区	14 291.83	12 325.03	683.24	588.32		695.24	6.02
七里河区	37 442.34	25 463.66	41.23	9 443.12		2 494.33	7.38
西固区	32 463.12	27 213.15	13.62	5 009.31	69.74	157.30	7.24
安宁区	2 710.91	1 596.51	336.30	637.70		140.40	6.09
红古区	73 026.16	65 708.54	132.33	6 791.30	83.28	310.71	6.98
永登县	104 195.80	78 227.52	348.97	24 574.90	468.48	575.93	6.62
皋兰县	58 300.13	48 195.39	2 193.50	6 400.06	0.71	1 510.47	6.51
榆中县	123 050.21	105 215.50	96.02	13 999.85	54.64	3 684.20	6.76

5－7 农林牧渔业总产值

	农林牧渔业总产值(万元)		构成(%)	
	2012	2011	2012	2011
农林牧渔业总产值	**684 450.75**	**639 860.29**	**100**	**100**
农业产值	541 631.54	503 983.19	79.13	78.76
谷物	70 189.11	68 985.67	10.25	10.78
豆类	9 513.39	8 559.53	1.39	1.34
油料	12 403.37	10 631.89	1.81	1.66
麻类				
薯类	28 890.52	25 036.01	4.22	3.91
蔬菜	347 995.73	322 755.52	5.08	50.44
瓜类	16 518.96	14 550.26	2.41	2.27
中药材	6 952.95	5 541.03	1.02	0.87
林业产值	7 082.42	6 629.17	1.03	1.04
林木的培育和种植	7 060.57	6 612.99	1.03	1.03
木材采运	21.85	16.18	0.00	0
林产品的采集				
牧业产值	99 176.18	94 783.35	14.49	14.81
牲畜	33 596.82	32 839.64	4.91	5.13
大牲畜				
猪	46 284	43 773.6	6.76	6.84
羊	10 808.83	10 071.66	1.58	1.57
家禽饲养	18 342.41	17 612.04	2.68	2.75
渔业产值	1 037.25	1 043.03	0.15	0.16
农林牧渔服务业产值	35 523.36	33 421.55	5.19	5.22

5－8 农作物播种面积

	1995	2005	2008	2009	2010	2011	2012
总播种面积(万亩)	**319.95**	**304.16**	**309.66**	**319.89**	**320.03**	**328.63**	**333.36**
谷物及其它作物播种面积		**237.81**	**231.25**	**238.2**	**236.83**	**238.93**	**234.88**
粮食作物	256.29	187.18	188.69	199.5	194.94	197.12	195.25
#夏粮	200.80	119.30	101.52	103.8	96.2	93.63	89.58
秋粮	55.49	67.88	87.17	95.7	98.74	103.49	105.67
#谷物	182.74	112.82	119.9	131.68	127.2	128.30	127.38
#小麦	159.81	75.67	68	73.24	68.58	67.41	66.26
玉米	8.75	14.32	34.48	41.55	47.81	51.43	52.00
豆类	40.56	32.45	20.78	18.74	19.94	19.26	17.18
大豆	0.87	0.62	0.59	0.18	0.22	0.24	0.19
薯类	32.99	41.91	48.01	49.08	47.8	49.56	50.69
油料	22.66	29.88	24.71	25.09	25.14	24.39	22.71
甜菜	1.58	0.53	0.69	0.57	0.56	0.52	0.44
蔬菜园艺播种面积		**57.95**	**68.81**	**71.96**	**73.43**	**75.72**	**82.08**
蔬菜	20.66	57.73	68.61	71.65	73.17	75.47	81.85
花卉		0.22	0.2	0.31	0.26	0.25	0.23
瓜果播种面积		**5.54**	**6.83**	**6.84**	**7.01**	**7.22**	**7.65**
瓜类	2.73	5.03	6.56	6.53	6.76	6.97	7.43
草莓		0.51	0.27	0.31	0.25	0.25	0.20
药材播种面积	**0.64**	**2.86**	**2.77**	**2.89**	**2.76**	**6.76**	**8.75**
占总播种面积比重(%)	**100.00**	**100.00**	**100.00**	**100.00**	**100.00**	**100.00**	**100.00**
谷物及其它作物播种面积		**78.19**	**74.68**	**74.46**	**74.00**	**72.70**	**70.46**
粮食作物	80.10	61.54	60.93	62.37	60.91	59.98	58.57
#夏粮	62.76	39.22	32.78	32.45	30.06	28.49	26.87
秋粮	17.34	22.32	28.15	29.92	30.85	31.49	31.70
#谷物	57.12	37.09	38.72	41.16	39.75	39.04	38.21
#小麦	49.95	24.88	21.96	22.90	21.43	20.51	19.88
玉米	2.73	4.71	11.13	12.99	14.94	15.65	15.60
豆类	12.68	10.67	6.71	5.86	6.23	5.86	5.15
大豆	0.27	0.20	0.19	0.06	0.07	0.07	0.06
薯类	10.31	13.78	15.5	15.34	14.94	15.08	15.21
油料	7.08	9.82	7.98	7.84	7.86	7.42	6.81
甜菜	0.49	0.17	0.22	0.18	0.17	0.16	0.13
蔬菜园艺播种面积		**19.05**	**22.22**	**22.50**	**22.94**	**23.04**	**24.62**
蔬菜	6.46	18.98	22.16	22.40	22.86	22.97	24.55
花卉		0.07	0.06	0.10	0.08	0.08	0.07
瓜果播种面积		**1.82**	**2.21**	**2.14**	**2.19**	**2.20**	**2.29**
瓜类	0.85	1.65	2.12	2.04	2.11	2.12	2.23
草莓		0.17	0.09	0.10	0.08	0.08	0.06
药材播种面积	**0.20**	**0.94**	**0.89**	**0.90**	**0.86**	**2.06**	**2.62**

注：自 2003 年起其他农作物、经济作物的划分有变化。

5－9 各县区农作物播种面积

（2012 年）

单位：万亩

	农作物播种面积	粮食	#小麦	#玉米	油料	药材	蔬菜	果园面积
兰州市	**333.36**	**195.25**	**66.26**	**52.00**	**22.71**	**8.75**	**81.85**	**16.46**
城关区	2.68	0.22	0.01	0.21			2.23	0.73
七里河区	16.15	4.20	1.29	2.46	0.17	0.05	11.58	0.97
西固区	7.97	1.15	0.41	0.64	0.08	0.04	6.57	1.51
安宁区	0.42						0.41	0.32
红古区	11.04	2.32	0.65	1.62	0.18		7.85	2.05
永登县	131.55	90.43	36.10	14.54	11.35	1.87	11.82	3.42
皋兰县	41.89	19.18	7.80	2.49	4.01		12.04	6.92
榆中县	121.66	77.75	20.00	30.04	6.92	6.79	29.35	0.54

5－10 耕地面积

（2012 年）

	合计	城关区	七里河区	西固区	安宁区	红古区	永登县	皋兰县	榆中县
年初耕地面积（万亩）	**314.01**	**1.64**	**15.05**	**5.38**	**0.29**	**6.56**	**137.78**	**42.12**	**105.13**
当年增加耕地面积（万亩）	**0.56**		**0.09**			**0.44**		**0.03**	
#新开荒地面积	0.47		0.05			0.39		0.03	
治河造田面积									
当年减少的耕地面积（万亩）	**0.13**				**0.01**	**0.02**		**0.02**	**0.08**
国家基建占地（亩）	450.00				100.00	150.00		200.00	0.00
乡村基建占地（亩）	196.85								196.85
农民庄基占地（亩）									
因灾废弃（亩）									
还林还牧（亩）									
其他（亩）	616.50			6.50					610.00
年末耕地面积（万亩）	**314.44**	**1.64**	**15.14**	**5.38**	**0.28**	**6.98**	**137.78**	**42.19**	**105.05**
水田	0.10								0.10
旱地	314.34	1.64	15.14	5.38	0.28	6.98	137.78	42.19	104.95
退耕造林面积									
退耕种草面积									

5－11 主要农产品产量

	1995	2005	2008	2009	2010	2011	2012
主要农产品产量（万吨）							
粮食	29.57	32.30	38.75	38.79	40.38	42.39	44.2
夏粮	19.47	18.65	18.38	16.52	18.08	16.97	17.14
秋粮	10.10	13.64	20.37	22.27	22.3	25.42	27.06
谷物	21.72	20.97	27.46	27.91	29.58	31.45	32.03
#稻谷	0.01	0.06	0.06	0.01	0.02	0.05	0.04
小麦	16.92	12.23	12.3	11.75	12.44	12.25	11.99
玉米	3.94	5.46	11.55	13.75	14.32	16.97	17.65
豆类	2.85	4.35	2.83	2.58	3.22	2.67	2.95
薯类	5.00	7.00	8.46	8.3	7.59	8.28	9.21
油料	1.20	2.39	2.11	1.98	2.26	2.23	2.56
#胡麻子油	0.73	1.79	1.64	1.56	1.77	1.63	2.04
油菜籽	0.46	0.60	0.42	0.36	0.45	0.53	0.47
甜菜	1.78	0.61	0.7	0.45	0.53	0.51	0.44
烟叶	0.07	0.07		0.02		0.01	0.02
百合	1.43	3.45	3.03				
药材	0.06	0.70	0.62	0.76	0.63	0.99	1.26
蔬菜	65.63	152.86	172.3	186.66	198.09	209.23	229.29
水果	9.22	10.58	12.34	12.65	12.9	13.1	13.56
农产品单位面积产量（公斤/亩）							
粮食	115.40	172.56	205.35	194.45	187.91	215.07	226.36
谷物	118.87	185.85	229.02	211.93	232.51	245.1	251.45
油菜籽	83.84	81.17	79.25	64.19	83.75	81.56	85.82
甜菜	1 128.26	1 151.89	1 016	782.11	953.57	986.54	1 002.27
烟叶	113.05	428.56	178.08	131.46	204.57	219.1	263.13

5－12 分县区农产品产量

（2012 年）　　　　单位：吨

	粮食	#小麦	#玉米	蔬菜	油料	人均粮食占有量（公斤）
兰州市	**441 963.89**	**119 890.60**	**176 521.53**	**2 292 874.43**	**25 558.57**	**336.40**
城关区	725.50	16.00	709.50	77 066.40		15.18
七里河区	9 921.60	1 813.00	7 462.00	197 211.00	184.00	108.43
西固区	4 978.92	1 093.00	3 665.62	238 587.00	107.50	62.94
安宁区				9 521.00		
红古区	13 637.87	2 615.97	10 875.60	553 365.70	380.06	22.92
永登县	198 400.00	72 310.00	45 904.00	304 220.89	11 305.60	432.06
皋兰县	50 000.00	15 210.00	15 450.00	248 731.00	6 227.00	324.89
榆中县	164 300.00	26 832.63	92 454.81	664 171.44	7 354.41	431.91

5－13 水果、水产品生产情况

	1995	2005	2008	2009	2010	2011	2012
水果产量（吨）	92 180.62	105 806.98	123 421.41	126 452.88	128 975.81	131 001.07	135 606.01
#苹果	39 148.16	46 944.60	58 166.40	59 437.80	60 267.45	62 926.84	64 873.99
梨	30 049.93	21 352.58	22 508.60	24 938.15	22 912.88	23 136.23	23 027.55
葡萄	822.67	2 499.60	3 395.46	3 021.65	3 152.70	3 310.00	4 447.60
红枣	1 406.10	3 584.55	4 362.80	4 827.90	5 087.00	4 112.70	4 672.90
杏子	1 253.78	2 348.93	5 438.94	5 429.28	5 919.88	3 898.10	3 921.15
桃子	17 892.60	27 994.80	28 588.35	27 418.10	29 964.00	31 276.90	32 980.50
草莓	1 607.38	8 570.00	4 447.30	4 544.60	4 161.52		
果园面积（万亩）	19.39	15.35	16.08	15.89	16.09	16.35	16.46
#苹果园	9.25	5.24	5.32	5.21	5.18	5.09	5.10
梨园	5.00	4.10	3.85	3.73	3.67	3.63	3.61
桃园	3.80	4.23	3.92	3.85	3.82	3.73	3.71
杏园	0.63	0.86	1.38	1.37	1.6	1.53	1.70
水产品产量（吨）	1 196.30	1 627.00	1 726.00	1 950.50	1 161.60	1 263.00	1 256.00
水产品养殖面积（亩）	7 806	6 934	6 220	12 746	7 295	7 318	7 301

5－14 分县区水果、水产品生产情况

（2012 年）

	水果产量（吨）	#苹果	桃子	水产品产量（吨）	水产品养殖面积（亩）
兰州市	**135 606.01**	**64 873.99**	**32 980.50**	**1 256.00**	**7 301.00**
城关区	17 908.60	14 527.50	1 404.00		
七里河区	12 069.60	4 265.30	5 202.00		
西固区	17 455.00	6 781.50	1 733.80	170.00	364.00
安宁区	3 434.00	29.00	2 972.00		
红古区	46 141.35	25 670.90	10 888.60	162.00	375.00
永登县	7 287.20	2 393.80	418.80	800.00	4 412.00
皋兰县	26 537.84	8 704.75	10 276.00	30.00	30.00
榆中县	4 772.42	2 501.24	85.30	94.00	2 120.00

5－15 林业生产

	1995	2005	2008	2009	2010	2011	2012
当年造林面积（万亩）	**5.79**	**5.22**	**6.15**	**4.28**	**6.62**	**4.80**	**4.76**
人工造林	5.79	5.22	6.15	4.28	6.62	4.80	4.76
飞机播种造林							
#防护林	2.04	4.85	3.92	2.02	2.22	2.20	2.89
用材林	0.40		0.06	0.06			0.01
经济林	1.24	0.37	2.17	1.22	4.40	2.60	1.86
幼林抚育作业面积（万亩）	**11.09**	**8.65**	**28.86**	**32.88**	**37.05**	**18.04**	**16.86**
成林抚育作业面积（万亩）	**4.40**	**18.91**	**20.31**	**18.05**	**17.54**	**33.41**	**34.93**
迹地更新（万亩）	**0.01**						
当年零星（四旁）植树（万株）	**294.63**	**285.72**	**248.52**	**250.54**	**223.59**	**236.19**	**206.04**
年末实有育苗面积（万亩）	0.36	0.91	0.68	0.80	0.69	1.27	2.01
#本年新育面积（万亩）	0.15	0.21	0.18	0.18	0.16	0.17	0.75
林产品产量（吨）							
#核桃	25.40	10.00	9.00	192.00	195.00		
花椒	56.80	80.40	81.20	98.64	82.54		

5－16 牲畜存栏及畜产品产量

	1995	2005	2008	2009	2010	2011	2012
大牲畜年末头数(万头)	14.59	14.68	10.44	10.51	10.66	10.28	9.82
#牛	2.78	5.22	4.44	4.69	4.86	4.91	4.79
#良种乳牛	0.67	2.58	1.8	2.41	2.48	2.49	2.55
马	1.09	0.72	0.16	0.16	0.22	0.2	0.19
骡	5.76	4.81	3.34	3.25	3.09	2.94	2.74
驴	4.94	3.93	2.5	2.41	2.49	2.24	2.10
肉猪出栏头数(万头)	45.52	46.43	29.23	31.08	33.32	31.72	33.41
猪年末头数(万头)	45.84	41.03	28.94	31.44	34.39	34.55	35.53
羊年末只数(万只)	53.78	63.02	53.15	55.04	60.46	61.79	60.62
山羊	6.76	7.93	6.86	7.04	8.82	10.61	9.20
绵羊	47.02	55.09	46.29	48	51.64	51.18	51.42
肉类产品(万吨)	4.3	4.19	2.81	2.92	3.14	3.06	3.20
#猪牛羊肉(吨)	37 939.79	38 983.00	25 391.1	26 450.5	28 436.9	27 346.2	28 559.80
猪肉(吨)	32 911.54	33 458.40	21 045.6	22 377.6	23 990.4	22 838.4	24 055.20
牛肉(吨)	524.39	462.50	555	576	633	806.5	700.50
羊肉(吨)	4 503.86	5 062.10	3 790.5	3 496.9	3 813.5	3 701.3	3 804.10
牛奶产量(吨)	40 320.39	85 368.10	52 750.8	61 601	64 993.3	65 380.8	66 569.50
羊奶产量(吨)	114.14	124.00	153	99	141	387	256.00
绵羊毛(吨)	1 306.50	966.68	798.98	852.4	926.93	945.64	942.81
山羊毛(吨)	68.10	39.77	34.56	35.34	44.24	53.23	46.18
羊绒(吨)	16.46	10.72	9.13	9.69	12.68	15.73	13.46
禽蛋产量(万吨)	1.32	1.50	1.46	1.61	1.73	1.89	1.94
蜂蜜产量(吨)	13.12			0.9		0	

5－17 分县区畜牧业生产情况

（2012 年）

	大牲畜存栏（万头）	羊存栏数（万只）	牛出栏数（万头）	猪出栏数（万头）	羊出栏数（万只）	绵羊毛产量（吨）	猪牛羊肉总产量（吨）
兰州市	**9.82**	**60.62**	**0.67**	**33.41**	**24.95**	**942.81**	**28 559.80**
城关区	0.17	0.54	0.01	0.49	0.28	5.25	409.60
七里河区	1.20	2.15	0.10	2.08	0.68	33.45	1 713.20
西固区	0.44	1.58	0.03	1.48	0.84	22.95	1 236.00
安宁区	0.05	0.20	0.00	0.33	0.23	4.00	276.70
红古区	0.67	4.15	0.07	2.97	1.61	60.25	2 496.10
永登县	2.81	30.19	0.17	12.39	9.53	531.65	10 528.80
皋兰县	0.28	9.89	0.00	3.63	5.55	172.38	3 446.10
榆中县	4.20	11.92	0.29	10.04	6.23	112.88	8 453.30

5－18 受灾面积和成灾面积

单位：万亩

年份	受灾面积	成灾面积	成灾面积占受灾面积（%）	水灾		旱灾	
				受灾面积	成灾面积	受灾面积	成灾面积
1992	124.90	92.62	74.16	5.59	3.22	81.62	64.32
1993	94.84	60.86	64.17	0.03	0.03	27.85	19.51
1994	88.65	71.92	81.13	2.34	2.24	64.04	51.61
1995	217.71	192.91	88.61	2.47	2.02	188.66	171.63
1996	39.66	26.00	65.56	0.79	0.73	6.03	5.14
1997	137.75	99.55	72.27	21.01	20.80	89.77	57.62
1998	52.03	37.75	72.55	12.10	7.75	21.49	18.10
1999	133.22	97.84	73.44	8.69	6.36	95.52	68.71
2000	191.45	153.75	80.31	1.96	1.93	172.37	138.94
2001	120.35	92.78	77.09	1.17	0.98	101.61	77.68
2002	54.96	39.53	71.93	3.50	2.26	17.99	14.62
2003	77.81	58.62	75.34	1.41	0.82	44.81	34.53
2004	148.35	123.37	83.16	3.78	3.77	116.67	104.04
2005	122.87	100.36	81.68	5.84	5.06	110.21	91.62
2006	153.78	118.81	77.26	2.23	2.08	137.08	104.79
2007	128.05	98.71	77.09	5.00	3.77	110.85	87.60
2008	100.76	67.50	67.00	0.68	0.54	80.82	53.58
2009	124.49	91.64	73.61	0.02	0.02	111.79	82.2
2010	159.92	106.48	66.58	5.05	3.93	107.57	69.24
2011	151.06	112.56	74.51	1.59	1.07	130.28	99.57
2012	122.51	84.82	69.24	18.14	16.41	86.44	53.72

5－19 农业现代化

	1995	2005	2008	2009	2010	2011	2012
农业机械化							
当年机耕地面积（万亩）	101.95	145.67	145.61	146.09	146.75	161.28	174.66
占总耕地地面积（%）	31.05	47.89	46.19	46.45	45.86	51.36	52.39
当年机播面积（万亩）	31.00	47.65	49.57	105.6	90.14	102.17	111.57
占总播种面积（%）	9.69	15.67	14.58	33.01	28.17	31.09	33.47
农业水利化							
有效灌溉面积（万亩）	105.14	116.20	117.7	118.65	119.08	114.61	122.13
占总播种面积（%）	32.86	38.20	36.86	37.09	37.21	34.88	36.64
水平梯田面积（万亩）	63.94	91.99	95.97	97.81	97.21	101.89	111.39
占总播种面积（%）	19.98	30.24	30.05	30.58	30.38	31	33.41
条田面积（万亩）	51.04	53.51	54.53	54.53	54.33	54.29	39.48
农业电气化							
农村用电量（万千瓦时）	58 608	36 761	38 203.64	40 441.99	41 883.3	42 920.68	42 697.73
农村生产用电（万千瓦时）	51 179	27 886	27 524.3	29 447.04	30 080.45	30 367.06	29 847.23
农民生活用电（万千瓦时）	7 429	8 875	10 679.34	10 994.95	11 802.85	12 553.62	12 850.5
农村水电站（个）	2	9.00	12	14	14	14	14
已通电村（个）	790	782	788	788	785	786	779
占全市总数（%）	98.26	96.66	99.87	99.87	99.49	99.62	99.87
农业化学化							
农用化肥施用量（实物量）（吨）	84 683	137 212	133 000.34	131 810.47	137 957.7	139 492.89	142 677.32
农用化肥施用量（折纯量）（吨）	23 252	45 045	39 313.32	40 647.18	42 725.74	43 931.91	45 307.66
农用塑料薄膜使用量（吨）	2 349	5 106	6 528.86	7 025.44	8 266.21	8 726.14	9 099.54

5－20 农用机械、用电、化肥、水利情况

（2012 年）

	合计	城关区	七里河区	西固区
农业机械化程度				
机耕面积（千公顷）	116.44	0.22	1.87	1.53
占总耕地面积比重（%）	37.03	0.07	0.59	0.49
机播面积（千公顷）	74.38	0.07	0.95	0.40
机收面积（千公顷）	37.70			
农业机械拥有量				
农业机械总动力（千瓦）	1 534 174.17	35 261	172 000	135 971
大中型拖拉机（混合台）	2 302	2	35	24
（千瓦）	53 518.65	32	735	631
小型拖拉机（混合台）	29 439	310	1 128	238
（千瓦）	280 513.14	3 456	8 591	2 624
农用排灌动力机械（混合台）	5 570	197	804	219
（千瓦）	282 815.3	14 930	30 345	10 866
#农用水泵（台）	3 203	197	804	215
收获联合机械（混合台）	43	0	0	0
畜牧养殖机械（混合台）	4 265	17	786	1
渔业机械（部）	0	0	0	0
农产品初加工动力机械（混合台）	5 186	0	68	157
农村电气化（万千瓦时）				
农村生产用量	29 847.23	1 313.65	1 721	2 748.7
农民生活用电	12 850.5	1 237.92	831	1 057.7
农村化肥施用量				
按实物价值量计算（吨）	142 677.32	1 291	6 805	5 170.5
按折纯法计算（吨）	45 307.66	335.41	2 520.81	1 847.67
农村水利情况				
年末有效灌溉面积（万亩）	137.05	2.52	6.81	4.77
机电灌溉面积（万亩）	57.02	1.16	1.66	3.42
保证灌溉面积（万亩）	117.07	1.8	6.02	4.31
本年新增（万亩）	1.27	0.11	0.08	0.04
水平梯田（万亩）	111.39	0.76	7.28	1.94
本年新增（万亩）	10.53	0.12		
条田（万亩）	39.48	0.12	0.15	0.97
本年新增（万亩）	3.28	0.12		
机电井达到数（眼）	1 278	9	50	
已配套机电井合计（眼）	1 257	9	50	
水窖（眼）	262 092	4 132	8 980	3 866

安宁区	红古区	永登县	皋兰县	榆中县
	3.33	50.86	21.30	37.33
	1.06	16.17	6.77	11.87
	1.07	31.39	14.30	26.20
	1.67	13.66	10.30	12.07
1 608.3	133 947	351 705.93	320 000	383 680.94
	230	1 339	186	486
	7 960	27 627.42	4 378	12 155.23
	4 575	10 598	5 139	7 451
	42 624	104 928.63	61 124	57 165.51
47	126	804	2 159	1 214
517	9 572	13 627.3	100 568	102 390
	131	697	287	872
0	14	12	2	13
83	140	1 249	271	1 718
0	0	0	0	0
0	301	1 477	994	2 189
1 193.4	2 817.6	6 690.8	10 377.44	2 984.64
1 224	1 448.6	3 686.11	890.44	2 474.73
1 201.6	11 119.47	31 010.26	16 832.5	69 246.99
377.67	4 317.77	9 532.27	6 075.5	20 300.56
0.75	9.68	51.07	38.69	22.77
0.28	2.43	7.68	22.23	18.17
0.75	8.57	43.09	21.29	31.26
	0.12	0.39	0.24	0.3
	0.85	38.76	3.54	58.26
		3.16		7.25
	0.35	28.12		9.77
		3.16		
2		573	79	565
2		573	75	548
	4 843	58 736	41 534	140 001

5－21 农业机械拥有量

	1995	2005	2008	2009	2010	2011	2012
农业机械总动力合计(万千瓦)	95.36	129.54	139.82	136.82	140.54	145.12	153.42
#柴油发动机动力(万千瓦)	44.06	82.28	92.58	95.46	99.16	103.95	110.00
汽油发动机动力(万千瓦)	16.77	12.55	12.94	6.01	6.16	6.08	6.09
电动机动力(万千瓦)	34.53	34.71	34.3	35.35	35.21	35.09	37.33
农业机械原值(亿元)	3.83	6.83	7.11	8.95	7.26	70 103.18	84 827.74
农业机械净值(亿元)	2.68	4.48	4.64	5.45	4.58	44 621.86	52 390.36
农用大中型拖拉机(台)	962	225	592	736	875	1 764	2 302
大中型拖拉机(万千瓦)	3.33	1.11	1.88	1.92	2.24	3.83	5.35
小型拖拉机(台)	22 187	8 505	14 245	19 070	20 944	25 546	29 439
小型拖拉机(万千瓦)	20.67	7.81	13.32	19.33	20.92	25.04	28.05
大中型拖拉机配套农具(部)	306	150	357	1 051	1 169	3 119	3 770
小型拖拉机配套农具(部)	15 140	13 393	24 462	29 180	33 359	56 517	71 900
农用排灌动力机械动力(万千瓦)	27.83	27.21	26.49	28.9	29.02	28.54	28.28
联合收获机(台)	2	17	25	26	34	44	43
机动脱粒机(台)	366	667	628	457	732	717	1 298
机动喷雾机(部)	122	130	187	126	332	480	528
农用运输车(辆)	17 790	56 206	56 964	58 121	58 490	58 755	58 911

5－22 水库、灌溉情况

	1995	2005	2008	2009	2010	2011	2012
水库数(座)	15	11	11	11	11	14	14
大型水库							
中型水库	1	1	1	1	1	1	1
小型水库	14	10	10	10	10	13	13
水库库容量(万立方米)	1 727	1 591	1 591	1 591	1 591	12 951.39	12 951.39
大型水库							
中型水库	1 034	1 034	1 034	1 034	1 034	7 594	7 594
小型水库	693	557	557	557	557	5 357.39	5 357.39
灌溉面积(万亩)	120.38	152.99	155.57	158.73	158.73	160.92	163.47
有效灌溉面积(万亩)	111.23	130.47	132.59	133.86	135	136.05	137.05
旱涝保收面积(万亩)	90.54	110.64	112.76	114.03	115.5	82.28	86.91
机电灌溉面积(万亩)	70.46	76.55	77.38	67.72	67.06	57.28	53.66
机电提灌面积(万亩)	63.53	67.20	67.56	60.66	61.22	92.58	70.18
水利工程年供水量(万立方米)	60 713	75 068	48 420	140 004	138 770	138 447	180 898.01
为水利发电年供水量(万立方米)							5 567
为农业年供水量(万立方米)	57 102	65 891	46 248	43 850	44 841	44 928	69 188.26
为工业年供水量(万立方米)	1 527	5 270	779	74 012	70 909	71 092	57 559.43
为城乡生活年供水量(万立方米)	2 084	3 907	1 393	19 193	19 991	19 617	25 107.88

注:此表为水利部门数据。

主要统计指标解释

农林牧渔业总产值 指以货币表现的农、林、牧、渔业全部产品的总量，它反映一定时期内农业生产总规模和总成果。农林牧渔业总产值的计算方法通常是按农、林、牧、渔业产品及其副产品的产量分别乘以各自单位产品价格求得分项产品产值，产量不易统计的，则采用间接方法匡算其产值；然后将四业产品产值相加即为农林牧渔业总产值。

粮食产量 指全社会的产量。包括国有经济经营的、集体统一的和农民家庭经营的粮食产量，还包括工矿企业办的农场和其他生产单位的产量。粮食除包括稻谷、小麦、玉米、高粱、谷子及其他杂粮外，还包括薯类和豆类。其产量计算方法，豆类按去豆荚后的干豆计算；薯类（包括甘薯和马铃薯，不包括芋头和木薯）1963年以前按每4公斤鲜薯折1公斤粮食计算，从1964年开始改为按5公斤鲜薯折1公斤粮食计算。大中城市（50万以上和省会城市）郊区作为蔬菜的薯类（如马铃薯等）按鲜品计算，并且不作粮食统计。其他粮食一律按脱粒后的原粮计算。

油料产量 指全部油料作物的生产量。包括花生、油菜籽、芝麻、向日葵籽、胡麻籽（亚麻籽）和其他油料。不包括大豆油、木本油料和野生油料。花生以带壳干花生计算。

水产品产量 指人工养殖的水产品和天然生长的水产品的捕捞量。包括海水的鱼类、虾蟹类、贝类和藻类以及内陆水域的鱼类、虾蟹类和贝类，不包括淡水生植物。

猪、牛、羊肉产量 指当年出栏并已屠宰、除去头蹄下水后带骨肉（即胴体重）的重量。

期初（末）畜禽存栏头（只）数 指报告期初（末）农村各种合作经济组织和国营农场、农民个人、机关、团体、学校、工矿企业、部队等单位以及城镇居民饲养的大牲畜、猪、羊、家禽等畜禽的存栏数。

常用耕地 是指耕地总资源中专门种植农作物并经常进行耕种、能够正常收获的土地。包括当年实际耕种的熟地；弃耕、休闲不满三年，随时可以复耕的地；开荒利用三年以上的地。不包括临时种植农作物的坡度在25度以上的陡坡地；在河套、湖畔、库区临时开发的成片或零星土地；也不包括已列为国家和省（区、市）退耕计划但临时耕种的土地。

农作物播种面积 指实际播种或移植有农作物的面积。凡是实际种植有农作物的面积，不论种植在耕地上还是种植在非耕地上，均包括在农作物播种面积中。在播种季节基本结束后，因遭灾而重新改种和补种的农作物面积，也包括在内。

有效灌溉面积 指具有一定的水源，地块比较平整，灌溉工程或设备已经配套、在一般年景下当年能够进行正常灌溉的耕地面积。在一般情况下，有效灌溉面积应等于灌溉工程或设备已经配备，能够进行正常灌溉的水田和水浇地面积之和。

农用化肥施用量 指本年内实际用于农业生产的化肥数量，包括氮肥、磷肥、钾肥和复合肥。化肥施用量要求按实物量及折纯量两种方法统计。折纯量是指把氮肥、磷肥、钾肥分别按含氮、含五氧化二磷、含氧化钾的百分之一百成份进行折算后的数量。复合肥按其所含主要成分折算。实物量统计，就是按化肥实际施用的重量计算，即不论何种化肥，均按固有的实物形态计算，有一斤算一斤。

农业机械总动力　指主要用于农、林、牧、渔业的各种动力机械的的动力总和。包括耕地机械、排灌机械、收获机械、农用运输机械、植物保护机械、牧业机械、林业机械、渔业机械和其他农业机械内燃机按引擎马力折成瓦特计算、电动机按功率折成瓦特计算。不包括专门用于乡、镇、村、组办工业、基本建设、非农业运输、科学试验和教学等非农业生产方面用的动力机械与作业机械。

农林牧渔业劳动力　指农村社会直接参加农林牧渔业生产活动的劳动力。

六、固定资产投资、建筑业

6-1 固定资产投资

单位:万元

年份	固定资产投资总额	国有经济	集体经济	个体经济	其他经济	市属固定资产投资总额
1979	30 970	30 970				8 875
1980	45 515	45 189				8 629
1981	49 608	46 869	2 739			14 099
1982	65 863	54 724	11 139			17 282
1983	68 185	63 869	4 316			18 693
1984	80 607	73 520	7 087			24 117
1985	106 617	92 987	11 230	2 401		32 386
1986	135 289	120 540	10 166	4 583		40 495
1987	170 828	155 704	9 647	5 477		49 620
1988	184 714	161 854	14 337	8 523		50 458
1989	163 592	142 486	13 312	7 794		50 598
1990	203 301	186 193	8 878	8 230		60 796
1991	205 313	188 241	8 505	8 567		57 760
1992	255 004	231 065	15 316	8 623		79 856
1993	362 019	275 363	42 470	10 629	33 557	130 755
1994	545 365	405 267	46 822	18 178	75 098	174 739
1995	660 237	528 561	40 131	16 630	74 915	179 779
1996	902 797	732 937	57 879	16 140	95 841	186 265
1997	1 036 486	841 993	59 069	18 058	117 366	209 781
1998	1 248 269	993 449	62 958	21 496	170 366	322 432
1999	1 391 029	1 080 780	60 885	44 423	204 941	429 830
2000	1 537 434	1 188 921	69 891	33 154	245 468	596 366
2001	1 724 216	1 230 185	46 631	50 677	396 723	667 010
2002	1 945 440	1 389 500	68 088	48 789	439 063	807 061
2003	2 106 367	1 420 813	41 905	46 482	597 167	908 420
2004	2 319 181	1 469 824	50 025	42 277	757 055	1 024 253
2005	2 595 851	1 520 212	96 180	48 942	930 517	1 237 937
2006	2 982 056	1 572 539	82 446	40 928	1 286 143	1 607 977
2007	3 586 085	1 726 413	98 337	46 380	1 714 955	2 099 459
2008	4 319 841	2 084 418	152 440	81 385	2 001 598	2 626 370
2009	5 061 847	2 736 103	151 086	85 631	2 089 027	2 961 185
2010	6 606 877	3 432 545	191 678	64 072	2 918 582	3 683 399
2011	8 705 683	3 815 066	249 850	19 436	4 621 331	5 701 293
2012	12 391 809	5 089 519	321 357	259 869	6 721 064	9 525 441

6－2 固定资产投资

单位:万元、万平方米

	2005	2008	2009	2010	2011	2012
全社会固定资产投资总额	2 595 851	4 319 841	5 061 847	6 606 877	8 705 683	12 391 809
#住宅投资	576 824	899 651	897 986	1 547 943	1 996 932	2 136 540
按登记注册类型分						
内资	2 430 819	4 162 194	4 901 552	6 419 861	8 407 029	11 957 652
国有	1 520 212	2 084 418	2 736 103	3 432 545	3 815 066	4 704 132
集体	96 180	152 440	151 086	191 678	249 850	316 407
股份合作	39 589	1 750	8 598	5 743	15 775	11 380
国有联营		3 497	2 733	6 152	5 000	38 035
集体联营	6 861	22 315	12 640	4 080	9 600	9 400
国有与集体联营	316					2 880
其他联营	3 860	34 633	31 072	35 689	34 461	176 204
国有独资公司	11 492	59 577	96 647	240 963	368 896	427 712
其他有限责任公司	381 900	909 661	954 129	1 216 608	2 113 314	3 085 940
股份有限公司	170 545	280 787	355 127	397 625	756 635	935 587
私营	126 953	472 335	418 222	716 384	897 206	1 983 551
其他	23 969	59 396	49 564	108 322	122 390	266 424
个体经济	48 942	81 385	85 631	64 072	19 436	259 869
港澳台商投资	121 639	62 234	68 229	36 708	162 783	58 029
外商投资经济	43 393	95 413	92 066	150 308	135 271	116 259
按隶属关系分						
中央	827 500	1 056 765	1 386 576	2 076 401	1 728 107	1 255 081
省级	530 414	636 706	714 086	847 077	1 276 283	1 611 287
市属	1 237 937	2 626 370	2 961 185	3 683 399	5 701 293	9 525 441
按产业分						
第一产业	27 330	43 535	49 290	45 359	53 421	249 364
第二产业	896 659	1 662 217	1 861 236	2 181 756	2 722 631	3 878 839
#工业	811 582	1 573 010	1 736 861	2 052 830	2 579 495	3 468 329
第三产业	1 671 862	2 614 089	3 151 321	4 379 762	5 929 631	8 263 606
按管理渠道分						
城镇固定资产投资	2 500 073	4 189 269	4 756 602	5 919 779	8 563 531	12 150 671
城镇项目投资	1 972 324	3 264 171	3 770 522	4 736 964	6 966 807	9 917 578
房地产开发	525 726	925 125	986 080	1 182 815	1 596 724	2 233 093
农村固定资产投资	95 778	130 545	200 752	229 098	142 152	241 138
非农户(50 万元以上)	45 963	73 663	139 724	177 152	142 152	241 138
非农户(50 万元以下)	7 396	19 749				
农村私人	42 419	37 133	61 028	51 946		
按构成分						
建筑安装工程	1 625 761	2 396 342	2 815 024	4 253 694	5 505 621	8 176 695
设备工具器具购置	670 684	1 019 164	1 310 471	1 436 852	1 990 412	2 851 986
其他费用	299 406	904 335	936 352	916 331	1 209 650	1 363 128
房屋建筑面积(万平方米)						
施工面积	1 965.46	1 969.68	2 480.41	2 909.99	3 579.98	4 815.33
#住宅	1 236.98	1 250.74	1 534.23	1 875.76	2 408.35	2 789.87
竣工面积	571.29	463.7	601.17	600.59	479.25	1 108.43
#住宅	365.21	267.29	376.46	303.84	258.71	404.96
本年资金来源	2 618 400	4 405 929	5 224 874	7 295 779	8 843 760	12 931 318
国家预算内资金	71 301	181 513	293 945	487 965	589 405	584 292
国内贷款	457 786	944 146	778 383	1 126 580	1 730 257	2 609 199
债券	23 353					
利用外资	10 369	8 962	12 839	10 587	5 808	9 600
自筹资金	1 567 497	2 437 996	3 239 517	4 539 803	5 586 572	8 268 508
其他资金	488 094	833 312	900 190	1 130 844	931 718	1 459 719
本年新增固定资产	1 270 302	3 209 110	2 487 808	3 756 514	4 100 138	9 512 818

6－3 市属固定资产投资

单位:万元、万平方米

	2005	2008	2009	2010	2011	2012
投资总额	1 237 937	2 626 370	2 961 185	3 683 399	5 701 293	9 525 441
#住宅投资	420 720	725 483	697 611	1 081 354	1 542 309	1 638 734
按登记注册类型分						
内资	1 087 905	2 470 498	2 800 890	3 534 871	5 525 924	9 099 485
国有	291 123	822 841	964 649	1 107 761	1 887 557	2 976 394
集体	81 686	145 193	147 169	190 778	235 912	312 752
股份合作	35 789	1 750	8 598		10 135	11 380
国有联营		3 497	2 733	6 152		7 705
集体联营	6 861	11 315	12 640	4 080	9 600	9 400
国有与集体联营	316					2 880
其他联营	3 310	34 633	31 072	35 689	32 761	160 204
国有独资公司	9 926	13 377	19 704	28 465	118 712	185 450
其他有限责任公司	374 516	713 306	860 153	1 031 383	1 834 959	2 685 686
股份有限公司	101 313	107 525	206 055	244 652	365 791	499 365
私营	117 197	467 335	418 222	716 384	897 206	1 983 551
其他	16 926	57 341	44 264	105 455	113 855	264 718
个体经济	48 942	81 385	85 631	64 072	19 436	259 869
港澳台商投资	121 639	60 459	68 229	36 708	49 498	55 628
外商投资经济	28 393	95 413	92 066	111 820	125 871	110 459
按产业分						
第一产业	26 380	43 535	49 290	44 487	48 621	227 474
第二产业	267 319	625 587	755 464	876 779	1 143 793	2 790 695
#工业	209 250	560 240	695 651	828 918	1 058 242	2 496 218
第三产业	944 238	1 957 248	2 156 431	2 762 133	4 508 879	6 507 272
按管理渠道分						
城镇固定资产投资	1 146 549	2 495 825	2 900 157	3 454 301	5 561 641	9 284 653
城镇项目投资	669 850	1 615 498	2 065 441	2 444 603	4 265 357	7 424 857
房地产开发	474 676	880 327	834 716	1 009 698	1 296 284	1 859 796
农村固定资产投资	91 388	130 545	200 752	229 098	139 652	240 788
非农户(50 万元以上)	41 573	73 663	139 724	177 152	139 652	240 788
非农户(50 万元以下)	7 396	19 749				
农村私人	42 419	37 133	61 028	51 946		
按构成分						
建筑安装工程	944 293	1 609 765	1 748 491	2 429 457	3 884 407	6 547 256
设备工具器具购置	98 490	346 127	506 161	514 619	838 952	1 803 359
其他费用	195 154	670 478	706 533	739 323	977 934	1 174 826
房屋建筑面积(万平方米)						
施工面积	1 341.83	1 464.45	1 877.19	2 160.54	2 694.94	3 828.84
#住宅	870.52	958.06	1 230.43	1 450.98	1 908.12	2 245.24
竣工面积	435.55	367.27	497.82	428.24	329.00	911.50
#住宅	279.78	213.82	314.07	225.39	159.13	330.17
本年资金来源	1 268 321	2 729 815	3 114 368	4 222 495	5 829 950	10 114 311
国家预算内资金	43 004	79 068	157 550	170 626	255 612	313 563
国内贷款	210 185	421 125	455 516	771 795	1 185 606	2 421 610
债券	5 353					
利用外资	10 369	1 362	4 761	10 010	5 808	9 000
自筹资金	653 308	1 566 637	1 813 256	2 491 927	3 640 096	6 103 126
其他资金	346 102	661 623	683 285	778 137	742 828	1 267 012
本年新增固定资产	706 475	1 931 865	1 702 864	2 017 970	2 662 048	7 263 303

6－4 国有经济固定资产投资

单位:万元、万平方米

	2005	2008	2009	2010	2011	2012
投资总额	1 520 212	2 084 418	2 736 103	3 432 545	3 815 066	5 169 879
#住宅投资	191 866	271 523	311 934	630 780	710 386	747 552
按隶属关系分						
中央	815 600	956 047	1 236 307	1 794 146	1 320 656	999 477
省级	412 550	305 530	535 147	530 638	606 853	1 000 853
市属	292 062	822 841	964 649	1 107 761	1 887 557	3 169 549
按构成分						
建筑安装工程	840 932	1 022 985	1 476 485	2 213 366	2 472 919	3 666 124
设备工具器具购置	555 376	549 866	794 402	836 271	836 269	927 025
其他费用	123 904	511 567	465 216	382 908	505 878	576 730
按产业分						
第一产业	12 106	9 946	14 696	11 773	8 294	49 656
第二产业	606 629	849 566	1 178 021	1 221 747	1 035 555	1 044 570
第三产业	901 477	1 224 906	1 543 386	2 199 025	2 771 217	4 075 653
按管理渠道分						
城镇固定资产投资	1 520 212	2 069 073	2 736 103	2 930 898	3 794 404	5 137 674
城镇项目投资	1 501 288	2 008 706	2 448 009	2 766 107	3 521 347	4 752 287
房地产开发	18 924	60 367	138 829	164 791	273 057	385 387
农村固定资产投资		15 345	44 772	43 647	20 662	32 205
非农户(50 万元以上)		15 345	44 772	43 647	20 662	32 205
非农户(50 万元以下)						
农村私人						
本年新增固定资产	656 925	1 281 043	1 049 671	2 001 337	1 919 870	4 568 679
固定资产交付使用率(%)	43.21	61.46	38.36	58.30	50.32	88.37
房屋建筑面积(万平方米)						
施工面积	782.68	709.91	911.47	1 021.08	1 252.59	1 581.23
#住宅	437.55	430.23	499.37	663.65	872.75	903.72
竣工面积	197.65	141.63	166.49	241.65	178.20	479.51
#住宅	133.07	73.00	92.96	124.99	107.05	187.19
本年资金来源	1 472 994	2 052 868	2 681 382	3 476 067	3 727 006	5 127 881
国家预算内资金	66 590	167 736	283 333	444 520	562 941	560 543
国内贷款	311 204	590 697	549 834	637 345	1 109 253	1 708 648
债券	18 353					
利用外资	2 658	7 600	12 839	5 887	4 608	9 600
自筹资金	873 332	1 010 359	1 575 192	1 970 539	1 833 894	2 586 125
其他投资	200 857	276 476	260 184	417 776	216 310	262 965

6-5 各县区固定资产投资

单位:万元　　　　　　　　　　　　　　(2012)

	固定资产投资总额	增长(%)	房地产投资	增长(%)
兰州市	12 391 809	42.34	2 233 093	39.85
城关区	3 038 129	19.95	1 276 611	24.75
七里河区	1 708 557	48.53	286 451	59.08
西固区	1 858 947	42.10	142 906	109.41
安宁区	1 520 601	48.84	383 600	92.25
红古区	537 338	49.41	111 440	31.53
永登县	457 181	47.88	10 579	-17.34
皋兰县	252 959	49.13	6 230	-47.65
榆中县	666 427	49.09	15 276	-5.40
兰州新区	2 351 670	67.11		

6－6　500万元以上项目投资汇总表(不含房地产开发)

(2012年)　　单位:万元、平方米、个

	总计	按隶属关系			城乡分组	
		中央	省级	市及市以下	城镇	农村非农户
计划总投资	20 595 337	2 215 574	3 459 721	14 920 042	20 311 566	283 771
#本年新开工项目	9 282 455	739 807	1 003 295	7 539 353	9 051 448	231 007
自开始建设累计完成投资	14 814 579	1 881 821	2 330 935	10 601 823	14 548 807	265 772
自年初累计完成投资	10 158 716	1 096 031	1 397 040	7 665 645	9 917 578	241 138
#住宅	728 931	108 315	150 549	470 067	721 414	7 517
按建设性质分						
#新建	5 926 757	373 320	499 196	5 054 241	5 773 285	153 472
扩建	1 677 269	80 926	385 568	1 210 775	1 633 907	43 362
改建和技术改造	1 401 303	416 950	246 562	737 791	1 379 273	22 030
按构成分						
建筑工程	5 889 894	378 994	771 919	4 738 981	5 781 885	108 009
安装工程	656 897	123 916	81 498	451 483	617 064	39 833
设备工器具购置	2 821 622	568 488	476 659	1 776 475	2 735 026	86 596
#用于更新的设备	887 060	171 267	181 183	534 610	882 960	4 100
其他费用	790 303	24 633	66 964	698 706	783 603	6 700
新增固定资产	9 040 986	1 122 302	1 094 407	6 824 277	8 795 504	245 482
按经济类型分						
内资企业	9 803 746	1 090 231	1 394 639	7 318 876	9 593 378	210 368
国有企业	4 318 745	707 821	814 214	2 796 710	4 286 540	32 205
集团企业	311 457		3 655	307 802	288 687	22 770
股份合作企业	7 960			7 960	7 960	
联营企业	226 519	30 330	16 000	180 189	213 864	12 655
有限责任公司	2 453 846	226 410	268 446	1 958 990	2 442 446	11 400
股份有限公司	899 977	125 670	290 618	483 689	897 567	2 410
私营企业	1 320 169			1 320 169	1 230 747	89 422
其他企业	265 073		1 706	263 367	225 567	39 506
港澳台商投资企业	12 401		2 401	10 000	12 401	
外商投资企业	82 700	5 800		16 900	82 700	
个体经营	259 869			259 869	229 099	30 770
按行业分组						
农、林、牧、渔业	249 364	150	21 740	227 474	193 590	55 774
农业	116 844		16 000	100 844	93 344	23 500
林业	22 902		4 140	18 762	17 152	5 750
畜牧业	74 815			74 815	71 900	2 915
渔业						
农、林、牧、渔服务业	34 803	150	1 600	33 053	11 194	

6－6 续表 1

	总计	按隶属关系			城乡分组	
		中央	省级	市及市以下	城镇	农村非农户
采矿业	192 940		101 821	91 119	181 880	11 060
煤炭开采和洗选业	146 465		98 200	48 265	135 405	11 060
石油和天然气开采业	8 000			8 000	8 000	
有色金属矿采选业	5 500			5 500	5 500	
非金属矿采选业	27 484			27 484	27 484	
开采辅助活动	3 621		3 621		3 621	
其他采矿业	1 870			1 870	1 870	
制造业	2 838 868	326 496	351 029	2 161 343	2 715 878	122 990
农副食品加工业	106 477			106 477	91 277	15 200
食品制造业	53 271			53 271	50 511	2 760
酒、饮料和精制茶制造业	10 632		4 432	6 200	10 632	
烟草制品业	13 756	8 956	4 800		13 756	
纺织业	11 880			11 880	11 880	
纺织服装、服饰业	4 920		2 400	2 520	4 920	
木材加工和木、竹、藤、棕、草制品	12 590			12 590	12 590	
家具制造业	48 170			48 170	48 170	
造纸和纸制品业	14 461			14 461	14 461	
印刷和记录媒介复制业	13 185		2 980	10 205	13 185	
文教、工美、体育和娱乐用品制造业	15 000			15 000	15 000	
石油加工、炼焦和核燃料加工业	242 109	81 038		161 071	225 559	16 550
化学原料和化学制品制造业	232 132	2 800	15 744	213 588	229 180	2 952
医药制造业	117 754	13 626	36 657	67 471	117 136	618
化学纤维制造业	7 500	7 500			7 500	
橡胶和塑料制品业	167 563			167 563	147 093	20 470
非金属矿物制品业	454 982	20 367	20 856	413 759	423 582	31 400
黑色金属冶炼和压延加工业	268 150		226 246	41 904	268 150	
有色金属冶炼和压延加工业	163 185	127 240		35 945	163 185	
金属制品业	225 530		3 600	221 930	210 530	15 000
通用设备制造业	123 264		5 300	117 964	123 224	40
专用设备制造业	254 925	3 000	20 864	231 061	239 925	15 000
汽车制造业	6 100			6 100	6 100	
铁路、船舶、航空航天和运输设备	60 752	46 169		14 583	60 752	
电气机械及器材制造业	65 559	6 000	1 600	57 959	65 559	
计算机、通信和其他电子设备制造业	59 685		2 000	57 685	59 685	
仪器仪表制造业	17 518		1 800	15 718	17 518	
其他制造业	13 000			13 000	13 000	
废弃资源综合利用业	34 258		1 750	32 508	31 258	3 000
金属制品、机械和设备修理业	20 560	9 800		10 760	20 560	
电力、热力、燃气及水生产和供应业	436 521	138 367	54 398	243 756	432 611	3 910
电力、热力生产和供应业	250 798	93 863	38 260	118 675	248 388	2 410
燃气生产和供应业	106 890	44 504	6 100	56 286	106 890	
水的生产和供应业	78 833		10 038	68 795	77 333	1 500
建筑业	410 510	47 818	68 215	294 477	410 510	
房屋建筑业	73 482		4 300	69 182	73 482	
土木工程建筑业	195 080	47 818	57 245	90 017	195 080	
建筑安装业	29 221		600	28 621	29 221	
建筑装饰和其他建筑业	112 727		6 070	106 657	112 727	

6－6 续表 2

	总计	按隶属关系			城乡分组	
		中央	省级	市及市以下	城镇	农村非农户
批发和零售业	696 235		34 851	661 384	687 635	8 600
批发业	283 860		29 451	254 409	283 260	600
零售业	412 375		5 400	406 975	404 375	8 000
交通运输、仓储和邮政业	359 403	16 342	64 603	278 458	353 803	5 600
铁路运输业	25 191	11 832		13 359	25 191	
道路运输业	155 768	3 000	42 086	110 682	155 768	
水上运输业						
航空运输业	18 717		18 717		18 717	
管道运输业	900		900		900	
装卸搬运和运输代理业	7 600			7 600	7 600	
仓储业	144 045	1 510	2 900	139 635	138 445	5 600
邮政业	7 182			7 182	7 182	
住宿和餐饮业	225 063		41 508	183 555	218 663	6 400
住宿业	140 057		38 308	101 749	140 057	
餐饮业	85 006		3 200	81 806	78 606	6 400
信息传输、软件和信息服务业	254 400	191 295	3 380	59 725	254 400	
电信、广电和卫星传输服务	206 725	185 865	3 380	17 480	206 725	
互联网和相关服务	700			700	700	
软件和信息技术服务业	46 975	5 430		41 545	46 975	
金融业	55 462	33 922	11 590	9 950	55 462	
货币金融服务	50 374	31 714	11 590	7 070	50 374	
资本市场服务	1 000			1 000	1 000	
保险业	4 088	2 208		1 880	4 088	
其他金融业						
房地产业	1 346 435	173 196	218 436	954 803	1 332 308	14 127
房地产业	1 344 635	173 196	218 436	954 803	1 332 308	14 127
租赁和商务服务业	114 916		31 182	83 734	114 916	
租赁业	27 610			27 610	27 610	
商务服务业	87 306		31 182	56 124	87 306	
科学研究和技术服务业	92 804	51 699	25 076	16 029	92 804	
研究和试验发展	53 845	40 165	12 070	1 610	53 845	
专业技术服务业	38 359	11 534	13 006	13 819	38 359	
科技推广和应用服务业	600			600	600	
水利、环境和公共设施管理业	1 874 606	3 968	21 500	1 849 138	1 869 471	5 135
水利管理业	78 678			18 678	17 043	1 635
生态保护和环境治理业	1 805			1 805	1 805	
公共设施管理业	1 854 123	3 968	21 500	1 828 655	1 850 623	3 500
居民服务、修理和其他服务业	67 572		5 080	62 492	67 572	
居民服务业	14 875		5 080	9 795	14 875	
机动车、电子和日用品修理业	23 170			23 170	23 170	
其他服务业	29 527			29 527	29 527	

6－6 续表 3

	总计	按隶属关系			城乡分组	
		中央	省级	市及市以下	城镇	农村非农户
教育	251 899	34 234	79 171	138 494	251 899	
教育	251 899	34 234	79 171	138 494	251 899	
卫生和社会工作	213 800	67 344	74 718	71 738	213 800	
卫生	177 476	67 344	66 918	54 214	188 476	
社会工作	25 324		7 800	17 524	25 324	
文化、体育和娱乐业	160 454		40 448	120 006	157 112	3 342
新闻和出版业	8 768		6 488	2 280	8 768	
广播、电视、电影和录音制作	19 973			19 973	19 325	648
文化艺术业	66 696		30 440	36 256	66 196	500
体育	5 694		2 100	3 594	3 500	2 194
娱乐业	59 323		1 420	57 903	59 323	
公共管理、社会保障和社会组织	317 464	11 200	148 294	157 970	313 264	4 200
中国共产党机关	24 403		23 803	600	24 403	
国家机构	233 211	11 000	107 766	114 445	233 211	
人民政协、民主党派						
社会保障	200	200				200
群众团体、社会团体和其他组织	42 920		16 725	26 195	42 920	
基层群众自治组织	16 730			16 730	12 730	4 000
国际组织						
国际组织						
施工项目个数	1 605	114	154	1 337	1 535	70
本年新开工	1 236	80	97	1 059	1 177	59
本年投产项目个数	1 143	73	85	985	1 082	61
施工面积	22 677 970	2 138 785	3 827 879	16 711 306	22 382 235	295 735
住宅	8 809 902	1 264 529	1 358 983	6 186 390	8 667 428	142 474
竣工面积	9 148 987	559 525	1 286 209	7 303 253	9 002 507	146 480
住宅	2 529 261	361 514	275 262	1 892 485	2 425 564	103 697
本年资金来源合计	10 217 336	1 108 704	1 394 355	7 714 277	9 975 607	241 729
上年末结余资金	78 247	11 271	31 688	35 288	71 786	6 461
本年资金来源小计	10 139 089	1 097 433	1 362 667	7 678 989	9 903 821	235 268
国家预算内资金	584 292	148 302	122 427	313 563	565 388	18 904
国内贷款	1 920 841	36 311	87 225	1 797 305	1 915 581	5 260
债券						
利用外资	9 600	600		9 000	9 600	
自筹资金	7 023 232	899 161	1 127 312	4 996 759	6 859 408	163 824
企、事业单位自有资金	1 575 219	249 603	440 694	884 922	1 560 414	14 805
其他资金来源	601 124	13 059	25 703	562 362	553 844	47 280
各项应付款合计	203 866	36 484	55 982	111 400	203 166	700
工程款	137 291	10 739	54 048	72 504	136 831	460

6-7 房地产开发企业投资、资金来源和土地开发情况汇总表一

（2012 年）　　单位：万元、平方米

	总计	按经济类型分组			按隶属关系分组		
		国有	集体	其他	中央	省属	市及市以下级
计划总投资	**12 862 026**	**1 791 819**	**12 500**	**11 057 707**	**612 411**	**1 117 733**	**11 131 882**
自开始建设累计完成投资	6 643 032	1 129 947	6 790	5 506 295	332 972	565 159	5 744 901
本年完成投资	**2 233 093**	**385 387**	**4 950**	**1 842 756**	**159 050**	**214 247**	**1 859 796**
配套工程投资	24 080	74		24 006			24 080
按构成分组							
建筑工程	1 431 808	308 203	4 950	1 118 655	133 014	120 053	1 178 741
安装工程	198 096	18 304		179 792		20 045	178 051
设备工器具购置	30 364	758		29 606		3 480	26 884
其他费用	572 825	58 122		514 703	26 036	70 669	476 120
#旧建筑物购置费	9 653	165		9 488		292	9 361
土地购置费	267 581	19 878		247 703	13 081	44 442	210 058
按工程用途分							
商品住宅	1 407 609	283 064	2 457	1 122 088	121 827	117 115	1 168 667
#90 平方米以下	723 721	192 416	98	531 207	66 659	53 445	603 617
#140 平方米以上住房	170 670	14 809		155 861		4 336	166 334
#别墅、高档公寓	2 569			2 569			2 569
办公楼	60 412	7 944		52 468	35	8 639	51 738
商业营业用房	241 832	28 337	2 492	211 003	2 159	33 988	205 685
其他	523 240	66 042	1	457 197	35 029	54 505	433 706
本年新增固定资产	471 832	15 301	1 246	455 285		32 806	439 026
本年资金来源合计	**3 524 352**	**444 288**	**7 763**	**3 072 301**	**156 542**	**263 834**	**3 103 976**
上年末结余资金	732 123	59 849	100	672 174	493	62 976	668 654
本年资金来源小计	2 792 229	384 439	7 663	2 400 127	156 049	200 858	2 435 322
国内贷款	688 358	138 722		549 636		64 053	624 305
银行贷款	592 603	83 222		509 381		8 553	584 050
非银行金融机构贷款	95 755	55 500		40 255		55 500	40 255
自筹资金	1 245 276	109 033	4 850	1 131 393	81 049	57 860	1 106 367
#自有资金	636 384	76 383	4 850	555 151	61 115	489	574 780
其他资金来源	858 595	136 684	2 813	719 098	75 000	78 945	704 650
#定金及预收款	651 295	125 574	1 104	524 617	75 000	74 420	501 875
个人按揭贷款	151 164	10 510	1 709	138 945		4 495	146 669
本年各项应付款合计	**753 662**	**111 075**		**642 587**	**45 724**	**115 158**	**592 780**
#工程款	389 508	43 538		345 970	41 358	48 914	299 236
待开发土地面积	1 771 474	628 422		1 143 052		795 206	976 268
本年购置土地面积	641 090	22 942		618 148		84 805	556 285
本年土地成交价款	178 185	8 155		170 030		28 342	149 843
拆迁补偿费	20 475	140		20 335			20 475
土地使用权出让金	154 632	8 015		146 617		28 342	126 290
契税	5 098	239		4 859		840	4 258

6－7 房地产开发企业投资、资金来源和土地开发情况汇总表二(续)

（2012 年）　　　　单位:万元、平方米

	总计	按资质等级分					
		一级	二级	三级	四级	暂定	其他
计划总投资	**12 862 026**	**480 000**	**2 785 523**	**4 750 847**	**133 858**	**4 679 343**	**32 455**
自开始建设累计完成投资	6 643 032	181 774	1 707 020	2 293 127	86 247	2 374 664	200
本年完成投资	**2 233 093**	**43 480**	**520 477**	**707 100**	**19 053**	**942 783**	**200**
配套工程投资	24 080		951	17 271	150	5 708	
按构成分组							
建筑工程	1 431 808	24 925	325 514	475 405	15 416	590 348	200
安装工程	198 096	3 831	62 169	85 769	2 683	43 644	
设备工器具购置	30 364	0	1 930	20 724	885	6 825	
其他费用	572 825	14 724	130 864	125 202	69	301 966	
#旧建筑物购置费	9 653			2 985		6 668	
土地购置费	267 581		72 607	64 804		130 170	
按工程用途分							
商品住宅	1 407 609	19 146	303 215	470 945	16 163	597 940	200
#90 平方米以下	723 721	10 004	97 535	276 264	10 885	328 833	200
#140 平方米以上住房	170 670	9 142	21 964	39 449	1 036	99 079	
#别墅、高档公寓	2 569		339	2 230			
办公楼	60 412	32	11 112	33 637	668	14 963	
商业营业用房	241 832	4 433	47 056	89 457	1 950	98 936	
其他	523 240	19 869	159 094	113 061	272	230 944	
本年新增固定资产	471 832		87 606	222 343	15 434	146 449	
本年资金来源合计	**3 524 352**	**94 538**	**860 791**	**1 147 320**	**30 426**	**1 379 918**	**11 359**
上年末结余资金	732 123	16 467	211 461	185 325	4 941	313 929	
本年资金来源小计	2 792 229	78 071	649 330	961 995	25 485	1 065 989	11 359
国内贷款	688 358	12 750	173 345	224 375	5 850	271 238	800
银行贷款	592 603	12 750	148 845	157 795	4 750	267 663	800
非银行金融机构贷款	95 755		24 500	66 580	1 100	3 575	
自筹资金	1 245 276	8 975	181 451	454 439	11 248	582 163	7 000
#自有资金	636 384	975	106 977	288 118	12	234 502	5 800
其他资金来源	858 595	56 346	294 534	283 181	8 387	212 588	3 559
#定金及预收款	651 295	56 346	207 544	215 020	1 894	166 932	3 559
个人按揭贷款	151 164		85 643	31 046	2 343	32 132	
本年各项应付款合计	**753 662**		**106 659**	**282 076**	**4 690**	**360 237**	
#工程款	389 508		72 684	150 462	540	165 822	
待开发土地面积	1 771 474		28 445	1 167 751		575 278	
本年购置土地面积	641 090		53 566	163 176		415 403	8 945
本年土地成交价款	178 185		28 815	39 983		109 067	320
拆迁补偿费	20 475		1 215	882		18 058	320
土地使用权出让金	154 632		27 600	36 920		90 112	
契税	5 098		985	661		3 452	

6－8 房地产开发企业(单位)财务状况汇总表一

(2012 年)

单位:千元、人

	总计	按经济类型分组			按隶属关系分组		
		国有	集体	其他	中央	省级	市及市以下级
期初存货	**32 235 532**	**2 700 370**	**66 471**	**29 468 691**	**2 219 085**	**3 778 201**	**26 238 246**
期末资产负债							
流动资产合计	82 087 542	9 706 224	212 442	72 168 876	4 269 364	6 623 782	71 194 396
#存货	42 302 733	3 563 522	53 323	38 685 888	2 724 536	4 242 403	35 335 794
固定资产原价	3 455 983	151 843	39 031	3 265 109	54 034	121 765	3 280 184
累计折旧	988 736	44 542	13 913	930 281	22 067	21 054	945 615
#本年折旧	235 895	4 443	1 102	230 350	743	5 014	230 138
资产总计	97 082 331	11 580 421	247 640	85 254 270	4 451 944	7 556 004	85 074 383
负债合计	79 745 302	9 489 742	174 593	70 080 967	3 616 200	6 690 556	69 438 546
所有者权益合计	17 337 029	2 090 679	73 047	15 173 303	835 744	865 448	15 635 837
#实收资本	13 320 513	1 925 847	66 220	11 328 446	793 081	750 441	11 776 991
损益及分配							
主营业务收入	10 707 301	1 566 051	45 066	9 096 184	1 097 326	1 583 365	8 026 610
土地转让收入	50 376		1 133	49 243		40 741	9 635
商品房屋销售收入	9 199 767	1 240 683	0	7 959 084	488 365	1 511 930	7 199 472
房屋出租收入	266 406	15 215	505	250 686	14 864	251	251 291
其他收入	1 190 752	310 153	43 428	837 171	594 097	30 443	566 212
主营业务成本	8 290 784	1 320 364	46 857	6 923 563	1 021 542	1 369 427	5 899 815
主营业税金及附加	777 370	90 060	2 886	684 424	62 709	95 803	618 858
其他业务利润	92 618	2 001	900	89 717	0	6 996	85 622
销售费用	222 923	6 534	23	216 366	2 670	12 591	207 662
管理费用	1 064 567	86 252	6 512	971 803	16 986	83 028	964 553
#税金	72 805	5 539	286	66 980	2 522	2 998	67 285
差旅费	44 271	1 488	73	42 710	433	1 328	42 510
工会经费	3 832	547	14	3 271	113	341	3 378
财务费用	362 362	1 952	384	360 026	－319	－1 317	363 998
#利息收入	40 701	829	40	39 832	333	6 675	33 693
利息支出	212 282	1 322	140	210 820	8	3 132	209 142
投资收益	37 691	－634		38 325	4 996	334	32 361
营业利润	－110 317	62 088	－11 423	－160 982	－1 294	24 878	－133 901
营业外收入	51 741	413	276	51 052	253	5 274	46 214
营业外支出	55 152	591	158	54 403	97	1 995	53 060
利润总额	－107 661	61 910	－11 305	－158 266	－1 138	28 157	－134 680
应交所得税	157 311	22 519	53	134 739	1 695	14 901	140 715
人工成本							
本年应付	534 515	64 752	2 696	467 067	14 465	52 273	467 777
土地和固出	1 644 025	64 053	310	1 579 662	180	92 661	1 551 184
土地购置	1 385 086	56 530	310	1 328 246		56 530	1 328 556
房屋和建筑物	110 919	1 337		109 582		29 856	81 063
机器设备	4 256	1 759		2 497	133	1 603	2 520
运输工具	46 892	3 995		42 897	47	4 259	42 586
其他费用	96 872	432		96 440		413	96 459

6－8 房地产开发企业(单位)财务状况汇总表一(续)

(2012 年) 单位:千元、人

	总计	按企业资质等级分组					
		一级	二级	三级	四级	暂定	其他
期初存货	**32 235 532**	**1 199 916**	**11 943 020**	**11 584 233**	**611 913**	**6 826 932**	**69 518**
期末资产负债							
流动资产合计	82 087 542	2 296 707	29 202 728	26 882 804	1 589 071	21 757 041	359 191
#存货	42 302 733	1 475 340	14 197 844	14 260 253	504 635	11 835 667	28 994
固定资产原价	3 455 983	34 997	1 461 889	1 290 766	91 560	558 301	18 470
累计折旧	988 736	9 627	461 898	355 324	27 606	129 708	4 573
#本年折旧	235 895	1 767	114 962	90 152	3 811	23 382	1 821
资产总计	97 082 331	2 613 965	32 291 686	31 461 596	1 851 827	28 230 308	632 949
负债合计	79 745 302	1 856 811	26 019 164	25 950 540	1 227 306	24 130 182	561 299
所有者权益合计	17 337 029	757 154	6 272 522	5 511 056	624 521	4 100 126	71 650
#实收资本	13 320 513	116 000	3 506 862	4 869 374	615 993	4 156 655	55 629
损益及分配							
主营业务收入	10 707 301	513 509	3 779 323	3 903 474	223 014	2 222 494	65 487
土地转让收入	50 376		2 000	41 874		6 502	
商品房屋销售收入	9 199 767	493 703	3 374 016	3 008 321	219 133	2 039 107	65 487
房屋出租收入	266 406	19 806	122 679	56 202	3 881	63 838	
其他收入	1 190 752		280 628	797 077		113 047	
主营业务成本	8 290 784	336 245	2 751 951	3 197 691	191 460	1 754 972	58 465
主营业税金及附加	777 370	38 078	312 779	294 947	16 962	110 909	3 695
其他业务利润	92 618		45 620	34 997	2 684	9 317	
销售费用	222 923	11 266	52 722	97 477	983	60 382	93
管理费用	1 064 567	22 061	323 692	441 251	24 745	244 312	8 506
#税金	72 805	164	16 032	30 568	1 878	23 882	281
差旅费	44 271		9 864	21 657	1 465	10 989	296
工会经费	3 832		774	1 808	207	1 017	26
财务费用	362 362	8 681	99 129	163 160	2 671	88 137	584
#利息收入	40 701	253	30 145	4 917	840	4 060	486
利息支出	212 282		57 060	94 856	2 131	58 165	70
投资收益	37 691	9 401	20 468	6 303		1 519	
营业利润	－110 317	96 875	270 697	－285 479	－11 657	－167 910	－12 843
营业外收入	51 741	816	4 236	37 975	20	8 685	9
营业外支出	55 152	2 223	17 094	29 068	73	6 469	225
利润总额	－107 661	95 468	259 108	－272 582	－11 710	－164 886	－13 059
应交所得税	157 311	21 767	72 889	31 009	3 010	28 636	
人工成本							
本年应付	534 515	15 654	171 843	175 454	13 465	153 773	4 326
土地和固出	**1 644 025**		**172 670**	**1 247 658**	**7 014**	**213 188**	**3 495**
土地购置	1 385 086		128 830	1 077 677	6 200	168 884	3 49[illegible]
房屋和建筑物	110 919		29 916	54 010		26 993	[illegible]
机器设备	4 256		348	2 979		929	[illegible]
运输工具	46 892		12 594	28 650	772	4 8[illegible]	[illegible]
其他费用	96 872		982	84 342	42	[illegible]	[illegible]

6－9 房地产开发企业施工、销售和空置情况汇总表一

（2012 年）　　　　单位：万元、平方米

	总计	按经济类型分组			按隶属关系分组		
		国有	集体	其他	中央	省属	市及市以下级
房屋施工面积合计	**25 475 347**	**3 784 216**	**59 654**	**21 631 477**	**1 716 694**	**2 181 573**	**21 577 080**
商品住宅	19 088 799	2 985 301	30 417	16 073 081	1 364 140	1 458 601	16 266 058
#90 平方米以下住宅	7 578 770	2 214 452	5 037	5 359 281	1 042 506	627 260	5 909 004
#140 平米以上住宅	2 101 576	198 079		1 903 497	53 032	135 096	1 913 448
#别墅、高档公寓	79 886			79 886			79 886
办公楼	752 161	124 060		628 101	14 849	143 786	593 526
商业营业用房用房	2 498 905	288 529	27 422	2 182 954	53 300	241 857	2 203 748
其他	3 135 482	386 326	1 815	2 747 341	284 405	337 329	2 513 748
房屋竣工面积合计	**1 935 280**	**64 927**	**7 472**	**1 862 881**		**123 566**	**1 811 714**
商品住宅	1 520 350	57 228	5 037	1 458 085		111 142	1 409 208
#90 平方米以下住宅	568 167	5 585	5 037	557 545		35 559	532 608
#140 平米以上住宅	133 343			133 343			133 343
#别墅、高档公寓							
办公楼	71 389			71 389			71 389
商业营业用房用房"	187 360	5 669	620	181 071		5 650	181 710
其他	156 181	2 030	1 815	152 336		6 774	149 407
商品房销售面积	**2 142 615**	**201 121**	**5 052**	**1 936 442**	**84 812**	**223 579**	**1 834 224**
商品住宅	1 987 086	200 236	5 052	1 781 798	84 812	220 574	1 681 700
#90 平方米以下住宅	587 021	10 469	5 052	571 500	5 068	68 194	513 759
#140 平米以上住宅	154 622	31 314		123 308	30 214	4 464	119 944
#别墅、高档公寓	3 153			3 153			3 153
办公楼	21 820			21 820		500	21 320
商业营业用房	129 650	885		128 765		2 505	127 145
其他	4 059			4 059			4 059
商品房销售额	**1 157 623**	**91 056**	**2 813**	**1 063 754**	**53 503**	**123 142**	**980 978**
商品住宅	1 019 465	90 523	2 813	926 129	53 503	120 878	845 084
#90 平方米以下住宅	274 735	4 975	2 813	266 947	3 172	35 024	236 539
#140 平米以上住宅	102 724	19 934		82 790	19 496	1 735	81 493
#别墅、高档公寓	2 422			2 422			2 422
办公楼	17 922			17 922		300	17 622
商业营业用房	118 874	533		118 341		1 964	116 910
其他	1 362			1 362			1 362
[illegible]	**899 026**	**2 911**	**1 729**	**894 386**		**16 388**	**882 638**
[illegible]	603 348	2 911		600 437		12 945	590 403
[illegible]	156 294	2 911		153 383			156 294
[illegible]	114 367			114 367		165	114 202
[illegible]							
[illegible]	76 159			76 159			76 159
[illegible]	[illegible]78 798		538	178 260		3 443	175 355
[illegible]	[illegible]0 721		1 191	39 530			40 721

6-9 房地产开发企业施工、销售和空置情况汇总表一(续)

(2012 年)　　单位:万元、平方米

	总计	按资质等级分					
		一级	二级	三级	四级	暂定	其他
房屋施工面积合计	**25 475 347**	**789 725**	**6 645 478**	**8 131 219**	**368 911**	**9 444 558**	**95 456**
商品住宅	19 088 799	333 100	4 900 642	6 279 209	313 003	7 195 571	67 274
#90 平方米以下住宅	7 578 770	4 173	1 379 668	2 325 875	171 116	3 630 664	67 274
#140 平米以上住宅	2 101 576	77 264	972 673	523 144	4 578	523 917	
#别墅、高档公寓	79 886		60 000	19 886			
办公楼	752 161	130 337	97 049	287 085	6 950	230 740	
商业营业用房用房	2 498 905	105 130	569 642	795 385	43 396	973 578	11 774
其他	3 135 482	221 158	1 078 145	769 540	5 562	1 044 669	16 408
房屋竣工面积合计	**1 935 280**		**435 513**	**903 623**	**73 951**	**522 193**	
商品住宅	1 520 350		329 807	768 366	61 072	361 105	
#90 平方米以下住宅	568 167		92 780	311 858	11 953	151 576	
#140 平米以上住宅	133 343		25 017	60 295	1 500	46 531	
#别墅、高档公寓							
办公楼	71 389		10 605	5 515	300	54 969	
商业营业用房	187 360		37 621	69 591	12 379	67 769	
其他	156 181		57 480	60 151	200	38 350	
商品房销售面积	**2 142 615**	**65 804**	**568 517**	**775 636**	**51 141**	**681 517**	
商品住宅	1 987 086	65 804	558 420	682 585	46 629	633 648	
#90 平方米以下住宅	587 021	0	126 237	249 545	6 609	204 630	
#140 平米以上住宅	154 622	8 390	74 998	28 568		42 666	
#别墅、高档公寓	3 153		1 599	1 554			
办公楼	21 820			12 502	186	9 132	
商业营业用房	129 650		10 097	80 375	3 346	35 832	
其他	4 059			174	980	2 905	
商品房销售额	**1 157 623**	**61 397**	**348 925**	**356 479**	**18 365**	**372 457**	
商品住宅	1 019 465	61 397	327 834	284 169	15 755	330 310	
#90 平方米以下住宅	274 735		70 206	91 174	1 807	111 548	
#140 平米以上住宅	102 724	8 854	57 229	15 469		21 172	
#别墅、高档公寓	2 422		1 816	606			
办公楼	17 922			10 226	74	7 622	
商业营业用房	118 874		21 091	61 986	2 164	33 633	
其他	1 362			98	372	892	
空置面积合计	**899 026**		**236 545**	**405 160**	**32 579**	**224 742**	
商品住宅	603 348		159 198	252 788	19 046	172 316	
#90 平方米以下住宅	156 294		56 556	28 624	10 841	60 273	
#140 平米以上住宅	114 367		42 733	62 268	1 500	7 866	
#别墅、高档公寓							
办公楼	76 159		4 917	43 852	1 317	26 073	
商业营业用房	178 798		61 760	91 587	11 896	13 555	
其他	40 721		10 670	16 933	320	12 798	

6－10 建筑企业生产汇总表(总承包和专业承包)

(2012 年)

	企业个数			合同情况(万元)		
	建筑业企业个数(个)	其中:有工作量的建筑业企业个数(个)	亏损企业个数(个)	签订的合同额	其中:上年结转合同额	其中:本年新签合同额
总计	**464**	**400**	**127**	**11 325 316**	**4 720 262**	**6 605 054**
其中:国有及国有控股企业	64	61	9	7 059 497	3 225 236	3 834 261
按登记注册类型分组						
内资企业	462	399	127	11 324 470	4 719 682	6 604 789
国有企业	44	41	6	5 014 255	2 547 858	2 466 397
集体企业	40	32	8	182 852	51 511	131 341
其他企业	378	326	113	6 127 364	2 120 313	4 007 050
港、澳、台商投资企业	1	1		846	581	265
外商投资企业	1			0	0	0
按国民经济行业分组						
房屋和土木工程建筑业	109	94	26	6 436 050	2 796 545	3 639 504
建筑安装业	116	103	32	4 050 812	1 652 574	2 398 238
建筑装饰业	92	80	29	639 711	239 013	400 698
其他建筑业	147	123	40	198 743	32 130	166 613
按隶属关系分组						
中央	18	18	3	2 476 829	1 477 582	999 248
省(自治区、直辖市)	70	64	12	5 522 505	2 231 066	3 291 439
市级市以下	376	318	112	3 325 981	1 011 615	2 314 367
按企业资质等级分组						
施工总承包	185	164	44	10 736 815	4 558 803	6 178 013
专业承包	279	236	83	588 501	161 460	427 041
按地区分						
城关区	330	285	89	6 805 260	2 850 558	3 954 702
七里河区	61	49	18	2 722 238	1 179 292	1 542 946
西固区	43	38	13	994 150	361 624	632 525
安宁区	12	11	4	665 214	283 099	382 116
红古区	7	6	2	35 772	11 521	24 251
永登县	4	4	1	39 967	21 723	18 244
皋兰县	3	3		26 535	5 187	21 348
榆中县	4	4		36 180	7 259	28 922
按营业状态分						
营业	455	396	123	11 315 844	4 720 256	6 595 588
停业(歇业)	9	4	4	9 472	6	9 466
按控股情况分						
国有控股	64	61	9	7 059 497	3 225 236	3 834 261
集体控股	58	46	18	234 299	73 932	160 367
私人控股	318	274	95	3 790 287	1 262 684	2 527 603
港澳台商控股	1	1		846	581	265
外商控股	22	18	5	240 388	157 831	82 557
其他						

承包工程完成情况(万元)				建筑业总产值(万元)		
直接从建设单位承揽工程完成的产值	其中:自行完成施工产值	其中:分包出去工程的产值	从建设单位以外承揽工程完成的产值	建筑业总产值	其中:装饰装修产值	其中:在外省完成的产值
5 673 365	5 646 280	27 086	59 937	5 706 216	211 704	1 299 760
3 659 378	3 639 731	19 646	23 434	3 663 165	86 349	895 025
5 672 987	5 645 902	27 086	59 937	5 705 838	211 326	1 299 760
2 558 527	2 538 881	19 646	19 754	2 558 635	73 986	844 240
128 357	128 298	59	880	129 178	7 597	1 567
2 986 104	2 978 723	7 381	39 303	3 018 025	129 743	453 953
378	378			378	378	
3 400 226	3 400 041	185	16 124	3 416 165	91 729	487 835
1 837 304	1 811 198	26 105	37 498	1 848 696	11 399	716 658
269 491	269 125	366	2 409	271 534	29 611	80 743
166 344	165 915	429	3 906	169 821	78 965	14 524
1 283 466	1 283 466		3 680	1 287 146	9 327	810 193
2 897 015	2 877 310	19 705	30 106	2 907 416	80 403	243 299
1 492 885	1 485 504	7 381	26 151	1 511 655	121 974	246 268
5 280 565	5 254 054	26 511	47 523	5 301 577	130 750	1 264 213
392 800	392 226	574	12 413	404 639	80 954	35 547
3 293 984	3 287 916	6 067	35 211	3 323 127	143 639	1 092 357
1 321 982	1 320 618	1 364	875	1 321 493	53 273	56 922
620 221	600 567	19 654	22 565	623 132	13 961	122 104
348 461	348 461		406	348 867	831	28 377
27 855	27 855			27 855		
25 351	25 351			25 351		
7 698	7 698		880	8 578		
27 814	27 814			27 814		
5 663 215	5 636 137	27 078	59 929	5 696 066	211 689	1 299 760
10 151	10 143	8	8	10 151	15	
3 659 378	3 639 731	19 646	23 434	3 663 165	86 349	895 025
166 963	166 905	59	981	167 886	8 237	2 411
1 623 762	1 616 381	7 381	34 305	1 650 686	116 741	300 440
378	378			378	378	
222 885	222 885		1 217	224 101		101 883

6－10 建筑企业生产汇总（总承包和专业承包）续一

（2012 年）

	建筑业总产值（万元）			施工机械设备		
	建筑工程产值	安装工程产值	其他产值	年末自有施工机械设备（净值）（万元）	年末自有施工机械设备（总台数）（台）	年末自有施工机械设备（总功率）（千瓦）
总计	5 004 956	547 483	153 778	174 934	98 766	1 206 320
其中：国有及国有控股企业	3 158 969	405 434	98 763	98 321	80 389	450 236
按登记注册类型分组						
内资企业	5 004 578	547 483	153 778	174 934	98 766	1 206 320
国有企业	2 129 502	381 597	47 536	74 902	12 502	353 453
集体企业	106 119	17 717	5 342	7 053	2 633	82 941
其他企业	5 668	166		3	9	35
港、澳、台商投资企业	378					
外商投资企业						
按国民经济行业分组						
房屋建筑业	3 114 473	200 762	100 931	61 510	79 547	490 116
土木工程建筑业	1 634 342	205 372	8 983	101 215	12 251	394 841
建筑安装业	127 673	122 973	20 888	5 677	1 792	28 359
建筑装饰和其他建筑业	128 469	18 376	22 976	6 532	5 176	293 004
按隶属关系分组						
中央	1 041 598	213 779	31 769	51 988	6 944	255 432
省（自治区、直辖市）	2 645 801	175 136	86 479	56 430	74 982	353 723
市级市以下	1 317 557	158 568	35 529	66 516	16 840	597 165
按企业资质等级分组						
施工总承包	4 740 358	438 074	123 146	161 516	91 768	887 361
专业承包	264 598	109 409	30 632	13 418	6 998	318 959
按地区分						
城关区	3 107 969	149 920	65 238	120 404	84 333	818 577
七里河区	1 163 344	138 604	19 545	30 313	4 467	141 227
西固区	358 474	197 190	67 468	13 283	4 425	157 130
安宁区	290 226	58 641		5 292	2 123	40 008
红古区	24 727	3 128		2 995	625	15 083
永登县	24 773		578	904	1 059	9 787
皋兰县	7 629		949	1 409	1 361	22 576
榆中县	27 814			335	373	1 932
按营业状态分						
营业	4 994 808	547 481	153 777	174 930	98 760	1 206 307
停业（歇业）	10 148	2	1		6	13
按控股情况分						
国有控股	3 158 969	405 434	98 763		80 389	450 236
集体控股	138 621	22 561	6 704		3 007	97 594
私人控股	1 486 697	115 678	48 311		13 622	620 055
港澳台商控股	378					
其他	220 291	3 810			1 748	38 435

竣工产值	房屋建筑施工面积(万平方米)				主要建筑材料消耗量	
	房屋建筑施工面积	其中:本年新开工面积	其中:实行投标承包面积	其中:本年新开工	钢材(吨)	木材(立方米)
2 449 310	3 278.39	1 187.04	2 798.94	1 066.70	1 744 664	361 164
1 511 243	1 953.31	742.24	1 809.01	682.38	1 087 627	224 352
2 448 932	3 276.79	1 185.84	2 798.94	1 066.70	1 744 386	361 164
1 138 116	1 401.35	568.54	1 285.54	514.96	722 242	131 661
68 180	59.53	19.68	35.61	19.68	24 665	6 481
1 242 637	1 816.00	598.00	1 478.00	532.00	997 479	223 022
378	1.60	1.20			278	
1 734 396	3 170.87	1 128.62	2 708.17	1 014.98	1 213 562	317 502
415 028	60.24	44.41	59.67	42.41	471 768	20 785
141 008	39.93	13.86	31.00	9.22	26 365	3 126
158 878	7.35	0.15	0.10	0.10	32 969	19 751
305 855	223.31	76.80	222.20	74.24	248 394	4 442
1 325 926	2 100.91	808.43	1 901.16	732.66	962 195	236 239
817 530	954.00	302.00	676.00	260.00	534 075	120 483
2 182 945	3 258.38	1 181.45	2 795.25	1 065.40	1 683 615	338 205
266 365	20.01	5.59	3.69	1.30	61 049	22 959
1 175 900	1 385.89	481.05	1 175.83	393.55	869 224	118 748
711 115	1 171.11	455.10	1 001.82	449.66	494 618	131 501
277 993	393.05	100.08	345.05	95.40	211 260	73 545
226 294	218.39	85.56	190.67	79.20	110 207	21 901
19 301	22.73	12.82	13.68	9.35	6 385	6 043
15 014	27.29	22.56	14.40	9.68	10 525	1 832
7 165	14.94	10.97	14.94	10.97	2 715	678
16 530	45.00	18.89	42.55	18.89	39 730	6 916
2 449 189	3 278.21	1 186.86	2 798.81	1 066.57	1 744 053	361 054
121	0.18	0.18	0.13	0.13	611	110
1 511 243	1 953.31	742.24	1 809.01	682.38	1 087 627	224 352
94 556	91.85	28.34	67.93	28.34	50 138	17 133
809 746	1 163.52	404.82	911.85	354.19	528 287	114 801
378	1.60	1.20			278	
33 387	68.11	10.44	10.15	1.79	78 334	4 878

6-10 建筑企业生产汇总(总承包和专业承包)续二

指标名称	主要建筑材料消耗量				补充资料(万元)
	水泥(吨)	平板玻璃(重量箱)	平板玻璃(平方米)	铝材(吨)	企业总产值
总计	**4 384 659**	**324 130**	**1 670 584**	**25 503**	**5 805 679**
其中:国有及国有控股企业	2 314 676	138 119	353 744	6 660	3 732 984
按登记注册类型分组					
内资企业	4 384 659	324 130	1 670 584	25 503	5 805 301
国有企业	1 546 643	23 485	118 024	5 111	2 623 882
集体企业	173 053	7 066	82 096	815	129 178
其他企业					5 834
港、澳、台商投资企业					378
外商投资企业					
按国民经济行业分组					
房屋建设业	2 311 787	304 065	1 330 044	22 564	3 442 654
土木工程建设业	2 006 964	6 922	95 439	1 521	1 912 245
建筑安装业	36 092	1	1	6	276 658
建筑装饰和其他建筑业	29 816	13 142	245 100	1 412	174 121
按隶属关系分组					
中央	788 972	414	3 983	25	1 323 880
省(自治区、直辖市)	2 057 036	160 011	550 696	2 419	2 930 387
市级市以下	1 538 651	163 705	1 115 905	23 059	1 551 412
按企业资质等级分组					
施工总承包	4 245 287	310 933	1 423 669	23 938	5 372 345
专业承包	139 372	13 197	246 915	1 565	433 334
按地区分					
城关区	2 792 923	83 698	595 521	7 292	3 418 575
七里河区	737 704	92 207	610 272	3 663	1 322 757
西固区	674 255	133 713	313 920	21	625 299
安宁区	62 304	6 854	20 066	1 967	349 451
红古区	18 378	1 389	16 950	10	27 855
永登县	20 487	5 087	44 394	1 376	25 351
皋兰县	8 663	242	47 160	56	8 578
榆中县	69 945	940	22 301	11 118	27 814
按营业状态分					
营业	4 375 639	324 010	1 669 384	25 493	5 795 516
停业(歇业)	9 020	120	1 200	10	10 163
按控股情况分					
国有控股	2 314 676	138 119	353 744	6 660	3 732 984
集体控股	228 450	7 361	93 318	7 265	168 596
私人控股	1 563 573	154 074	1 097 900	11 529	1 677 112
港澳台商控股					378
其他	277 960	24 576	125 622	49	226 609

房屋建筑竣工面积(万平方米)							
合计	住宅房屋	商业及服务用房屋	办公用房屋	科研、教育、医疗用房屋	文化、体育、娱乐用房屋	厂房及建筑物	仓库
839.82	555.99	72.65	24.02	76.71	6.77	69.05	4.80
477.18	276.99	58.30	11.58	51.57	6.77	51.78	2.32
838.22	554.79	72.25	24.02	76.71	6.77	69.05	4.80
395.91	239.26	49.09	10.16	42.24	6.77	29.55	1.77
20.14	7.54	1.06	0.14	0.39		0.00	0.01
422.00	308.00	22.00	14.00	34.00		39.00	3.00
1.60	1.20	0.40					
805.89	531.38	69.17	23.94	76.63	6.77	63.55	4.66
14.29	14.09	0.08	0.08	0.04			
13.10	7.12	0.40		0.04		5.40	0.10
6.55	3.40	3.00				0.10	0.05
25.23	11.34	8.44		1.79	0.00	1.87	
549.67	326.59	50.36	15.65	56.10	6.77	63.82	3.30
265.00	218.00	14.00	8.00	19.00		3.00	2.00
831.72	551.39	69.25	24.02	76.71	6.77	68.95	4.80
8.10	4.60	3.40					
345.51	223.76	36.03	17.04	35.35	3.40	13.38	2.37
340.15	254.59	25.50	2.91	27.22	3.37	10.19	1.67
28.41	12.54	1.95		9.18		4.40	0.06
72.90	41.41	7.33	1.56	0.30		21.23	0.55
14.12	2.11	0.73	1.23			9.95	0.10
19.83	9.82	0.08		0.04		9.89	
4.48	4.16	0.09		0.23			
14.42	7.61	0.93	1.26	4.39			0.06
839.77	555.99	72.65	24.02	76.71	6.77	69.05	4.75
0.05							0.05
477.18	276.99	58.30	11.58	51.57	6.77	51.78	2.32
31.11	12.72	1.06	1.40	4.57		0.13	0.07
302.60	242.78	9.90	10.65	20.57		15.49	2.42
1.60	1.20	0.40					
27.32	22.29	3.00	0.38			1.65	

6－11 劳务分包建筑业企业汇总表(劳务分包)

单位:万元、个、人　　(2012 年)

	企业个数	企业个数(有工作量)	建筑业总产值(万元)	其中:装饰装修产值(万元)	资产负债(万元)		
					固定资产原价	资产总计	负债合计
总计	**3**	**3**	**490**	**61**	**340**	**895**	**462**
其中:国有及国有控股							
按登记注册类型分组							
内资企业	3	3	490	61	340	895	462
港、澳、台商投资企业							
外商投资企业							
按国民经济行业分组							
房屋建筑业	1	1	117	0	257	507	222
土木工程建筑业							
建筑安装业	1	1	313	0	47	237	167
建筑装饰和其他建筑业	1	1	61	61	36	152	73
按隶属关系分组							
中央							
省(自治区、直辖市)							
地区(州、盟、省辖市)	**1**	**1**	**313**	**0**	**47**	**237**	**167**
市级市以下			178	61	293	659	295
按企业资质等级分组							
劳务分包	3	3	490	61	340	895	462
按营业状态分							
营业	3	3	490	61	340	895	462
停业(歇业)							
按控股情况分							
集体控股	1	1	313	0	47	237	167
私人控股	2	2	178	61	293	659	295

损益及分配(万元)						
营业收入合计	营业成本	营业税金及附加	管理费用	财务费用	营业利润	利润总额
490	431	18	37	-2	7	7
490	431	18	37	-2	7	7
117	105	4	1		7	7
313	284	12	18	-2		
61	41	2	18			
313	284	12	18	-2		
178	147	6	19		7	7
490	431	18	37	-2	7	7
490	431	18	37	-2	7	7
313	284	12	18	-2		
178	147	6	19		7	7

6－12 建筑业企业财务情况汇总(总承包和专业承包)

单位:万元、个、人　　　　(2012 年)

	年初存货	年末资产负债(万元)					
		流动资产合计	应收工程款	竣工工程	存库	固定资产合计	固定资产减值准备
总计	**888 546**	**5 024 701**	**1 575 308**	**714 503**	**508 300**	**725 282**	**1 436**
其中:国有及国有控股企业	654 734	3 316 695	955 811	500 809	299 152	487 610	1 230
按登记注册类型分组							
国资企业	888 247	5 023 530	1 575 025	713 750	508 091	725 270	1 436
国有企业	491 818	2 610 682	669 126	351 529	178 622	294 668	1 032
集体企业	15 285	98 914	34 012	16 559	10 976	13 919	10
其他企业	**381 143**	**2 313 935**	**871 888**	**345 662**	**318 493**	**416 682**	**394**
港、澳、台商投资企业	299	1 170	282	753	209	12	
外商投资企业							
按国民经济行业分组							
房屋建筑业	470 168	2 012 656	733 321	380 547	329 256	391 987	522
土木工程建筑业	358 465	2 533 670	718 444	274 983	113 238	272 319	743
建筑安装业	38 097	305 736	70 607	41 046	32 969	37 515	48
建筑装饰和其他建筑业	21 816	172 639	52 936	17 927	32 836	23 462	123
按隶属关系分组							
中央	326 870	1 961 758	494 263	200 837	77 999	121 854	483
省(自治区、直辖市)	357 487	1 707 121	605 117	320 766	243 251	388 746	747
市级市以下	204 189	1 355 822	475 928	192 899	187 050	214 682	206
按企业资质等级分组							
施工总承包	820 145	4 459 898	1 421 490	639 418	433 793	661 836	1 185
专业承包	68 401	564 802	153 817	75 084	74 507	63 446	251
按地区分组							
城关区	551 608	3 652 317	1 093 186	428 119	315 856	463 291	312
七里河区	98 219	737 101	281 932	100 400	90 835	99 928	610
西固区	154 499	384 640	123 739	90 991	76 195	110 094	496
安宁区	79 482	216 935	58 208	90 733	19 850	37 430	
红古区	1 479	16 145	10 521	1 428	1 157	4 184	18
永登区	1 462	9 444	4 956	766	2 590	1 226	
皋兰区	234	2 529	1 552	173	1 552	3 136	
榆中区	1 562	5 589	1 213	1 892	265	5 992	
按营业状态分							
营业	886 101	5 017 284	1 571 614	713 672	507 758	725 103	1 436
停业(歇业)	2 444	7 416	3 693	831	542	179	
按控股情况分组							
国有控股	654 734	3 316 695	955 811	500 809	299 152	487 610	1 230
集体控股	19 523	128 451	38 848	22 090	12 670	17 589	10
私人控股	178 315	1 304 787	499 876	153 444	188 354	203 958	192
港澳台商控股	299	1 170	282	753	209	12	
外商控股							
其他	35 675	273 596	80 491	37 406	7 916	16 113	3

年末资产负债(万元)								
固定资产原价	累计折旧	本年折旧	在建工程	资产合计	流动负债合计	应付账款	非流动负债合计	负债合计
996 726	361 148	51 360	47 732	6 328 377	4 479 170	1 622 485	269 855	4 777 154
637 089	211 301	30 393	29 249	4 195 580	3 218 988	1 185 899	212 281	3 439 657
996 644	361 078	51 343	47 732	6 327 194	4 478 314	1 622 381	269 855	4 776 298
413 759	149 385	25 214	7 199	3 229 920	2 547 266	954 431	184 747	2 732 026
22 210	9 188	991	65	117 846	82 773	33 521	1 269	85 194
560 675	202 505	25 138	40 467	2 979 428	1 848 275	634 429	83 839	1 959 078
82	70	17		1 182	856	104		856
482 313	139 568	17 146	20 951	2 612 309	1 875 840	732 740	84 336	1 965 214
436 037	186 438	28 829	14 940	3 072 894	2 293 047	777 932	151 669	2 448 482
42 120	18 521	2 784	11 295	425 117	242 925	88 790	22 029	274 815
36 256	16 622	2 601	547	218 058	67 357	23 022	11 822	88 643
226 366	116 202	20 536	70	2 300 534	1 875 960	719 611	124 328	2 000 292
454 707	117 204	13 268	29 344	2 311 854	1 710 799	599 488	91 710	1 811 915
315 653	127 742	17 557	18 318	1 715 989	892 411	303 386	53 817	964 947
891 523	314 849	45 173	45 611	5 667 035	4 152 679	1 526 510	257 334	4 417 896
105 203	46 299	6 187	2 121	661 342	326 491	95 975	12 521	359 258
629 317	212 685	36 051	24 122	4 542 769	3 210 179	1 154 089	216 145	3 442 050
157 596	78 449	7 567	10 155	925 414	663 183	236 233	18 234	691 772
152 175	42 579	5 114	63	509 514	357 387	127 609	32 663	390 580
37 671	20 250	1 933	12 861	300 423	222 731	89 266	2 350	225 081
5 525	2 050	262		22 277	14 771	10 917		15 671
1 526	829	57	530	10 678	6 150	2 837		6 150
5 446	2 828	241		5 666	1 114	94	20	1 135
7 470	1 478	136		11 635	3 655	1 441	443	4 715
996 359	360 876	51 280	47 678	6 320 289	4 478 827	1 622 282	269 855	4 775 811
367	272	80	54	8 088	343	203		1 343
637 089	211 301	30 393	29 249	4 195 580	3 218 988	1 185 899	212 281	3 439 657
28 087	11 415	1 183	65	151 744	98 016	42 197	1 309	101 104
297 882	120 337	16 843	17 878	1 683 487	926 971	314 022	50 255	981 941
82	70	17		1 182	856	104		856
33 587	18 025	2 924	539	296 385	234 339	80 263	6 010	253 597

6－12 建筑业企业财务情况汇总(总承包和专业承包)续一

单位:万元、人　　　　(2012 年)

	年末资产负债(万元)							
	所有者权益合计	实收资本						
			国家资本	集体资本	法人资本	个人资本	港澳台资本	外商资本
总计	**1 550 101**	**1 046 369**	**243 930**	**53 081**	**427 277**	**321 297**	**550**	**233**
其中:国有及国有控股企业	755 923	451 067	231 141	6 063	200 612	13 250		
按登记注册类型分组								
内资企业	1 549 775	1 046 069	243 930	52 881	427 277	321 297	450	233
国有企业	497 894	373 769	192 841	1 611	174 252	5 064		
集体企业	32 652	47 017	3 644	27 463	12 219	3 691		
其他企业	1 019 228	625 283	47 445	23 807	240 806	312 542	450	233
港、澳、台商投资企业	327	300		200			100	
外商投资企业								
按国民经济行业分组								
房屋和土木工程建筑业	647 094	396 965	121 174	18 915	104 953	151 473	450	
建筑安装业	624 412	448 881	88 863	25 130	264 110	70 778		
建筑装饰业	149 180	102 063	25 911	4 821	25 578	45 419	100	233
其他建筑业	129 415	98 460	7 981	4 215	32 637	53 627		
按隶属关系分组								
中央	300 242	240 029	58 467		181 562			
省(自治区、直辖市)	499 939	254 040	173 237	15 361	37 027	28 416		
市级市以下	749 920	552 300	12 226	37 721	208 689	292 881	550	233
按企业资质等级分组								
施工总承包	1 249 139	821 670	216 359	32 782	347 725	224 355	450	
专业承包	300 962	224 698	27 571	20 300	79 552	96 942	100	233
按地区分								
城关区	1 100 719	677 759	110 060	19 533	307 041	240 792	100	233
七里河区	232 520	220 241	113 555	11 741	42 724	51 772	450	
西固区	118 935	93 724	10 540	16 437	52 357	14 390		
安宁区	75 343	37 291	9 775	3 478	18 902	5 135		
红古区	6 606	4 768			2 008	2 760		
永登县	4 528	4 528			580	3 948		
皋兰县	4 531	4 272		832	940	2 500		
榆中县	6 920	3 786		1 060	2 726			
按营业状态分								
营业	1 543 357	1 039 374	243 930	52 979	422 443	319 239	550	233
停业(歇业)	6 745	6 995		102	4 835	2 058		
按控股情况分								
国有控股	755 923	451 067	231 141	6 063	200 612	13 250		
集体控股	50 640	65 573	7 678	37 020	15 874	4 551	450	
私人控股	701 546	487 263	1 985	7 798	179 845	297 402		233
港澳台商控股	327	300		200			100	
外商控股								
其他	41 666	42 166	3 126	2 000	30 946	6 094		

	损益及分配(万元)					
	营业收入	主营业务收入	营业成本	主营业务成本	营业税金及附加	主营业务税金及附加
总计	5 877 351	5 747 882	5 365 338	5 231 318	182 673	177 971
其中:国有及国有控股企业	3 854 549	3 733 215	3 594 927	3 471 756	114 744	112 087
按登记注册类型分组						
内资企业	5 876 972	5 747 538	5 365 112	5 231 122	182 661	177 959
国有企业	2 753 630	2 689 570	2 547 054	2 485 243	86 333	85 712
集体企业	123 433	122 447	110 742	110 407	4 179	4 179
其他企业	2 999 910	2 935 521	2 707 317	2 635 472	92 149	88 068
港、澳、台商投资企业	378	343	226	196	12	12
外商投资企业						
按国民经济行业分组						
房屋和土木工程建筑业	3 363 820	3 276 529	3 151 697	3 070 470	104 230	101 570
建筑安装业	2 051 204	2 012 777	1 817 287	1 770 324	63 403	62 694
建筑装饰业	283 827	280 918	246 017	243 097	8 711	7 859
其他建筑业	178 499	177 658	150 336	147 427	6 329	5 849
按隶属关系分组						
中央	1 447 384	1 425 928	1 322 752	1 299 382	42 454	42 214
省(自治区、直辖市)	2 922 741	2 820 973	2 755 229	2 654 652	89 906	87 478
市级市以下	1 507 226	1 500 981	1 287 356	1 277 284	50 312	48 279
按企业资质等级分组						
施工总承包	5 427 504	5 305 661	4 992 453	4 865 970	168 059	164 023
专业承包	449 846	442 221	372 885	365 347	14 613	13 948
按地区分						
城关区	3 545 100	3 461 906	3 184 989	3 092 171	117 101	113 695
七里河区	1 321 629	1 278 272	1 226 630	1 186 494	40 876	40 194
西固区	617 669	616 717	595 871	595 293	10 929	10 901
安宁区	304 642	302 921	282 796	282 403	10 627	10 348
红古区	26 949	26 852	23 837	23 742	843	537
永登县	24 554	24 554	18 925	18 925	814	814
皋兰县	8 993	8 845	7 715	7 715	295	295
榆中县	27 814	27 814	24 576	24 576	1 187	1 187
按营业状态分						
营业	5 876 568	5 747 100	5 364 608	5 230 588	182 651	177 949
停业(歇业)	782	782	730	730	22	22
按控股情况分						
国有控股	3 854 549	3 733 215	3 594 927	3 471 756	114 744	112 087
集体控股	162 269	160 523	145 296	144 032	5 660	5 640
私人控股	1 619 221	1 613 015	1 410 463	1 401 891	54 089	52 071
港澳台商控股	378	343	226	196	12	12
外商控股						
其他	240 933	240 786	214 426	213 443	8 168	8 161

6－12 建筑业企业财务情况汇总(总承包和专业承包)续二

(2012 年)

	损益及分配(万元)				
	其他业务利润	管理费用	税金	差旅费	工会经费
总计	9 833	252 198	4 711	8 831	1 661
其中:国有及国有控股企业	8 854	134 215	2 040	4 469	1 045
按登记注册类型分组					
内资企业	9 833	252 084	4 700	8 821	1 661
国有企业	1 062	108 156	1 375	2 989	647
集体企业	817	7 362	162	213	86
其他企业	7 955	136 566	3 164	5 620	928
港、澳、台商投资企业		114	12	10	1
外商投资企业					
按国民经济行业分组					
房屋和土木工程建筑业	799	75 088	1 469	4 064	746
建筑安装业	8 347	143 588	2 678	3 097	661
建筑装饰业	500	20 409	339	748	129
其他建筑业	188	13 114	226	921	125
按隶属关系分组					
中央	－1 937	76 483	937	1 016	387
省(自治区、直辖市)	10 274	71 638	2 012	3 913	825
市级市以下	1 496	104 078	1 762	3 902	449
按企业资质等级分组					
施工总承包	8 246	219 461	4 000	6 797	1 377
专业承包	1 587	32 737	711	2 034	284
按地区分					
城关区	8 606	181 486	1 849	5 602	863
七里河区	－85	35 413	1 161	2 334	421
西固区	213	18 944	527	462	137
安宁区	951	12 925	850	378	221
红古区		526	10	16	8
永登县		1 717	273	8	1
皋兰县	148	809		23	10
榆中县		379	41	9	
按营业状态分					
营业	9 833	252 130	4 709	8 826	1 661
停业(歇业)		68	3	5	
按控股情况分					
国有控股	8 854	134 215	2 040	4 469	1 045
集体控股	1 037	8 967	283	367	122
私人控股	780	99 702	2 125	3 710	353
港澳台商控股		114	12	10	1
外商控股					
其他	－838	9 201	253	275	140

损益及分配(万元)						
财务费用			营业利润	补贴收入	营业外收入	营业外支出
	利息收入	利息支出				
30 439	41 529	53 819	85 273	1 126	6 100	2 875
12 714	40 671	38 852	32 900	1 111	4 029	2 185
30 438	41 529	53 819	85 246	1 126	6 100	2 875
5 980	32 912	33 594	25 752	1 111	3 043	1 873
219	56	282	1 047		67	92
24 239	8 561	19 944	58 447	15	2 990	910
			27			
12 640	4 458	14 231	14 528	959	1 614	1 367
15 435	36 861	38 500	47 541		4 111	1 228
1 439	139	363	17 760	152	345	218
925	71	726	5 444	15	30	63
7 357	31 685	34 373	19 060		2 803	1 404
11 572	8 370	9 877	7 861	1 111	2 575	865
11 510	1 475	9 569	58 352	15	723	607
27 606	41 314	51 412	65 394	1 111	5 728	2 619
2 833	215	2 407	19 879	15	372	257
22 041	39 453	47 082	83 773	15	3 569	1 985
6 105	681	4 955	9 252	1 111	1 603	705
303	130	376	-8 495		84	43
1 280	1 265	1 055	-1 940		841	56
143	-3	146	264		1	65
454		133	963		2	1
46		15	128			5
67	2	58	1 328			14
30 393	41 529	53 819	85 359	1 126	6 100	2 873
46			-86			2
12 714	40 671	38 852	32 900	1 111	4 029	2 185
49	64	301	2 022		103	95
10 803	736	7 811	48 598	15	634	494
			27			
6 873	58	6 856	1 727		1 335	102

6－12 建筑业企业财务情况汇总(总承包和专业承包)续三

(2012 年)

	损益及分配(万元)				
	利润总额	应交所得税	应付职工薪酬(本年贷方累计发生额)	销售费用	建筑业企业在境外完成的营业收入
总计	86 773	54 510	446 642	13 111	12 439
其中:国有及国有控股企业	34 839	44 555	237 837	2 214	11 742
按登记注册类型分组					
内资企业	86 747	54 503	446 577	13 111	12 439
国有企业	27 016	42 335	193 231	1 697	11 742
集体企业	1 022	398	23 018	187	542
其他企业	58 708	11 770	230 329	11 227	154
港、澳、台商投资企业	27	7	65		
外商投资企业					
按国民经济行业分组					
房屋和土木工程建筑业	14 775	39 578	225 062	4 701	11 742
建筑安装业	48 722	12 026	169 553	4 504	542
建筑装饰业	17 895	1 217	35 490	1 727	154
其他建筑业	5 382	1 689	16 536	2 179	
按隶属关系分组					
中央	20 553	3 876	122 616	1 942	2 200
省(自治区、直辖市)	9 571	39 473	152 234	1 324	10 084
市级市以下	56 649	11 160	171 793	9 845	154
按企业资质等级分组					
施工总承包	66 800	49 740	400 481	7 118	11 742
专业承包	19 973	4 770	46 161	5 993	697
按地区分					
城关区	83 601	13 060	262 153	8 438	697
七里河区	10 190	39 049	96 478	3 305	9 542
西固区	－8 455	2 006	66 803	127	2 200
安宁区	－1 155	185	11 894	478	
红古区	200	32	3 545	463	
永登县	956	23	1 398	24	
皋兰县	122	12	2 282		
榆中县	1 314	143	2 090	276	
按营业状态分					
营业	86 862	54 508	446 401	13 106	12 439
停业(歇业)	－88	1	241	5	
按控股情况分					
国有控股	34 839	44 555	237 837	2 214	11 742
集体控股	2 030	608	26 179	560	542
私人控股	46 910	8 714	158 710	9 863	154
港澳台商控股	27	7	65		
外商控股					
其他	2 969	625	23 852	475	

土地和固定资产支出	损益及分配(万元)				
	土地购置	房屋和建筑物	机器设备	运输工具	其他费用
54 009	1 919	8 158	29 922	8 593	5 417
36 015	701	5 369	19 699	5 339	4 907
54 009	1 919	8 158	29 922	8 593	5 417
26 515	701	3 917	12 974	4 822	4 102
362		19	149	194	
27 132	1 218	4 222	16 799	3 578	1 315
18 004		3 826	8 775	4 715	688
32 751	1 752	3 030	20 215	3 108	4 646
1 429		1 070	175	134	50
1 826	168	231	757	637	33
15 857	1 752	2 368	7 977	1 648	2 112
24 235		3 150	12 673	5 516	2 896
13 917	168	2 639	9 272	1 429	409
50 666	888	8 056	28 902	7 754	5 065
3 343	1 031	101	1 020	839	352
34 603	220	2 185	20 455	6 989	4 754
8 570	998	2 455	4 684	312	120
4 801	0	1 623	2 345	786	47
5 836	701	1 877	2 266	497	495
184		2	172	10	
15		15			
54 009	1 919	8 158	29 922	8 593	5 417
36 015	701	5 369	19 699	5 339	4 907
430		19	158	251	2
15 319	168	2 620	9 948	2 085	498
2 245	1 051	149	117	918	10

主要统计指标解释

财政收入 指国家财政参与社会产品分配所取得的收入，是实现国家职能的财力保证。财政收入所包括的内容几经变化，目前主要包括：

（1）各项税收：包括增值税、营业税、消费税、土地增值税、城市维护建设税、资源税、城市土地使用税、印花税、个人所得税、企业所得税、关税、农牧业税和耕地占用税等。

（2）专项收入：包括征收排污费收入、征收城市水资源费收入、教育费附加收入等。

（3）其他收入：包括基本建设贷款归还收入、基本建设收入、捐增收入等。

（4）国有企业亏损补贴：这项为负收入，冲减财政收入。

财政支出 国家财政将筹集起来的资金进行分配使用，以满足经济建设和各项事业的需要，主要包括：

（1）一般公共服务支出：反映政府提供一般公共服务的支出。

（2）外交支出：反映政府外交事务支出。包括外交行政管理，驻外机构、对外援助、国际组织、对外合作与交流、外界勘界联检等方面的支出。人大、政协、政府及所属各总部门（除国家领导人、外交部门）的出国费、招待费列相关功能科目。不在本科目反映。

（3）国防支出：反映政府用于现役部队、国防后备力量、国防动员等方面的支出。

（4）公共安全支出：反映政府维护社会公共安全方面的支出。有关事务包括武装警察、公安、国家安全、检察、法院、司法行政、监狱、劳教、国家保密。

（5）教育支出：反映政府教育事务支出。有关具体事务包括教育行政管理、学前教育、小学教育、初中教育、普通高中教育、普通高等教育、初等职业教育、中专教育、技校教育、职业高中教育、高等职业教育、广播电视教育、留学生教育、特殊教育、干部继续教育、教育机关服务等。

（6）科学技术支出：反映用于科学技术方面的支出。

（7）文化体育与传媒支出：反映政府在文化、文物、体育、广播影视、新闻出版等方面的支出。

（8）社会保障和就业支出：反映政府在社会保障与就业方面的支出。有关事项包括社会保障和就业管理事务、民政管理事务、财政对社会保险基金的补助、补充全国社会保障基金、行政事业单位离退休、企业关闭破产补助、就业补助、城市居民最低生活保障、其他城镇社会救济、自然灾害生活救助、红十字事务等。

（9）社会保险基金支出：反映政府由社会保险基金列支的各项支出，包括基本养老保险基金支出、失业保险基金支出、基本医疗保险基金支出、工伤保险基金支出等。特别说明：在将社会保险基金包括在内的统计政府支出时，应将财政对社会保险基金的补助以及由财政承担的社会保险缴款予以扣除，以免重复计算。

（10）医疗卫生支出：反映政府医疗卫生方面的支出。具体包括医疗卫生管理事务支出、医疗服务支出、医疗保障支出、疾病预防控制支出、卫生监督支出、妇幼保健支出、农村卫生支出等。

（11）环境保护支出：反映政府环境保护支出。具体包括：环境保护管理事务支出、环境监测与监察支出、污染治理支出、自然生态保护支出、天然林保护工程支出、退牧还草支出、已垦草原退耕还草支出等。

（12）城乡社区事务支出：反映政府城乡社区事务支出。具体包括：城乡社区事务管理支出、城乡社区规划与管理支出、城乡社区公共设施支出、城乡社区住宅支出、城区社区环境卫生支出、建设市场管理与监督支出等。

（13）农林水事务：反映政府农林水事务支出。具体包括：农林支出、林业支出、水利支出、扶贫支出、农业综合开发支出等。

（14）交通运输：反映政府交通运输方面的支出。包括公路运输支出、水路运输支出、铁路运输支出、民用航空运输支出等。

（15）工业商业金融等事务支出：反映政府工业、商业、金融等事务支出。具体包括：采掘业支出、制造业支出、建筑业支出、电力支出、邮政电信支出、旅游业支出、涉外发展支出、粮油事务支出、商业流通事务支出、安全生产支出、国有资产监管支出、中小企业发展支出、清洁生产支出等。

（16）其他支出：反映不能划分到上述功能科目的其他政府支出。

（17）转移性支出：反映政府的转移支付以及不同性质资金之间的调拨支出。

信贷资金 指金融机构以信用方式积聚和分配的货币资金。金融机构信贷资金的来源有各项存款、对国际金融机构负债、流通中货币、银行自有资金及当年结益等；信贷资金的运用有各项贷款、黄金占款、外汇占款、财政借款及在国际金融机构中的资产等。

存款 指企业、机关、团体或居民根据资金必须收回的原则，把货币资金存入银行或其他信用机构保管并取得一定利息的一种信用活动形式。根据存款对象的不同可划分为企业存款、财政存款、机关团体存款、基本建设存款、城镇储蓄存款、农村存款等科目。它是银行信贷资金的主要来源。

贷款 指银行或其他信用机构根据资金必须归还的原则，按一定利率，为企业、个人等提供资金的一种信用活动形式。我国银行贷款分为流动资金贷款、固定资产贷款、城乡个体工商户贷款以及农业贷款等科目。

七、城市建设、环境保护

7－1 城市主要经济指标

（2012 年）

	单位	全市合计	市区合计	市区占全市比重(%)
人口、劳动力及土地面积				
年末总人口	万人	321.52	206.38	64.19
年平均人口	万人	322.41	207.72	64.43
常住人口	万人	363.05	263.34	72.54
年出生人口	人	34178	18608	54.44
年死亡人口	人	20381	14046	68.92
年末总户数	万户	103.17	69.26	67.13
年末单位从业人员数	万人	54.03	47.77	88.41
第一产业(农、林、牧、渔业)	万人	0.16	0.14	87.50
第二产业	万人	25.47	22.63	88.85
采矿业	万人	1.33	1.32	99.25
制造业	万人	12.36	10.19	82.44
电力、燃气及水的生产和供应业	万人	1.42	1.15	80.99
建筑业	万人	10.36	9.97	96.24
第三产业	万人	28.4	25	88.03
交通运输、仓储及邮政业	万人	1.76	1.65	93.75
信息传输、计算机服务和软件业	万人	0.67	0.66	98.51
批发和零售业	万人	1.77	1.65	93.22
住宿、餐饮业	万人	0.61	0.59	96.72
金融业	万人	2.22	2.02	90.99
房地产业	万人	0.7	0.67	95.71
租赁和商业服务业	万人	1.09	1.07	98.17
科学研究、技术服务和地质勘查业	万人	2.7	2.65	98.15
水利、环境和公共设施管理业	万人	1.34	1.01	75.37
居民服务和其他服务业	万人	0.12	0.12	100.00
教育	万人	6.31	5.16	81.77
卫生、社会保障和社会福利业	万人	2.31	1.95	84.42
文化、体育和娱乐业	万人	0.95	0.93	97.89
公共管理和社会组织	万人	5.85	4.87	83.25
城镇私营和个体从业人员	人	526100	425773	80.93
年末城镇登记失业人员数	人	14400	13107	91.02
行政区域土地面积	平方公里	13086	1632	12.47
建成区面积	平方公里		199	
城市建设用地面积	平方公里		198	
居住用地面积	平方公里		48	
公共设施用地面积	平方公里		20	
工业用地面积	平方公里		32	

注:年末单位从业人员数不包括铁路民航。

7－1 续表1

	单位	全市合计	市区合计	市区占全市比重(%)
综合经济				
地区生产总值(当年价格)	万元	15644079	13435434	85.88
第一产业增加值	万元	445500	159934	35.90
第二产业增加值	万元	7447000	6476248	86.96
第三产业增加值	万元	7745680	6799252	87.78
地区生产总值(2000年价格)	万元	14343089	11989515	83.59
人均地区生产总值	元	43175	47240	
地区生产总值增长率	%	11.3	11.18	
财政、金融、保险				
公共财政预算收入	万元	1037303	965571	93.08
各项税收	万元	816790	758584	92.87
企业所得税	万元	77186	72613	94.08
个人所得税	万元	27876	27112	97.26
公共财政预算支出	万元	2025976	1617166	79.82
一般公共服务支出	万元	270651	231415	85.50
科学技术支出	万元	27991	26405	94.33
教育支出	万元	403815	279525	69.22
文化体育与传媒支出	万元	43910	39723	90.46
医疗卫生支出	万元	171908	142927	83.14
节能保护支出	万元	78637	51983	66.11
城乡社区事务支出	万元	220596	213337	96.71
交通运输支出	万元	54236	42486	78.34
社会保障和就业支出	万元	205137	161798	78.87
年末金融机构存款余额	万元	45892564	42868979	93.41
城乡居民储蓄年末余额	万元	17431811	15674752	89.92
年末金融机构各项贷款余额	万元	36728523	35105360	95.58

7－1 续表 2

	单位	全市合计	市区合计	市区占全市比重(%)
工业				
工业企业数	个	379	267	70.45
内资企业	个	363	254	69.97
国有企业	个	36	28	77.78
私营企业	个	113	71	62.83
私营独资企业	个	15	4	26.67
私营股份有限公司	个	4	3	75.00
港、澳、台商投资企业	个	8	6	75.00
外商投资企业	个	8	7	87.50
工业总产值(当年价)	万元	20843600	17533700	84.12
内资企业	万元	20129600	16920500	84.06
国有企业	万元	2989900	2696000	90.17
私营企业	万元	1337600	867200	64.83
私营独资企业	万元	168400	76900	45.67
私营股份有限公司	万元	10700	10700	100.00
港、澳、台商投资企业	万元	191900	176500	91.97
外商投资企业	万元	522100	436700	83.64
从业人员年平均人数	万人	16.88	13.72	81.28
流动资产合计	万元	8832600	7332000	83.01
固定资产合计	万元	7454400	5423400	72.75
主营业务收入	万元	18200100	15325100	84.20
主营业务成本	万元	15451400	12751700	82.53
主营业务税金及附加	万元	1566300	1560500	99.63
本年应交增值税	万元	558000	518400	92.90
利润总额	万元	－252000	－159000	63.10
年末邮政局(所)数	处	147	96	65.31
邮政业务收入	万元	22737		
电信业务收入	万元	325564		
固定电话年末用户数	万户	89.08		
移动电话年末用户数	万户	334.82		
3G 移动电话用户	万户	259.24		
互联网宽带接入用户数	万户	56.97		
综合能源消费量	万吨/标准煤	2396		
全社会用电量	万千瓦时	3466202	1672923	48.26
工业用电	万千瓦时	2834597	1199276	42.31
居民生活用电	万千瓦时	130256	118915	91.29

注:工业指标分组为 2009 年年报口径。

7－1 续表 3

	单位	全市合计	市区合计	市区占全市比重(%)
内外贸易、外经				
限额以上批发零售贸易业商品销售总额	万元	21200072	21070314	99.39
社会消费品零售总额	万元	7491157	7138758	95.30
限额以上批发零售企业数(法人数)	个	355	327	92.11
零售业	个	176	154	87.50
货物进口额(海关数)	万美元	70562		
货物出口额(海关数)	万美元	269159		
外商直接投资				
当年新签项目(合同)个数	个	8	8	100.00
当年实际使用外资金额	万美元	751	751	100.00
固定资产投资总额				
固定资产投资额(不含农村)	万元	12391809	8763572	70.72
房地产开发投资额	万元	2333093	2301008	98.62
住宅	万元	1407009	1389473	98.75
全年新增固定资产	万元	9512818	5994928	63.02
商品房屋销售面积	万平方米	214.26	197.15	92.01
住宅	万平方米	198.71	184.57	92.88
别墅、高档公寓	万平方米	0.31	0.31	100.00
商品房屋销售额	万元	1157623	1094489	94.55
住宅	万元	1019465	971489	95.29
别墅、高档公寓	万元	2422	2422	100.00
待售面积	万平方米	89.9	84.99	94.54
教育、科技、文化、卫生				
学校数				
普通高等学校	所	25	25	100.00
中等职业教育学校	所	73	63	86.30
普通中学	所	206	121	58.74
小学	所	616	269	43.67
专任教师数				
普通高等学校	人	17786	17786	100.00
中等职业教育学校	人	3900	3481	89.26
普通中学	人	13748	8694	63.24
小学	人	14381	8515	59.21
在校学生数				
普通高等学校	人	306635	306635	100.00

7－1续表4

	单位	全市合计	市区合计	市区占全市比重(%)
高中阶段在校学生数	人	160650	128511	79.99
中等职业教育学校	人	84900	81906	96.47
普通中学	万人	18.42	11.83	64.22
小学	万人	20.38	14.29	70.12
初中毕业生升学率	%	95	97	102.11
成人高等学校在校学生数	人	82627	82627	100.00
体育场馆数	个	9	5	55.56
剧场、影剧院数	个	13	10	76.92
公共图书馆图书总藏量	千册、件	4683	4725	100.90
医院、卫生院数	个	175	109	62.29
医院、卫生院床位数	张	20917	18024	86.17
医生数(执业医师＋执业助理医师)	人	11149	9944	89.19
注册护士	人	10882	9787	89.94
社会保障				
居民消费价格指数(上年为100)	%		102	
基本养老保险参保人数	人	369650	345596	93.49
基本医疗保险参保人数	人	798559	750621	94.00
失业保险参保人数	人	560555	520555	92.86
社会福利院数	个	18	15	83.33
社会福利院床位数	张	4555	4323	94.91
社区服务设施数	个	450	311	69.11
城镇居民最低生活保障人数	人	98267	83636	85.11
社会治安				
交通事故死亡人数	人	187	160	85.56
交通事故损失额	万元	227	175	77.09
火灾事故死亡人数	人	6	4	66.67
火灾事故损失额	万元	480	449	93.54
刑事案件立案数	起	4106	3542	86.26
犯罪人数	人	4461	3747	83.99
青少年人数(年龄25周岁及以下)	人	1324	1097	82.85

注：普通高等学校、中等职业教育学校等包含民办院校数据。

7－2 城市设施水平

	2005	2007	2008	2009	2010	2011	2012
建成区面积(平方公里)	161	175.81	206.58	198.43	196.26	196.97	198.67
城市人口密度(人/平方公里)	1240	1055	1367	1373	1614	1613	9 561
燃气普及率(%)	90.50	68.03	68.23	82.11	89.37	88.98	88.71
年末公用自来水生产能力(万立米/日)	139.68	139.30	161.25	159.16	156.51	157.97	150.78
#地下水	10	10	14.22	14.94	12.6	12.6	12
全年供水总量(万立方米)	23105	21770	28669.68	27891.41	24275.92	29401.1	26 827.67
#居民家庭用水	10683	7299	9910.72	9856.96	9804.14	10132.9	9 644.75
用水人口(万人)	187.52	190.33	194.29	195.16	188.54	187.1	186.46
道路长度(公里)	1002	344	857	969	906.6	909.81	926.57
道路面积(万平方米)	1805	1313	1635	1974.2	2161.5	2168.35	2 218.89
人均拥有道路面积(平方米)	8.35	6.69	7.65	9.23	10.89	10.97	11.18
排水管道长度(公里)	733	555	732	781	724	765.49	832.39
桥梁数(个)	156	177	192	210	199	202	205
污水年排放量(万吨)	18969	21900	22207	25278	22318	16097.3	19 785
污水年处理量(万吨)	10315	10967	13538	11345	12845	10760	13 401
污水日处理能力(万吨)	13.10	46	44	44	44	44.46	71.9
污水处理率(%)	54.38	50.08	60.96	60	60		67.73
防洪堤长度(公里)	166.5	131	144	191	180	180	180
绿化覆盖面积(公顷)	3782.65	4413.65	5130	5737	5495	4940	6 548
建成区绿化覆盖率(%)	56.8	31.28	21.17	25.28	25.02	25.08	31.44
园林绿地面积(公顷)	3261.81	3892.81	4593	4651	4441	4471	5 494
公园绿地面积(公顷)	1311.49	1617.98	2026	1730	1714	1720	1 762
人均公共绿地面积(平方米)	8.1	8.89	9.47	8.09	8.63	8.7	8.88
公园个数(个)	25	14	15	17	14	14	14
公共汽(电)车营运车辆(辆)	2252	2016	2135	2130	2149	2163	2 270
标准运营台数(标台)	2174	2494	2553	2599	2666	2682	2 924
客运总量(万人次)	35977	47334	54226	58854	61554	62050	3 373
出租汽车(辆)	5847	6718	5616	6738	6738	6738	6 738

注:2007 年道路长度道路面积等市政设施数据为市政管理系统内数据,与往年数据不可比。

7－3 工业废水排放处理情况

	2005	2006	2007	2008	2009	2010	2011	2012
工业废水								
工业废水排放量(万吨)	4 352	4 029	3 725	3 737.12	2 945.18	2 529.1	4 097.28	4 624.55
工业废水排放达标量(万吨)	3 947	3 750	3 384	3 680.77	2 905.47	2 406.45		
工业废水排放达标率(%)	90.69	89.63	90.86	98.49	98.65	95.15		
工业废水中污染物排放量								
化学需氧量(吨)	3 583	3 095	2 112	2 199.38	1 834.62	3 103.38	4 658.62	4 348.47
氨氮(吨)	267.11	281.95	229.14	205.34	134.89	209.84	2 431.58	2 642.68
石油类(吨)	207.16	140.6	75.93	79.68	40.19	28.42	86.57	68.79
挥发酚(吨)	0.94	0.61	0.27	0.15	0.21	0.17	8.4	0.39
氰化物(吨)	0.59	0.11	0.21	0.13	0.10	0.12	0.02	0.03
砷(吨)	0.17	0.15	0.18	0.21	0.20	0.12		
铅(吨)	1.04	1.23	1.2	0.28	0.14	0.05	0.09	
镉(吨)	0.25	0.19	0.25	0.20	0.09	0.04	0.02	
六价铬化合物(吨)	0.10	0.88	0.64	0.29	0.11	0.12	0.15	0.002
工业废气								
工业废气排放量(亿标立方米)	1 338	1 342	1 766	1 869.68	2 070	1 805	3 183.02	3 954.42
二氧化硫排放量(吨)	60 924	69 947	64 044	71 865	70 687	69 800	92 721.8	68 654
氮氧化物排放量(吨)		34 349	37 431	36 644.22	43 738	45 243	79 721.9	83 804
工业烟尘排放量(吨)		36 457	27 237	24 084.48	19 424	21 269	39 710.2	33 598
工业固体废物								
工业固体废物产生量(万吨)	160.54	258.39	412.41	372.41	485.82	507.31	604.55	627.88
工业固体废物处置量(万吨)	0.48	34.94	21.67	22.26	30.35	29.17	43.39	23.19
工业固体废物综合利用量(万吨)	152.31	181.66	344.60	290.75	364.88	413.23	561.15	603.04
工业固体废物贮存量(万吨)	4.64	41.78	54.39	59.42	102.00	82.19	0.04	1.65
生活污水								
城镇生活污水排放量(万吨)	12 375	12 625	12 740	13 859	13 923	15 147	12 000	13 687
城镇生活污水处理量(万吨)	4 839	5 200	5 002	5 564	8 555	10 636	9 502.44	9 670
城镇生活污水处理率(%)	39.1	41.19	39.26	40.15	61.45	70.22	79.19	70.65

注:2011 年环境统计国家启动“十二五”环境统计系统,与“十一五”环境统计在统计口径、方法、范围等方面有所调整变动,故部分统计指标数据与往年不可比。

主要统计指标解释

年末自来水生产能力 指年底城建部门管理的自来水厂和自备水源的社会单位取水、净化、送水、出厂输水干管等环节的实际生产能力。

年末供水管道长度 指从送水泵到用户水表之间所有管道的长度。

全年供水总量 指公用自来水厂和自备水源的社会单位全年的供水总量，包括有效供水量及损失水量。

生活用水量 指居民日常生活与公共福利设施的用水量，包括居民、饮食店、旅馆、医院、理发店、浴池、洗衣店、游泳池、商店、学校、机关、部队等单位的用水量。

城市人口用水普及率 指城市用水人口数与城市人口总数之比。计算公式为：

用水普及率=城市用水人口数/城市人口总数*100%

全年供气总量 指全年售给各类用户的全部煤气量，包括工业用量、家庭用量和其他用量。

城市用气普及率 指使用煤气（包括人工煤气、液化石油气、天然气）的城市人口数与人口总数之比。计算公式为：

城市用气普及率=城市用气人口数/城市人口总数*100%

年底实有铺装道路长度 指除土路外，路面经过铺装宽度在3.5米以上的道路，包括高级、次高级道路和普通道路。

城市桥梁 指城市范围内，修建在河道上的桥梁和道路与道路立交、道路跨越铁路的立交桥及人行天桥。包括永久性桥和半永久性桥、不包括临时性桥、铁路桥、涵洞。

城市下水道总长度 指所有排水总管、干管、支管及暗渠、检查井、连接井进出水口等长度之和。

城市污水日处理能力 指污水处理厂每昼夜处理污水量的设计能力。

年末实有公共汽（电）车 指年底可参加营运的全部车辆数，包括营运车辆数和库存查封未参加营运的车辆。不包括非营运车辆，如架线车、油罐车、工程车、货车及其他专用车辆和借入的客运车辆。

城市园林绿地面积 指城市公共绿地、专用绿地、生产绿地、防护绿地、郊区风景名胜区的全部面积。

公共绿地 指供游览休息的各种公园、动物园、植物园、陵园以及花园、游园和供游览休息用的林荫道绿地、广场绿地，不包括一般栽植的行道树及林荫道的面积。

工业废水排放量 指经过企业厂区所有排放口排到企业外部的工业废水量。包括生产废水、外排的直接冷却水、超标排放的矿井地下水和与工业废水混排的厂区生活污水，不包括外排的间接冷却水（清污不分流的间接冷却水应计算在内）。

工业废水排放达标量 指各项指标都达到国家或地方排放标准的外排工业废水量，包括未经处理外排达标和经过处理后外排达标两部分。

工业废气排放量 指企业厂区内燃料燃烧和生产工艺过程中产生的各种排入空气的含有污染物的气体总量，按标准状态（273K，101325Pa）计算。

工业二氧化硫排放量 指企业在燃料燃烧和生产工艺过程中排入大气的二氧化硫数量。

烟尘排放量 指企业厂区内燃料燃烧产生的烟气中夹带的颗粒物数量。

工业粉尘排放量 指企业在生产工艺过程中排放的颗粒物重量，如钢铁企业的耐火材料粉尘、焦化企业的筛焦系统粉尘、烧结机的粉尘、石灰窑的粉尘、建材企业的水泥粉尘等。不包括电厂排入大气的烟尘。

工业固体废物产生量 指企业在生产过程中产生的固体状、半固体状和高浓度液体状废弃物的总量，包括危险废物、冶炼废渣、粉煤灰、沪渣、煤矸石、尾矿、放射性废物和其他废物等；不包括矿山开采的剥离废石和掘进废石（煤矸石和呈酸性或碱性的废石除外）。酸性或碱性废石指采掘的废石其流经水、雨淋水的PH值小于4或PH值大于10.5者。

工业固体废物处置量 指将固体废物焚烧或者最终置于符合环境保护规定要求的场所，并不再回取的工业固体废物量（包括当年处置往年的工业固体废物累计贮存量）。处置方法有填埋（其中危险废物应安全填埋）、焚烧、专业贮存场（库）封场处理、深层灌注、回填矿井等。

八、商业、物价

8－1 社会消费品零售总额

年份	社会消费品零售总额（万元）				构成（%）总额＝100		
		市	县	县以下	市	县	县以下
1979	64 608	53 500	3 259	4849	82.80	5.04	7.51
1980	79 602	72 573	2 237	4792	91.20	2.81	6.02
1981	92 916	84 135	3 280	5501	90.50	3.53	5.92
1982	98 106	87 569	4 091	6446	89.30	4.17	6.57
1983	109 073	99 474	3 567	6032	91.20	3.27	5.53
1984	166 936	151 828	15 108		90.90	9.05	
1985	203 181	177 743	25 438		87.50	12.52	
1986	238 390	216 103	22 287		90.70	9.35	
1987	267 759	237 787	29 972		88.80	11.19	
1988	366 358	326 329	40 029		89.10	10.93	
1989	408 412	365 089	43 323		89.40	10.61	
1990	354 709	311 443	43 266		87.80	12.20	
1991	394 014	354 217	39 797		89.90	10.10	
1992	493 967	448 676	45 291		90.80	9.17	
1993	605 588	564 094	41 494		93.10	6.85	
1994	770 741	708 005	31 824	30912	91.90	4.13	4.01
1995	966 709	888 130	40 517	38062	91.90	4.19	3.94
1996	1 104 678	1 015 253	49 537	39888	91.90	4.48	3.61
1997	1 218 665	1 129 795	47 545	41325	92.70	3.90	3.39
1998	1 354 030	1 260 477	47 222	46331	93.10	3.49	3.42
1999	1 474 674	1 373 534	48 077	53063	93.10	3.26	3.60
2000	1 600 561	1 509 263	39 784	51514	94.30	2.49	3.22
2001	1 738 827	1 639 730	46 915	52182	94.30	2.70	3.00
2002	1 905 594	1 794 946	57 227	53421	94.20	3.00	2.80
2003	2 065 349	1 926 373	54 154	54822	93.30	2.62	2.65
2004	2 280 165	2 159 442	59 866	60857	94.70	2.63	2.67
2005	2 566 724	2 427 080	67 019	72625	94.60	2.61	2.83
2006	2 897 169	2 745 380	73 430	78359	94.80	2.53	2.70
2007	3 375 659	3 203 985	83 606	88068	94.90	2.47	2.63
2008	3 950 438	3 757 344	94 160	98934	95.11	2.38	2.50
2009	4 697 711	4 476 705	107 783	113223	95.30	2.30	2.40
2010	5 451 055	4 744 277	706 778		87	13	
2011	6 397 231	5 603 581	793 649		88	12	
2012	7 491 157	6 560 692	930 465		88	12	

8－1 续表

年份	分行业社会消费品零售总额(万元)			构成(%)总额＝100		
	批零贸易业	住宿和餐饮业	其他行业	批零贸易业	住宿和餐饮业	其他行业
1979	55 977	2 386	3 245	86.64	3.69	5.02
1980	67 896	3 290	8 416	85.29	4.13	10.57
1981	77 210	4 031	11 675	83.10	4.34	12.57
1982	81 043	3 874	13 189	82.61	3.95	13.44
1983	87 159	4 648	17 267	79.91	4.26	15.83
1984	101 189	5 664	60 083	60.62	3.39	35.99
1985	137 567	17 350	48 264	67.71	8.54	23.75
1986	165 123	21 034	52 233	69.27	8.82	21.91
1987	192 654	23 405	51 700	71.95	8.74	19.31
1988	263 426	32 784	70 148	71.90	8.95	19.15
1989	301 917	33 918	72 577	73.92	8.30	17.77
1990	251 581	34 456	68 672	70.93	9.71	19.36
1991	293 871	33 568	66 575	74.58	8.52	16.90
1992	370 852	49 427	73 688	75.08	10.01	14.92
1993	461 105	58 999	85 484	76.14	9.74	14.12
1994	540 727	111 711	118 303	70.16	14.49	15.35
1995	653 752	127 310	185 647	67.63	13.17	19.20
1996	754 505	140 560	209 613	68.30	12.72	18.98
1997	788 732	186 582	243 351	64.72	15.31	19.97
1998	880 561	180 563	292 906	65.03	13.34	21.63
1999	914 579	201 725	358 370	62.02	13.68	24.30
2000	1 084 917	221 303	294 341	67.78	13.83	18.39
2001	1 138 362	232 434	368 031	65.47	13.37	21.17
2002	1 244 846	257 582	403 196	65.33	13.52	21.16
2003	1 654 686	273 156	107 507	80.12	13.23	5.21
2004	1 845 340	334 777	100 048	80.93	14.68	4.39
2005	2 057 580	413 882	95 262	80.16	16.12	3.71
2006	2 307 010	484 796	105 363	79.63	16.73	3.64
2007	2 700 054	555 978	119 627	79.99	16.47	3.54
2008	3 208 468	652 704	89 266	81.22	16.52	2.26
2009	3 842 104	764 723	90 884	81.79	16.28	1.93
2010	4 568 077	882 978		83.00	17.00	
2011	5 288 752	1 108 479		83	17	
2012	6 195 624	1 295 533		83	17	

8-2县区主要经济指标完成情况

	社会消费品零售总额(万元)	
	2012年	比上年增长(%)
兰州市	**7 491 157**	**17.10**
城关区	4 302 585	17.28
七里河区	1 324 224	17.20
西固区	839 160	16.70
安宁区	443 044	17.16
红古区	229 748	17.12
永登县	146 488	17.01
皋兰县	56 048	17.08
榆中县	149 860	16.99

8-3 星级住宿业和限额以上餐饮业经营情况

(2012 年)

	法人企业数(个)	年末从业人员数(人)	营业额(万元)	客房间数(间)	床位数(个)	餐位数(位)	年末餐饮营业面积(平方米)
总计	**192**	**20 525**	**291 211**	**10 983**	**18 776**	**78 610**	**351 283**
住宿业	**63**	**8 861**	**116 865**	**10 324**	**17 702**	**21 254**	**88 816**
按住宿业行业小类分							
旅游饭店	42	7 303	99 804	7 316	12 543	19 910	85 623
一般旅馆	20	1 460	16 527	2 879	4 940	1 344	3 193
其他住宿业	1	98	534	129	219		
按登记注册类型分							
内资企业	62	8 473	110 334	9 962	17 069	20 218	86 794
国有企业	25	4 051	60 567	3 760	6 296	9 812	58 303
集体企业	6	694	3 860	711	1 299	1 037	3 050
有限责任公司	20	2 746	33 563	3 438	6 282	6 202	17 770
其他有限责任公司	20	2 746	33 563	3 438	6 282	6 202	17 770
私营企业	10	962	12 138	2 013	3 132	3 146	7 521
私营独资企业	2	313	5 031	1 064	1 517	608	1 475
私营有限责任公司	7	537	5 962	783	1 305	2 138	5 393
私营股份有限公司	1	112	1 145	166	310	400	653
其他企业	1	20	207	40	60	21	150
外商投资企业	1	388	6 531	362	633	1 036	2 022
中外合资经营企业	1	388	6 531	362	633	1 036	2 022
按控股情况分							
国有控股	29	4 539	69 747	4 426	7 330	10 772	60 903
集体控股	7	966	7 539	884	1 556	1 637	5 530
私人控股	20	2 052	25 240	3 672	6 239	6 273	17 961
外商控股	1	388	6 531	362	633	1 036	2 022
其他	6	916	7 809	980	1 944	1 536	2 400
按经营形式分							
独立门店	58	8 470	109 076	8 886	15 589	20 895	87 626
其他	5	391	7 790	1 438	2 113	359	1 190
按星级分							
五星	3	1 030	23 562	676	954	3 328	27 000
四星	9	2 760	34 020	2 389	3 988	6 296	15 448
三星	18	2 432	30 236	3 121	5 574	7 646	35 127
二星	7	627	3 788	563	994	1 021	2 838
其他	26	2 012	25 260	3 575	6 192	2 963	8 403

8-3 星级住宿业和限额以上餐饮业经营情况(续)

(2012年)

	法人企业数(个)	年末从业人员数(人)	营业额(万元)	客房间数(间)	床位数(个)	餐位数(位)	年末餐饮营业面积(平方米)
餐饮业	129	11 664	174 346	659	1 074	57 356	262 467
按餐饮业行业小类							
正餐服务	123	10 642	141 216	659	1 074	53 296	250 077
快餐服务	3	788	31 918			3 110	7 910
其他餐饮业	3	234	1 212			950	4 480
按登记注册类型分							
内资企业	126	10 904	143 294	659	1 074	54 064	254 039
国有企业	4	240	2 241	117	236	1 452	9 531
集体企业	2	208	1 751			960	2 180
股份合作企业	2	100	1 472			3 700	5 200
有限责任公司	37	3 924	48 506	405	587	16 681	80 215
其他有限责任公司	37	3 924	48 506	405	587	16 681	80 215
股份有限公司	5	427	5 250			2 850	8 285
私营企业	72	5 782	81 914	137	251	25 971	144 828
私营独资企业	21	1 653	24 641			7 819	38 387
私营合伙企业	1	10	173			20	800
私营有限责任公司	49	4 089	56 763	137	251	18 052	104 641
私营股份有限公司	1	30	337			80	1 000
其他企业	4	223	2 160			2 450	3 800
港、澳、台商投资企业	1	159	1 042			526	1 490
港、澳、台商独资经营企业	1	159	1 042			526	1 490
外商投资企业	2	601	30 011			2 766	6 938
中外合资经营企业	1	50	383			566	1 688
外资企业	1	551	29 628			2 200	5 250
按控股情况分							
国有控股	5	313	3 254	117	236	2 252	10 731
集体控股	3	348	4 174			1 960	4 496
私人控股	109	8 827	115 143	354	565	45 087	217 310
港澳台商控股	1	159	1 042			526	1 490
外商控股	1	551	29 628			2 200	5 250
其他	10	1 446	21 105	188	273	5 331	23 190
按经营形式分							
独立门店	114	9 027	122 828	659	1 074	47 654	231 133
连锁总店(总部)	2	719	5 604			1 599	4 426
连锁门店	3	270	3 732			1 766	4 988
其他	10	1 648	42 182			6 337	21 920

8－4 限额以上批发零售贸易业商品分类销售额

单位:万元

	销售合计		批发		零售	
	2012 年	2011 年	2012 年	2011 年	2012 年	2011 年
总　　计	**21 197 380**	**18 202 726**	**17 899 432**	**15 457 984**	**3 297 948**	**2 744 742**
粮油、食品、饮料、烟酒类	835 410	710 608	573 178	491 783	262 232	218 825
粮油、食品类	281 986	246 217	104 396	103 412	177 590	142 805
饮料类	60 856	47 154	44 563	33 393	16 293	13 761
烟酒类	492 568	417 237	424 219	354 977	68 350	62 260
服装、鞋帽、针纺织品类	364 623	309 183	7 012	5 059	357 610	304 124
服装类	267 403	222 969	7 012	5 059	260 391	217 910
鞋帽类	62 852	52 930			62 852	52 930
针、纺织品类	34 368	33 285			34 368	33 285
化妆品类	82 151	64 936	38 513	29 636	43 639	35 300
金银珠宝类	161 781	132 169	49 538	33 252	112 244	98 917
日用品类	94 030	80 769	27 159	27 831	66 871	52 938
儿童玩具类	1 734	1 440			1 734	1 440
五金、电料类	2 936	2 935	2 190	2 230	746	705
体育、娱乐用品类	6 777	5 806			6 777	5 806
书报杂志类	81 223	64 620	64 157	48 765	17 066	15 854
电子出版物及音像制品类	1 624	22 755			1 624	22 755
家用电器和音像器材类	199 822	585 346	87 559	427 985	112 263	157 361
中西药品类	620 513	464 513	521 556	399 225	98 957	65 289
文化办公用品类	105 357	120 883	43 412	48 088	61 944	72 795
家具类	5 361	4 461			5 361	4 461
通讯器材类	53 097	62 387			53 097	62 387
煤炭及制品类	8 133	32 334	8 133	32 334		
石油及制品类	14 179 262	11 478 016	12 987 829	10 694 260	1 191 433	783 756
化工材料及制品类	574 604	511 483	574 604	511 483		
金属材料类	2 243 413	1 981 245	2 243 413	1 981 245		
建筑及装潢材料类	111 663	162 735	111 663	162 735		
机电产品及设备类	110 460	164 569	101 684	164 569	8 776	
汽车类	1 143 188	1 065 688	271 488	235 055	871 700	830 633
种子饲料类	38 006	33 265	38 006	33 265		
棉麻类	38 651	36 457	38 651	36 457		
其他类	135 298	105 565	109 689	92 729	25 609	12 836

8－5 限额以上批发零售贸易业商品销售数量

	计量单位	购进量		销售量		期末库存量	
		2011 年	2012 年	2011 年	2012 年	2011 年	2012 年
大米(稻米)	千克	4 337 428	6 430 524	4 474 669	7 352 323	277 449	242 869
面粉(小麦面)	千克	10 104 163	11 139 386	10 145 400	11 566 917	338 860	369 500
杂粮	千克	19 768 687	13 333 097	20 573 526	13 583 876	202 985	183 021
食用植物油	千克	8 486 975	6 789 866	6 456 597	7 636 654	2 495 508	286 675
猪肉	千克	1 671 952	2 021 444	2 135 430	2 976 605	120 740	114 415
牛肉	千克	9 600	11 312	47 338	188 166		13
羊肉	千克	518	10 016	41 371	147 063		3
禽肉	千克	784 597	1 035 926	839 713	1 160 287	21 092	29 746
鲜蛋	千克	2 246 072	2 861 418	2 545 398	3 716 431	30 363	84 532
彩色电视机	台	1 911 413	258 775	1 719 223	360 373	578 353	122 123
家用电冰箱	台	88 833	8 511	86 933	36 371	1 137	228
房间空调器	台	82 313	84 457	82 044	92 660	211	186
电脑(微型计算机)	台	226 971	219 934	221 001	234 076	15 845	17 852
汽车	辆	157 573	153 175	143 895	152 094	72 919	66 948
其中:轿车	辆	77 287	77 944	70 390	73 810	13 130	11 581
煤炭	吨	530 666	225 271	494 543	246 186	33 782	4 142
汽油	吨	6 078 967	4 816 758	5 438 498	4 641 522	444 912	606 295
柴油	吨	17 795 542	11 684 516	13 698 959	11 340 698	502 917	961 976
钢材	吨	4 664 176	4 658 524	4 518 086	4 668 212	212 697	181 751
铜	吨	16 941	98 208	17 101	97 844	1 070	982
铝	吨	16 885	13 608	16 885	13 638		73
水泥	吨	152 337	120 974	126 490	93 056	54 091	63 927
化学肥料	吨	661 478	757 356	662 247	757 583	227	

8－6 限额以上批发和零售业商品购进、销售、库存总额

单位：万元

	法人企业数（个）	年末从业人员数（个）	商品购进总额	进口额
总计	**352**	**34 427**	**19 212 552**	**49 333**
批发业	**179**	**12 331**	**16 421 187**	**406**
按批发行业小类分				
农、林、牧产品批发	5	268	77 846	222
谷物、豆及薯类批发	1	29	3 830	
饲料批发	1	26	30 723	
棉、麻批发	1	186	33 526	
其他农牧产品批发	2	27	9 768	222
食品、饮料及烟草制品批发	17	2 323	434 844	
米、面制品及食用油批发	4	234	39 847	
糕点、糖果及糖批发	2	83	8 148	
盐及调味品批发	1	775	17 478	
营养和保健品批发	1	10	2 048	
酒、饮料及茶叶批发	6	785	70 484	
烟草制品批发	1	334	276 090	
其他食品批发	2	102	20 750	
纺织、服装及家庭用品批发	13	1 054	160 323	
纺织品、针织品及原料批发	1	3	5 686	
服装批发	2	118	18 332	
化妆品及卫生用品批发	1	121	23 136	
厨房、卫生间用具及日用杂货批发	1	117	15 530	
家用电器批发	7	414	81 610	
其他家庭用品批发	1	281	16 028	
文化、体育用品及器材批发	2	876	157 531	
图书批发	1	225	92 612	
首饰、工艺品及收藏品批发	1	651	64 920	
医药及医疗器材批发	33	2 589	617 908	112
西药批发	28	2 266	526 680	
中药批发	5	323	91 228	112
矿产品、建材及化工产品批发	73	3 213	14 520 908	
煤炭及制品批发	4	107	16 833	
石油及制品批发	11	1 625	11 479 462	
金属及金属矿批发	40	838	2 344 849	
建材批发	2	84	16 031	
化肥批发	3	239	319 044	
其他化工产品批发	13	320	344 689	
机械设备、五金产品及电子产品批发	33	1 775	393 387	73
汽车批发	7	539	219 206	
汽车零配件批发	2	92	11 542	
摩托车及零配件批发	2	22	11 469	
五金产品批发	1	11	2 409	
计算机、软件及辅助设备批发	11	246	50 723	
通讯及广播电视设备批发	1	38	7 274	
其他机械设备及电子产品批发	9	827	90 763	73
其他批发业	3	233	58 440	
再生物资回收与批发	1	113	2 632	
其他未列明批发业	2	120	55 808	

商品销售总额	批发额	出口额	零售额	期末商品库存额	年末零售营业面积（平方米）
21 578 119	18 017 319	23 222	3 560 800	1 764 788	1 420 369
18 126 597	17 759 119	23 222	367 478	1 495 357	503 021
90 814	90 814	10 036		17 142	
4 018	4 018			10 476	
38 006	38 006			535	
38 651	38 651			4 723	
10 138	10 138	10 036		1 409	
561 709	552 355		9 354	37 693	1 610
41 489	41 476		13	12 376	
9 832	9 832			1 240	300
41 269	41 269			4 073	
2 411	2 411			339	10
74 523	65 181		9 341	4 223	952
370 029	370 029			14 062	
22 156	22 156			1 381	348
170 404	161 681		8 723	30 966	2 473
5 566	5 566			120	
18 868	18 868			7 891	1
16 919	16 919			6 217	60
16 910	16 910			1 410	1 002
91 050	88 782		2 269	14 295	1 400
21 091	14 636		6 455	1 032	10
132 655	132 655			38 685	2 500
83 431	83 431			9 180	2 500
49 224	49 224			29 504	
638 041	637 561	2 532	480	53 329	51 616
545 386	544 906	2 408	480	46 283	45 979
92 655	92 655	125		7 046	5 637
16 067 235	15 925 872	10 654	141 363	1 263 948	417 156
20 560	20 560			4 562	601
12 995 212	12 995 190		21	1 125 141	393 824
2 380 093	2 238 766	1 480	141 326	90 356	19 590
15 844	15 844			1 862	
304 677	304 662		15	17 363	2 500
350 851	350 851	9 174		24 665	641
408 135	247 303		160 833	49 464	25 166
227 686	126 924		100 762	10 558	10 281
10 752	6 717		4 035	1 961	4 666
11 131	6 147		4 984	1 860	960
2 356	2 003		354	275	200
53 579	47 565		6 013	5 424	1 388
7 578	7 109		470	20	200
95 054	50 838		44 216	29 366	7 471
57 604	10 879		46 725	4 129	2 500
2 524	2 524			381	
55 080	8 354		46 725	3 749	2 500

8－6 续表 1

	法人企业数（个）	从业人员期末人数（人）	商品购进总额	进口额
按登记注册类型分				
内资企业	176	12 111	16 402 894	406
国有企业	11	1 776	1 396 888	
集体企业	3	228	66 406	
有限责任公司	59	4 688	2 387 098	73
国有独资公司	1	29	3 830	
其他有限责任公司	58	4 659	2 383 268	73
股份有限公司	8	704	11 218 855	
私营企业	92	4 571	1 289 655	334
私营独资企业	7	343	136 059	
私营有限责任公司	82	4 128	1 105 235	334
私营股份有限公司	3	100	48 361	
其他企业	3	144	43 993	
港、澳、台商投资企业	2	155	14 983	
港、澳、台商独资经营企业	2	155	14 983	
外商投资企业	1	65	3 310	
外资企业	1	65	3 310	
按控股情况分				
国有控股	24	3 409	12 836 761	
集体控股	10	697	265 650	
私人控股	119	5 892	2 455 021	406
港澳台商控股	2	155	14 983	
外商控股	1	65	3 310	
其他	23	2 113	845 463	
按经营形式分				
独立门店	132	7 991	3 676 506	334
其他	47	4 340	12 744 681	73

商品销售总额	批发额		零售额	期末商品库存额	年末零售营业面积(平方米)
		出口额			
18 104 542	17 737 064	20 848	367 478	1 493 566	502 721
1 510 189	1 510 189	1 480		52 051	3 366
73 183	73 168		15	7 458	2 221
2 432 818	2 136 594	11 582	296 224	171 656	67 343
4 018	4 018			10 476	
2 428 800	2 132 576	11 582	296 224	161 181	67 343
12 735 664	12 735 184		480	1 103 980	392 969
1 309 068	1 238 322	7 787	70 746	157 380	36 621
126 556	126 556			16 762	1 761
1 128 297	1 057 552	7 787	70 746	138 006	34 280
54 214	54 214			2 612	580
43 620	43 608		13	1 041	201
17 333	17 333	2 374		1 077	
17 333	17 333	2 374		1 077	
4 722	4 722			714	300
4 722	4 722			714	300
14 515 095	14 514 781	3 887	313	1 186 839	394 607
262 094	261 599		495	41 239	6 323
2 478 896	2 372 884	16 961	106 012	201 441	42 549
17 333	17 333	2 374		1 077	
4 722	4 722			714	300
848 457	587 800		260 657	64 047	59 242
3 804 748	3 443 242	20 815	361 506	288 297	62 923
14 321 849	14 315 877	2 408	5 972	1 207 059	440 098

8－6 续表 2

	法人企业数（个）	年末从业人员数（个）	商品购进总额	进口额
零售业	**173**	**22 096**	**2 791 365**	**48 926**
按零售行业小类分				
综合零售	38	8 732	469 297	
百货零售	27	7 577	434 056	
超级市场零售	8	863	31 536	
其他综合零售	3	292	3 705	
食品、饮料及烟草制品专门零售	7	604	72 843	
粮油零售	4	315	11 836	
营养和保健品零售	2	124	23 631	
烟草制品零售	1	165	37 376	
纺织、服装及日用品专门零售	10	1 015	41 109	
纺织品及针织品零售	1	85	2 916	
服装零售	8	876	35 754	
钟表、眼镜零售	1	54	2 440	
文化、体育用品及器材专门零售	11	640	27 293	1 058
图书、报刊零售	8	539	19 832	1 058
珠宝首饰零售	2	89	4 977	
工艺美术品及收藏品零售	1	12	2 485	
医药及医疗器材专门零售	10	3 411	77 848	
药品零售	9	3 402	77 193	
医疗用品及器材零售	1	9	656	
汽车、摩托车、燃料及零配件专门零售	73	6 115	1 929 802	47 868
汽车零售	66	4 952	1 060 318	47 868
汽车零配件零售	1	16	2 043	
机动车燃料零售	6	1 147	867 441	
家用电器及电子产品专门零售	22	1 442	168 908	
日用家电设备零售	3	563	71 631	
计算机、软件及辅助设备零售	17	451	43 173	
通信设备零售	2	428	54 105	
五金、家具及室内装饰材料专门零售	1	80	3 881	
家具零售	1	80	3 881	
货摊、无店铺及其他零售业	1	57	383	
生活用燃料零售	1	57	383	

商品销售总额	批发额	零售额	期末商品库存额	年末零售营业面积（平方米）
3 451 522	258 200	3 193 322	269 432	917 348
758 715	2 835	755 880	50 318	555 636
713 268		713 268	45 109	505 762
41 812	2 459	39 353	5 111	45 684
3 635	376	3 259	98	4 190
76 588	30	76 558	11 364	15 674
14 789	30	14 760	1 455	11 474
24 487		24 487	5 950	4 100
37 312		37 312	3 960	100
43 243	6 146	37 097	13 310	13 501
3 314	38	3 277	614	1 200
37 704	6 108	31 596	9 757	11 801
2 225		2 225	2 939	500
26 237	391	25 846	7 572	26 296
17 947	391	17 556	5 478	24 960
5 703		5 703	850	1 286
2 587		2 587	1 245	50
102 884	4 300	98 584	15 722	70 003
102 265	4 300	97 965	15 594	69 906
620		620	128	97
2 249 014	223 557	2 025 457	151 322	195 234
1 061 685	82 417	979 268	137 401	170 424
2 065	1 239	826	586	3 000
1 185 264	139 900	1 045 364	13 335	21 810
182 169	20 942	161 227	19 483	39 734
85 828	2 432	83 396	4 754	35 527
45 308	18 510	26 798	6 035	3 227
51 033		51 033	8 694	980
3 881		3 881	0	1 120
3 881		3 881	0	1 120
8 792		8 792	341	150
8 792		8 792	341	150

8－6 续表 3

	法人企业数（个）	年末从业人员数（个）	商品购进总额	进口额
按登记注册类型分				
内资企业	**168**	**20 390**	**2 682 197**	**40 170**
国有企业	15	1 549	395 933	
集体企业	13	869	23 946	
有限责任公司	55	7 831	799 908	20 176
其他有限责任公司	55	7 831	799 908	20 176
股份有限公司	5	2 311	679 246	
私营企业	73	7 486	681 268	15 755
私营独资企业	5	293	78 909	
私营合伙企业	1	98	26 157	
私营有限责任公司	65	6 940	575 716	15 755
私营股份有限公司	2	155	486	
其他企业	7	344	101 897	4 239
港、澳、台商投资企业	4	731	93 116	8 757
港、澳、台商独资经营企业	4	731	93 116	8 757
外商投资企业	1	975	16 052	
外资企业	1	975	16 052	
按控股情况分				
国有控股	20	2 466	924 040	
集体控股	14	1 922	117 872	
私人控股	108	10 576	1 049 965	39 844
港澳台商控股	2	171	47 289	8 757
外商控股	1	975	16 052	
其他	28	5 986	636 147	326
按经营形式分				
独立门店	143	15 448	2 354 353	48 926
连锁总店（总部）	11	3 478	116 774	
连锁门店	1	1 053	57 961	
其他	18	2 117	262 277	
按零售业态分				
有店铺零售	173	22 096	2 791 365	48 926
食杂店	1	14	316	
便利店	1	39	1 026	
超市	8	975	18 110	
大型超市	9	2 607	155 388	
百货店	26	5 866	327 525	
专业店	56	7 030	1 371 737	20 744
专卖店	71	5 325	906 819	28 182
厂家直销中心	1	240	10 444	

商品销售总额	批发额	零售额	期末商品库存额	年末零售营业面积(平方米)
3 328 513	258 200	3 070 313	263 126	837 651
514 222	420	513 801	16 929	44 490
22 650	376	22 274	4 732	21 247
787 893	62 259	725 634	124 871	297 762
787 893	62 259	725 634	124 871	297 762
961 531	141 000	820 531	13 152	130 430
919 663	45 401	874 262	94 559	334 883
79 776	14 848	64 928	11 231	11 200
25 969		25 969	6 971	550
812 786	30 553	782 233	76 053	320 933
1 132		1 132	303	2 200
122 555	8 744	113 811	8 883	8 839
103 651		103 651	5 831	54 126
103 651		103 651	5 831	54 126
19 359		19 359	475	25 571
19 359		19 359	475	25 571
1 252 496	140 549	1 111 947	20 592	79 392
165 906	376	165 530	7 745	41 247
1 335 715	57 561	1 278 154	141 804	435 481
48 487		48 487	5 429	17 316
19 359		19 359	475	25 571
629 559	59 713	569 846	93 387	318 341
2 979 998	246 102	2 733 896	214 493	659 455
137 320	2 811	134 509	22 613	71 816
69 500		69 500	6 664	57 937
264 704	9 287	255 417	25 661	128 140
3 451 522	258 200	3 193 322	269 432	917 348
585		585	100	100
1 029		1 029	25	2 690
24 201	2 459	21 742	3 149	16 959
201 195	190	201 005	17 284	163 022
572 611	376	572 235	33 417	401 361
1 709 495	215 747	1 493 748	94 672	174 030
933 909	39 427	894 481	118 838	155 491
8 497		8 497	1 947	3 695

8－7 限额以上批发和零售业企业财务状况

单位:万元　　　　(2012 年)

	法人企业数（个）	执行《2006年企业会计准则》企业数（个）	年初存货	流动资产合计	应收账款	存货
总计	**351**	**306**	**1 774 737**	**4 283 793**	**519 429**	**1 839 532**
批发业	**179**	**158**	**1 320 627**	**3 283 113**	**433 593**	**1 582 520**
按批发行业小类分						
农、林、牧产品批发	5	5	17 854	68 753	16 804	17 867
谷物、豆及薯类批发	1	1	2 809	4 314	2 260	1 434
饲料批发	1	1	313	1 748	1 092	539
棉、麻批发	1	1	14 136	50 772	4 442	14 477
其他农牧产品批发	2	2	597	11 919	9 010	1 418
食品、饮料及烟草制品批发	17	16	34 457	207 764	9 553	34 814
米、面制品及食用油批发	4	4	12 340	19 910	2 679	11 176
糕点、糖果及糖批发	2	2	450	4 892	836	1 554
盐及调味品批发	1	1	5 517	19 474	1 037	4 203
营养和保健品批发	1	1	403	377	2	339
酒、饮料及茶叶批发	6	5	1 277	15 426	3 314	4 153
烟草制品批发	1	1	12 976	143 250		12 008
其他食品批发	2	2	1 495	4 434	1 685	1 381
纺织、服装及家庭用品批发	13	12	45 455	373 385	70 439	138 596
纺织品、针织品及原料批发	1			1 520	212	120
服装批发	2	2	6 607	10 599	515	7 161
化妆品及卫生用品批发	1	1	402	1 942	512	386
厨房、卫生间用具及日用杂货批发	1	1	1 310	3 757	2 020	1 206
家用电器批发	7	7	28 102	345 582	66 568	120 903
其他家庭用品批发	1	1	9 035	9 985	612	8 820
文化、体育用品及器材批发	2	2	15 633	60 376	7 936	31 094
图书批发	1	1	6 720	33 125	7 936	5 797
首饰、工艺品及收藏品批发	1	1	8 913	27 251		25 296
医药及医疗器材批发	33	26	52 132	286 625	151 053	51 108
西药批发	28	22	42 585	234 021	119 408	44 061
中药批发	5	4	9 548	52 604	31 644	7 047
矿产品、建材及化工产品批发	73	65	1 106 433	2 053 196	138 931	1 261 900
煤炭及制品批发	4	4	6 791	19 667	1 022	5 103
石油及制品批发	11	10	961 090	1 250 229	19 617	1 126 308
金属及金属矿批发	40	36	113 689	616 543	95 169	96 811
建材批发	2	2	2 487	30 504	9 772	2 184
化肥批发	3	2	9 224	78 026	368	17 310
其他化工产品批发	13	11	13 152	58 227	12 982	14 184
机械设备、五金产品及电子产品批发	33	30	44 296	210 743	37 504	43 013
汽车批发	7	6	8 974	95 952	12 697	5 074
汽车零配件批发	2	2	2 449	3 479	553	1 919
摩托车及零配件批发	2	2	1 545	5 805	1 737	1 720
五金产品批发	1	1	247	356	70	275
计算机、软件及辅助设备批发	11	11	5 871	29 529	4 176	3 942
通讯及广播电视设备批发	1	1	120	819	348	20
其他机械设备及电子产品批发	9	7	25 091	74 803	17 924	30 064
其他批发业	3	2	4 366	22 273	1 373	4 129
再生物资回收与批发	1	1	341	1 801	293	381
其他未列明批发业	2	1	4 025	20 472	1 080	3 749

固定资产合计	固定资产原价	累计折旧		在建工程	资产总计
			本年折旧		
470 000	755 443	285 446	57 038	71 300	5 200 628
300 952	486 221	185 269	35 580	67 245	3 863 309
7 112	9 987	2 876	61	440	77 442
155	219	64	18		4 489
20	33	14	5		1 767
6 888	9 622	2 734	27		58 778
50	113	64	12	440	12 408
24 070	47 196	23 127	2 216	16 037	263 137
5 831	7 094	1 263	201		27 119
104	248	144	12		4 996
6 201	17 029	10 828	735	15 791	51 970
3	19	16	1		380
747	1 000	254	69		17 575
10 879	21 260	10 382	1 138	245	156 355
305	546	241	61		4 741
6 106	8 085	1 979	404		380 255
					1 520
115	258	143	49		11 173
123	123				2 064
260	611	351	61		4 277
325	664	339	40		345 951
5 284	6 430	1 146	254		15 270
17 030	25 465	8 435	4 850	13 115	91 030
16 543	24 741	8 198	4 776	13 115	63 293
487	724	238	74		27 737
13 820	19 673	5 853	1 961	3 309	313 921
12 522	17 465	4 944	1 732	3 064	259 507
1 298	2 207	909	228	245	54 414
222 349	359 505	137 156	24 091	34 291	2 474 232
728	1 220	492	154	99	20 583
195 729	319 701	123 972	22 169	33 762	1 537 151
17 617	26 532	8 915	1 407		734 437
882	2 798	1 917	123		31 497
5 487	6 142	655	23	429	84 721
1 906	3 111	1 206	214		65 844
6 803	11 086	4 283	1 719	7	237 017
3 073	5 269	2 195	740	7	113 099
287	452	165	43		3 766
6	10	4	2		5 811
115	134	19			472
128	414	287	31		34 635
3	17	14	2		822
3 191	4 790	1 599	900		78 412
3 663	5 225	1 561	278	48	26 275
1 539	2 171	632	93		3 429
2 124	3 054	930	185	48	22 846

8－7续表1

	法人企业数（个）	执行《2006年企业会计准则》企业数（个）	年初存货	流动资产合计	应收账款	存货
按登记注册类型分						
内资企业	176	155	1 320 063	3 270 019	425 819	1 580 406
国有企业	11	10	39 318	240 729	14 578	46 341
集体企业	3	2	16 359	54 444	4 471	17 158
有限责任公司	59	50	188 131	1 165 956	204 204	274 954
国有独资公司	1	1	2 809	4 314	2 260	1 434
其他有限责任公司	58	49	185 322	1 161 642	201 944	273 520
股份有限公司	8	7	954 706	1 225 807	21 309	1 105 228
私营企业	92	83	121 090	579 809	181 293	136 180
私营独资企业	6	6	13 091	64 509	18 198	13 855
私营有限责任公司	82	74	105 583	504 762	156 844	119 709
私营股份有限公司	3	3	2 417	10 537	6 252	2 616
其他企业	3	3	459	3 274	－37	546
港、澳、台商投资企业	2	2	564	11 468	7 339	1 086
港、澳、台商独资经营企业	2	2	564	11 468	7 339	1 086
外商投资企业	1	1		1 626	435	1 028
外资企业	1	1		1 626	435	1 028
按控股情况分						
国有控股	24	22	1 037 492	1 556 783	56 132	1 175 096
集体控股	10	8	56 716	457 050	76 262	157 899
私人控股	119	106	171 214	847 597	231 121	184 801
港澳台商控股	2	2	564	11 468	7 339	1 086
外商控股	1	1		1 626	435	1 028
其他	23	19	54 642	408 589	62 304	62 610
按经营形式分						
独立门店	132	117	258 061	1 378 719	278 847	277 521
其他	47	41	1 062 566	1 904 394	154 746	1 305 000

固定资产合计	固定资产原价	累计折旧	本年折旧	在建工程	资产总计
300 817	485 849	185 032	35 544	67 245	3 850 081
75 090	97 577	22 487	7 362	47 012	372 880
7 430	10 385	2 955	47	95	63 647
34 458	56 963	22 505	3 826	19 389	1 277 623
155	219	64	18		4 489
34 303	56 744	22 441	3 808	19 389	1 273 135
149 953	271 484	121 531	20 888	111	1 427 236
29 247	42 112	12 865	2 969	639	645 196
5 074	5 642	569	281	99	77 467
24 064	36 206	12 142	2 652	539	557 082
109	264	155	36		10 646
4 639	7 328	2 689	453		63 499
107	276	169	25		11 575
107	276	169	25		11 575
28	96	68	12		1 654
28	96	68	12		1 654
237 168	392 990	155 822	29 234	62 914	1 926 797
14 381	20 125	5 744	245	912	474 299
40 711	59 512	18 802	4 499	890	1 002 146
107	276	169	25		11 575
28	96	68	12		1 654
8 557	13 222	4 665	1 566	2 530	446 839
80 716	122 152	41 437	9 775	16 745	1 552 049
220 236	364 069	143 833	25 805	50 501	2 311 261

8－7续表2

	法人企业数（个）	执行《2006年企业会计准则》企业数（个）	年初存货	流动资产合计	应收账款	存货
零售业	**172**	**146**	**454 110**	**1 000 680**	**85 836**	**257 012**
按零售行业小类分						
综合零售	38	30	34 296	230 936	4 973	25 450
百货零售	27	20	29 847	200 144	2 264	20 323
超级市场零售	8	8	4 310	29 983	2 562	5 052
其他综合零售	3	2	139	809	147	75
食品、饮料及烟草制品专门零售	7	6	10 108	34 376	11 098	9 399
粮油零售	4	3	1 822	15 011	4 153	1 393
营养和保健品零售	2	2	4 390	13 826	6 944	5 251
烟草制品零售	1	1	3 896	5 540		2 755
纺织、服装及日用品专门零售	10	9	11 787	33 830	2 716	12 674
纺织品及针织品零售	1	1	466	1 189	394	614
服装零售	8	7	9 514	28 084	2 317	9 548
钟表、眼镜零售	1	1	1 806	4 557	4	2 512
文化、体育用品及器材专门零售	11	7	6 976	15 952	1 396	7 279
图书、报刊零售	8	4	5 202	12 226	1 346	5 239
珠宝首饰零售	2	2	560	1 736		794
工艺美术品及收藏品零售	1	1	1 213	1 991	50	1 245
医药及医疗器材专门零售	10	9	21 527	35 474	9 204	16 577
药品零售	9	8	11 683	35 097	9 159	16 466
医疗用品及器材零售	1	1	9 844	377	45	111
汽车、摩托车、燃料及零配件专门零售	72	61	356 364	536 619	36 993	165 548
汽车零售	66	56	343 045	520 382	36 987	151 257
汽车零配件零售	1		608	807	0	587
机动车燃料零售	5	5	12 711	15 429	6	13 704
家用电器及电子产品专门零售	22	22	13 002	100 946	19 322	19 793
日用家电设备零售	3	3	3 857	62 946	10 108	5 458
计算机、软件及辅助设备零售	17	17	5 733	21 719	9 028	6 648
通信设备零售	2	2	3 412	16 281	186	7 687
五金、家具及室内装饰材料专门零售	1	1	2	11 693	135	2
家具零售	1	1	2	11 693	135	2
货摊、无店铺及其他零售业	1	1	50	855		291
生活用燃料零售	1	1	50	855		291

固定资产合计	固定资产原价	累计折旧	本年折旧	在建工程	资产总计
169 048	269 222	100 177	21 457	4 055	1 337 319
89 653	156 238	66 585	11 775	1 067	405 537
84 137	145 120	60 983	11 550	842	363 296
5 001	10 359	5 359	216	62	40 725
516	759	243	10	163	1 516
5 333	7 357	2 027	269	72	41 072
2 845	4 328	1 486	26	70	18 277
2 326	2 749	424	203	2	17 091
163	280	117	40		5 704
2 679	3 633	954	391		37 313
35	90	55	11		1 224
2 564	3 291	726	353		31 452
80	253	173	27		4 637
6 033	8 651	2 618	417		22 085
6 011	8 586	2 575	416		18 238
5	27	22	1		1 741
17	38	21			2 106
3 011	4 094	1 083	275	203	41 753
3 009	4 085	1 076	274	203	41 374
2	9	7	1		379
54 780	77 565	22 786	7 149	2 643	654 659
54 104	76 455	22 352	7 119	1 392	636 268
7	18	10	3		823
669	1 092	424	26	1 251	17 568
1 715	3 212	1 496	685	70	105 432
520	1 131	611	331		65 586
550	1 200	650	331	70	22 867
646	880	235	24		16 978
5 235	7 008	1 773	446		20 306
5 235	7 008	1 773	446		20 306
609	1 464	855	50		9 162
609	1 464	855	50		9 162

8－7 续表 3

	法人企业数（个）	执行《2006年企业会计准则》企业数（个）	年初存货	流动资产合　计	应收账款	存货
按登记注册类型分						
内资企业	167	142	445 419	969 180	84 490	248 053
国有企业	15	10	13 765	24 542	1 217	15 791
集体企业	13	8	2 621	10 569	1 479	3 617
有限责任公司	54	45	77 538	361 328	28 144	109 636
其他有限责任公司	54	45	77 538	361 328	28 144	109 636
股份有限公司	5	5	17 150	105 328	215	14 250
私营企业	73	70	327 811	423 280	51 409	94 942
私营独资企业	5	5	9 672	29 925	3 387	11 699
私营合伙企业	1		5 222	14 037	309	6 971
私营有限责任公司	65	63	312 709	378 540	47 680	75 968
私营股份有限公司	2	2	209	779	33	303
其他企业	7	4	6 534	44 134	2 026	9 816
港、澳、台商投资企业	4	4	8 235	25 858	1 237	8 541
港、澳、台商独资经营企业	4	4	8 235	25 858	1 237	8 541
外商投资企业	1	1	457	5 641	109	418
外资企业	1	1	457	5 641	109	418
按控股情况分						
国有控股	20	13	18 643	43 053	5 537	19 713
集体控股	14	9	8 302	75 951	1 486	7 192
私人控股	107	96	360 838	601 363	63 253	147 910
港澳台商控股	2	2	7 755	17 084	1 045	7 976
外商控股	1	1	457	5 641	109	418
其他	28	26	58 117	257 587	14 406	73 803
按经营形式分						
独立门店	**142**	**118**	**209 982**	**858 008**	**74 878**	**210 017**
连锁总店（总部）	11	9	11 743	47 080	7 025	22 408
连锁门店	1	1	7 099	5 226		
其他	18	18	225 287	90 365	3 934	24 587
按零售业态分						
有店铺零售	172	147	454 110	1 000 680	85 836	257 012
食杂店	1		369	5 717	388	
便利店	1	1	28	324	8	24
超市	8	7	2 118	4 814	1 753	2 092
大型超市	9	8	18 370	53 833	1 037	10 090
百货店	26	18	17 823	190 156	3 557	16 195
专业店	55	52	298 435	304 410	43 150	94 226
专卖店	71	60	114 539	437 315	34 285	132 438
厂家直销中心	1	1	2 428	4 111	1 658	1 947

固定资产合 计	固定资产原 价	累计折旧	本年折旧	在建工程	资产总计
155 216	249 292	94 079	18 097	4 040	1 277 574
9 447	13 640	4 193	531		41 688
4 821	5 721	900	36	275	16 044
36 804	57 622	20 822	4 541	670	441 546
36 804	57 622	20 822	4 541	670	441 546
54 233	100 052	45 820	4 567	1 977	185 244
46 442	67 604	21 162	8 098	617	540 792
3 629	5 188	1 559	444	85	34 665
701	1 054	353	73		14 738
41 703	60 888	19 185	7 550	531	489 947
409	474	66	31		1 442
3 470	4 653	1 183	325	501	52 261
13 217	18 418	5 201	3 073	15	53 489
13 217	18 418	5 201	3 073	15	53 489
615	1 511	896	288		6 256
615	1 511	896	288		6 256
11 137	17 007	5 874	641	1 321	63 366
38 386	67 450	29 063	2 816	626	133 379
64 545	92 787	28 242	10 537	1 307	767 151
10 194	12 117	1 923	513	12	30 640
615	1 511	896	288		6 256
44 172	78 350	34 178	6 663	790	336 528
133 901	210 243	76 346	18 476	3 411	1 141 708
4 265	5 740	1 475	427	240	54 690
5 826	8 750	2 924	31		15 015
25 056	44 488	19 432	2 523	404	125 906
169 048	269 222	100 177	21 457	4 055	1 337 319
909	1 534	628			6 977
292	372	80	0	10	626
3 200	4 063	863	234	62	8 852
11 939	23 806	11 867	2 996	3	75 770
74 733	129 622	54 890	8 772	992	339 372
16 606	29 649	13 043	3 735	1 524	359 309
61 253	79 972	18 718	5 691	1 464	541 930
117	205	88	30		4 483

8－7 续表 4

	流动负债合计	应付帐款	非流动负债合计	负债合计	所有者权益合计
总计	**2 811 817**	**526 569**	**172 917**	**2 981 509**	**2 219 119**
批发业	**1 847 977**	**309 751**	**116 644**	**1 961 330**	**1 901 979**
按批发行业小类分					
农、林、牧产品批发	70 445	21 589	200	70 645	6 797
谷物、豆及薯类批发	3 339	1 058		3 339	1 150
饲料批发	1 697	－2 246		1 697	70
棉、麻批发	53 776	19 333	200	53 976	4 802
其他农牧产品批发	11 633	3 445		11 633	775
食品、饮料及烟草制品批发	64 580	19 852	10 120	74 700	188 437
米、面制品及食用油批发	24 488	12 191	3 708	28 196	－1 077
糕点、糖果及糖批发	4 817	1 420		4 817	179
盐及调味品批发	15 848	2 191	1 516	17 364	34 606
营养和保健品批发	22	－195		22	359
酒、饮料及茶叶批发	11 665	2 499	4 896	16 561	1 014
烟草制品批发	3 904	1 518		3 904	152 451
其他食品批发	3 835	228		3 835	905
纺织、服装及家庭用品批发	279 851	18 524	6 478	286 328	93 927
纺织品、针织品及原料批发	1 792	1 789		1 792	－272
服装批发	10 828	3 378		10 828	345
化妆品及卫生用品批发	1 503	1 503		1 503	562
厨房、卫生间用具及日用杂货批发	3 703	1 004		3 703	574
家用电器批发	258 247	10 608	1 099	259 346	86 605
其他家庭用品批发	3 778	243	5 379	9 157	6 113
文化、体育用品及器材批发	30 407	11 461	21 025	51 432	39 598
图书批发	23 200	6 122	5 322	28 522	34 771
首饰、工艺品及收藏品批发	7 207	5 339	15 704	22 910	4 827
医药及医疗器材批发	264 981	113 521	451	265 432	48 489
西药批发	218 572	93 778	206	218 778	40 729
中药批发	46 409	19 743	245	46 654	7 760
矿产品、建材及化工产品批发	911 239	76 985	71 815	979 763	1 494 469
煤炭及制品批发	18 895	4 135		18 895	1 687
石油及制品批发	206 856	14 448	29 629	236 485	1 300 666
金属及金属矿批发	537 134	50 552	37 078	570 922	163 515
建材批发	26 249	1 086		26 249	5 248
化肥批发	70 163	1 018	5 107	75 270	9 451
其他化工产品批发	51 942	5 746	0	51 942	13 902
机械设备、五金产品及电子产品批发	206 891	41 702	6 199	213 090	23 928
汽车批发	103 730	2 140	5 940	109 670	3 429
汽车零配件批发	2 181	452		2 181	1 585
摩托车及零配件批发	4 070	587		4 070	1 741
五金产品批发	257	201		257	215
计算机、软件及辅助设备批发	27 597	4 746	150	27 747	6 888
通讯及广播电视设备批发	313	35		313	509
其他机械设备及电子产品批发	68 742	33 541	109	68 851	9 561
其他批发业	19 584	6 116	356	19 940	6 335
再生物资回收与批发	7 137	1 962	356	7 493	－4 064
其他未列明批发业	12 447	4 155		12 447	10 399

实收资本	国家资本	集体资本	法人资本	个人资本	港澳台资本	外商资本
1 883 546	1 338 871	55 816	359 747	115 861	11 104	2 147
1 683 111	1 329 535	52 992	230 486	69 067	883	147
8 596	1 360	5 771	100	531	833	
1 360	1 360					
100			100			
6 102		5 771		331		
1 033				200	833	
19 622	15 621		2 469	1 336	50	147
1 779	803		300	676		
307				160		147
8 737	8 737					
50			50			
1 898	260		1 588		50	
5 820	5 820					
1 031			531	500		
8 881		490	2 000	6 391		
1 000				1 000		
550			50	500		
500				500		
450			450			
3 500		490	1 500	1 510		
2 881				2 881		
12 769	10 269		2 500			
10 269	10 269					
2 500			2 500			
42 712	510	14 864	11 956	15 382		
36 987	480	14 769	10 466	11 272		
5 725	30	95	1 490	4 110		
1 552 270	1 299 335	31 867	190 193	30 876		
2 013	337		1 000	676		
1 299 882	1 294 375	321	1 409	3 777		
225 613	1 663	25 250	180 724	17 975		
5 199			1 539	3 660		
8 296	2 000	6 296				
11 269	960		5 521	4 788		
27 079	2 060		10 729	14 291		
6 666	2 060		2 218	2 388		
1 600			80	1 520		
2 000			700	1 300		
200			200			
8 164			4 209	3 955		
500			392	108		
7 950			2 930	5 020		
11 181	381		10 540	260		
381	381					
10 800			10 540	260		

8－7 续表 5

	流动负债合　计	应付帐款	非流动负债合　计	负债合计	所有者权益合　计
按登记注册类型分					
内资企业	1 835 920	305 351	116 644	1 949 273	1 900 808
国有企业	149 273	23 711	9 066	155 048	217 832
集体企业	58 543	21 787	200	58 743	4 905
有限责任公司	1 017 335	127 182	21 006	1 038 341	239 282
国有独资公司	3 339	1 058		3 339	1 150
其他有限责任公司	1 013 996	126 124	21 006	1 035 003	238 132
股份有限公司	134 803	9 737	29 585	164 388	1 262 847
私营企业	473 794	121 010	34 056	507 850	137 345
私营独资企业	55 372	11 435	630	56 002	21 466
私营有限责任公司	409 055	105 420	33 426	442 482	114 601
私营股份有限公司	9 367	4 155	0	9 367	1 279
其他企业	2 172	1 925	22 730	24 902	38 596
港、澳、台商投资企业	10 551	2 980		10 551	1 024
港、澳、台商独资经营企业	10 551	2 980		10 551	1 024
外商投资企业	1 507	1 420		1 507	147
外资企业	1 507	1 420		1 507	147
按控股情况分					
国有控股	368 584	57 799	48 770	414 063	1 512 733
集体控股	372 313	34 951	412	372 725	101 574
私人控股	708 673	151 200	66 136	774 809	227 337
港澳台商控股	10 551	2 980		10 551	1 024
外商控股	1 507	1 420		1 507	147
其他	386 350	61 402	1 325	387 675	59 164
按经营形式分					
独立门店	1 122 515	237 797	62 162	1 181 387	370 662
其他	725 462	71 954	54 482	779 944	1 531 317

实收资本	国家资本	集体资本	法人资本	个人资本	港澳台资本	外商资本
1 682 081	1 329 535	52 992	230 486	69 067		
63 666	62 666		1 000			
6 898		6 247	320	331		
233 808	14 967	37 055	162 329	19 457		
1 360	1 360					
232 448	13 607	37 055	162 329	19 457		
1 256 934	1 251 902	240	1 420	3 372		
116 874		9 450	62 117	45 307		
12 670		9 450	100	3 120		
102 842			61 004	41 837		
1 363			1 013	350		
3 900			3 300	600		
883					883	
883					883	
147						147
147						147
1 430 947	1 329 055		101 420	472		
17 770		12 596	3 459	1 715		
170 768	450	9 591	104 306	56 420		
883					883	
147						147
62 596	30	30 805	21 301	10 459		
301 653	24 362	39 052	181 576	55 780	883	
1 381 458	1 305 173	13 940	48 911	13 287		147

8－7 续表 6

	流动负债合计	应付帐款	非流动负债合计	负债合计	所有者权益合计
零售业	**963 840**	**216 818**	**56 273**	**1 020 179**	**317 140**
按零售行业小类分					
综合零售	264 824	94 408	14 957	279 780	125 756
百货零售	246 527	84 617	4 192	250 719	112 577
超级市场零售	17 239	9 789	10 630	27 869	12 856
其他综合零售	1 058	2	134	1 192	324
食品、饮料及烟草制品专门零售	27 025	11 247	7 027	34 052	7 020
粮油零售	11 253	2 755	6 976	18 229	48
营养和保健品零售	12 330	8 053	51	12 380	4 711
烟草制品零售	3 443	439		3 443	2 261
纺织、服装及日用品专门零售	28 710	10 386	3 000	31 710	5 603
纺织品及针织品零售	724	－546		724	500
服装零售	24 218	9 400	3 000	27 218	4 234
钟表、眼镜零售	3 768	1 532		3 768	869
文化、体育用品及器材专门零售	13 967	8 525	3 231	17 263	4 822
图书、报刊零售	11 854	8 325	3 231	15 150	3 088
珠宝首饰零售	452	297		452	1 289
工艺美术品及收藏品零售	1 661	－97		1 661	445
医药及医疗器材专门零售	36 811	24 191		36 811	4 943
药品零售	36 481	24 181		36 481	4 893
医疗用品及器材零售	329	10		329	49
汽车、摩托车、燃料及零配件专门零售	509 367	46 324	12 102	521 469	133 190
汽车零售	500 266	44 263	12 102	512 369	123 900
汽车零配件零售	770	21		770	53
机动车燃料零售	8 331	2 040		8 331	9 238
家用电器及电子产品专门零售	67 726	20 733	8 956	76 683	28 749
日用家电设备零售	46 188	17 122	1 811	47 999	17 586
计算机、软件及辅助设备零售	13 294	3 426	－1	13 293	9 575
通信设备零售	8 244	185	7 146	15 391	1 588
五金、家具及室内装饰材料专门零售	10 117	37	7 000	17 117	3 189
家具零售	10 117	37	7 000	17 117	3 189
货摊、无店铺及其他零售业	5 293	967		5 293	3 869
生活用燃料零售	5 293	967		5 293	3 869

实收资本	国家资本	集体资本	法人资本	个人资本	港澳台资本	外商资本
200 435	9 336	2 823	129 261	46 794	10 221	2 000
67 647	4 842	1 066	44 745	13 584	1 411	2 000
59 550	4 842	861	36 887	13 551	1 411	2 000
7 876			7 858	18		
221		205		16		
6 421	2 125	207	4 088			
1 133	925	207				
4 088			4 088			
1 200	1 200					
7 163	8		6 023	1 133		
500			500			
6 563	8		5 523	1 033		
100				100		
3 931	1 401	500	779	1 250		
2 181	1 401		779			
1 250				1 250		
500		500				
4 756			2 213	2 543		
4 706			2 186	2 520		
50			27	23		
89 116	360	1 050	57 712	21 184	8 810	
86 518		1 050	55 674	20 984	8 810	
200				200		
2 398	360		2 038			
17 801			13 701	4 100		
5 512			5 512			
10 179			6 189	3 990		
2 110			2 000	110		
3 000				3 000		
3 000				3 000		
600	600					
600	600					

8－7 续表 7

	流动负债合　计	应付帐款	非流动负债合　计	负债合计	所有者权益合　计
按登记注册类型分					
内资企业	924 286	206 668	52 790	977 142	300 432
国有企业	23 687	9 547	3 458	27 211	14 477
集体企业	13 893	1 205	－319	13 574	2 470
有限责任公司	322 340	54 439	34 140	356 479	85 067
其他有限责任公司	322 340	54 439	34 140	356 479	85 067
股份有限公司	132 242	38 787	2 980	135 222	50 022
私营企业	394 939	100 985	12 531	407 470	133 321
私营独资企业	27 357	11 199	51	27 408	7 257
私营合伙企业	14 472	39		14 472	266
私营有限责任公司	352 996	89 752	12 480	365 477	124 470
私营股份有限公司	114	－6		114	1 328
其他企业	37 185	1 706		37 185	15 075
港、澳、台商投资企业	35 689	8 400	2 483	38 172	15 317
港、澳、台商独资经营企业	35 689	8 400	2 483	38 172	15 317
外商投资企业	3 865	1 750	1 000	4 865	1 391
外资企业	3 865	1 750	1 000	4 865	1 391
按控股情况分					
国有控股	38 814	14 072	9 540	48 420	14 946
集体控股	87 669	10 648	－119	87 550	45 829
私人控股	562 539	132 099	24 677	587 216	179 934
港澳台商控股	17 412	2 818	2 483	19 894	10 745
外商控股	3 865	1 750	1 000	4 865	1 391
其他	253 541	55 431	18 691	272 232	64 296
按经营形式分					
独立门店	**818 198**	**168 090**	**46 109**	**864 373**	**277 335**
连锁总店(总部)	40 339	21 233	7 157	47 496	7 194
连锁门店	11 065			11 065	3 950
其他	94 238	27 495	3 007	97 245	28 662
按零售业态分					
有店铺零售	963 840	216 818	56 273	1 020 179	317 140
食杂店	3 170	68	5 237	8 407	－1 430
便利店	389	2	127	516	110
超市	6 879	2 965	94	6 973	1 879
大型超市	40 856	17 298	11 423	52 279	23 491
百货店	226 917	79 626	7 199	234 116	105 256
专业店	267 076	70 998	8 184	275 326	83 983
专卖店	410 854	38 366	24 008	434 862	107 068
厂家直销中心	7 700	7 495		7 700	－3 216

实收资本	国家资本	集体资本	法人资本	个人资本	港澳台资本	外商资本
185 985	9 336	2 823	127 033	46 794		
3 214	2 422	207	585			
1 868		1 846		22		
69 399	6 092	500	51 183	11 624		
69 399	6 092	500	51 183	11 624		
31 517	822		26 456	4 239		
74 457		270	46 864	27 323		
7 388			6 388	1 000		
1 000			600	400		
64 769		270	38 876	25 623		
1 300			1 000	300		
5 532			1 945	3 587		
12 449			2 228		10 221	
12 449			2 228		10 221	
2 000						2 000
2 000						2 000
8 606	7 314	207	755	330		
28 145	822	1 846	25 456	22		
109 123		270	69 890	38 963		
8 810					8 810	
2 000						2 000
43 750	1 200	500	33 160	7 479	1 411	
173 516	8 102	2 526	113 692	36 974	10 221	2 000
6 067		49	2 867	3 151		
500			500			
20 352	1 233	248	12 201	6 669		
200 435	9 336	2 823	129 261	46 794	10 221	2 000
772	772					
100		87		13		
1 186	70		558	558		
9 326	365		7 500	50	1 411	
59 998	4 829	979	38 687	13 503		2 000
48 943	1 386	500	38 146	8 910		
79 610	1 913	1 257	44 370	23 259	8 810	
500				500		

8－7 续表 8

	营业收入	主营业务收入	营业成本	主营业务成本	营业税金及附加	主营业务税金及附加
总计	**19 414 390**	**19 304 938**	**18 740 192**	**18 641 009**	**41 463**	**40 200**
批发业	**16 227 976**	**16 181 938**	**15 893 879**	**15 843 415**	**30 049**	**29 086**
按批发行业小类分						
农、林、牧产品批发	70 036	69 300	67 774	67 246	29	29
谷物、豆及薯类批发	4 038	4 018	3 831	3 830		
饲料批发	30 897	30 897	30 312	30 312	3	3
棉、麻批发	24 962	24 247	24 218	23 692	26	26
其他农牧产品批发	10 138	10 138	9 413	9 413	0	0
食品、饮料及烟草制品批发	508 263	506 070	381 961	381 672	19 943	19 855
米、面制品及食用油批发	39 622	39 234	36 859	36 769	47	47
糕点、糖果及糖批发	9 089	9 089	7 927	7 927	36	36
盐及调味品批发	42 035	41 269	19 097	19 068	340	253
营养和保健品批发	2 348	2 348	2 098	2 098	8	8
酒、饮料及茶叶批发	75 638	75 638	59 293	59 293	111	111
烟草制品批发	317 853	316 814	237 091	236 921	19 387	19 387
其他食品批发	21 678	21 678	19 596	19 596	14	14
纺织、服装及家庭用品批发	155 349	154 849	141 454	140 993	379	379
纺织品、针织品及原料批发	4 309	4 309	5 580	5 566	1	1
服装批发	18 236	18 236	16 060	16 060	23	23
化妆品及卫生用品批发	16 919	16 919	14 609	14 609	3	3
厨房、卫生间用具及日用杂货批发	16 910	16 910	15 743	15 743	26	26
家用电器批发	80 949	80 450	75 546	75 100	278	278
其他家庭用品批发	18 026	18 026	13 915	13 915	48	48
文化、体育用品及器材批发	100 180	99 860	89 303	89 298	145	145
图书批发	58 108	57 788	50 176	50 170	95	95
首饰、工艺品及收藏品批发	42 072	42 072	39 128	39 128	50	50
医药及医疗器材批发	623 941	612 053	583 971	560 603	814	723
西药批发	538 256	526 370	508 202	484 834	705	613
中药批发	85 685	85 683	75 769	75 769	109	109
矿产品、建材及化工产品批发	14 302 696	14 275 789	14 189 903	14 166 926	8 106	7 325
煤炭及制品批发	20 560	20 560	18 096	18 096	36	36
石油及制品批发	11 322 733	11 308 143	11 244 769	11 240 160	7 263	6 484
金属及金属矿批发	2 329 753	2 329 446	2 295 720	2 295 712	649	647
建材批发	13 543	13 543	13 385	13 385	15	15
化肥批发	287 367	287 280	299 250	299 250	0	0
其他化工产品批发	328 741	316 818	318 684	300 323	142	142
机械设备、五金产品及电子产品批发	411 123	408 643	384 395	382 473	516	513
汽车批发	227 366	226 921	216 599	216 574	321	321
汽车零配件批发	14 787	14 787	14 467	14 467	4	4
摩托车及零配件批发	11 291	11 291	11 038	11 038	1	1
五金产品批发	2 014		1 897		2	
计算机、软件及辅助设备批发	51 943	51 938	50 639	50 638	25	25
通讯及广播电视设备批发	7 578	7 563	7 374	7 374	5	5
其他机械设备及电子产品批发	96 144	96 144	82 382	82 382	158	157
其他批发业	56 390	55 374	55 118	54 204	117	117
再生物资回收与批发	2 524	1 530	2 239	1 330	19	19
其他未列明批发业	53 866	53 844	52 879	52 874	99	99

其他业务利　润	销售费用	管理费用			
			税金	差旅费	工会经费
32 933	286 799	180 455	8 192	6 497	1 159
15 057	129 938	111 320	3 585	4 207	639
600	1 473	1 177	43	50	6
18	29	311	0	21	2
582	535	34		15	
	350	601	40		3
	559	232	4	15	1
2 319	23 006	22 776	504	442	286
298	1 814	527	1	40	13
283	786	111	2	1	5
649	10 729	5 790	259	117	95
	355				
	3 831	1 331	21	176	1
869	3 888	14 645	207	87	172
220	1 602	373	15	22	1
97	8 323	3 667	252	255	26
	9	4	1	0	
	1 570	389	2	31	0
	2 049	127	10	107	
	632	363	5	60	1
97	3 500	495	192	2	
	563	2 289	43	55	25
315	4 115	7 639	86	44	35
315	1 735	6 566	77	6	27
	2 380	1 073	9	38	8
958	15 969	12 202	213	957	46
971	12 689	10 946	187	410	40
-13	3 280	1 256	26	547	6
9 823	61 016	54 238	2 286	1 826	216
	1 187	843	5	41	1
9 323	33 522	42 737	1 484	1 258	104
374	14 611	6 867	623	364	68
	66	198	3	2	5
82	4 354	1 512	34	38	11
44	7 277	2 082	137	122	27
930	15 472	8 949	173	628	16
914	6 197	2 784	56	129	11
	67	242	13	6	0
	109	79	3	7	0
	67	45	2		
16	584	741	35	116	2
	174	1	0	1	0
	8 275	5 057	64	369	2
16	565	672	27	5	8
	63	265		2	4
16	502	407	27	3	4

8－7续表9

	营业收入	主营业务收入	营业成本	主营业务成本	营业税金及附加	主营业务税金及附加
按登记注册类型分						
内资企业	16 205 921	16 159 883	15 875 377	15 824 913	29 976	29 013
国有企业	1 401 364	1 387 077	1 298 125	1 285 208	21 389	21 389
集体企业	59 494	58 779	56 594	56 067	35	35
有限责任公司	2 404 664	2 402 482	2 327 037	2 326 456	1 751	1 663
国有独资公司	4 038	4 018	3 831	3 830		
其他有限责任公司	2 400 626	2 398 464	2 323 206	2 322 626	1 751	1 663
股份有限公司	11 068 595	11 043 098	11 004 705	11 000 096	5 486	4 707
私营企业	1 240 995	1 237 638	1 164 838	1 133 008	1 290	1 195
私营独资企业	124 069	124 029	114 324	90 956	116	25
私营有限责任公司	1 070 590	1 067 272	1 005 675	997 212	1 154	1 150
私营股份有限公司	46 337	46 337	44 840	44 840	20	20
其他企业	30 810	30 810	24 077	24 077	23	23
港、澳、台商投资企业	17 333	17 333	14 638	14 638	59	59
港、澳、台商独资经营企业	17 333	17 333	14 638	14 638	59	59
外商投资企业	4 722	4 722	3 864	3 864	15	15
外资企业	4 722	4 722	3 864	3 864	15	15
按控股情况分						
国有控股	12 790 863	12 760 677	12 609 099	12 591 452	27 455	26 589
集体控股	247 141	246 426	239 764	239 238	220	220
私人控股	2 323 474	2 309 208	2 211 362	2 179 517	1 689	1 592
港澳台商控股	17 333	17 333	14 638	14 638	59	59
外商控股	4 722	4 722	3 864	3 864	15	15
其他	844 443	843 573	815 153	814 707	611	611
按经营形式分						
独立门店	3 552 483	3 535 451	3 363 996	3 361 255	21 425	21 419
其他	12 675 494	12 646 487	12 529 883	12 482 160	8 624	7 666

其他业务利润	销售费用	管理费用			
			税金	差旅费	工会经费
15 057	127 531	111 141	3 580	4 204	633
1 190	19 369	24 389	865	596	220
-5	3 049	641	48	1	4
1 875	48 257	23 698	1 081	1 239	218
18	29	311	0	21	2
1 857	48 227	23 388	1 080	1 218	216
9 359	19 719	41 100	1 087	911	90
2 638	35 944	20 456	499	1 456	100
	3 710	2 089	19	151	2
2 056	31 098	18 064	479	1 162	97
582	1 136	303	1	143	2
	1 194	858	1	2	1
	1 857	86	2	2	1
	1 857	86	2	2	1
0	550	93	2	1	5
0	550	93	2	1	5
11 487	54 140	73 920	2 263	1 691	427
120	7 016	2 279	250	64	11
3 081	48 476	27 796	767	2 054	166
	1 857	86	2	2	1
0	550	93	2	1	5
370	17 900	7 146	300	395	29
4 900	62 520	53 064	1 158	2 175	381
10 157	67 418	58 256	2 427	2 032	258

8－7续表10

	营业收入	主营业务收入	营业成本	主营业务成本	营业税金及附加	主营业务税金及附加
零售业	**3 186 414**	**3 123 000**	**2 846 313**	**2 797 594**	**11 414**	**11 114**
按零售行业小类分						
综合零售	724 584	698 808	587 363	579 472	7 431	7 284
百货零售	675 332	655 327	547 491	542 259	7 008	6 911
超级市场零售	45 125	39 353	36 400	33 742	387	337
其他综合零售	4 128	4 128	3 472	3 472	36	36
食品、饮料及烟草制品专门零售	69 924	69 117	57 257	57 207	240	240
粮油零售	15 597	14 789	13 315	13 266	62	62
营养和保健品零售	22 437	22 437	17 105	17 105	63	63
烟草制品零售	31 890	31 890	26 837	26 837	115	115
纺织、服装及日用品专门零售	39 076	39 028	29 526	29 526	182	182
纺织品及针织品零售	2 833	2 833	2 343	2 343	7	7
服装零售	34 342	34 294	25 804	25 804	171	171
钟表、眼镜零售	1 902	1 902	1 379	1 379	4	4
文化、体育用品及器材专门零售	24 044	23 715	19 132	17 856	316	306
图书、报刊零售	16 427	16 098	12 494	11 218	52	43
珠宝首饰零售	5 030	5 030	4 224	4 224	261	261
工艺美术品及收藏品零售	2 587	2 587	2 414	2 414	2	2
医药及医疗器材专门零售	94 371	93 807	71 887	71 887	410	396
药品零售	93 782	93 218	71 339	71 339	409	395
医疗用品及器材零售	589	589	548	548	1	1
汽车、摩托车、燃料及零配件专门零售	2 039 592	2 020 516	1 911 085	1 885 003	2 230	2 101
汽车零售	1 067 670	1 056 939	992 753	972 928	1 373	1 260
汽车零配件零售	2 138	2 138	2 022	2 022	2	2
机动车燃料零售	969 784	961 439	916 309	910 053	855	838
家用电器及电子产品专门零售	185 470	168 657	164 409	150 989	459	459
日用家电设备零售	87 273	85 715	74 621	74 606	283	283
计算机、软件及辅助设备零售	47 163	47 146	43 865	43 865	110	110
通信设备零售	51 033	35 796	45 924	32 518	65	65
五金、家具及室内装饰材料专门零售	1 823	1 823	100	100	104	104
家具零售	1 823	1 823	100	100	104	104
货摊、无店铺及其他零售业	7 529	7 529	5 555	5 555	44	44
生活用燃料零售	7 529	7 529	5 555	5 555	44	44

其他业务利润	销售费用	管理费用	税金	差旅费	工会经费
17 876	156 861	69 135	4 607	2 290	521
12 778	57 205	28 749	1 927	547	154
12 712	52 467	27 342	1 921	479	143
66	4 485	1 051	6	62	10
	253	356		5	1
	4 709	3 949	31	103	12
	1 457	251	22	8	0
	2 050	2 313	2	85	1
	1 202	1 385	7	10	11
171	5 214	3 569	81	139	20
	450	71			
171	4 496	3 361	81	132	20
	268	137	1	8	0
322	2 279	2 285	284	105	61
322	1 760	2 100	282	95	61
	480	133	1	5	0
	39	52		4	
123	16 376	4 283	205	135	10
123	16 340	4 279	205	135	10
	36	4			
4 022	55 146	21 010	1 958	1 068	234
3 622	33 129	18 563	1 048	1 067	232
	92	8	2	0	0
400	21 926	2 439	908	1	1
507	14 715	4 368	57	123	11
49	8 129	2 394	15	75	8
321	1 583	1 308	33	44	3
137	5 003	666	9	5	0
-47	763	617	50	69	11
-47	763	617	50	69	11
	453	305	14	3	7
	453	305	14	3	7

8－7续表11

	营业收入	主营业务收入	营业成本	主营业务成本	营业税金及附加	主营业务税金及附加
按登记注册类型分						
内资企业	3 046 476	2 985 792	2 733 220	2 684 622	10 650	10 367
国有企业	458 555	455 319	436 744	432 965	388	369
集体企业	23 101	23 069	21 263	21 028	76	76
有限责任公司	780 612	751 828	696 849	676 806	2 526	2 417
其他有限责任公司	780 612	751 828	696 849	676 806	2 526	2 417
股份有限公司	767 896	752 542	690 619	688 255	3 046	2 963
私营企业	894 797	881 673	772 382	750 206	4 485	4 412
私营独资企业	64 445	63 062	57 585	44 154	214	210
私营合伙企业	23 575	23 575	22 591	22 591	6	6
私营有限责任公司	805 649	793 956	691 447	682 703	4 260	4 193
私营股份有限公司	1 128	1 080	759	759	4	3
其他企业	121 515	121 361	115 363	115 363	130	130
港、澳、台商投资企业	122 959	121 013	99 060	99 034	681	664
港、澳、台商独资经营企业	122 959	121 013	99 060	99 034	681	664
外商投资企业	16 979	16 195	14 034	13 938	83	83
外资企业	16 979	16 195	14 034	13 938	83	83
按控股情况分						
国有控股	**1 031 060**	**1 021 244**	**968 861**	**958 706**	**1 356**	**1 331**
集体控股	147 501	146 038	123 586	123 351	1 459	1 459
私人控股	1 326 675	1 293 661	1 155 112	1 117 036	5 786	5 624
港澳台商控股	56 816	56 483	50 963	50 937	152	136
外商控股	16 979	16 195	14 034	13 938	83	83
其他	607 384	589 380	533 758	533 627	2 577	2 482
按经营形式分						
独立门店	**2 747 659**	**2 698 498**	**2 477 817**	**2 429 160**	**9 464**	**9 165**
连锁总店（总部）	128 318	127 754	102 044	102 044	452	452
连锁门店	60 075	55 627	48 482	48 482	361	361
其他	250 363	241 121	217 970	217 909	1 137	1 137
按零售业态分						
有店铺零售	3 186 414	3 123 000	2 846 313	2 797 594	11 414	11 114
食杂店	585	585	450	450	0	0
便利店	1 029	1 029	999	999	0	0
超市	21 953	19 426	16 346	13 688	112	112
大型超市	194 931	184 733	158 273	157 254	1 160	1 110
百货店	541 842	527 899	438 678	434 345	6 397	6 300
专业店	1 479 622	1 460 231	1 367 970	1 354 183	2 055	1 991
专卖店	937 956	920 600	857 768	830 845	1 656	1 569
厂家直销中心	8 497	8 497	5 830	5 830	33	33

其他业务利润	销售费用	管理费用			
			税金	差旅费	工会经费
15 233	148 205	62 575	3 413	2 200	499
325	11 458	4 110	357	35	41
412	581	1 230	17	54	2
8 258	46 318	19 601	701	517	105
8 258	46 318	19 601	701	517	105
3 262	29 683	9 922	1 458	131	95
2 812	57 044	25 601	615	956	102
	3 018	3 414	59	73	3
13	248	208	1	11	
2 798	53 403	21 959	555	872	99
2	375	20	1		0
164	3 120	2 111	265	509	155
1 955	6 926	5 760	1 194	90	21
1 955	6 926	5 760	1 194	90	21
688	1 730	801			
688	1 730	801			
1 713	24 913	8 625	1 229	61	43
1 842	6 755	7 841	386	168	44
5 315	80 060	34 054	1 089	1 622	279
324	2 825	1 230	84	32	1
688	1 730	801			
7 993	40 578	16 584	1 819	407	153
13 006	112 699	56 899	3 989	2 048	412
260	18 455	4 861	215	66	13
4 447	8 551	803	70	36	19
163	17 157	6 572	332	141	77
17 876	156 861	69 135	4 607	2 290	521
	70	51		5	
	5	22		1	0
29	1 501	1 764	10	47	
6 078	18 640	7 774	1 428	140	59
6 706	40 406	22 500	733	407	106
2 296	57 525	15 703	1 410	558	94
2 766	36 343	21 221	993	1 130	253
	2 370	101	33	3	9

8－7 续表 12

	财务费用	利息收入	利息支出	资产减值损失
总计	**67 722**	**13 004**	**65 772**	**673**
批发业	**46 087**	**8 526**	**50 634**	**－379**
按批发行业小类分				
农、林、牧产品批发	378	6	340	
谷物、豆及薯类批发	41	3	43	
饲料批发	0	1		
棉、麻批发	253		253	
其他农牧产品批发	84	2	44	
食品、饮料及烟草制品批发	－3 283	4 029	672	－227
米、面制品及食用油批发	504	1	505	－4
糕点、糖果及糖批发	20			
盐及调味品批发	－487	503	10	－223
营养和保健品批发	0			
酒、饮料及茶叶批发	－17	129	67	
烟草制品批发	－3 394	3 397		
其他食品批发	91		91	
纺织、服装及家庭用品批发	431	－221	563	70
纺织品、针织品及原料批发	0			
服装批发	41	9	47	67
化妆品及卫生用品批发	123		123	
厨房、卫生间用具及日用杂货批发	123	123		
家用电器批发	－315	－355	1	－8
其他家庭用品批发	459	3	392	11
文化、体育用品及器材批发	－518	－964	449	
图书批发	－935	－965	31	
首饰、工艺品及收藏品批发	417	2	418	
医药及医疗器材批发	4 193	506	3 060	240
西药批发	3 616	475	2 492	55
中药批发	576	31	568	186
矿产品、建材及化工产品批发	42 934	4 760	43 411	－481
煤炭及制品批发	327	78	383	0
石油及制品批发	27 258	17	26 875	
金属及金属矿批发	13 082	4 533	15 034	－505
建材批发	4	14	18	
化肥批发	1 517	57	716	
其他化工产品批发	746	61	385	23
机械设备、五金产品及电子产品批发	1 464	318	1 649	16
汽车批发	714	257	899	－11
汽车零配件批发	24	3	24	
摩托车及零配件批发	320	30	338	
五金产品批发	1			
计算机、软件及辅助设备批发	－119	－129	9	
通讯及广播电视设备批发	12		11	
其他机械设备及电子产品批发	512	157	368	27
其他批发业	489	92	490	3
再生物资回收与批发	4	1	5	3
其他未列明批发业	485	90	485	

公允价值变动收益	投资收益	营业利润	营业外收入	补贴收入
-82	4 997	106 943	24 872	21 035
-82	3 258	20 837	22 190	20 904
	-201	-997	720	592
		-174	190	189
		13		
	-201	-686	396	396
		-150	134	7
	1 707	65 795	487	54
		-125	90	52
		210	0	
	233	7 022	370	
		-114		
		11 090	3	
	1 474	47 711	24	2
		1		
		1 041	46	
		-1 272		
		85	2	
		9		
		23		
		1 453	38	
		742	6	
		-504	1	
		471	1	
		-975		
	-68	6 737	205	
		2 243	124	
	-68	4 494	81	
-82	1 760	-51 089	20 547	20 169
		71		
	257	-32 559	316	
-82	1 639	1 144	63	18
		-125	14	
	-153	-19 424	20 036	20 036
	17	-197	119	115
	60	429	94	
	60	853	13	
		-17		
		-256		
		2		
		74	47	
		12	1	
		-240	32	
		-574	89	89
		-68	89	89
		-506		

8－7 续表 13

	财务费用			资产减值损失
		利息收入	利息支出	
按登记注册类型分				
内资企业	46 075	8 526	50 634	－379
国有企业	－1 401	2 504	2 575	－501
集体企业	318	2	304	
有限责任公司	7 722	3 930	10 965	－63
国有独资公司	41	3	43	
其他有限责任公司	7 681	3 927	10 922	－63
股份有限公司	24 456	88	24 567	－24
私营企业	12 708	2 000	12 224	210
私营独资企业	2 160	83	1 276	
私营有限责任公司	10 538	1 915	10 936	210
私营股份有限公司	11	3	12	
其他企业	2 271	1		
港、澳、台商投资企业	13			
港、澳、台商独资经营企业	13			
外商投资企业				
外资企业				
按控股情况分				
国有控股	23 926	3 100	28 277	－704
集体控股	965	－241	314	
私人控股	19 018	3 137	16 836	252
港澳台商控股	13			
外商控股				
其他	2 165	2 530	5 207	73
按经营形式分				
独立门店	14 335	7 141	21 121	－206
其他	31 752	1 386	29 513	－173

公允价值变动收益	投资收益	营业利润	营业外收入	补贴收入
-82	3 258	19 956	22 182	20 897
-82	1 731	41 644	142	91
	-201	-1 348	396	396
	1 239	-2 143	20 984	20 346
		-174	190	189
	1 239	-1 969	20 794	20 158
	317	-26 511	306	
	172	5 929	355	63
		1 670		
	172	4 232	354	63
		27		
		2 386		
		680	8	7
		680	8	7
		201	0	
		201	0	
-82	2 089	5 034	18 337	17 729
	-347	-3 414	3 051	3 035
	373	15 762	637	133
		680	8	7
		201	0	
	1 142	2 574	157	
-82	2 811	40 582	21 036	20 563
	447	-19 746	1 154	341

8－7 续表 14

	财务费用			资产减值损　失
		利息收入	利息支出	
零售业	**21 635**	**4 478**	**15 138**	**1 052**
按零售行业小类分				
综合零售	3 610	1 130	2 484	535
百货零售	3 655	1 123	2 481	531
超级市场零售	－54	1	1	5
其他综合零售	9	6	3	
食品、饮料及烟草制品专门零售	258	17	259	1
粮油零售	－17	1	10	1
营养和保健品零售	198	2	157	
烟草制品零售	77	14	91	
纺织、服装及日用品专门零售	341	9	256	
纺织品及针织品零售	18			
服装零售	208	9	149	
钟表、眼镜零售	116	0	107	
文化、体育用品及器材专门零售	125	7	73	
图书、报刊零售	21	6	－2	
珠宝首饰零售	29			
工艺美术品及收藏品零售	75		75	
医药及医疗器材专门零售	393	11	280	
药品零售	393	11	280	
医疗用品及器材零售				
汽车、摩托车、燃料及零配件专门零售	15 402	3 005	10 316	512
汽车零售	14 500	2 988	9 402	515
汽车零配件零售	17	15	26	
机动车燃料零售	885	2	887	－3
家用电器及电子产品专门零售	1 386	231	1 418	4
日用家电设备零售	108	223	145	0
计算机、软件及辅助设备零售	342	5	333	3
通信设备零售	937	3	940	
五金、家具及室内装饰材料专门零售	118	67	50	
家具零售	118	67	50	
货摊、无店铺及其他零售业	1	1	2	
生活用燃料零售	1	1	2	

公允价值变动收益	投资收益	营业利润	营业外收入	补贴收入
	1 740	86 106	2 682	131
	1 161	44 934	499	2
	774	41 694	388	2
	387	3 238	110	
		2	1	
		3 511	93	60
		528	83	55
		709		
		2 275	10	5
		244	23	
		-56	23	
		303		
		-2		
		-17		
		75		
		-97		
		5		
		1 022	60	
		1 022	60	
	428	34 840	574	39
	428	7 469	565	39
		-3		
		27 374	10	
		129	1 424	30
		1 739	68	30
		-48	1	
		-1 562	1 355	
	150	271	1	
	150	271	1	
		1 171	8	
		1 171	8	

8－7 续表 15

	财务费用	利息收入	利息支出	资产减值损失
按登记注册类型分				
内资企业	21 339	4 398	14 806	544
国有企业	418	10	400	－1
集体企业	232	31	197	
有限责任公司	8 432	1 878	5 532	－65
其他有限责任公司	8 432	1 878	5 532	－65
股份有限公司	2 472	830	2 147	554
私营企业	8 282	988	5 371	56
私营独资企业	650	148	708	
私营合伙企业	592	92	501	
私营有限责任公司	7 039	748	4 163	56
私营股份有限公司	1			
其他企业	1 503	662	1 159	
港、澳、台商投资企业	336	39	331	508
港、澳、台商独资经营企业	336	39	331	508
外商投资企业	**－39**	**41**		
外资企业	－39	41		
按控股情况分				
国有控股	872	57	904	－1
集体控股	581	555	501	556
私人控股	14 644	1 616	9 434	55
港澳台商控股	**306**	**39**	**331**	**508**
外商控股	－39	41		
其他	5 272	2 170	3 967	－67
按经营形式分				
独立门店	**17 941**	**3 996**	**12 313**	**1 121**
连锁总店(总部)	1 189	13	1 030	
连锁门店	－24	31		－72
其他	2 529	438	1 795	4
按零售业态分				
有店铺零售	21 635	4 478	15 138	1 052
食杂店	10		10	
便利店	3		3	
超市	15	1	8	
大型超市		74		－35
百货店	3 711	1 065	2 589	571
专业店	5 646	551	4 066	－3
专卖店	12 251	2 785	8 463	518
厂家直销中心	－1	2		

公允价值变动收益	投资收益	营业利润	营业外收入	补贴收入
	1 740	76 046	2 513	131
		5 513	71	55
	1	－245	1	
	787	11 900	1 819	17
	787	11 900	1 819	17
	375	31 976	136	
	577	27 605	484	59
		－437	35	
		－57		
	577	28 130	449	59
		－32		
		－702	2	
		9 690	167	
		9 690	167	
		370	1	
		370	1	
		30 556	80	55
	376	7 134	89	
	577	37 737	1 990	59
		832	107	
		370	1	
	787	9 479	415	17
	1 739	77 818	2 387	71
	1	1 319	60	
		1 975	108	
		4 995	127	60
	1 740	86 106	2 682	131
		4		
		2 217		
	387	9 505	276	
	774	34 436	250	2
	28	30 768	211	30
	550	9 013	1 945	99
		163		

8－7 续表 16

	利润总额	应交所得税	应付职工薪酬（本年贷方累计发生额）	应交增值税
总计	**125 857**	**31 137**	**139 099**	**435 061**
批发业	**42 089**	**16 671**	**66 466**	**326 597**
按批发行业小类分				
农、林、牧产品批发	－278	4	742	612
谷物、豆及薯类批发	15		79	
饲料批发	13	3	96	23
棉、麻批发	－290		466	590
其他农牧产品批发	－16	1	101	
食品、饮料及烟草制品批发	63 520	13 232	22 734	22 603
米、面制品及食用油批发	11	2	777	173
糕点、糖果及糖批发	210	56	355	123
盐及调味品批发	7 379	1 293	7 927	2 161
营养和保健品批发	－114	2	42	66
酒、饮料及茶叶批发	11 327	612	4 402	7 005
烟草制品批发	44 722	11 266	8 615	12 958
其他食品批发	－14	2	617	117
纺织、服装及家庭用品批发	1 062	341	3 574	1 405
纺织品、针织品及原料批发	－1 272		4	9
服装批发	87	45	434	86
化妆品及卫生用品批发	9	2	86	
厨房、卫生间用具及日用杂货批发	23	6	324	200
家用电器批发	1 482	100	1 329	630
其他家庭用品批发	734	189	1 398	480
文化、体育用品及器材批发	－512		2 757	1 181
图书批发	464		827	798
首饰、工艺品及收藏品批发	－975		1 930	384
医药及医疗器材批发	6 679	824	9 782	6 220
西药批发	2 250	500	8 270	5 415
中药批发	4 428	323	1 512	806
矿产品、建材及化工产品批发	－28 805	1 777	20 024	289 344
煤炭及制品批发	71	112	364	261
石油及制品批发	－31 464	316	14 344	37 969
金属及金属矿批发	2 273	1 057	3 037	247 786
建材批发	－111		234	144
化肥批发	518	79	958	2 200
其他化工产品批发	－92	214	1 086	984
机械设备、五金产品及电子产品批发	939	487	6 009	4 887
汽车批发	1 307	330	2 761	3 001
汽车零配件批发	－19	0	133	31
摩托车及零配件批发	－256		86	8
五金产品批发	2	1		15
计算机、软件及辅助设备批发	102	23	581	142
通讯及广播电视设备批发	13	3	72	49
其他机械设备及电子产品批发	－210	130	2 376	1 642
其他批发业	－517	7	844	346
再生物资回收与批发	21	6	216	69
其他未列明批发业	－538	1	627	277

进项税额	销项税额	土地和固定资产支出	土地购置	房屋和建筑物	机器设备	运输工具	其他费用
3 052 116	3 220 607	84 772	6 683	15 963	6 278	5 588	50 261
2 695 450	2 746 636	57 279	1 667	4 500	1 654	2 047	47 412
8 778	8 543	45				43	2
		45				43	2
4 017	3 994						
3 857	4 447						
905	102						
59 675	80 784	3 164		1 910	97	882	274
2 309	2 765	29				29	
1 273	1 420						
2 272	2 460	657		234	97	230	96
305	364						
9 357	16 534	1 482		899		562	20
40 932	53 897	996		777		62	158
3 227	3 345						
24 048	24 890	30				30	
724	733						
2 998	3 075						
3 933	2 876	30				30	
2 257	2 457						
11 553	12 686						
2 583	3 063						
12 714	13 897	36				36	
5 948	6 745						
6 766	7 152	36				36	
89 708	94 376	787		349	23	374	41
76 944	80 797	444		104	23	276	41
12 763	13 579	343		245		98	
2 436 451	2 456 244	52 745	1 667	2 205	1 533	384	46 956
3 009	3 478	32				32	
1 919 794	1 931 531	52 157	1 667	2 205	1 455	87	46 744
440 061	445 673	180			75	16	90
2 070	2 214	2			2		
19 657	21 880	6			2		4
51 860	51 469	368				250	118
62 899	66 689	472		36	0	297	139
36 324	38 579	205				77	128
1 972	1 828	33				27	6
1 818	1 797	0					0
327	342						
8 028	8 577						
1 237	1 286						
13 194	14 279	234		36		193	5
1 178	1 214						
1 178	1 214						

8－7 续表 17

	利润总额	应交所得税	应付职工薪酬（本年贷方累计发生额）	应交增值税
按登记注册类型分				
内资企业	41 200	16 410	64 557	326 036
国有企业	40 397	11 574	14 856	16 425
集体企业	－1 046		538	694
有限责任公司	19 316	2 999	22 622	264 360
国有独资公司	15		79	
其他有限责任公司	19 301	2 999	22 543	264 360
股份有限公司	－26 053	259	10 496	36 608
私营企业	6 200	1 576	15 604	7 947
私营独资企业	1 664	106	556	663
私营有限责任公司	4 515	1 453	14 690	7 131
私营股份有限公司	22	17	358	153
其他企业	2 386	2	441	2
港、澳、台商投资企业	688	208	1 609	439
港、澳、台商独资经营企业	688	208	1 609	439
外商投资企业	201	54	300	123
外资企业	201	54	300	123
按控股情况分				
国有控股	22 189	13 346	34 509	56 845
集体控股	－457	154	1 751	3 262
私人控股	16 374	2 477	20 635	261 018
港澳台商控股	688	208	1 609	439
外商控股	201	54	300	123
其他	3 094	433	7 662	4 910
按经营形式分				
独立门店	58 893	13 925	36 680	36 220
其他	－16 804	2 747	29 786	290 377

进项税额	销项税额	土地和固定资产支出	土地购置	房屋和建筑物	机器设备	运输工具	其他费用
2 692 415	2 743 379	57 279	1 667	4 500	1 654	2 047	47 412
217 437	230 634	49 206		2 982	1 028	62	45 134
9 220	9 912	3					3
352 493	370 833	2 765		1 411	100	1 115	138
		45				43	2
352 493	370 833	2 720		1 411	100	1 072	136
1 875 573	1 889 131	3 962	1 667		428	79	1 788
230 736	235 822	1 315		107	97	762	348
65 782	64 269	30				30	
158 440	164 934	1 282		107	97	729	348
6 515	6 619	3				3	
6 956	7 047	29				29	
2 473	2 571						
2 473	2 571						
563	686						
563	686						
2 106 049	2 134 790	53 886	1 667	3 216	1 555	445	47 003
32 989	36 506	28			2		27
416 561	431 977	3 206		1 284	97	1 451	373
2 473	2 571						
563	686						
136 816	140 107	159				150	8
577 817	609 273	3 801		2 061	24	1 336	380
2 117 634	2 137 363	53 478	1 667	2 439	1 630	711	47 032

8－7 续表 18

	利润总额	应交所得税	应付职工薪酬（本年贷方累计发生额）	应交增值税
零售业	**83 768**	**14 465**	**72 634**	**108 463**
按零售行业小类分				
综合零售	38 860	8 341	21 025	15 233
百货零售	36 607	8 169	18 850	14 775
超级市场零售	2 250	172	1 669	382
其他综合零售	3	1	506	77
食品、饮料及烟草制品专门零售	3 582	989	4 815	1 496
粮油零售	588	179	449	197
营养和保健品零售	709	177	1 066	418
烟草制品零售	2 285	632	3 299	881
纺织、服装及日用品专门零售	237	92	3 144	1 043
纺织品及针织品零售	－34		297	57
服装零售	272	92	2 691	955
钟表、眼镜零售	－2		156	32
文化、体育用品及器材专门零售	－20	1	1 989	402
图书、报刊零售	39		1 618	291
珠宝首饰零售	－64		327	88
工艺美术品及收藏品零售	5	1	45	24
医药及医疗器材专门零售	1 121	326	9 274	2 910
药品零售	1 121	326	9 259	2 905
医疗用品及器材零售	0		15	5
汽车、摩托车、燃料及零配件专门零售	37 177	4 059	28 482	86 508
汽车零售	10 218	3 250	16 785	27 133
汽车零配件零售	－3		38	19
机动车燃料零售	26 962	809	11 659	59 356
家用电器及电子产品专门零售	1 408	305	3 249	385
日用家电设备零售	1 637	282	1 621	－277
计算机、软件及辅助设备零售	－54	10	1 343	217
通信设备零售	－175	13	285	445
五金、家具及室内装饰材料专门零售	224	56	287	125
家具零售	224	56	287	125
货摊、无店铺及其他零售业	1 178	297	370	361
生活用燃料零售	1 178	297	370	361

进项税额	销项税额	土地和固定资产支出	土地购置	房屋和建筑物	机器设备	运输工具	其他费用
356 666	473 971	27 493	5 016	11 463	4 624	3 541	2 849
89 895	104 594	3 280			602	785	1 893
85 421	99 570	3 214			602	720	1 893
4 241	4 716	49				49	
233	308	17				17	
8 420	9 916	235			43	185	7
1 341	1 538	11				11	
2 539	2 956	43			43		
4 541	5 421	181				174	7
5 294	6 343	24				19	4
424	482						
4 578	5 539	24				19	4
292	323						
3 005	3 131	11			11		
1 846	1 836	11			11		
744	855						
416	440						
11 586	14 499	259		231		17	11
11 491	14 399	259		231		17	11
95	100						
214 340	309 495	23 609	5 016	11 162	3 963	2 535	933
158 362	161 498	16 984	5 016	7 441	1 405	2 535	588
346	364						
55 633	147 634	6 625		3 722	2 558		345
23 211	24 593	70		70	1		
13 594	14 591						
7 233	7 405	70		70	1		
2 384	2 596						
	125						
	125						
915	1 275	5			5		
915	1 275	5			5		

8－7 续表 19

	利润总额	应交所得税	应付职工薪酬(本年贷方累计发生额)	应交增值税
按登记注册类型分				
内资企业	77 928	13 744	69 575	105 716
国有企业	5 493	1 089	6 175	55 167
集体企业	－244	3	1 695	135
有限责任公司	13 547	3 154	23 310	28 823
其他有限责任公司	13 547	3 154	23 310	28 823
股份有限公司	31 539	2 174	14 232	9 466
私营企业	28 298	7 261	23 239	11 602
私营独资企业	－465	150	1 744	612
私营合伙企业	－57		193	47
私营有限责任公司	28 851	7 102	21 100	10 917
私营股份有限公司	－32	9	201	27
其他企业	－705	65	925	524
港、澳、台商投资企业	5 472	721	2 749	2 434
港、澳、台商独资经营企业	5 472	721	2 749	2 434
外商投资企业	368		310	313
外资企业	368		310	313
按控股情况分				
国有控股	**30 163**	**1 382**	**15 242**	**60 709**
集体控股	7 011	2 129	5 255	3 940
私人控股	33 652	7 809	31 182	21 342
港澳台商控股	1 930	457	1 091	804
外商控股	368		310	313
其他	10 645	2 687	19 555	21 356
按经营形式分				
独立门店	**76 382**	**12 914**	**49 311**	**101 866**
连锁总店(总部)	1 429	350	9 706	3 114
连锁门店	2 028	381	3 439	1 151
其他	3 929	821	10 178	2 333
按零售业态分				
有店铺零售	83 768	14 465	72 634	108 463
食杂店	4	27	27	
便利店			9	1
超市	1 115	148	1 970	544
大型超市	9 707	1 914	7 357	3 693
百货店	29 248	6 576	14 044	12 124
专业店	30 540	1 948	28 813	63 277
专卖店	12 978	3 852	19 641	28 574
厂家直销中心	176		772	251

进项税额	销项税额	土地和固定资产支出	土地购置	房屋和建筑物	机器设备	运输工具	其他费用
342 321	458 002	22 779	1 949	11 180	4 395	2 465	2 790
56 989	59 201	16			16		
1 401	1 526	18				17	1
114 207	118 380	12 423	1 949	7 158	1 222	1 488	606
114 207	118 380	12 423	1 949	7 158	1 222	1 488	606
32 144	127 512	8 829		3 722	2 558	659	1 891
123 364	135 835	1 493		301	599	302	292
9 764	10 414	82			33	49	
3 905	3 948						
109 620	121 372	1 412		301	566	253	292
75	101						
14 216	15 547						
11 944	13 213	4 714	3 067	283	229	1 076	60
11 944	13 213	4 714	3 067	283	229	1 076	60
2 401	2 756						
2 401	2 756						
62 460	155 380	6 715		3 722	2 605	43	345
18 293	22 223	2 222				676	1 546
176 875	192 911	9 373	1 949	4 969	788	885	781
6 853	7 592	4 714	3 067	283	229	1 076	60
2 401	2 756						
89 785	93 109	4 469		2 490	1 002	860	117
300 609	410 875	27 111	5 016	11 463	4 538	3 348	2 747
11 116	13 987	32				19	13
8 522	9 564	136			54		82
36 420	39 545	214			33	174	7
356 666	473 971	27 493	5 016	11 463	4 624	3 541	2 849
		17				17	
1 540	2 162	9					9
26 342	29 272	288			62		226
67 219	79 146	2 984			548	769	1 667
129 237	222 742	7 526		4 109	2 673	378	366
131 135	139 204	16 670	5 016	7 354	1 341	2 378	582
1 194	1 445						

8－8 星级住宿业和限额以上餐饮业企业财务状况

单位:万元　　　　(2012 年)

	法人企业数(个)	执行《2006 企业会计准则》企业数(个)	年初存货	流动资产合计	应收帐款	存货
总计	**192**	**174**	**12 700**	**179 939**	**33 530**	**12 406**
住宿业	**63**	**60**	**4 091**	**119 702**	**25 554**	**4 408**
按住宿业行业小类分						
旅游饭店	42	41	3 055	111 972	24 737	3 882
一般旅馆	20	18	1 036	7 703	817	526
其他住宿业	1	1		27		
按登记注册类型分						
内资企业	62	59	3 984	117 788	25 398	4 314
国有企业	25	23	1 488	42 458	6 823	2 258
集体企业	6	6	169	2 743	184	150
有限责任公司	20	20	2 124	67 560	16 879	1 727
其他有限责任公司	20	20	2 124	67 560	16 879	1 727
私营企业	10	9	202	5 020	1 511	173
私营独资企业	2	2	19	979	29	14
私营有限责任公司	7	6	183	3 865	1 460	159
私营股份有限公司	1	1		176	21	
其他企业	1	1	1	7	1	6
外商投资企业	1	1	107	1 914	156	94
中外合资经营企业	1	1	107	1 914	156	94
按控股情况分						
国有控股	29	27	1 805	48 502	6 823	2 579
集体控股	7	7	394	4 574	232	399
私人控股	20	19	1 646	42 649	7 574	1 016
外商控股	1	1	107	1 914	156	94
其他	6	6	139	22 062	10 769	321
按经营形式分						
独立门店	58	55	3 961	118 540	25 547	4 297
其他	5	5	130	1 162	7	111
按星级分						
五星	3	3	497	14 503	1 228	930
四星	9	9	716	26 326	9 921	715
三星	18	18	1 408	59 778	9 477	1 515
二星	7	7	168	1 627	47	415
其他	26	23	1 302	17 468	4 881	834

固定资产合计	固定资产原价	累计折旧	本年折旧	在建工程	资产总计
165 793	285 166	120 104	32 802	9 562	432 438
128 660	229 819	101 212	29 462	5 391	314 542
113 365	205 284	91 971	27 571	4 653	285 155
12 001	20 010	8 010	1 702	223	25 550
3 294	4 525	1 231	189	515	3 837
112 902	199 064	86 215	29 462	5 391	296 870
57 616	109 927	52 300	23 808	560	110 304
8 559	16 723	8 164	679	385	11 826
45 150	69 003	23 853	4 533	4 362	165 591
45 150	69 003	23 853	4 533	4 362	165 591
633	2 392	1 823	368	84	8 182
132	132	63	41	63	3 509
459	2 051	1 592	327	21	4 455
42	209	167			219
944	1 018	74	74		968
15 758	30 755	14 997			17 672
15 758	30 755	14 997			17 672
70 901	134 449	63 537	25 646	560	134 312
8 654	17 187	8 533	743	385	13 751
13 491	24 384	10 956	2 314	4 399	106 526
15 758	30 755	14 997			17 672
19 856	23 046	3 190	759	47	42 281
124 284	223 747	99 515	28 895	5 371	301 862
4 375	6 072	1 697	567	21	12 680
24 976	59 246	34 259	18 550		40 430
32 089	60 658	28 569	2 204	81	78 455
42 425	66 136	23 774	3 426	4 558	138 809
5 027	6 871	1 844	237	248	7 248
24 143	36 908	12 765	5 046	503	49 600

8－8 续表 1

	法人企业数（个）	执行《2006企业会计准则》企业数（个）	年初存货	流动资产合计	应收帐款	存货
餐饮业	**129**	**114**	**8 609**	**60 237**	**7 976**	**7 998**
按餐饮行业小类分						
正餐服务	123	108	7 683	53 737	7 928	7 172
快餐服务	3	3	900	5 981	13	769
其他餐饮业	3	3	26	519	35	57
按登记注册类型分						
内资企业	**126**	**111**	**7 809**	**55 698**	**7 976**	**7 210**
国有企业	4	2	262	925	167	254
集体企业	2	2	115	303	73	63
股份合作企业	2	1	78	504	328	72
有限责任公司	37	32	1 332	12 969	2 525	1 987
其他有限责任公司	37	32	1 332	12 969	2 525	1 987
股份有限公司	5	4	192	2 616	56	127
私营企业	72	66	5 769	37 310	4 548	4 647
私营独资企业	21	20	2 216	10 003	655	878
私营合伙企业	1	1	6	100		23
私营有限责任公司	49	44	3 547	27 140	3 880	3 692
私营股份有限公司	1	1		67	13	54
其他企业	4	4	62	1 071	279	59
港澳台商投资企业	1	1	1	98		9
港澳台商独资企业	1	1	1	98		9
外商投资企业	2	2	799	4 442		779
中外合资经营企业	1	1	0	82		30
外资企业	1	1	799	4 360		750
按控股情况分						
国有控股	5	3	304	1 221	198	293
集体控股	3	3	163	642	73	110
私人控股	109	97	6 908	51 232	6 765	5 806
港澳台商控股	1	1	1	98		9
外商控股	1	1	799	4 360		750
其他	10	9	435	2 684	941	1 030
按经营形式分						
独立门店	114	99	5 623	50 265	7 646	6 653
连锁总店（总部）	2	2	279	537	2	310
连锁门店	3	3	25	292	44	54
其他	10	10	2 682	9 143	285	981

固定资产合计	固定资产原价	累计折旧	本年折旧	在建工程	资产总计
37 133	55 347	18 892	3 340	4 170	117 896
35 001	50 720	16 398	3 204	3 874	105 022
1 361	3 776	2 415	120	296	11 584
771	851	79	16		1 290
35 783	52 291	17 186	3 278	3 874	108 028
2 260	2 695	451	40	117	3 359
1 742	2 094	351			3 591
232	289	57	17	17	2 141
8 670	13 299	5 138	1 248	276	24 734
8 670	13 299	5 138	1 248	276	24 734
1 472	3 263	1 794	367		4 420
20 518	29 647	9 279	1 568	3 465	67 304
5 621	8 322	2 701	387	73	16 047
108	120	12	5		208
14 721	21 096	6 525	1 175	3 392	50 656
68	109	41	1		394
889	1 005	116	39		2 479
14	33	19	4		120
14	33	19	4		120
1 336	3 023	1 687	58	296	9 748
15	16	1			145
1 321	3 006	1 686	58	296	9 603
2 368	2 817	465	54	117	3 941
2 487	3 217	730	61		4 696
29 020	41 791	13 228	2 618	3 758	93 867
14	33	19	4		120
1 321	3 006	1 686	58	296	9 603
1 924	4 483	2 764	546		5 670
28 011	40 958	13 626	2 634	3 874	92 299
94	1 165	1 071	84		819
453	792	339	271		792
8 575	12 432	3 857	352	297	23 987

8－8 续表2

	流动负债合计	应付帐款	非流动负债合计	负债合计
总计	**180 096**	**34 767**	**91 320**	**271 762**
住宿业	**129 564**	**20 488**	**79 573**	**209 137**
按住宿业行业小类分				
旅游饭店	118 049	18 624	75 892	193 941
一般旅馆	11 796	2 158	3 518	15 314
其他住宿业	－281	－294	163	－118
按登记注册类型分				
内资企业	127 630	20 309	67 040	194 670
国有企业	37 478	11 608	33 400	70 878
集体企业	4 479	1 127	1 938	6 417
有限责任公司	79 888	7 685	31 702	111 591
其他有限责任公司	79 888	7 685	31 702	111 591
私营企业	5 768	－127		5 768
私营独资企业	2 661	－1 387		2 661
私营有限责任公司	3 045	1 198		3 045
私营股份有限公司	63	63		63
其他企业	17	17		17
外商投资企业	1 934	179	12 533	14 467
中外合资经营企业	1 934	179	12 533	14 467
按控股情况分				
国有控股	43 587	11 843	35 120	78 707
集体控股	6 304	1 383	1 938	8 242
私人控股	64 049	2 148	12 732	76 781
外商控股	1 934	179	12 533	14 467
其他	13 691	4 935	17 250	30 941
按经营形式分				
独立门店	124 695	20 313	79 223	203 918
其他	4 869	175	350	5 219
按星级分				
五星	10 155	721	31 157	41 312
四星	47 180	11 843	17 298	64 477
三星	50 181	2 566	26 963	77 144
二星	2 433	796	428	2 861
其他	19 616	4 562	3 727	23 342

所有者权益合计	实收资本	国家资本	集体资本	法人资本	个人资本	港澳台资本	外商资本
160 677	156 328	63 254	11 592	43 939	25 737	80	11 727
105 405	122 836	61 888	11 241	31 171	8 265		10 272
91 214	105 661	51 124	9 691	28 121	6 454		10 272
10 237	13 116	6 705	1 550	3 050	1 811		
3 955	4 060	4 060					
102 200	110 322	61 888	11 241	28 929	8 265		
39 426	48 634	47 076		842	716		
5 408	11 191		11 141	50			
54 000	47 723	14 812	100	27 807	5 004		
54 000	47 723	14 812	100	27 807	5 004		
2 415	2 675			130	2 545		
848	905				905		
1 410	1 700			130	1 570		
156	70				70		
951	100			100			
3 205	12 514			2 242			10 272
3 205	12 514			2 242			10 272
55 605	60 121	55 802		2 938	1 381		
5 510	11 291		11 241	50			
29 746	29 248	6 086		17 601	5 561		
3 205	12 514			2 242			10 272
11 340	9 663			8 340	1 323		
97 945	116 990	57 662	11 241	31 021	6 795		10 272
7 461	5 846	4 227		150	1 470		
-882	9 251	8 709		542			
13 978	22 583	6 416		4 372	1 523		10 272
61 664	58 758	23 428	8 813	22 136	4 381		
4 387	3 167	1 290	1 727	150			
26 258	29 078	22 046	700	3 971	2 361		

8－8 续表 3

	流动负债合计	应付帐款	非流动负债合计	负债合计
餐饮业	**50 532**	**14 279**	**11 747**	**62 625**
按餐饮业行业小类分				
正餐服务	46 710	12 500	11 043	58 099
快餐服务	3 548	1 655	393	3 941
其他餐饮业	274	124	311	585
按登记注册类型分				
内资企业	**47 732**	**13 455**	**11 483**	**59 561**
国有企业	1 760	209		1 760
集体企业	881	418		881
股份合作企业	740	320	243	983
有限责任公司	9 249	3 091	2 527	12 122
其他有限责任公司	9 249	3 091	2 527	12 122
股份有限公司	1 357	1 168	415	1 772
私营企业	32 216	7 962	8 277	40 492
私营独资企业	7 190	1 413	201	7 390
私营合伙企业	38	38		38
私营有限责任公司	24 811	6 385	8 076	32 888
私营股份有限公司	177	127		177
其他企业	1 530	287	21	1 551
港、澳、台商投资企业	8			8
港、澳、台商独资经营企业	8			8
外商投资企业	2 792	825	263	3 056
中外合资经营企业	83			83
外资企业	2 710	825	263	2 973
按控股情况分				
国有控股	2 002	328		2 002
集体控股	1 211	694	285	1 496
私人控股	42 181	10 907	9 975	52 242
港澳台商控股	8			8
外商控股	2 710	825	263	2 973
其他	2 420	1 525	1 223	3 904
按经营形式分				
独立门店	42 058	11 083	10 094	52 498
连锁总店(总部)	332	129		332
连锁门店	293	211		293
其他	7 849	2 857	1 653	9 501

所有者权益合计	实收资本						
		国有资本	集体资本	法人资本	个人资本	港澳台资本	外商资本
55 272	33 492	1 365	351	12 768	17 472	80	1 455
46 923	30 967	1 365	351	12 253	16 952		45
7 642	1 990			500		80	1 410
707	535			15	520		
48 467	31 952	1 365	351	12 763	17 472		
1 599	1 365	1 365					
2 710	55		55				
1 157	1 047			1 000	47		
12 612	11 359			2 012	9 347		
12 612	11 359			2 012	9 347		
2 648	1 652		246	1 347	59		
26 812	15 816		50	7 851	7 915		
8 656	4 579		50	1 876	2 653		
170	200				200		
17 768	10 937			5 915	5 022		
218	100			60	40		
928	658			553	105		
112	80					80	
112	80					80	
6 692	1 460			5			1 455
62	50			5			45
6 630	1 410						1 410
1 939	1 684	1 365		319			
3 200	301		301				
41 624	29 401		50	12 194	17 111		45
112	80					80	
6 630	1 410						1 410
1 766	616			255	361		
39 801	28 661	1 365	346	11 080	15 870		
487	330			250		80	
499	102			57			45
14 485	4 399		5	1 382	1 603		1 410

8－8 续表 4

	营业收入	主营业务收入	营业成本	主营业务成本	营业税金及附加	主营业务税金及附加
总计	**293 712**	**290 124**	**127 825**	**124 832**	**16 881**	**16 466**
住宿业	**118 034**	**114 813**	**36 667**	**34 678**	**6 608**	**6 397**
按住宿业行业小类分						
旅游饭店	100 999	99 924	33 036	32 207	5 609	5 501
一般旅馆	16 501	14 889	2 835	2 470	966	896
其他住宿业	534		796		34	
按登记注册类型分						
内资企业	111 503	108 742	35 597	33 608	6 229	6 018
国有企业	60 841	59 977	23 866	23 069	3 399	3 361
集体企业	3 860	3 788	1 860	1 275	220	210
有限责任公司	34 401	33 988	8 131	7 887	1 901	1 803
其他有限责任公司	34 401	33 988	8 131	7 887	1 901	1 803
私营企业	12 195	10 783	1 563	1 198	698	632
私营独资企业	5 031	4 873	238	234	286	286
私营有限责任公司	6 005	5 910	964	964	346	346
私营股份有限公司	1 158		361		66	
其他企业	207	207	178	178	13	13
外商投资企业	6 531	6 071	1 070	1 070	379	379
中外合资经营企业	6 531	6 071	1 070	1 070	379	379
按控股情况分						
国有控股	70 021	69 136	25 908	25 094	3 917	3 879
集体控股	7 539	7 467	3 443	2 851	410	400
私人控股	26 432	24 728	5 132	4 763	1 479	1 413
外商控股	6 531	6 071	1 070	1 070	379	379
其他	7 512	7 412	1 114	900	424	326
按经营形式分						
独立门店	110 201	107 306	36 090	34 105	6 171	5 960
其他	7 833	7 507	577	573	437	437
按星级分						
五星	23 939	23 939	9 581	9 581	1 338	1 338
四星	33 412	32 852	7 301	7 301	1 920	1 920
三星	31 374	30 540	11 682	10 641	1 647	1 515
二星	3 788	3 788	2 988	2 403	202	193
其他	25 521	23 695	5 116	4 751	1 501	1 432

其他业务利　润	销售费用	管理费用			
			税金	差旅费	工会经费
7 336	76 768	52 960	2 588	402	796
847	32 465	36 313	1 510	200	694
727	26 751	32 480	1 460	175	687
121	5 714	3 692	49	25	7
		140			
847	30 737	33 555	1 296	200	694
617	13 998	17 627	491	123	44
	888	1 587	104	4	3
101	12 525	11 089	601	57	646
101	12 525	11 089	601	57	646
130	3 327	3 210	100	16	
34	137	1 310			
96	2 632	1 774	100	16	
	558	126			
		42			1
	1 728	2 758	214		
	1 728	2 758	214		
621	16 939	20 391	600	124	54
	1 588	2 716	104	10	19
226	9 190	8 002	334	40	5
	1 728	2 758	214		
	3 021	2 446	258	27	615
751	30 598	34 499	1 414	194	687
96	1 867	1 814	96	6	7
	3 460	8 504	188	64	1
	10 818	12 605	603	46	638
727	10 121	8 072	582	52	44
	335	732	43	6	3
121	7 733	6 400	93	33	8

8－8续表5

	营业收入	主营业务收入	营业成本	主营业务成本	营业税金及附加	主营业务税金及附加
餐饮业	**175 678**	**175 311**	**91 158**	**90 154**	**10 273**	**10 069**
按餐饮业行业小类分						
正餐服务	142 170	141 803	75 763	74 759	8 411	8 215
快餐服务	31 918	31 918	14 686	14 686	1 777	1 777
其他餐饮业	1 590	1 590	709	709	85	77
按登记注册类型分						
内资企业	144 650	144 283	77 053	76 050	8 517	8 313
国有企业	2 241	2 241	1 124	1 114	111	111
集体企业	1 743	1 743	1 179	1 179	49	49
股份合作企业	1 585	1 585	1 138	1 087	86	86
有限责任公司	48 949	48 583	27 190	26 498	2 954	2 808
其他有限责任公司	48 949	48 583	27 190	26 498	2 954	2 808
股份有限公司	5 685	5 685	2 795	2 795	254	254
私营企业	82 489	82 488	42 485	42 235	4 947	4 889
私营独资企业	23 952	23 952	12 305	12 305	1 405	1 404
私营有限责任公司	58 200	58 199	29 970	29 720	3 518	3 461
私营股份有限公司	337	337	210	210	24	24
其他企业	1 959	1 959	1 142	1 142	116	116
港、澳、台商投资企业	1 042	1 042	430	430	59	59
港、澳、台商独资经营企业	1 042	1 042	430	430	59	59
外商投资企业	29 986	29 986	13 675	13 675	1 697	1 697
中外合资经营企业	359	359	165	165	34	34
外资企业	29 628	29 628	13 510	13 510	1 663	1 663
按控股情况分						
国有控股	3 107	3 107	1 657	1 647	155	155
集体控股	4 166	4 166	2 454	2 454	156	156
私人控股	116 483	116 464	61 372	61 049	7 066	6 989
港澳台商控股	1 042	1 042	430	430	59	59
外商控股	29 628	29 628	13 510	13 510	1 663	1 663
其他	21 253	20 905	11 735	11 064	1 174	1 047
按经营形式分						
独立门店	124 254	123 887	66 164	65 160	7 438	7 235
连锁总店(总部)	5 604	5 604	2 628	2 628	317	317
连锁门店	3 708	3 708	1 847	1 847	205	205
其他	42 112	42 112	20 519	20 519	2 313	2 312

其他业务利　润	销售费用	管理费用			
			税金	差旅费	工会经费
6 489	44 303	16 647	1 078	202	102
6 298	37 134	14 327	1 074	202	101
	6 926	2 191			1
191	243	129	4		
6 489	37 536	14 477	1 078	196	96
	592	480	2	1	
	126	288			
		268	13	26	32
2 885	12 015	3 963	588	55	31
2 885	12 015	3 963	588	55	31
	1 596	404	33	12	7
3 598	22 915	8 669	443	102	27
475	5 242	3 355	56	32	
		24			
3 123	17 674	5 262	363	69	25
		29	24	2	1
6	291	407			
	424	94			1
	424	94			1
	6 343	2 076		6	5
	216	12		6	5
	6 127	2 064			
	592	820	2	1	
	929	428	6	4	4
3 678	30 643	11 301	904	184	95
	424	94			1
	6 127	2 064			
2 811	5 587	1 941	166	13	2
6 489	32 186	11 952	1 061	196	94
	2 326	176			2
	585	910		6	5
	9 206	3 609	17		1

8－8续表6

	财务费用	利息收入	利息支出	资产减值损失	公允价值变动收益	投资收益	营业利润	营业外收入	补贴收入
总计	**4 246**	**399**	**1 791**	**163**	**－1**	**－1**	**15 178**	**1 076**	**618**
住宿业	**2 696**	**158**	**1 091**	**162**			**3 134**	**775**	**604**
按住宿业行业小类分									
旅游饭店	2 404	149	852	162			568	718	564
一般旅馆	291	9	238				3 004	57	40
其他住宿业	1						－437		
按登记注册类型分									
内资企业	2 680	134	1 091	162			2 554	763	604
国有企业	250	111	46	161			1 518	321	234
集体企业	14	4					－708		
有限责任公司	2 162	17	832				－1 406	429	370
其他有限责任公司	2 162	17	832				－1 406	429	370
私营企业	254	3	212	1			3 176	13	
私营独资企业	195	1	191				2 899	5	
私营有限责任公司	54	2	22	1			235	8	
私营股份有限公司	5						43		
其他企业							－26		
外商投资企业	17	24					580	12	
中外合资经营企业	17	24					580	12	
按控股情况分									
国有控股	289	119	49	161			2 394	321	234
集体控股	24	6					－641		
私人控股	932	10	856	1			1 730	426	370
外商控股	17	24					580	12	
其他	1 436	－1	185				－929	15	
按经营形式分									
独立门店	2 661	157	1 066	162			31	772	604
其他	35	1	25				3 103	3	
按星级分									
五星	157	20					900	56	56
四星	70	94	19	1			697	26	
三星	2 105	27	810	161			－2 379	592	508
二星	12	8	15				－480	10	
其他	352	10	246				4 396	91	40

8－8 续表 7

	财务费用	利息收入	利息支出	资产减值损失	公允价值变动收益	投资收益	营业利润	营业外收入	补贴收入
餐饮业	**1 550**	**241**	**700**	**1**	**－1**	**－1**	**12 044**	**301**	**14**
按餐饮业行业小类分									
正餐服务	1 751	18	697	1	－1	－1	5 223	298	14
快餐服务	－204	223					6 542	3	
其他餐饮业	3		3				279		
按登记注册类型分									
内资企业	1 752	23	697	1	－1	－1	5 610	298	14
国有企业	8						－74	6	
集体企业	68		62				34		2
股份合作企业	19	3	7				73		
有限责任公司	321	7	144	1	－1	－1	2 564	100	
其他有限责任公司	321	7	144	1	－1	－1	2 564	100	
股份有限公司	10	9	7				190		
私营企业	1 298	4	478				2 848	165	7
私营独资企业	294	1	153				1 788	146	6
私营合伙企业							－10		
私营有限责任公司	1 000	3	324				1 001	19	
私营股份有限公司	4						70		
其他企业	29						－26	27	5
港、澳、台商投资企业	0						35		
港、澳、台商独资经营企业	0						35		
外商投资企业	－202	218	3				6 399	3	
中外合资经营企业	3		3				－70		
外资企业	－205	218					6 469	3	
按控股情况分									
国有控股	13						－129	6	2
集体控股	67	1	62				132		2
私人控股	1 511	21	523	1	－1	－1	4 827	280	10
港澳台商控股							35		
外商控股	－205	218					6 469	3	
其他	165	1	116				710	13	
按经营形式分									
独立门店	1 526	18	519	1	－1	－1	5 284	245	8
连锁总店（总部）	25						132		
连锁门店	10		3				150		
其他	－11	224	178				6 477	56	6

8－8 续表 8

	利润总额	应交所得税	应付职工薪酬(本年贷方累计发生额)	土地和固定资产支出
总计	**15 897**	**4 264**	**49 772**	**12 409**
住宿业	**4 088**	**2 170**	**24 813**	**11 032**
按住宿业行业小类分				
旅游饭店	1 555	757	21 260	9 340
一般旅馆	2 977	1 414	3 248	1 692
其他住宿业	－444		305	
按登记注册类型分				
内资企业	3 502	2 077	22 834	11 032
国有企业	1 631	587	10 847	2 933
集体企业	－207		1 425	242
有限责任公司	－1 077	30	8 180	7 807
其他有限责任公司	－1 077	30	8 180	7 807
私营企业	3 182	1 460	2 382	51
私营独资企业	2 897	1 409	596	
私营有限责任公司	243	51	1 506	51
私营股份有限公司	43		281	
其他企业	－26			
外商投资企业	586	93	1 979	
中外合资经营企业	586	93	1 979	
按控股情况分				
国有控股	2 508	606	12 718	3 732
集体控股	－140	4	2 253	273
私人控股	2 048	1 467	6 091	4 353
外商控股	586	93	1 979	
其他	－914		1 773	2 675
按经营形式分				
独立门店	982	742	23 603	10 338
其他	3 106	1 429	1 210	694
按星级分				
五星	785	130	2 757	
四星	698	145	7 937	864
三星	－1 774	81	8 249	8 420
二星	30	9	1 016	2
其他	4 349	1 806	4 855	1 747

土地购置	房屋和建筑物	机器设备	运输工具	其他费用
1	8 859	1 867	631	1 051
	7 947	1 697	443	945
	6 925	1 081	423	910
	1 022	616	20	35
	7 947	1 697	443	945
	1 111	1 321	246	255
		242		
	6 836	83	197	690
	6 836	83	197	690
		51		
		51		
	1 736	1 374	364	259
		242		31
	3 811	51	41	450
	2 400	30	39	206
	7 322	1 628	443	945
	625	69		
		725	9	130
	6 925	356	384	755
				2
	1 022	616	51	59

8－8 续表 9

	利润总额	应交所得税	应付职工薪酬(本年贷方累计发生额)	土地和固定资产支出
餐饮业	**11 809**	**2 094**	**24 959**	**1 377**
按餐饮业行业小类分				
正餐服务	5 351	559	22 737	1 377
快餐服务	6 433	1 528	1 734	
其他餐饮业	25	7	488	
按登记注册类型分				
内资企业	5 484	572	23 395	1 377
国有企业	－7		439	
集体企业	212	1	306	
股份合作企业	－4		184	
有限责任公司	2 622	200	7 857	197
其他有限责任公司	2 622	200	7 857	197
股份有限公司	190	17	973	33
私营企业	2 514	348	13 016	1 147
私营独资企业	2 120	128	3 822	10
私营合伙企业	－10		67	
私营有限责任公司	404	220	9 048	1 137
私营股份有限公司			79	
其他企业	－43	5	621	
港、澳、台商投资企业	35	9	254	
港、澳、台商独资经营企业	35	9	254	
外商投资企业	6 290	1 514	1 310	
中外合资经营企业	－70	3	10	
外资企业	6 360	1 510	1 300	
按控股情况分				
国有控股	－61		853	
集体控股	311	1	788	33
私人控股	4 467	433	18 901	1 344
港澳台商控股	35	9	254	
外商控股	6 360	1 510	1 300	
其他	697	141	2 864	
按经营形式分				
独立门店	4 485	494	19 578	1 135
连锁总店(总部)	132	9	1 457	
连锁门店	150	12	248	
其他	7 042	1 580	3 676	242

土地购置	房屋和建筑物	机器设备	运输工具	其他费用
1	912	170	189	106
1	912	170	189	106
1	912	170	189	106
		15	182	
		15	182	
	33			
1	879	154	7	106
1	1	2	2	5
	878	152	5	101
	33			
1	879	169	189	106
1	912	29	189	5
		140		101

8－9 各种物价总指数

（上年＝100）

年份	居民消费价格总指数	商品零售价格指数	农产品收购价格指数
1979	100.8	100.9	
1980	105.1	105.3	
1981	101.8	101.7	
1982	101.0	101.1	
1983	100.4	100.0	
1984	102.7	101.5	
1985	112.7	113.0	
1986	105.7	106.0	
1987	109.8	109.8	
1988	124.5	125.1	
1989	116.1	116.3	
1990	101.3	99.5	
1991	106.3	105.6	
1992	107.2	106.0	
1993	115.7	113.2	112.0
1994	123.1	121.9	124.0
1995	119.0	115.5	124.1
1996	110.2	105.7	95.4
1997	103.5	101.5	104.4
1998	99.6	98.5	87.8
1999	96.9	97.5	97.3
2000	99.3	99.0	108.5
2001	102.1	99.1	102.4
2002	99.3	98.8	89.9
2003	100.9	99.2	107.5
2004	101.1	101.0	
2005	100.6	98.8	
2006	101.7	100.3	
2007	105.3	103.1	
2008	107.2	107.2	
2009	99.6	100.5	
2010	103.8	103.9	
2011	105.4	105.4	
2012	102.4	102.4	

8－10 居民消费价格分类指数

（上年＝100）

	2000	2005	2006	2007	2008	2009	2010	2011	2012
居民消费价格总指数	99.3	100.6	101.7	105.3	107.2	99.6	103.8	105.4	102.4
食品	97.2	101.9	104.3	112.3	117.3	103.6	109.7	113.2	105.5
粮食	92.9	101.7	105.6	105.8	106.2	105.1	135.2	113.7	101.1
油脂	79.4	98.2	96.8	124.5	141.2	85.1	105.8	111.5	105.4
肉禽及其制品	97.4	103.5	99.4	129.3	127.2	93.3	102.1	121.4	105.2
蛋	82.6	103.9	99.8	127.1	102.1	102.5	110.6	119.3	99.6
水产品	103.4	103.8	102.3	104.7	114.2	107.0	107.2	110.6	105.4
菜	105.7	105.9	117.7	104.1	115.5	119.6	113.6	109.3	111.9
干鲜瓜果	101.1	102.1	117.5	99.7	109.4	111.0	106.9	120.4	103.8
烟酒		96.7	100.3	101.5	104.8	102.9	105.8	105.3	104.2
衣着	109.0	91.0	86.5	93.7	100.0	98.6	98.3	97.7	101.3
家庭设备用本及维修服务	96.2	98.7	100.6	103.9	105.6	101.0	99.1	99.3	100.3
医疗保健个人用品	95.6	104.6	108.0	109.7	104.6	100.8	103.8	101.8	101.9
交通和通讯	92.0	97.5	98.3	98.4	98.3	97.0	98.5	99.7	99.9
交通工具	95.3	100.3	101.7	103.2	100.6	97.7	98.7	100.0	100.0
通讯工具	89.5	81.3	80.2	69.5	70.9	70.2	81.4	97.0	98.9
通信服务		97.5	100.1	100.4	100.0	100.0	100.0	100.0	100.0
娱乐教育文化用品及服务	91.1	101.3	101.0	100.0	101.2	102.5	99.5	100.8	99.3
教材及参考书	117.6	104.6	97.1	91.2	102.7	96.1	108.5	115.0	100.0
文化娱乐用品	100.5	100.1	101.2	99.4	99.9	100.6	100.5	100.1	99.5
居住	105.9	103.9	103.4	102.9	102.3	89.4	103.3	107.0	100.7

8－11 居民消费价格指数

（上年＝100）　　　　（2012 年）

	居民消费价格指数
居民消费价格总指数	102.4
食品	105.5
粮食	101.1
淀粉及制品	106.7
干豆类及豆制品	104.9
油脂	105.4
肉禽及其制品	105.2
蛋	99.6
水产品	105.4
菜	111.9
#鲜菜	114.2
调味品	101.4
糖	103.1
茶及饮料	102.3
茶叶	101.8
饮料	102.8
干鲜瓜果	103.8
糕点饼干面包	101.1
液体乳及乳制品	101.3
在外用膳食品	108.3
烟酒	104.2
烟草	100.0
酒	109.9
衣着	101.3
服装	101.8
衣着材料	101.7
鞋帽袜	100.1
衣着加工服务费	100.0
家庭设备用品及维修服务	100.3
耐用消费品	100.2
家具	100.0

	居民消费价格指数
家庭设备	100.3
室内装饰品	100.1
床上用品	98.2
家庭日用杂品	101.5
家庭服务及加工维修服务	100.0
医疗保健和个人用品	101.9
医疗保健	101.0
中药材及中成药	103.0
西药	101.2
保健器具及用品	100.0
个人用品及服务	103.0
交通和通信	99.9
交通	100.9
#交通工具	100.0
通信	99.4
通信工具	98.9
通信服务	100.0
娱乐教育文化用品及服务	99.3
文娱用耐用消费品及服务	96.1
教育	99.8
教材及参考书	100.0
教育服务	99.8
文化娱乐类	99.8
文化娱乐用品	99.5
书报杂志	100.0
文娱费	100.0
旅游	102.5
居住	100.7
建房及装修材料	99.3
住房租金	100.0
自有住房	100.5
水、电、燃料	101.4

8－12 商品零售价格指数

（上年＝100）　　　　　　　　（2012 年）

	商品零售价格指数
商品零售价格总指数	102.4
食品类	105.8
粮食	101.1
淀粉及制品	106.7
干豆类及豆制品	104.9
油脂	105.7
肉禽及其制品	105.2
蛋	99.6
水产品	105.4
菜	113.2
调味品	101.4
糖	103.1
干鲜瓜果	103.8
糕点饼干面包	101.1
液体乳及乳制品	101.3
在外用膳食品	108.3
饮料、烟酒	103.9
茶及饮料	102.3
烟草	100.0
酒	109.9
服装、鞋帽	101.3
服装	102.0
鞋帽袜	100.1
纺织品	98.9
衣着材料	101.3
床上用品	97.8

	商品零售价格指数
家用电器及音像器材	99.3
家庭设备	100.3
文娱用耐用消费品	98.2
专业音像器材	100.0
文化办公用品	95.3
日用品	101.8
日用百货	101.5
日用杂品	100.8
洗涤用品	106.1
其他日用品	101.4
体育娱乐用品	99.2
交通、通信用品	97.8
交通运输机械	100.0
通讯器材类	97.7
家具	100.0
化妆品	103.8
金银珠宝	105.0
中西药品及医疗保健用品	101.6
医疗器具及用品	101.5
中药材及中成药	103.0
西药	101.2
保健器具及用品	100.0
书报杂志及电子出版物	100.0
教材及参考书	100.0
书报杂志	100.0
电子音像制品	100.0
燃料	100.6
建筑材料及五金电料类	98.9
建筑装潢材料	98.8
五金电料类	100.0

主要统计指标解释

社会消费品零售总额 指国民经济各行业直接售给城乡居民和社会集团的消费品总额。这是反映各行业通过多种商品流通渠道向居民和社会集团供应的生活消费品总量，是研究国内零售市场变动情况、反映经济景气程度的重要指标。

社会消费品零售总额包括：（1）售给城乡居民作为生活用的商品和修建房屋用的建筑材料；（2）售给社会集团的各种办公用品和公用消费品；（3）售给机关、团体、学校、部队、企业、事业单位的职工食堂和旅店（招待所）附设专门供本店旅客食用，不对外营业的食堂的各种食品、燃料；企业、单位和国营农场直接售给本单位职工和职工食堂的自己生产的产品；（4）售给部队干部、战士生活用的粮食、副食品、衣着品、日用品、燃料；（5）售给来华的外国人、华侨、港澳台同胞的消费品；（6）居民自费购买的中、西药品、中药材及医疗用品；（7）报社、出版社直接售给居民和社会集团的报纸、图书、杂志，集邮公司出售的新、旧纪念邮票、特种邮票、首日封、集邮册、集邮工具等；（8）旧货寄售商店自购、自销部分的商品；（9）煤气公司、液化石油气站售给居民和社会集团的煤气灶具和罐装液化石油气；不包括售给国民经济各部门企业、事业单位（包括国有经济的农场）生产经营用的各种原材料、燃料、设备、工具等和售给批发零售贸易业、餐饮业作为转卖用的商品，旧货寄售商店受托寄售卖出的商品，服务业的营业收入，邮局出售邮票的收入，自来水、电力、煤气生产（供应）单位的产品供应收入，也不包括农民之间的商品销售。

批发零售贸易业商品购、销、存总额 指各种登记注册类型的批发、零售贸易业企业（单位）以本企业（单位）为总体的商品购进、销售、库存总额。

商品购进总额 指从本企业（单位）以外的单位和个人购进（包括从境外直接进口）作为转卖或加工后转卖的商品总额。它反映批发零售贸易业从国内、国外市场上购进商品的总量。商品购进总额包括：（1）从工农业生产者购进的商品；（2）从出版社、报社的出版发行部门购进的图书、杂志和报纸；（3）从各种登记注册类型的批发零售贸易企业（单位）购进的商品；（4）从其他单位购进的商品，如从机关、团体、企业等单位购进的剩余物资，从餐饮业、服务业购进的商品，从海关、市场管理部门购进的缉私和没收的商品，从居民手中收购的废旧商品等；（5）从国（境）外直接进口的商品。不包括企业（单位）为自身经营用和未通过买卖行为而收入的商品以及销售退回、商品升溢等。

商品销售总额 指对本企业（单位）以外的单位和个人出售（包括对境外直接出口）的商品总额。它反映批发零售贸易业在国内市场上销售商品以及出口商品的总量。商品销售总额包括：（1）售给城乡居民和社会集团消费用的商品；（2）售给工业、农业、建筑业、运输邮电业、批发零售贸易业、餐饮业、服务业等作为生产、经营使用的商品；（3）售给批发零售贸易业作为转卖或加工后转卖的商品；（4）对国（境）外直接出口的商品。不包括出售本企业（单位）自用的废旧包装用品；未通过买卖行为付出的商品；经本单位介绍，由买卖双方直接结算，本单位只收取手续费的业务；购货退出的商品以及商品损耗和损失等。

批发零售贸易业库存 指报告期末各种登记注册类型的批发零售贸易企业（单位）已取得所有权的商品。它反映批发零售贸易企业（单位）的商品库存情况和对市场商品供应的保证程度。期末库存包括：（1）存放在批发零售贸易业经营单位（如门市部、批发站、经营处）仓库、货场、货柜和货架中的商品；（2）挑选、整理、包装中的商品；（3）已记入购进而尚未运到本单位的商品，即发货单或银行承兑凭证已到而货未到的部分；（4）寄放他处的商品，如因购货方拒绝承付而暂时存放在购货方的商品和已办完加工成品收回手续而未提回的商品；（5）委托其他单位代销（未作销售或调出）尚未售出的商品；（6）代其他单位购进尚未交付的商品。不包括所有权不属于本单位的商品，拨付除批发零售贸易业以外的其他行业所属独立核算加工厂等加工生产尚未收回成品的商品、代国家物资储备部门保管的商品等。

库存总额采用的计算价格是：农副产品采购单位按购进价计算；批发单位按进货价计算；零售单位按核算价格计算，即按什么价格核算就按什么价格计算。

消费品市场成交额 指从事消费品交易的商品市场的全部商品成交金额。消费品市场包括农副产品市场和工业消费品市场。

商品零售价格指数 是反映城乡商品零售价格变动趋势的一种经济指数。零售物价的调整变动直接影响到城乡居民的生活支出和国家财政收入，影响居民购买力和市场供需平衡，影响消费与积累的比例。因此，计算零售价格指数，可以从一个侧面对上述经济活动进行观察和分析。

居民消费价格指数 是反映一定时期内城乡居民所购买的生活消费品价格和服务项目价格变动趋势和程度的相对数，是对城市居民消费价格指数和农村居民消费价格指数进行综合汇总计算的结果。利用居民消费价格指数，可以观察和分析消费品的零售价格和服务价格变动对城乡居民实际生活费支出的影响程度。

工业品出厂价格指数 是反映全部工业产品出厂价格总水平的变动趋势和程度的相对数，包括工业企业售给本企业以外所有单位的各种产品和直接售给居民用于生活消费的产品。通过工业品出厂价格指数能观察出厂价格变动对工业总产值的影响。

九、财政、金融

9－1 财政收入

单位:万元

年份	财政收入	公共财政预算收入	#增值税	营业税	企业所得税	上划中央增值税、消费税收入
1995	186 819	100 866	23 055	36 131	7 963	85 953
1996	208 080	119 915	23 633	45 585	7 081	88 165
1997	231 957	134 178	26 525	52 192	8 389	97 779
1998	254 583	150 415	28 794	56 681	9 406	104 168
1999	267 742	169 540	27 113	60 673	16 055	98 202
2000	273 425	166 061	28 781	66 193	14 353	107 364
2001	347 000	196 111	33 546	71 218	18 566	150 889
2002	388 905	210 615	37 123	90 082	7 358	178 290
2003	729 368	205 660	21 219	75 850	7 971	349 323
2004	845 186	249 521	24 031	84 757	10 948	421 051
2005	961 312	289 256	23 790	103 951	14 596	416 381
2006	1 061 856	331 417	25 586	123 385	18 088	534 057
2007	1 340 643	466 256	33 588	139 944	23 123	531 790
2008	1 524 443	508 618	35 550	173 450	33 069	599 240
2009	2 548 033	570 385	87 798	153 147	36 392	
2010	3 041 332	727 579	101 434	192 306	43 517	
2011	3 506 307	864 897	96 466	225 601	63 866	
2012	4 060 754	1 037 294	103 850	272 035	77 186	

注:自 2003 年后财政体制调整,收入范围重新划分,与往年不可比;财政收入为地区财政收入。

9－2 财政支出

单位:万元

年份	公共财政预算支出	#基本建设	农业支出	文教、卫生支出	行政管理费
1994	102 846	6 964	6 932	25 157	12 900
1995	117 743	5 343	8 285	27 984	13 937
1996	143 837	11 061	9 680	32 282	16 929
1997	156 669	11 227	12 375	36 072	19 177
1998	186 051	23 178	12 015	31 311	21 443
1999	195 471	13 779	16 711	50 030	25 104
2000	212 701	18 112	15 438	56 190	26 312
2001	314 756	75 198	10 499	69 702	32 313
2002	340 254	50 674	9 485	79 570	36 569
2003	365 731	28 185	6 827	92 190	38 870
2004	409 025	35 602	8 593	106 628	45 737
2005	502 206	36 411	10 004	133 481	52 876
2006	631 321	54 676	19 276	166 322	67 078

注:2007 年后财政支出科目变动,部分指标无数据。

9－3 公共财政预算收入

单位:万元

	2007	2008	2009	2010	2011	2012
收入总计	**466 256**	**508 618**	**570 385**	**727 579**	**864 897**	**1 037 303**
税收收入	**344 345**	**431 291**	**483 827**	**581 002**	**699 729**	
增值税	33 588	35 550	87 798	101 434	96 466	103 850
营业税	139 944	173 450	153 147	192 306	225 601	272 035
企业所得税	23 123	33 069	36 392	43 517	63 866	77 186
个人所得税	9 917	13 817	16 422	21 579	25 422	27 876
资源税	1 806	2 364	1 053	1 533	1 427	1 364
城市维护建设税	56 368	65 902	80 260	94 490	100 901	119 971
房产税	29 883	36 997	37 709	38 995	43 107	53 326
印花税	11 408	15 852	21 364	24 716	22 570	29 060
城镇土地使用税	12 566	13 039	14 126	12 521	43 680	49 831
土地增值税	3 401	19 508	248	10 357	20 962	22 447
车船使用税	1 101	2 633	5 464	7 339	8 958	13 249
屠宰税						
农业税						
农业特产税						
牧业税						
耕地占用税	2 041	1 338	7 070	3 148	4 775	4 432
契税	19 297	17 874	22 781	29 084	42 034	42 163
烟叶税				3	2	
非税收入	**121 911**	**77 327**	**86 558**	**146 577**	**165 168**	**220 513**
专项收入	30 380	33 658	37 283	46 780	50 081	56 129
行政性收费收入	17 012	17 638	19 585	29 053	44 300	51 418
罚没收入	10 821	9 580	11 121	11 779	15 872	22 063
国有资本经营收入			3 765	50 905	19 055	37 074
国有资源(资产)有偿使用收入			14 527	7 822	30 183	45 101
其他收入	1 164	10 489	277	238	5 677	8 728

9－4 公共财政预算支出

单位:万元

	2003	2004	2005	2006
支出总计	**365 731**	**409 025**	**502 206**	**631 321**
基本建设支出	28 185	35 602	36 411	54 676
企业挖潜改造资金	22 076	5 095	12 746	9 867
地质勘探费				
科技三项费用	2 345	3 569	5 206	7 009
流动资金				
农业支出	6 827	8 593	10 004	19 276
林业支出	7 223	7 868	9 047	11 776
水利气象支出	7 635	6 599	10 661	14 447
工业交通等部门事业费	1 059	1 576	1 645	1 747
流通部门事业费	254	292	430	536
文体、广播事业费	10 139	10 624	13 419	16 962
教育支出	61 438	71 816	91 528	111 219
科学支出	1 571	1 762	2 161	2 543
医疗卫生支出	20 613	22 426	26 373	35 598
其他部门的事业费	12 769	18 702	17 016	20 766
抚恤和社会福利救济费	19 023	19 815	24 735	30 485
行政事业单位离退休支出	549	481	542	570
社会保障补助支出	28 630	27 884	47 617	49 560
国防支出	18	38	17	57
行政管理费	38 870	45 737	52 876	67 078
外交外事支出	78	113	110	192
公检法司支出	25 536	29 579	36 585	46 360
城市维护费	30 541	45 287	50 979	65 896
政策性补贴支出	4 562	805	834	3 156
支援不发达地区支出	4 790	4 997	4 132	4 184
海域开发建设和场地使用费支出		60	15	10
车辆税费支出		6		147
债务利息支出		15	84	36
专项支出	11 121	14 339	18 112	23 498
其他支出	19 879	25 345	28 897	33 657

9－5 公共预算支出

单位:万元

	2008	2009	2010	2011	2012
支出总计	**995 551**	**1 198 342**	**1 469 264**	**1 754 806**	**2 025 976**
一般公共服务	147 991	150 832	164 577	191 937	270 651
国防					224
公共安全					163 637
教育	230 436	269 714	295 364	339 636	403 815
普通教育	179 405	209 232	222 959	259 615	309 585
职业教育	19 529	21 123	21 652	29 066	30 761
教育费附加安排的支出	22 239	29 024	37 458	38 875	50 002
科学技术					27 991
文化体育与传媒	21 662	24 567	31 667	40 698	43 910
文化	9 282	12 155	17 073	14 860	18 695
体育	3 832	4 108	3 608	7 510	9 947
广播影视	4 086	4 276	4 268	4 366	6 623
社会保障和就业	123 990	202 626	148 461	221 973	205 137
财政对社会保险基金的补助	38 549	26 446	31 650	77 279	52 607
就业补助	15 210	18 755	22 705	22 837	25 873
城市居民最低生活保障	26 272	29 981	33 206	42 639	36 952
农村最低生活保障	3 595	6 171	7 488	13 329	11 647
医疗卫生	76 675	108 026	125 120	172 782	171 908
医疗保障	38 726	54 377	63 315	84 615	85 246
疾病预防控制	4 477	4 762	3 792	5 971	
节能环保	17 834	32 468	75 531	63 347	78 637
污染防治	8 997	13 461	46 206	35 749	33 777
城乡社区事务	112 333	101 510	149 730	179 934	220 596
城乡社区公共设施	36 637	21 125	47 479	34 864	65 622
城乡社区环境卫生	30 141	33 108	37 404	45 381	54 246
农林水事务	65 634	93 703	139 150	135 491	166 182
交通运输	15 788	20 897	24 051	46 537	54 236
资源勘探电力信息等事务					59 422
商业服务业等事务					21 766
金融监管等事务支出					1 106
国土资源气象等事务					25 248
住房保障支出					48 690
粮油物资储备事务					3 111
国债还本付息支出					4 942
其他支出	55 562	32 662	32 912	46 350	54 767

注:2012 年财政指标变更,之前年份无数据。

9－6 财政收入占地区生产总值比重

年份	财政收入（万元）	公共财政预算收入（万元）	地区生产总值（万元）	财政收入占地区生产总值比重(%)	公共财政预算收入占地区生产总值比重(%)
1979	41 304	41 304	245 354	16.83	16.83
1980	40 941	40 941	256 769	15.94	15.94
1981	38 085	38 085	240 147	15.86	15.86
1982	39 192	39 192	258 193	15.18	15.18
1983	43 014	43 014	294 926	14.58	14.58
1984	46 913	46 913	354 068	13.25	13.25
1985	48 931	48 931	435 029	11.25	11.25
1986	55 930	55 930	507 941	11.01	11.01
1987	61 396	61 396	561 061	10.94	10.94
1988	72 020	72 020	643 008	11.20	11.20
1989	84 728	84 728	736 867	11.50	11.50
1990	92 072	92 072	778 938	11.82	11.82
1991	100 512	100 512	852 297	11.79	11.79
1992	111 908	111 908	1 005 752	11.13	11.13
1993	147 391	147 391	1 267 176	11.63	11.63
1994	158 204	88 841	1 724 940	9.17	5.15
1995	186 819	100 866	2 104 288	8.88	4.79
1996	208 080	119 915	2 250 126	9.25	5.33
1997	231 957	134 178	2 374 204	9.77	5.65
1998	254 583	150 415	2 525 504	10.08	5.96
1999	267 742	169 540	2 674 592	10.01	6.34
2000	273 425	166 061	3 003 209	9.10	5.53
2001	347 000	196 111	3 416 836	10.16	5.74
2002	388 905	210 615	3 814 070	10.20	5.52
2003	729 368	205 660	4 336 504	16.82	4.74
2004	845 186	249 521	5 002 500	16.90	4.99
2005	961 312	289 256	5 670 437	16.95	5.10
2006	1 061 856	331 417	6 384 705	16.63	5.19
2007	1 340 643	466 256	7 327 581	18.30	6.36
2008	1 524 443	508 618	8 462 811	18.01	6.01
2009	2 548 033	570 385	9 259 821	27.52	6.16
2010	3 041 332	727 579	11 003 898	27.64	6.61
2011	3 506 307	864 352	13 600 299	25.78	6.36
2012	4 060 754	1 037 303	15 644 079	25.96	6.63

9－7 县区级财政收支

单位：万元　　（2012 年）

	财政收入	财政支出
城关区	168 279	279 573
七里河区	64 159	137 026
西固区	52 495	99 873
安宁区	64 148	87 627
红古区	16 895	79 992
永登县	23 614	148 336
皋兰县	19 754	98 611
榆中县	28 364	161 863

9－8 财政用于教育的支出

单位：万元

年份	预算内用于教育的支出	教育事业费	教育基建投资	城市教育费附加支出	支援不发达地区资金用于教育的支出
1990	9 875	7 782	304	1 147	27
1991	10 452	7 785	272	1 661	24
1992	10 584	8 939	335	543	23
1993	13 911	10 270	309	2 221	25
1994	19 322	15 480	456	2 704	34
1995	20 994	16 718	229	3 482	20
1996	25 426	19 434	844	4 676	28
1997	28 737	21 946	553	5 526	53
1998	33 001	27 139	903	4 941	18
1999	37 128	32 048	615	4 409	56
2000	43 296	36 769	312	6 147	68
2001	55 505	47 863	466	7 120	56
2002	63 548	53 516	1 816	8 162	54
2003	72 023	61 438	1 757	8 776	52
2004	85 864	72 192	1 176	12 466	30
2005	108 284	91 528	1 610	15 120	26
2006	129 103	111 219	851	16 983	50

注：2007 年后财政支出科目变动，部分指标无数据。

9-9 城乡居民储蓄存款年末余额

单位:万元

年份	年末余额			年增加额		
	总计	城镇	农村	总计	城镇	农村
1987		134 603	16 491			4 540
1988		154 610	20 182		20 007	3 691
1989	239 247	215 032	24 215		60 422	4 033
1990	313 850	282 550	31 300	74 603	67 518	7 085
1991	409 783	369 398	40 385	95 933	86 848	9 085
1992	553 872	501 435	52 437	144 089	132 037	12 052
1993	716 426	645 629	70 769	162 554	144 194	18 332
1994	966 770	874 658	92 112	250 344	229 029	21 343
1995	1 371 564	1 254 593	116 971	404 794	379 935	24 859
1996	1 726 708	1 578 672	148 036	355 144	324 079	31 065
1997	1 952 386	1 781 451	170 935	225 678	202 779	22 899
1998	2 339 629	2 146 265	193 364	387 243	364 814	22 429
1999	2 641 568	2 432 391	209 177	301 939	286 126	15 813
2000	2 979 869	2 750 275	229 524	338 301	317 884	20 347
2001	3 435 122	3 188 167	246 955	455 253	437 892	17 431
2002	3 942 836	3 659 052	283 784	507 714	470 885	36 829
2003	4 683 830	4 368 966	314 864	740 994	709 914	31 080
2004	5 254 624	4 904 195	350 429	570 794	535 229	35 565
2005	5 817 105	5 411 754	405 351	562 481	507 559	54 922
2006	6 877 518	6 394 031	483 487	1 060 413	982 277	78 136
2007	7 105 169	6 496 569	608 600	227 651	102 538	125 113
2008	9 071 007	8 238 267	832 740	1 965 838	1 741 698	224 140
2009	10 899 721	9 756 259	1 143 462	1 828 714	1 517 992	310 722
2010	12 959 451	11 447 080	1 512 371	2 059 730	1 690 821	368 909
2011	14 801 626	12 874 600	1 927 026	1 842 175	1 427 520	414 655
2012	17 431 811	15 155 843	2 275 968	2 630 185	2 281 243	348 942

9－10 金融机构信贷收支情况

单位：万元

	2006	2007	2008	2009
各项存款合计	16 155 138	17 911 232	21 562 875	26 211 979
企业存款	6 299 763	6 964 986	8 371 077	10 202 250
财政存款	542 669	733 203	984 565	749 611
机关团体存款	869 524	1 087 582	1 155 573	1 513 563
储蓄存款	6 877 518	7 105 169	9 071 007	10 899 721
城镇	6 394 031	6 496 569	8 238 267	9 756 259
农村	483 487	608 600	832 740	1 143 462
各项贷款合计	11 889 019	13 465 829	15 202 583	20 071 912
短期贷款	3 948 769	4 387 461	4 874 030	6 629 302
工业贷款	952 707	1 208 778	1 694 122	2 011 697
商业贷款	725 864	918 432	858 861	958 152
建筑业贷款	167 623	116 599	101 438	213 910
农业贷款	246 172	228 994	263 046	344 274
乡镇企业贷款	218 592	207 146	253 624	404 546
三资企业贷款	23 222	79 675	39 306	57 550
私营企业及个体贷款	166 721	175 770	174 632	231 581
其他短期贷款	1 447 868	1 452 067	1 489 002	2 407 593
中期流动资金贷款				
中长期贷款	7 256 317	8 550 894	9 607 244	12 049 886
基本建设贷款	5 477 250	6 197 262	6 738 981	7 919 199
技术改造贷款	211 448	317 415	337 210	383 610
其他中长期贷款	489 068	2 036 218	2 531 053	3 747 077
信托贷款				
融资租赁	2 298	2 298	1 453	1 453
委托贷款	35 290	35 340		
票据融资	641 731	485 478	718 548	1 389 827
各项垫款	4 615	4 358	1 307	1 445
现金收入	21 021 326	24 891 712	29 423 896	30 127 405
现金支出	20 251 898	23 933 353	28 288 102	28 865 381
货币投资（投放＋回笼）	－769 428	－958 359	－1 135 794	－1 262 024

注：速度按可比口径计算。

9－11 金融机构人民币信贷收支情况

单位:万元

	2010	2011
各项存款合计	32 358 448	38 335 471
单位存款	10 861 878	21 884 124
个人存款		14 880 995
储蓄存款	12 959 451	14 801 626
保证金存款		439
结构性存款		78 930
财政性存款	580 740	980 766
临时性存款		100 806
委托存款	138 267	163 573
其他存款	2 192 151	325 207
各项贷款合计	23 592 799	29 178 762
短期贷款	6 417 978	7 261 536
个人贷款及透支	689 170	909 305
单位普通贷款及透支	5 392 809	5 888 186
普通并购贷款		
银团贷款	550 871	13 950
贸易融资	208 329	441 596
境外筹资转贷款		8 500
中长期贷款	16 275 358	19 721 700
个人贷款	1 539 026	2 001 166
单位普通贷款	14 185 310	16 969 720
普通并购贷款		
银团贷款	550 871	750 747
贸易融资	150	67
信托贷款		
融资租赁	156 911	844 093
委托贷款		
票据融资	742 019	1 350 731
各项垫款	534	534

注:本表数据统计机构口径包括中国工商银行、中国农业银行、中国银行、中国建设银行、交通银行、招商银行、兰州银行、浦发银行。

9－12 金融机构人民币信贷收支表一

单位:万元

	2012
各项存款	45 892 564
单位存款	26 365 051
活期存款	13 806 316
定期存款	7 572 234
通知存款	1 073 772
个人存款	17 712 064
储蓄存款	17 431 811
保证金存款	3 425
结构性存款	276 828
财政性存款	1 072 597
临时性存款	107 636
委托存款	227 509
其他存款	407 707
金融债卷	398 390
中长期借款	
应付及暂收款	1 274 744
应付利息	530 715
同业往来	1 463 497
系统内资金往来	
外汇买卖	49 929
结售汇	49 471
各项准备	890 798
贷款损失准备	779 919
所有者权益	2 168 543
实收资本	1 304 807
其他	－5 721 443

9－12 金融机构人民币信贷收支表二

	2012
各项贷款	36 728 523
境内贷款	36 728 462
短期贷款	9 835 047
个人贷款及透支	1 576 271
个人消费贷款	241 005
单位普通贷款及透支	7 541 378
经营贷款	7 458 193
固定资产贷款	71 009
普通并购贷款	
银团贷款	24 700
贸易融资	687 197
境外筹资转贷款	5 500
中长期贷款	23 088 349
个人贷款	2 595 035
个人消费贷款	1 836 056
单位普通贷款	19 489 566
经营贷款	2 726 742
固定资产贷款	46 762 824
普通并购贷款	
银团贷款	1 003 681
贸易融资	67
境外筹资转贷款	
融资租赁	1 791 344
票据融资	2 013 200
贴现	2 013 200
各项垫款	522
境外贷款	61
有价证券	1 358 653
股权及其他投资	808 962
应收及预付款	393 168
应收利息	200 831
同业往来	244 602
系统内资金往来	5 900 655
金银占款	
外汇买卖	59 620
结售汇	57 335
固定资产	703 296
库存现金	174 102
投资性房地产	45 441

注:因 2012 年金融机构人民币信贷收支表项目指标口径发生变化,无法与上年进行比较。

主要统计指标解释

财政收入 指国家财政参与社会产品分配所取得的收入，是实现国家职能的财力保证。财政收入所包括的内容几经变化，目前主要包括：

（1）各项税收：包括增值税、营业税、消费税、土地增值税、城市维护建设税、资源税、城市土地使用税、印花税、个人所得税、企业所得税、关税、农牧业税和耕地占用税等。

（2）专项收入：包括征收排污费收入、征收城市水资源费收入、教育费附加收入等。

（3）其他收入：包括基本建设贷款归还收入、基本建设收入、捐增收入等。

（4）国有企业亏损补贴：这项为负收入，冲减财政收入。

财政支出 国家财政将筹集起来的资金进行分配使用，以满足经济建设和各项事业的需要，主要包括：

（1）一般公共服务支出：反映政府提供一般公共服务的支出。

（2）外交支出：反映政府外交事务支出。包括外交行政管理，驻外机构、对外援助、国际组织、对外合作与交流、外界勘界联检等方面的支出。人大、政协、政府及所属各总部门（除国家领导人、外交部门）的出国费、招待费列相关功能科目。不在本科目反映。

（3）国防支出：反映政府用于现役部队、国防后备力量、国防动员等方面的支出。

（4）公共安全支出：反映政府维护社会公共安全方面的支出。有关事务包括武装警察、公安、国家安全、检察、法院、司法行政、监狱、劳教、国家保密。

（5）教育支出：反映政府教育事务支出。有关具体事务包括教育行政管理、学前教育、小学教育、初中教育、普通高中教育、普通高等教育、初等职业教育、中专教育、技校教育、职业高中教育、高等职业教育、广播电视教育、留学生教育、特殊教育、干部继续教育、教育机关服务等。

（6）科学技术支出：反映用于科学技术方面的支出。

（7）文化体育与传媒支出：反映政府在文化、文物、体育、广播影视、新闻出版等方面的支出。

（8）社会保障和就业支出：反映政府在社会保障与就业方面的支出。有关事项包括社会保障和就业管理事务、民政管理事务、财政对社会保险基金的补助、补充全国社会保障基金、行政事业单位离退休、企业关闭破产补助、就业补助、城市居民最低生活保障、其他城镇社会救济、自然灾害生活救助、红十字事务等。

（9）社会保险基金支出：反映政府由社会保险基金列支的各项支出，包括基本养老保险基金支出、失业保险基金支出、基本医疗保险基金支出、工伤保险基金支出等。特别说明：在将社会保险基金包括在内的统计政府支出时，应将财政对社会保险基金的补助以及由财政承担的社会保险缴款予以扣除，以免重复计算。

（10）医疗卫生支出：反映政府医疗卫生方面的支出。具体包括医疗卫生管理事务支出、医疗服务支出、医疗保障支出、疾病预防控制支出、卫生监督支出、妇幼保健支出、农村卫生支出等。

（11）环境保护支出：反映政府环境保护支出。具体包括：环境保护管理事务支出、环境监测与监察支出、污染治理支出、自然生态保护支出、天然林保护工程支出、退牧还草支出、已垦草原退耕还草支出等。

（12）城乡社区事务支出：反映政府城乡社区事务支出。具体包括：城乡社区事务管理支出、城乡社区规划与管理支出、城乡社区公共设施支出、城乡社区住宅支出、城区社区环境卫生支出、建设市场管理与监督支出等。

（13）农林水事务：反映政府农林水事务支出。具体包括：农林支出、林业支出、水利支出、扶贫支出、农业综合开发支出等。

（14）交通运输：反映政府交通运输方面的支出。包括公路运输支出、水路运输支出、铁路运输支出、民用航空运输支出等。

（15）工业商业金融等事务支出：反映政府工业、商业、金融等事务支出。具体包括：采掘业支出、制造业支出、建筑业支出、电力支出、邮政电信支出、旅游业支出、涉外发展支出、粮油事务支出、商业流通事务支出、安全生产支出、国有资产监管支出、中小企业发展支出、清洁生产支出等。

（16）其他支出：反映不能划分到上述功能科目的其他政府支出。

（17）转移性支出：反映政府的转移支付以及不同性质资金之间的调拨支出。

信贷资金 指金融机构以信用方式积聚和分配的货币资金。金融机构信贷资金的来源有各项存款、对国际金融机构负债、流通中货币、银行自有资金及当年结益等；信贷资金的运用有各项贷款、黄金占款、外汇占款、财政借款及在国际金融机构中的资产等。

存款 指企业、机关、团体或居民根据资金必须收回的原则，把货币资金存入银行或其他信用机构保管并取得一定利息的一种信用活动形式。根据存款对象的不同可划分为企业存款、财政存款、机关团体存款、基本建设存款、城镇储蓄存款、农村存款等科目。它是银行信贷资金的主要来源。

贷款 指银行或其他信用机构根据资金必须归还的原则，按一定利率，为企业、个人等提供资金的一种信用活动形式。我国银行贷款分为流动资金贷款、固定资产贷款、城乡个体工商户贷款以及农业贷款等科目。

十、劳动、工资

10－1 城镇非私营单位从业人员劳动报酬和在岗职工工资

（2012 年）　　　　　　　　　　　　　　　　　　单位：万元

	单位从业人员劳动报酬	在岗职工工资	国有单位	城镇集体单位	其他
工资总额	**2397661**	**2364559**	**1639470**	**65474**	**659615**
按隶属关系分					
#中央、省属	1602214	1582316	1141275	46293	394749
市属	795447	782243	498196	19181	264867
按国民经济行业分组					
农、林、牧、渔业	4794	4714	3940	207	567
采矿业	69738	69733	4299		65434
制造业	617692	615385	377678	29533	208174
电力、燃气及水的生产和供应业	61911	61678	51925		9753
电力、热力的生产与供应业	41908	41693	32407		9286
燃气生产和供应业	8676	8676	8676		
水的生产和供应业	11327	11309	10842		467
建筑业	395844	390537	199188	16554	174795
房屋建筑业	288826	284564	132813	4031	147720
批发和零售业	49395	49107	16146	2449	30512
批发业	27364	27123	13781	1557	11786
零售业	22030	21984	2366	892	18726
交通运输、仓储和邮政业	58848	58045	20100	1014	36931
道路运输业	43560	43049	5481	750	36818
住宿和餐饮业	14271	14243	6646	1149	6447
住宿业	10565	10553	6432	1099	3023
餐饮业	3706	3690	215	50	3425
信息传输、计算机服务和软件业	25776	25174	10244	50	14880
电信和其他信息传输服务业	19898	19898	9024	22	10852
金融业	136502	135059	47635	4034	83390
房地产业	23007	22269	6416	166	15687
租赁和商务服务业	31216	20113	12976	5104	2032
科学研究、技术服务和地质勘察业	141486	140377	130991	290	9097
#研究与试验发展	58967	58530	56823	217	1490
#专业技术服务业	64585	63967	56330	48	7589
水利、环境和公共设施管理业	38872	37079	36829		250
居民服务和其他服务业	3426	3372	2668	670	34
教育	322049	320530	319704	81	745
卫生和社会工作	99141	96703	92390	3775	539
#卫生	96729	94297	89983	3775	539
文化、体育和娱乐业	40492	40278	39532	399	347
新闻和出版业	12086	11992	11992		
广播、电视、电影和影视录音制作业	12354	12354	12354		
文化艺术业	11328	11212	10813	399	
公共管理、社会保障和社会组织	263203	260164	260164		

注：不包括铁路民航

10－2 城镇非私营市属单位从业人员劳动报酬和在岗职工工资

单位：万元　　　　　　　　　　　　　　　（2012 年）

	单位从业人员劳动报酬	在岗职工工资	国有单位	城镇集体单位	其他
工资总额	**795447**	**782243**	**498196**	**19181**	**264867**
按国民经济行业分组					
农、林、牧、渔业	4206	4131	3918	207	6
采 矿 业	4363	4358	4299		60
制 造 业	80636	80185	6285	4851	69049
电力、热力、燃气及水生产和供应业	27926	27693	22571		5122
电力、热力生产和供应业	8226	8011	3356		4655
燃气生产和供应业	8676	8676	8676		
水的生产和供应业	11024	11006	10539		467
建筑业	96496	93704	21014	4170	68520
#房屋建筑业	71462	69194	13874	4031	51289
批发和零售业	35982	35795	5792	1100	28903
批发业	15669	15519	4725	296	10498
零售业	20313	20275	1067	804	18405
交通运输、仓储和邮政业	43739	43137	5569	750	36818
#道路运输业	42406	41895	4326	750	36818
住宿和餐饮业	6369	6341	2356	145	3839
住宿业	3646	3634	2142	95	1397
餐饮业	2724	2707	215	50	2442
信息传输、软件和信息技术服务业	7613	7056	549	50	6457
#电信、广播电视和卫星传输服务	3052	3052	487	22	2543
金融业	27627	27366	3417	611	23338
房地产业	20767	20516	4840	115	15561
租赁和商务服务业	8069	8067	4343	2611	1114
科学研究、技术服务业	15717	15541	11076	48	4417
#研究和试验发展	2338	2332	2028		304
#专业技术服务业	8698	8550	4407	48	4095
水利、环境和公共设施管理业	34252	32467	32217		250
居民服务、修理和其他服务业	1474	1464	760	670	34
教育	153122	152248	151422	81	745
卫生和社会工作	42665	40682	36621	3775	287
#卫生	41088	39105	35044	3775	287
文化、体育和娱乐业	12205	12148	11801		347
#新闻和出版业	2463	2463	2463		
#广播、电视、电影和影视录音制作业	2446	2446	2446		
#文化艺术业	5700	5648	5648		
公共管理、社会保障和社会组织	172221	169345	169345		

10－3 城镇非私营单位从业人员平均劳动报酬和在岗职工平均工资

（2012 年）

单位：元

	单位从业人员平均劳动报酬	在岗职工平均工资	国有单位	城镇集体单位	其他
职工平均工资	**43658**	**44492**	**48081**	**33889**	**38538**
按隶属关系分					
#中央、省属	48166	48849	51554	44585	42832
市属	36732	37692	41654	21462	33529
按国民经济行业分组					
农、林、牧、渔业	29465	30509	32035	15088	31837
采矿业	53121	53126	34169		55135
制造业	49862	50288	62607	45902	37432
电力、热力、燃气及水生产和供应业	44017	44302	44027		45832
电力、热力生产和供应业	41666	41996	40986		45947
燃气生产和供应业	62959	62959	62959		
水的生产和供应业	43086	43230	43212		43654
建筑业	34611	34909	36053	30781	34110
#房屋建筑业	33993	34326	35798	16896	34026
批发和零售业	27790	27913	36242	13812	26847
批发业	32106	32371	39702	20703	28359
零售业	23814	23859	24040	8737	25976
交通运输、仓储和邮政业	33262	34174	32928	16905	35922
#道路运输业	33989	34689	30532	18750	36043
住宿和餐饮业	23655	23667	25680	28095	21342
住宿业	24947	24960	26038	27815	22177
餐饮业	20612	20612	18178	36000	20656
信息传输、软件和信息技术服务业	39238	39675	39401	17069	40044
#电信、广播电视和卫星传输服务	40029	40037	38565	15929	41482
金融业	62939	63933	71023	37454	62506
房地产业	32593	32619	37874	33220	30862
租赁和商务服务业	29394	32175	32128	30238	38779
科学研究、技术服务业	52793	53260	54285	16270	44396
#研究和试验发展	52691	53165	54470	14104	35220
#专业技术服务业	52249	52582	53505	28235	46844
水利、环境和公共设施管理业	29003	30372	30346		34750
居民服务、修理和其他服务业	29032	29452	32860	20628	42000
教育	51279	51903	51996	28750	30793
卫生和社会工作	43994	46347	47482	32794	21063
#卫生	43980	46385	47555	32794	21063
文化、体育和娱乐业	42306	42649	42909	63333	20655
#新闻和出版业	48246	48295	48295		
#广播、电视、电影和影视录音制作业	41936	41936	41936		
#文化艺术业	39888	40921	40393	63333	
公共管理、社会保障和社会组织	45069	46708	46708		

10－4 市属城镇非私营单位从业人员平均劳动报酬和在岗职工平均工资

单位:元　　　　　　　　　　　　　　　　　（2012 年）

	单位从业人员平均劳动报酬	在岗职工平均工资			
			国有单位	城镇集体单位	其他
职工平均工资	**36732**	**37692**	**41654**	**21462**	**33529**
按国民经济行业分组					
农、林、牧、渔业	29638	30690	32489	15088	20000
采 矿 业	33927	33944	34169		23038
制 造 业	30780	30844	22122	27686	32260
电力、热力、燃气及水生产和供应业	44918	45593	44291		52372
电力、热力生产和供应业	35424	36548	25408		53443
燃气生产和供应业	62959	62959	62959		
水的生产和供应业	43800	43953	43967		43654
建筑业	30371	31237	36680	16856	31438
#房屋建筑业	29923	30959	39247	16896	31218
批发和零售业	26147	26208	34312	9837	26634
批发业	30537	30682	40144	19603	28145
零售业	23538	23576	20879	8312	25842
交通运输、仓储和邮政业	33427	34331	28557	18750	36043
#道路运输业	33968	34687	29571	18750	36043
住宿和餐饮业	21330	21342	20724	15447	22065
住宿业	21989	22009	21019	11850	25310
餐饮业	20508	20508	18178	36000	20557
信息传输、软件和信息技术服务业	41397	43394	30331	17069	45603
#电信、广播电视和卫星传输服务	56838	56838	28817	15929	71833
金融业	57092	57527	45995	20418	62820
房地产业	31243	31626	34525	29385	30838
租赁和商务服务业	23994	23996	23835	24306	23906
科学研究、技术服务业	45770	47051	42965	28235	62384
#研究和试验发展	53125	53247	56972		37073
#专业技术服务业	48186	49884	40923	28235	66044
水利、环境和公共设施管理业	28254	29693	29660		34750
居民服务、修理和其他服务业	25019	25248	30785	20628	42000
教育	47547	47952	48101	28750	30793
卫生和社会工作	36917	39880	41110	32794	20183
#卫生	36662	39696	40948	32794	20183
文化、体育和娱乐业	41797	42108	43435		20655
#新闻和出版业	38060	38060	38060		
#广播、电视、电影和影视录音制作业	36405	36405	36405		
#文化艺术业	50174	51063	51063		
公共管理、社会保障和社会组织	42716	44850	44850		

10－5 城镇非私营在岗职工平均工资及指数

年份	平均货币工资(元)				指数(上年＝100)			
	合计	国有单位	城镇集体单位	其他单位	合计	国有单位	城镇集体单位	其他单位
1979	834	839	632		110.32	107.56	109.34	
1980	872	912	674		104.56	108.70	106.65	
1981	908	935	672		104.13	102.52	99.70	
1982	939	972	683		103.41	103.96	101.64	
1983	987	1025	707	562	105.11	105.45	103.51	
1984	1226	1256	994	665	124.21	122.54	140.59	118.33
1985	1388	1433	1088	829	113.21	114.09	109.46	124.66
1986	1562	1634	1105	1827	112.54	114.03	101.56	220.39
1987	1700	1773	1222	1831	108.83	108.51	110.59	100.22
1988	2010	2081	1531	2331	118.24	117.31	125.29	127.31
1989	2248	2332	1706	2472	111.84	112.06	111.43	106.05
1990	2507	2618	1866	2928	111.52	112.26	109.38	118.45
1991	2664	2799	2058	2746	106.26	106.91	110.29	93.78
1992	3031	3216	2289	3078	113.78	114.90	111.22	112.09
1993	3241	3434	2462	3109	106.93	106.78	107.56	101.01
1994	4618	4849	3588	5039	142.49	141.21	145.74	162.08
1995	5564	5776	4336	7785	120.49	119.12	120.85	154.49
1996	6188	6402	4981	8176	111.21	110.84	114.88	105.02
1997	6578	6820	5085	8712	106.30	106.53	102.09	106.56
1998	6828	6971	5785	7454	103.80	102.21	113.77	85.56
1999	7836	8071	6466	8031	114.76	115.78	111.77	107.74
2000	9147	9239	8622	9257	116.73	114.47	133.34	115.27
2001	10452	10608	8124	11266	114.27	114.82	94.22	121.70
2002	11861	12412	7558	11610	113.48	117.01	93.03	103.05
2003	13489	13860	9056	13664	113.73	111.67	119.82	117.69
2004	14854	15363	9289	13713	110.12	110.84	102.57	100.36
2005	16960	17839	11386	15209	114.18	116.12	122.58	110.91
2006	19090	21276	13598	16244	112.56	119.27	119.43	106.81
2007	22569	25081	13570	19666	118.22	117.88	99.79	121.07
2008	26118	28506	17547	22914	115.73	113.66	129.31	116.52
2009	28995	32260	20504	23393	111.02	113.17	116.85	102.09
2010	33966	36978	25891	28947	117.14	114.62	126.27	123.74
2011	38965	41816	31636	33858	114.72	113.08	122.19	116.97
2012	44492	48081	33889	38538	114.18	114.98	107.12	113.82

10－6 市属城镇非私营单位在岗职工平均工资及指数

年份	平均货币工资(元)				指数(上年＝100)			
	合计	国有单位	城镇集体单位	其他单位	合计	国有单位	城镇集体单位	其他单位
1979	683	843	593		100.74	118.90	103.31	
1980	801	827	725		117.28	98.10	122.26	
1981	792	818	724		98.88	98.91	99.86	
1982	831	861	721		104.92	105.26	99.59	
1983	874	861	675		105.17	100.00	93.62	
1984	1084	1099	1044		124.03	127.64	154.67	
1985	1138	1165	1066		104.98	106.01	102.11	
1986	1295	1356	1129	1288	113.80	116.39	105.91	
1987	1402	1461	1231	1369	108.26	107.74	109.03	106.29
1988	1708	1770	1512	1940	121.83	121.15	122.83	141.71
1989	1862	1927	1649	2267	109.02	108.87	109.06	116.86
1990	2032	2108	1791	2301	109.13	109.39	108.61	101.50
1991	2206	2284	1972	2012	108.56	108.35	110.11	87.44
1992	2499	2608	2225	1922	113.28	114.19	112.83	95.53
1993	2552	2660	2265	2499	102.12	101.99	101.80	130.02
1994	3633	3759	3132	4709	142.36	141.32	138.28	188.44
1995	4261	4356	3854	5189	117.29	115.88	123.05	110.19
1996	4972	4974	3978	8583	116.69	114.19	103.22	165.41
1997	5186	5239	3800	9289	104.30	105.33	95.53	108.23
1998	5450	5572	3928	7805	105.09	106.36	103.37	84.02
1999	6871	6981	5435	8402	126.07	125.29	138.37	107.65
2000	7837	8035	5890	9619	114.06	115.10	108.37	114.48
2001	9591	10057	8138	8291	122.38	125.16	138.17	86.19
2002	10854	11953	7251	10321	113.17	118.85	89.10	124.48
2003	11769	12610	8327	11043	108.43	105.50	114.80	107.00
2004	12531	13951	8539	10976	106.47	110.63	102.55	99.39
2005	14123	15779	9934	11636	112.70	113.10	116.34	106.01
2006	15617	18437	11156	12508	110.58	116.85	112.30	107.49
2007	17873	19034	11262	15907	114.45	103.24	100.95	127.17
2008	21825	26659	12510	16824	122.11	140.06	111.08	105.76
2009	24328	28602	15020	19526	111.47	107.29	120.06	116.06
2010	27871	32087	16209	23088	114.56	112.18	107.92	118.24
2011	32522	36277	18658	28228	116.69	113.06	115.11	122.26
2012	37692	41654	21462	33529	115.90	114.82	115.03	118.78

主要统计指标解释

职工工资总额 指各单位在一定时期内直接支付给本单位全部职工的劳动报酬总额。工资总额的计算原则应以直接支付给职工的全部劳动报酬为根据。各单位支付给职工的劳动报酬以及其他根据有关规定支付的工资，不论是计入成本的还是不计入成本的，不论是按国家规定列入计征奖金税项目的，还是未列入计征奖金税项目的，不论是以货币形式支付的还是以实物形式支付的，均包括在工资总额内。

职工平均工资 指企业、事业、机关单位的职工在一定时期内平均每人所得的货币工资额。它表明一定时期职工工资收入的高低程度，是反映职工工资水平的主要指标。计算公式为：

职工平均工资=报告期实际支付的全部职工工资总额/报告期全部职工平均人数

城镇单位从业人员劳动报酬 指各单位在一定时期内直接支付给本单位全部从业人员的劳动报酬总额。包括在岗职工工资总额和其他从业人员的劳动报酬总额。

十一、教育、科技及文化

11－1 平均每万人在校学生数

单位:人

年份	平均每万人口中在校学生数		
	大学生	中学生	小学生
1957	63	196	1 184
1962	82	189	1 057
1965	63	258	1 585
1970	65	617	1 322
1975	40	747	1 618
1978	53	853	1 819
1979	58	790	1 778
1980	71	749	1 724
1981	82	643	1 577
1982	67	662	1 458
1983	70	699	1 297
1984	83	705	1 252
1985	100	720	1 197
1986	117	728	1 123
1987	117	692	1 057
1988	121	636	1 002
1989	118	560	981
1990	112	533	952
1991	108	525	925
1992	113	518	933
1993	132	484	900
1994	130	472	1 004
1995	144	484	1 029
1996	148	500	1 058
1997	153	507	1 083
1998	160	519	1 078
1999	186	544	1 042
2000	249	586	1 002
2001	308	634	961
2002	688	655	917
2003	660	682	877
2004	526	726	842
2005	580	688	810
2006	537	709	803
2007	546	687	794
2008	622	645	728
2009	674	628	684
2010	1 103	615	673
2011	1 158	580	646
2012	1 210	573	633

11－2 各类学校基本情况

单位:人　　　　(2012 年)

	学校(所)	毕业生数	招生数	在校学生数	教职工数	#专任教师数
总计						
普通高等学校	19	59 765	70 761	247 459	22 376	14 333
普通中等专业学校	41	20 927	21 479	62 852	3 852	2 416
中等技术学校	39	20 927	21 479	62 852	3 725	2 313
中等师范学校	2				127	103
普通中学	206	63 748	62 339	184 248	15 149	13 748
高中		25 243	25 491	75 750		4 688
初中		38 505	36 848	108 498		9 060
中等职业学校	17	3 751	4 312	12 913	1 020	883
技工学校						
小学	616	37 442	34 326	203 752	14 828	14 381
特殊教育学校	2	145	162	1 147	118	89
幼儿园	324	22 363	25 328	60 824	5 734	3 755
成人中等专业学校	15	3 669	1 953	9 135	1 303	601
成人高等学院	5	25 921	30 436	82 627	552	379
民办高等院校	6	12 821	16 878	59 176	3 911	2 903

11－3 各类学校女生和女教师数

单位:人

	2007	2008	2009	2010	2011	2012
女生数						
普通中学	103 684	101 116	98 886	96 392	91 122	89 978
职业中学	5 552	9 683	8 590	7 530	8 002	7 346
小学	117 373	109 625	103 369	101 854	97 821	95 288
女学生占学生总数(%)						
普通中学	48.08	48.62	48.60	48.46	48.62	48.83
职业中学	62.03	62.01	59.84	56.43	56.6	56.89
小学	47.10	46.72	46.64	46.8	46.84	46.77
女教师						
普通中学	6 215	6 629	6 785	6 990	7 069	7 650
职业中学	434	541	550	528	525	473
小学	8 379	8 513	8 557	8 812	9 022	8 915
女教师占教师数(%)						
普通中学	48.16	49.38	50.28	50.61	51.51	50.5
职业中学	60.44	57.98	57.96	58.8	54.92	53.57
小学	59.43	60.29	61.94	61.41	61.65	61.99

11 -4 分县区学校基本情况

（2012 年）

	兰州市	城关区	七里河区	西固区	安宁区	红古区	永登县	皋兰县	榆中县
小学									
学校个数(个)	616	83	81	53	18	34	167	40	140
在校学生数(个)	203 752	66 955	33 401	21 123	12 101	9 338	28 058	8 958	23 818
招生数(人)	34 326	11 196	5 655	3 430	2 148	1 567	4 762	1 437	3 189
毕业生数(人)	37 442	11 490	5 634	3 978	2 075	1 676	5 284	1 712	5 593
专任教师数(人)	14 381	3 218	2 106	1 544	716	931	2 549	1 003	2 314
小学升学率(%)	98.41	100.66	81.27	98.22	125.06	97.32	100.00	105.32	98.03
普通中学									
学校个数(个)	206	44	26	26	15	10	41	14	30
初中在校学生数(人)	108 498	33 192	13 846	11 685	8 106	4 817	16 606	5 451	14 795
招生数(人)	36 848	11 566	4 579	3 907	2 595	1 631	5 284	1 803	5 483
毕业生数(人)	38 505	10 065	4 757	3 884	2 515	1 821	7 163	2 433	5 867
初中升学率(%)									
高中在校学生数(人)	75 750	20 785	8 004	9 602	5 037	3 177	13 051	5 542	10 552
招生数(人)	25 491	7 247	2 852	3 273	1 682	969	4 249	1 673	3 546
毕业生数(人)	25 243	6 812	2 316	4 015	1 538	1 041	4 447	1 703	3 371
普通中学专任教师数(人)	13 748	3 735	1 617	1 599	905	838	2 258	1 024	1 772
特殊教育学校									
学校个数	2	2							
在校学生数	1 147	518	85	125	41	56	140	50	132
毕业生数									
幼儿园									
园数(所)	324	101	47	36	29	11	51	13	36
班数(个)	2 016	674	291	195	153	99	223	90	291
幼儿数(人)	60 824	21 456	8 712	5 773	4 859	3 101	6 635	2 587	7 701
教职员工数(人)	5 734	2 646	984	807	550	247	334	124	42

11－5 科技成果情况

	1995	2000	2008	2009	2010	2011	2012
基本情况(项)	79	106	621	531	714	674	809
鉴定项目数	14	41	523	465	704	674	709
登记项目数	14	41	621	531	714	659	809
奖励项目数	51	24	137	141		156	136
成果水平(项)	14	41	532	471	714	662	721
国际领先		2	19	6	9	11	11
国际先进		3	81	94	111	121	132
国内领先	3	11	343	321	501	459	490
国内先进	5	16	87	49	91	71	77
其他	6	9	2	1	7	0	11
应用领域(项)	13	21	160	204	273	181	190
工业(交通、邮电、建筑、地质)	9	15	71	57	74	58	49
农业(林、牧、渔)	6	6	89	152	199	123	141

11－6 专利申请及授权情况

单位:项

	申请量		授权量	
	2012	2011	2012	2011
总计	3 299	2 320	1 615	1 093
按种类分				
发明专利	1 595	1 290	539	426
实用新型	1 578	942	985	589
外观设计	126	88	91	78
按对象分				
大专院校	670	510	354	222
科研单位	521	368	236	211
工矿企业	864	511	550	330
机关团体	37	39	26	12
个人	1 207	892	449	318

11－7 图书、杂志、报刊出版数量

	2007	2008	2009	2010	2011	2012
图书出版						
种数(种)	1 282	1 282	1 301	1 311	1 350	1 410
#出版(种)	1 120	1 122	1 200	1 268	1 297	1 350
总印数(万册)	7 591	7 593	8 890	9 260	9 502	9 350
总印张(千印张)	473 125	473 165	598 160	612 100	613 510	612 820
杂志出版						
种数(种)	132	132	134	134	135	134
总印数(万册)	13 260	13 270	13 890	13 890	13 920	13 910
总印张(千印张)	512 850	512 890	589 900	589 900	590 100	589 996
报纸出版						
种数(种)	56	56	60	68	68	68
总印数(万份)	35 575	35 596	41 000	48 686	48 720	48 700
总印张(千印张)	776 250	776 295	8 431 000	924 000	924 600	924 650

11－8 文化事业基本情况

	1995	2000	2008	2009	2010	2011	2012
文化事业机构数(个)	30	28	24	24	16	16	31
文化部门	30	28	24	24	16	16	31
其他部门							
文化事业人员数(人)	735	1 159	569	1 187	1 187	1 187	1 113
文化部门		1 159	569	1 187	1 187	1 187	1 113
其他部门							
各类文化艺术事业单位数(个)	30	28	24	24	16	16	31
文化馆、艺术馆	10	1	9	9	9	9	9
公共图书馆	9	1	9	9	8	8	8
博物馆	3	2	4	4	4	6	9
电影院	8	20	7	7	7	8	12
艺术表演场所	2	2	2	2	2	1	1
艺术表演团体	4	4	3	4	4	4	4

11－9 广播电视事业基本情况

	2007	2008	2009	2010	2011	2012
广播电台(座)	1	1	1	1	1	1
中短波广播发射和转播台(座)	1	1	1	1	1	1
中短波广播发射功率(千瓦)	11	10	10	10	10	10
发射台及转播台(座)	5	10	16	15	8	9
发射机功率(千瓦)	11	28.6	24.445	26.31	25	28
节目(套)	6	7	6	6	3	3
广播电台平均每日播出时间(时、分)	12:40:00	21:00:00	12:10:00	12:10:00		
制作广播节目(小时)						
#新闻节目	2:10:00	2:20	2:00	2:00	2:50	2:20:00
专题节目	2:00	2:05	1:25	3:00:00	2:30:00	2:30:00
教育节目	0:50	0:50	0:18	5:00:00	1:00:00	1:00:00
文艺节目	4:00	4:05	0:41	4:00:00	8:00:00	8:00:00
服务节目	1:10	1:12	0:37	11:00:00	8:00:00	11:00:00
县广播电视台(座)		9	3	3	7	
广播人口覆盖率(%)	98.26	97	98.27	98.27	98.56	98.58
电视台(座)	1	1	1		1	1
发射台及转播台(座)	7	10	7	8	1	1
发射机功率(千瓦)	21.3	26.5	27.06	26.5	20	20
节目(套)	7	9	9	8	4	4
电视台平均每日播出时间(时、分)	76:55:00	20:00:00	11:23:00	11:00	24:00:00	24:00:00
制作电视节目(小时)						
#新闻节目	1:30	1:31	0:27	2:00:00	2:45:00	3:12:00
专题节目	1:01	1:01	0:14	3:00:00	1:05:00	1:07:00
教育节目						
文艺节目	0:50	0:52	0:03	4:00:00	0:50:00	
服务节目	0:45	0:46	0:06	11:00:00	2:35:00	3:00:00
电视人口覆盖率(%)	98.4	97.5	98.54	98.55	98.55	98.55

注:文化、广播、电视资料由市文广局提供,统计口径为市属管理的单位。

主要统计指标解释

普通高等学校 指按照国家规定的设置标准和审批程序批准举办，通过国家统一招生考试，招收高中毕业生为主要培养对象，实施高等教育的全日制大学、独立设置的学院和高等专科学校、短期职业大学。

成人高等学校 指按照国家有关规定审批，招收通过全国成人高教统一招生考试的具有高中毕业或同等学历的在职从业人员，利用脱产、半脱产、业余或函授等多种形式对其实施高等学历教育，培养高等教育专科或本科毕业水平的专门人才，修业年限、课程设置和总学时数均按高等学历教育要求付诸实施的学校。包括广播电视大学、职工高等学校、农民高等学校、管理干部学院、教育学院、独立设置的函授学院等。

小学学龄儿童入学率 指调查范围内已入学学习的学龄儿童占校内外学龄儿童总数（包括弱智儿童，不包括盲聋哑儿童）的比重。计算公式为：

小学学龄儿童入学率 = 已入学的小学学龄儿童数 / 校内外小学学龄儿童总数*100%

科技活动 指在自然科学、农业科学、医药科学、工程与技术科学、人文与社会科学领域（简称科学技术领域）中，与科技知识的产生、发展、传播和应用密切相关的有组织的活动。可分为研究与试验发展（R&D）、研究与试验发展成果应用及相关的科技服务三类活动。

科技活动人员 指直接从事科技活动、以及专门从事科技活动管理和为科技活动提供直接服务的人员。累计从事科技活动的实际工作时间占全年制度工作时间10%及以上的人员。（1）直接从事科技活动的人员包括：在独立核算的科学研究与技术开发机构、高等学校、各类企业及其他事业单位内设的研究室、实验室、技术开发中心及中试车间（基地）等机构中从事科技活动的研究人员、工程技术人员、技术工人及其它人员；虽不在上述机构工作，但编入科技活动项目（课题）组的人员；科技信息与文献机构中的专业技术人员；从事论文设计的研究生等。（2）专门从事科技活动管理和为科技活动提供直接服务的人员包括：独立核算的科学研究与技术开发机构、科技信息与文献机构、高等学校、各类企业及其他事业单位主管科技工作的负责人，专门从事科技活动的计划、行政、人事、财务、物资供应、设备维护、图书资料管理等工作的各类人员，但不包括保卫、医疗保健人员、司机、食堂人员、茶炉工、水暖工、清洁工等为科技活动提供间接服务的人员。

科学家与工程师 指科技活动人员中具有高、中级技术职称（职务）的人员和不具有高、中级的技术职称（职务）的大学本科及以上学历人员。

专业技术人员 指从事专业技术工作和专业技术管理工作的人员，即企事业单位中已经聘任专业技术职务从事专业技术工作和专业技术管理工作的人员，以及未聘任专业技术职务，现在专业技术岗位上工作的人员。包括工程技术人员，农业技术人员，科学研究人员，卫生技术人员，教学人员，经济人员，会计人员，统计人员，翻译人员，图书资料、档案、文博人员，新闻出版人员，律师、公证人员，广播电视播音人员，工艺美术人员，体育人员，艺术人员及企业政治思想工作人员，共十七个专业技术职务类别。

科技活动经费筹集　指从各种渠道筹集到的计划用于科技活动的经费，包括政府资金、企业资金、事业单位资金、金融机构贷款、国外资金和其他资金等。

政府资金　指从各级政府部门获得的计划用于科技活动的经费，包括科学事业费、科技三项费、科研基建费、科学基金、教育等部门事业费中计划用于科技活动的经费以及政府部门预算外资金中计划用于科技活动的经费等。

企业资金　指从自有资金中提取或接受其他企业委托的，科研院所和高校等事业单位接受企业委托获得的，计划用于科研和技术开发的经费。不包括来自政府、金融机构及国外的计划用于科技活动的资金。

金融机构贷款　指从各类金融机构获得的用于科技活动的贷款。

科技活动经费内部支出　指报告年内用于科技活动的实际支出包括劳务费、科研业务费、科研管理费，非基建投资购建的固定资产、科研基建支出以及其他用于科技活动的支出。不包括生产性活动支出、归还贷款支出及转拨外单位支出。

劳务费　指以货币或实物形式直接或间接支付给从事科技活动人员的劳动报酬及各种费用。包括各种形式的工资、津贴、奖金、福利、离退休人员费用、人民助学金等。

固定资产购建费　指报告年内使用非基建投资购建的固定资产和用于科研基建投资的实际支出额，即固定资产实际支出和科研基建投资实际完成额之和。固定资产是指长期使用而不改变原有实物形态的主要物资设备、图书资料、实验材料和标本以及其他设备和家具、房屋、建筑物。

新产品　指采用新技术原理、新设计构思研制、生产的全新产品，或在结构、材质、工艺等某一方面比原有产品有明显改进，从而显著提高了产品性能或扩大了使用功能的产品。既包括政府有关部门认定并在有效期内的新产品，也包括企业自行研制开发，未经政府有关部门认定，从投产之日起一年之内的新产品。

文化事业机构　指从事专业文化工作和为专业文化工作服务的独立建制的单位。不包括这些单位另外举办独立核算的其他机构和各部门的业余文化组织。

艺术表演团体　指从事戏曲、音乐、舞蹈、杂技等专业艺术表演，有独立帐户的单位，不包括半工半艺、半农半艺和民间职业剧团。

电影放映单位　指具有放映机器设备、固定或不固定的放映场所与专职或兼职的放映技术人员，经有关部门登记批准，经常为一定的观众对象放映电影的机构。包括经批准对外开放进行营业、并与电影发行放映管理机构分帐的专用放映单位和军委系统租片单位。

艺术表演观众人数（人次）　指售票、包场演出或民族地区免费演出的艺术表演观众人次数，不包括彩排审查和内部观摩演出的观看人次数。

十二、卫生、司法

12－1 卫生机构数

单位:个

年份	总计	医院	卫生院	门诊部、所	专科防治所、站	卫生防疫机构	妇幼保健所、站	医学科学研究机构
1979	758	141	85	590	3	11	9	1
1980	787	141	85	620	2	11	9	1
1981	827	145	85	653	4	11	9	1
1982	842	145		666	4	11	9	1
1983	870	145		696	4	11	9	1
1984	881	146		705	5	12	9	1
1985	839	116		685	5	9	7	1
1986	874	119	86	713	7	10	7	1
1987	903	128	87	731	8	10	7	1
1988	848	121	86	682	8	10	7	1
1989	895	125	87	723	8	10	7	1
1990	874	130	86	697	8	11	8	1
1991	882	129	86	706	7	11	8	1
1992	875	133	70	695	7	11	8	1
1993	956	151	70	755	8	13	8	2
1994	955	164	86	741	8	14	8	2
1995	957	165	85	740	8	14	8	2
1996	233	177		6	7	13	8	2
1997	243	179		153	7	13	8	2
1998	242	174		107	7	13	8	2
1999	241	170		201	7	13	8	2
2000	241	170		231	7	13	8	2
2001	238	171		194	7	13	8	2
2002	286	94	84	57	4	11	10	2
2003	295	101	84	59	3	11	10	2
2004	295	100	80	62	3	11	10	2
2005	285	99	71	86	2	11	10	2
2006	290	97	71	58	2	12	10	2
2007	1646	91	69	51	2	12	10	2
2008	1456	91	69	46	2	11	10	2
2009	1534	90	69	39	2	11	10	2
2010	2257	94	69	34	2	11	10	2
2011	2362	96	71	30	2	11	10	2
2012	2359	98	68	31	2	11	10	2

12－2 卫生机构人数

单位:人

年份	总计	卫生技术人员	#医生				护师、护士	每千人口医生数
				中医师	西医师	中、西医师		
1979	18993	13754	5421	759	2448	2214	2657	2.58
1980	19769	14438	6083	820	3559	1704	2930	2.84
1981	20898	15727	6454	435	3887	2132	2696	2.99
1982	21657	16195	6581	437	3807	2337	2829	2.97
1983	22582	16810	6994	500	4108	2386	2924	3.14
1984	23170	17329	7106	480	4000	2493	3584	3.15
1985	21468	16009	6784	522	4005	2182	3398	2.97
1986	22244	16594	6916	486	4071	2261	3519	2.96
1987	23090	17547	7403	691	4361	2255	3745	3.12
1988	23448	17949	7405	850	5444	1111	4624	3.06
1989	23680	17832	7699	988	5646	941	4942	3.12
1990	24295	18655	8326	1240	5978	969	5162	3.31
1991	24911	18964	8403	1196	5980	1080	5214	3.3
1992	25476	19467	8790	1239	6257	1151	5586	3.4
1993	27343	20906	9432	1299	6731	1105	5995	3.61
1994	27615	20923	9351	1416	6635	1137	6123	3.52
1995	28085	21344	9585	1410	6753	1240	6321	3.54
1996	24102	17581	7197	1029	5304	755	5627	2.61
1997	24378	17622	7195	1002	5288	776	5510	2.57
1998	24145	17527	7143	968	5210	857	5563	2.16
1999	23699	17125	6926	964	5124	728	5572	3.23
2000	21958	16650	6860	960	5092	705	5579	2.96
2001	21849	16778	6903	916	5203	661	5809	1.93
2002	20600	16319	6604				5996	2.19
2003	21138	16746	6818				5980	2.24
2004	20989	16485	6703				5876	2.75
2005	22387	18738	7951				6922	2.58
2006	25353	20651	8801				7310	2.82
2007	25778	20573	8890				7361	2.78
2008	25419	20721	8971				7427	2.79
2009	27312	22372	9440				8269	2.92
2010	29769	24388	10060				9195	3.11
2011	33448	26363	10745				10230	2.97
2012	34558	27914	11308				10943	3.07

12－3 卫生机构床位数

单位:张

年份	总计	医院	卫生院	疗养院、所	其他卫生事业机构	每千人口医院床位数
1979	9442	8975	697	100		3.79
1980	9678	9117		100	100	3.75
1981	9895	9197		100	100	3.76
1982	10291	9678		100	100	3.81
1983	10567	9780		100	100	3.88
1984	10840	10056		100	113	3.89
1985	9711	9199	648		160	4.02
1986	10033	9395	621		159	4.00
1987	10508	9874	627	113	162	4.16
1988	10921	10329	616		150	1.27
1989	11303	10869	625	20	150	4.60
1990	11772	11181	645	30	150	4.50
1991	12450	11711	643	30	150	4.60
1992	12650	11990	693	30	150	4.90
1993	13552	12974				5.20
1994	13743	13219	720			5.20
1995	14098	13467	855		181	5.30
1996	13786	13589			170	4.90
1997	13857	13628			205	4.90
1998	14263	14113			150	5.90
1999	14192	13947			201	4.88
2000	14164	13862			195	4.80
2001	14373	14032			203	4.78
2002	14921	13720	1043		52	4.56
2003	15366	14484	1060		58	5.05
2004	16260	14484	1016		58	4.32
2005	14825	13303	917		871	4.79
2006	15658	13877	977		965	5.00
2007	17045	13624	2260			4.27
2008	24207	13071	8149			4.06
2009	21873	13728	1113			4.24
2010	25498	15788	1128			4.35
2011	25411	17292	1152			4.76
2012	27545	18734	1202			5.16

12－4 医院、卫生院诊疗人次及入院人数

（2012 年）

	诊疗人次（万人次）	#门、急诊	入院人数（万人）	每百诊次的入院人数（人）	每百门、急诊次的入院人数（人）
医院、卫生院合计	**855.5**	**784.06**	**48.33**	**5.65**	**6.16**
县及县以上医院合计	757.95	691.94	44.89	5.92	6.49
#卫生部门	462.07	432.99	27.27	5.9	6.3
工业及其他部门					
集体所有制	67.35	60.9	0.95	1.41	1.56
其他医院	17.51	16.95	1.37	7.82	8.08
卫生院	97.61	92.12	3.44	3.52	3.73

12－5 各县区医院、卫生院基本情况

（2012 年）

	医院、卫生院（个）	医院、卫生院床位数（张）	医院、卫生院技术人员数（人）
兰州市	**166**	**19936**	**19055**
城关区	41	9896	10099
七里河区	27	4419	3317
西固区	17	1530	1678
安宁区	7	495	356
红古区	10	737	826
永登县	26	1218	1161
皋兰县	8	376	424
榆中县	30	1265	1194

12－6 各县区卫生机构基本情况

（2012 年）

	卫生机构数（个）	#医院	卫生机构床位数（张）	每千人口床位数（张）	卫生机构技术人员（人）
兰州市	**2359**	**98**	**27545**	**7.59**	**27914**
城关区	656	41	13560	10.55	14504
七里河区	360	20	7514	13.31	5264
西固区	181	9	1638	4.47	2237
安宁区	155	7	697	2.49	994
红古区	125	6	1016	7.35	1284
永登县	384	8	1410	3.32	1559
皋兰县	127	1	442	3.3	594
榆中县	371	6	1268	2.89	1478

12－7 社会福利事业单位基本情况

（2012 年）

	院数（个）	工作人员（人）	床位（（张）	收养人员（人）
合计	**29**	**504**	**3100**	**1138**
优抚事业单位				
复退军人精神病院				
国家办光荣院				
社会福利事业单位	29	504	3100	1138
社会福利院	6	155	1412	377
儿童福利院	1	179	500	258
社会福利精神病院	1	73	150	135
农村敬老院	20	70	943	322
城镇集体办养老院	1	27	95	46

12－8 工会组织情况

年份	工会基层组织数(个)	已建立工会组织的基层单位的职工与会员人数(万人)				工会专职干部人员数(人)
		职工人数	#女职工	会员人数	#女会员	
2001	1077	36.04		34	14.81	848
2002	997	45.14	16.13	35	15.25	839
2003	2456	30.36	11.58	35	10.88	894
2004	648	24.08	10.80	34	10.20	864
2005	3850	37.90	14.86	36.21	13.89	1316
2006	2261	42.73	18.75	39.03	17.79	978
2007	2790	51.28	19.85	39.15	19.03	299
2008	3189	60.32	23.45	48.50	22.46	850
2009	2490	64.74	23.61	62.93	23.09	1020
2010	2949	69.09	26.73	68	26.44	696
2011	3819	69.99	27.98	69.06	27.68	1045
2012	4602	71.05	29.35	70.01	29.08	1153

12－9 优抚救济对象得到国家抚恤、补助、救济人员情况

	2000	2008	2009	2010	2011	2012
抚恤人数(人)	82669	354	314	6244	7761	9 400
烈属定期抚恤人数	49258	141	142	121	122	117
牺牲病故定期抚恤人数		94	172	144	130	130
革命伤残人员抚恤人数	847	2615	2263	2167	2130	2 172
优抚对象定补人数	2038		4093	5		
在乡复员军人	348	653	1555	1302	779	716
在乡退伍军人	1955	1854	716	593	223	234
其他人员	578		387	1912	4377	6 031
社会救济对象(万人)		173641	171968	208353	208744	203 472
临时救济对象(万人次)	14.94			16019	8761	8 067
农村五保对象(人)		2947	3997	3887	4132	4 121
集中供养五保户	123732	241	214	265	282	286
精减退职老职工救济人数(人)						
享受40%救济(人)						
救济灾民人数(万人)		19.43	8.17	8.17	24.80	18.00
#灾民生活救济费支出(万元)		2153.80	1595.00	1115	1494.00	1 910.00

12-10 各县区城乡居民最低生活保障情况

（2012 年）

单位：人

	城镇低保人数（人）	# 传统"三无"对象	城镇保障资金（万元）	农村低保人数（人）	农村保障资金（万元）
兰州市	**98267**	**760**	**31190.31**	**101084**	**10827.97**
城关区	20117	208	7821.45	941	224.30
七里河区	24686	101	7463.22	3774	429.72
西固区	13047	45	4616.71	3266	370.46
安宁区	9068	7	2308.96	1106	93.52
红古区	16718	38	4740.20	2435	262.91
永登县	4524	17	1318.90	33282	3486.30
皋兰县	4910	227	1365.24	12370	1274.43
榆中县	5197	117	1555.63	43910	4686.33

12-11 各县区城镇社区服务网络情况

（2012 年）

	城镇社区服务设施数（个）	社区工作人员数（人）	城镇便民利民服务网点（个）	社区服务志愿者组织数（个）	社区服务志愿者人数（人）
兰州市	**357**	**5178**	**8085**	**1086**	**23699**
城关区	123	2401	2563	131	1310
七里河区	63	755	2047	270	11371
西固区	72	818	1256	432	5040
安宁区	59	730	966	147	2111
红古区	22	243	453	57	1690
永登县	11	101	259	24	1363
皋兰县	3	61	233	21	757
榆中县	4	69	308	4	57

12-12 律师、公证及调解基本情况

	2006	2007	2008	2009	2010	2011	2012
公证情况							
公证处(个)	9	9	9	9	9	9	9
公证员(人)	45	38	76	59	72	81	95
#取得公证员资格	31	34	32	38	34	35	35
办理国内公证(件)	11253	13020	15428	17203	19277	19367	21 150
#民事	5798	6792	8250	9457	10916	12347	12 785
经济合同	5455	6228	7178	7746	8361	7020	8 365
办理涉外公证(件)	4093	5520	5853	5413	5823	6783	5 943
人民调解工作							
司法助理员(人)	99	116	255	269	170	295	289
调解委员会(个)	2049	2049	2080	3081	1923	1937	1 992
调解人员(人)	10523	11933	11678	11698	9536	10761	11 390
调解纠纷(件)	6328	4986	5559	5964	9236	16580	23 794
律师工作							
律师事务所(个)	57	55	60	68	74	85	90
律师人员(人)	460	468	500	568	630	650	750
#专职	435	443	469	535	595	611	699
兼职	25	25	31	33	35	39	51

主要统计指标解释

医院 指设有固定床位，能收容病人住院并能为病人提供医疗、护理服务的医疗机构，包括县及县以上医院、农村乡卫生院和其他医院三部分。医院按所属性质不同分为卫生部门、工业及其他部门和集体经济单位三类。县及县以上医院按业务性质不同分为综合医院和专科医院。

卫生技术人员 指卫生事业机构支付工资的全部职工中现任职务为卫生技术工作的专业人员，包括中医师、西医师、中西医结合高级医师、护师、中药师、西药师、检验师、其他技师、中医士、西医生、护士、助产士、中药剂士、西药剂士、检验士、其他技士、其他中医、护理员、中药剂员、西药剂员、检验员和其他初级卫生技术人员。

医生 指经卫生部门审查合格，从事医疗工作的专业人员。分为中医医生和西医医生。包括卫生技术人员中的中医师、西医师、中西医结合高级医师、中医士、西医士和其他中医。

社会福利事业单位 指集中收养社会孤老、残、幼的机构，包括由民政部门管理的社会福利院、儿童福利院、精神病人福利院和城镇集体举办的福利院及农村集体举办的敬老院。

社会福利事业单位收养人数 包括民政部门管理和城镇、农村集体举办的社会福利事业单位中收养的老人、少年儿童、缺乏生活自理能力的残疾人员和精神病人。

社会福利企业单位 指以安置城镇有一定劳动能力的盲、聋、哑和肢体残疾人员就业为目的，享受国家减免税待遇的国有或集体企业。包括福利工厂、福利商业和服务业、假肢厂和安置农场等单位。

律师 指受聘参加法律顾问处工作，担任法律顾问、刑（民）事代理人、刑事辩护人，办理非诉讼事件、解答法律询问，代写法律事务文书等主要从事律师业务的专职法律工作者和兼职律师。

公证人员 指在国家公证机关依法办理公证事务的司法人员，包括公证员、助理公证员和在公证处工作的其他人员。

办理公证文书 指公证处在一定时期内办结的公证文书件数。公证文书按司法部规定或批准的格式制作，包括国内公证和涉外公证两部分。国内公证分为经济合同公证和民事法律关系公证两大类。

调解人员 指在人民调解委员会担负调解民间一般民事纠纷和轻微违法行为引起纠纷的工作人员，包括调解委员会的委员和调解小组的调解员。

调解民间纠纷 指调解委员会依照法律规定，根据自愿原则，用说服教育的方法调解民间发生的有关民事权利和义务的争执，促成当事双方达到协议和谅解，解决纠纷。包括婚姻家庭纠纷，财产权益纠纷等，不包括法院受理调解的民事案件数。

离休、退休、退职人员 指正式办理了离休、退休、退职手续，并享受相应的离休、退休、退职待遇的人员。

保险福利费用 指企业、事业、机关单位在工资以外实际支付给职工和离休、退休、退职人员个人以及用于集体的劳动保险和福利费用。

十三、人民生活

13－1 人民物质文化生活情况

	1995	2007	2008	2009	2010	2011	2012
就业							
每一农村劳动力负担人数(人)	2.00	2.00	2.00	1.74	2.00	2.00	2.15
每一城镇就业者负担人数(人)	1.87	2.14	1.97	2.02	1.99	2.22	2.13
城镇登记失业率(%)	2.60	3.20	2.80	3.09	3.12	2.94	1.63
收入							
农村居民家庭人均纯收入(元)	1 142.00	3 103.00	3 503.00	4 001.04	4 587.00	5 252.00	6 224.00
城镇居民人均可支配收入(元)	3 539.00	10 271.18	11 677.00	12 760.66	14 062.00	15 953.00	18 442.76
从业人员人均劳动报酬(元)	5 564.00	22 152.00	25 849.00	28 569.00	33 340.00	37 754.00	43 658.00
人均消费水平(元)							
全体居民	3 265.00	8 171.00	8 757.00	9 343.00	10 267.00	11 802.00	12 041
农村居民	1 663.00	4 134.00	4 553.00	4 829.00	5 136.00	5 922.00	6 063
城镇居民	4 714.00	10 785.00	11 293.00	12 026.00	13 321.00	14 794.00	14 015.00
储蓄							
城乡居民年底储蓄存款余额(亿元)	137.16	710.52	907.10	1 089.97	1 295.95	1 480.16	1 743.18
平均每人储蓄存款余额(元)	5 113.00	22 452.00	28 278.00	32 763.00	40 052.00	45 781.00	54 067
住房面积(平方米)							
农村平均每人居住面积	17.21	22.37	22.90	24.26	25.00	24.00	31.00
城市平均每人使用面积	8.81	17.00	17.63	17.76	18.46	18.42	19.08
交通							
城市每万人拥有出租车(辆)	53.00	32.00	17.51	20.25	20.38	20.84	20.95
城市每万人拥有公共车辆(辆)	3.00	10.00	12.00	10.24	10.21	10.31	11.95
城市公用事业							
自来水普及率(%)	96.90	98.61	96.36	96.25	94.96	94.61	
用气普及率(%)	41.90	68.03	68.23	82.11	89.37	88.98	88.71
人均公共绿地面积(平方米)	3.02	8.29	9.47	8.09	8.63	8.70	8.88
文化							
城镇每百户有彩色电视机(台)	87.00	114.00	107.00	107.00	108.33	104.65	105.33
农村每百户有彩色电视机(台)	39.00	97.69	111.00	111.00	112.16	111.81	105.12
广播综合人口覆盖率(%)	98.00	98.26	97.00	98.27	98.27	98.56	98.58
电视综合人口覆盖率(%)	97.00	98.40	97.50	98.54	98.55	98.55	98.55
教育							
学龄儿童入学率(%)	99.80	99.84	99.99	99.99	99.99	99.99	99.99
每万人口中在校大学生数(人)	144.00	546.00	622.00	674.00	704.00	808.00	1210
卫生							
每千人有医院病床数(张)	5.30	4.27	4.06	4.24	7.05	7.02	5.49
每千人有医生数(人)	3.54	2.78	2.79	2.92	3.11	2.97	3.11

13－2 城镇居民家庭生活基本情况

年份	每一城市就业者负担人数(人)	城镇居民人均生活费收入(元)	城镇居民人均可支配收入(元)	城镇居民人均消费性支出(元)	#食品	人均居住面积(平方米)
1979		378.00		356.40		
1980	1.94	488.08		413.52	237.36	
1981	1.74	487.80		463.68	253.92	
1982	1.71	514.20		476.28	273.60	
1983	1.70	530.40		513.00	301.80	
1984	1.69	636.84		594.60	345.60	
1985	1.75	731.28		705.48	368.88	
1986	1.76	862.56		820.68	428.28	
1987	1.78	942.96		914.76	474.24	
1988	1.76	1 142.76		1 240.92	592.92	
1989	1.79	1 322.04		1 249.80	693.60	
1990	1.79	1 431.60		1 238.16	703.68	
1991	1.84	1 660.20		1 479.12	818.76	8.07
1992	1.80	1 883.04	2 027.85	1 606.92	884.40	8.26
1993	1.74	2 280.36	2 462.58	2 029.20	1 031.76	8.18
1994	1.87	2 873.28	3 085.44	2 625.96	1 396.68	8.68
1995	1.87	3 278.28	3 539.92	3 118.20	1 677.00	8.81
1996	1.98	3 565.34	3 804.41	3 307.47	1 752.06	8.90
1997	2.17		3 906.48	3 196.66	1 694.04	10.33
1998	2.22		4 553.86	3 567.21	1 776.16	10.77
1999	2.04		5 127.50	4 505.61	1 914.41	13.60
2000	1.72		5 850.17	5 047.60	1 926.57	12.10
2001	1.56		6 324.68	5 238.47	2 004.06	12.19
2002	2.05		6 554.74	5 688.24	2 097.67	14.51
2003	2.04		7 094.29	5 679.21	2 175.57	15.04
2004	1.81		7 683.24	6 483.06	2 449.55	15.67
2005	2.02		8 529.12	7 180.55	2 569.86	16.69
2006	2.14		9 417.63	7 468.95	2 662.32	17.98
2007	1.97		10 271.18	8 049.75	3 013.61	17.00
2008	2.02		11 676.77	9 033.70	3 429.79	17.63
2009	1.99		12 760.66	9 653.36	3 696.28	17.76
2010	2.05		14 061.84	10 930.39	4 244.25	18.46
2011	2.22		15 952.57	12 352.09	4 714.47	18.42
2012	2.13		18 442.76	14 167.90	5 281.28	19.08

注:2002 年以后人均居住面积口径为使用面积,1997 年后取消城市居民人均生活费收入指标。

13 - 3 城镇居民家庭收入情况

单位:元/人

	1995	2008	2009	2010	2011	2012
家庭总收入	**3 539.94**	**12 319.04**	**13 683.62**	**15 228.14**	**17 313.98**	**19 823.45**
#人均可支配收入	3 539.92	11 676.77	12 760.66	14 061.84	15 952.57	18 442.76
工薪收入	2 514.17	8 012.27	8 992.39	9 623.8	11 037.25	12 457.39
工资及补贴收入	2 467.05	7 772.89	8 765.4	9 263.72	10 432.66	12 201.85
其他劳动收入	50.12	239.38	226.99	360.08	604.59	255.54
经营净收入	26.61	485.05	486.04	350.12	663.36	864.84
财产性收入	44.33	37.9	44.56	87.48	228.18	432.99
利息收入	34.80	17.27	25.49	36.11	17.56	28.27
股息与红利收入	7.50	0.69	0.36	14.63	0.2	0.21
出租房屋收入	2.03	19.87	18.71	35.47	194.24	400.23
知识产权收入					6.72	
其他财产性收入					8.91	4.29
转移性收入	901.98	3 783.82	4 160.63	5 166.74	5 385.19	6 068.23
养老金或离退休金	740.31	3 417.11	3 816.04	4 753.55	4 925.55	5 473.51
社会救济收入		91.55	105.77	118.79	114.08	143.04
赡养收入	74.39	28.74	36.92	40.08	83.38	79.98
捐赠收入	24.34	148.56	113.65	155.98	177.02	253.39
出售财物收入	0.28			2.99	23.35	0.16
借贷收入	611.28	2 224.72	2 196.59	5 963.94	4 189.45	7 329.23
提取储蓄存款	506.40	2 168.54	2 108.31	5 890.93	4 026.01	6 399.28
借入款	92.47	33.66	47.34	47.38	71.7	478.32

13 - 4 城镇居民家庭支出情况

单位:元/人

	1995	2008	2009	2010	2011	2012
家庭总支出	**3 555.40**	**10 765.59**	**11 852.16**	**13 459.10**	**15 882.49**	**19 301.41**
消费支出	3 118.24	9 033.70	9 653.36	10 930.39	12 352.09	14 167.90
#服务性消费支出		2 474.47	2 591.94	2 837.86	3 213.91	3 739.78
购房与建房支出	205.09	28.92	50.23	7.30	517.55	2 063.35
转移性支出	236.59	1 143.93	1 290.56	1 459.73	1 711.59	1 802.72
交纳的个人收入税	0.02	21.92	12.28	47.29	30.58	38.55
捐赠支出	144.15	844.34	1 033.24	1 072.97	1 214.44	1 394.42
购买彩票		3.38	3.95	0.81	5.05	4.65
赡养支出	73.73	209.77	193.60	253.27	324.36	264.35
各种非储蓄性保险性支出	0.20	44.88	31.77	36.89	107.87	80.78
财产性支出		0.19	9.07	5.80	30.50	13.24
社会保障支出		558.86	848.94	1 055.90	1 270.76	1 254.19
借贷支出	495.39	3 465.27	3 728.96	7 580.92	5 155.83	7 332.78

13－5 城镇居民家庭分组收入情况

单位：元/人　　　　（2012 年）

	合计	低收入户	较低收入户	中间收入户	较高收入户	高收入户
家庭总收入	**19 823.45**	**9 609.32**	**14 747.51**	**19 253.25**	**24 951.09**	**36 217.49**
可支配收入	18 442.76	8 866.42	13 592.78	17 988	22 801.78	34 399.38
#工薪收入	12 457.39	7 192.96	9 522.05	11 557.35	18 559.50	17 905.57
工资及补贴收入	12 201.85	6 753.96	9 342.74	11 443.12	18 231.19	17 690.35
其他劳动收入	255.54	439	179.31	114.23	328.31	215.22
经营净收入	864.84	548.83	947.45	1 340.94	280.77	1 259.79
财产性收入	432.99	75.81	417.04	634.89	298.89	849.59
利息收入	28.27	7.10	9.32	28.26	33.69	79.81
出租房屋收入	400.23	68.72	407.71	606.63	241.67	769.78
知识产权收入						
转移性收入	6 068.23	1 791.71	3 860.98	5 720.07	5 811.93	16 202.54
养老金或离退休金	5 473.51	1 217.8	3 578.19	5 328.51	5 384.3	14 622.33
社会救济收入	143.04	361.51	72.47	103.6	89.23	62.85
保险收入						
赡养收入	79.98	33.51	54.31	50.92	31.99	283.77
捐赠收入	253.39	97.11	74.63	107.94	214.10	990.81
亲友搭伙费						
其他转移性收入	29.13		4.79	45.41		120.70
出售财物收入	0.16		0.05			0.97
出售住房收入						
借贷收入	7 329.23	3 214.1	5 518.92	3 737.33	10 415.83	16 927.17
提取储蓄存款	6 399.28	2 485.47	4 933.82	3 716.96	9 999.17	13 306.07
借入款	478.32	728.63	154.26	20.37	192.31	1 598.72
收回借出款	64.87					423.66
收回储蓄性保险本						
住房贷款	244.79					1 598.72

13－6 城镇居民家庭分组支出情况

（2012 年）

单位:元/人

	合计	低收入户	较低收入户	中间收入户	较高收入户	高收入户
家庭总支出	**19 301.41**	**9 639.34**	**14 764.86**	**17 303.15**	**24 171.62**	**36 390.54**
消费支出	14 167.90	7 814.12	10 953.93	14 233.92	18 747.54	22 139.56
#服务性消费支出	3 739.78	1 726.92	2 724.99	4 233.67	4 612.32	6 331.48
食品	5 281.28	3 433.09	4 473.67	5 266.43	6 195.00	7 977.36
衣着	1 667.52	810.92	1 232.30	1 634.05	2 342.64	2 731.36
家庭设备用品及服务	996.33	376.83	920.87	762.30	1 460.64	1 724.19
医疗保健	1 177.36	564.67	709.97	1 601.29	1 187.65	2 146.95
交通和通信	1 567.00	914.83	1 022.03	1 283.12	2 861.63	2 079.47
教育文化娱乐服务	1 485.87	600.38	1 167.11	1 715.49	2 150.85	2 066.61
居住	1 496.10	954.54	1 128.57	1 522.33	1 914.75	2 252.59
杂项商品和服务	496.45	158.86	299.42	448.91	634.37	1 161.03
购房与建房支出	2 063.35	567.91	1 425.53	349.14	769.23	9 095.34
购房	2 063.35	567.91	1 425.53	349.14	769.23	9 095.34
建房						
转移性支出	1 802.72	595.62	1 283.50	1 590.25	2 620.50	3 554.17
交纳的个人收入税	38.55	8.80	5.01	52.28	29.12	123.73
捐赠支出	1 394.42	480.83	1 083.61	1 265.34	1 639.49	3 019.15
购买彩票	4.65	0.06	5.95	1.06	11.45	5.61
赡养支出	264.35	48.44	144.52	178.06	686.35	340.66
#在外就学子女费用	99.73	8.12	44.41	129.76	189.74	158.27
各种非储蓄性保险支出	80.78	32.82	35.87	81.97	221.93	38.16
其他转移性支出	19.96	24.67	8.53	11.53	32.17	26.85
财产性支出	13.24	9.37	28.79	0.56	6.46	21.18
社会保障支出	1 254.19	652.32	1 073.11	1 129.28	2 027.89	1 580.29
借贷支出	7 332.78	2 862.59	4 816.40	5 164.66	10 948.40	15 875.98

13－7 城镇居民家庭人均全年购买商品量

单位:公斤/人　　　　　　　　　　　　　　(2012 年)

	合计	低收入户	较低收入户	中间收入户	较高收入户	高收入户
大米	21.47	22.04	22.49	19.42	20.39	23.32
面粉	34.24	38.38	32.46	28.67	33.40	39.80
食用植物油	11.28	10.75	11.54	10.49	11.60	12.36
猪肉	15.46	12.77	13.16	16.50	15.04	21.80
牛肉	2.00	1.86	1.82	1.62	2.51	2.34
羊肉	1.50	1.16	1.32	1.27	1.81	2.17
鸡	3.88	3.72	3.50	4.13	3.92	4.27
鸭	0.14	0.13	0.11	0.19	0.09	0.20
鲜蛋	10.66	9.33	10.89	9.11	11.20	13.63
鱼	3.49	2.82	3.01	3.31	3.34	5.54
虾	0.41	0.27	0.34	0.49	0.44	0.56
鲜菜	123.73	116.67	115.93	123.59	119.15	151.30
白酒	1.45	1.11	1.22	1.37	1.08	2.88
果酒	0.16	0.09	0.08	0.17	0.21	0.30
啤酒	4.59	2.37	3.98	3.37	3.86	11.24
碳酸饮料	0.56	0.28	0.87	0.50	0.51	0.65
瓶装饮用水	1.59	0.50	1.96	1.75	2.04	1.77
鲜果	40.97	31.44	34.31	42.12	47.39	54.80
鲜瓜	24.56	17.64	19.39	27.22	27.20	35.09
糕点	3.61	2.71	3.72	3.70	3.62	4.59
鲜乳品	19.89	17.00	18.95	17.12	20.95	27.83
服装(件)	8.12	6.01	6.59	8.01	10.56	10.51
水(吨)	30.12	23.01	27.46	32.81	31.76	38.39
电(千瓦时)	486.46	335.74	407.99	542.21	527.50	688.76

13－8 城镇居民家庭消费品每百户拥有量

（2012 年）

	合计	低收入户	较低收入户	中间收入户	较高收入户	高收入户
摩托车（辆）	4.00	3.33	8.33	3.33	3.33	1.67
助力车（辆）	6.67	6.67	6.67	6.67	5.00	8.33
家用汽车（辆）	8.00		6.67	6.67	18.33	8.33
洗衣机（台）	97.67	95.00	98.33	93.33	100.00	101.67
电冰箱（台）	95.00	80.00	96.67	96.67	101.67	100.00
彩色电视机（台）	105.33	100.00	101.67	105.00	108.33	111.67
家用电脑（台）	65.00	25.00	63.33	63.33	91.67	81.67
组合音响（套）	25.33	15.00	18.33	30.00	28.33	35.00
摄像机（架）	8.00	1.67	5.00	5.00	10.00	18.33
照相机（架）	29.33	6.67	18.33	25.00	45.00	51.67
钢琴（架）	2.33	1.67		1.67	6.67	1.67
其他中高档乐器（件）	7.00	0.00	5.00	1.67	6.67	21.67
微波炉（台）	52.33	23.33	41.67	50.00	76.67	70.00
空调器（台）	10.67	1.67	8.33	5.00	20.00	18.33
淋浴热水器（台）	58.67	26.67	46.67	58.33	76.67	85.00
消毒碗柜（台）	2.00		3.33		5.00	1.67
洗碗机（台）	0.67		1.67	1.67		
健身器材（套）	4.00		1.67	1.67	11.67	5.00
固定电话（部）	51.00	35.00	46.67	48.33	51.67	73.33
移动电话（部）	194.67	163.33	196.67	235.00	203.33	175.00
接入互联网的移动电话（部）	15.00	6.67	13.33	20.00	13.33	21.67
接入有线电视网络的电视机（台）	86.33	75.00	80.00	91.67	96.67	88.33
接入互联网的计算机（台）	49.33	13.33	43.33	46.67	70.00	73.33

13-9 城镇居民家庭人均全年购买的主要商品数量

	1995	2000	2008	2009	2010	2011	2012
粮食(千克)	101.81	79.88			93.73	80.39	81.21
鲜菜(千克)	133.06	186.66	114.60	116.76	134.96	123.85	123.73
食用植物油(千克)	8.40	9.28	12.78	12.65	12.26	10.54	11.28
猪肉(千克)	15.14	14.54	11.21	12.98	13.79	13.05	15.46
牛羊肉(千克)	2.82	4.19	4.21	53.51	5.05	4.00	3.50
家禽(千克)	3.33	4.28	3.32	3.52	3.82	5.61	5.63
鲜蛋(千克)	9.19	9.12	9.74	9.77	9.97	9.85	10.66
水产品(千克)	5.82	4.85	4.37	4.77	5.09	4.47	4.48
酒(千克)	3.91	5.71	3.41	4.40	4.86	4.96	6.27
服装(件/人)	4.69	6.11	6.55	7.84	8.03	7.74	8.12
衣着材料(元/人)	62.35	23.40	14.54	16.28	17.74	16.66	14.64
鞋类(双)	2.38	2.61	2.56	2.87	2.73	2.81	2.98

13-10 城镇居民家庭平均每百户年底耐用消费品拥有量

	1995	2000	2008	2009	2010	2011	2012
家用电脑(台)		28.00	41.58	42.86	46.00	60.47	65.00
钢琴(台)		18.00	1.32	1.33	1.33	1.00	2.33
微波炉(台)		48.00	46.86	53.82	54.33	50.50	52.33
空调器(台)		9.00	8.58	6.64	6.00	7.97	10.67
自行车(辆)	496.00	518.00					
电风扇(台)	156.00	215.00					
洗衣机(台)	272.00	288.00	95.38	97.34	98.00	96.35	97.67
电冰箱(台)	223.00	256.00	90.43	93.69	94.67	92.36	95.00
彩色电视机(台)	262.00	441.00	106.93	107.31	108.33	104.65	105.33
影碟机(台)		121.00					
录音机(台)	30.00	131.00					
照相机(台)	92.00	138.00	25.08	28.57	28.00	25.58	29.33
汽车(台)			2.31	1.66	2.33	6.31	8.00

13－11 农村居民家庭基本情况

	1995	2000	2008	2009	2010	2011	2012
调查户数(户)	849	655	1 020	1 020	1 020	550	550
平均每户常住人口(人)	4.86	4.44	4.18	4.14	4.14	3.97	3.99
平均每户整半劳动力(人)		2.91	2.72	2.75	2.77	2.82	2.76
平均每个劳动力负担人口(含本人)(人)	2	2	2	2	2	2	2
平均每人年总收入(元)	1 603	2 569	4 371	4 905	5 567	6 271	7 598
平均每人年纯收入(元)	1 143	2 005	3 502	4 001	4 587	5 252	6 224
平均每人年现金收入(元)	1 245	1 973	3 710	4 349	4 904	5 823	7 010
平均每人年总支出(元)	1 615	2 046	3 769	4 255	4 740	5 572	6 687
平均每人全年现金支出(元)	1 204	1 703	3 252	3 690	4 130	5 211	6 387

13－12 农村居民家庭生活基本情况

年份	人均纯收入(元)	人均生活费支出(元)	人均居住面积(平方米)
1979	92.17	79.17	
1980	96.03	82.17	
1981	99.38	91.10	
1982	107.55	88.31	
1983	181.60	142.75	5.56
1984	261.27	201.45	10.22
1985	352.77	269.54	9.93
1986	385.85	333.10	11.97
1987	411.65	356.64	13.29
1988	461.00	412.41	14.00
1989	490.00	452.46	14.10
1990	563.00	460.39	17.20
1991	603.00	521.48	15.70
1992	650.00	531.16	17.40
1993	723.00	575.83	16.27
1994	882.00	748.20	16.52
1995	1 142.00	1 121.29	17.21
1996	1 366.00	1 219.00	17.40
1997	1 563.00	1 190.00	18.12
1998	1 738.00	1 168.87	19.59
1999	1 923.66	1 137.29	16.91
2000	2 005.00	1 409.97	17.21
2001	2 134.00	1 444.24	16.59
2002	2 268.00	1 494.02	16.69
2003	2 397.63	1 540.08	24.74
2004	2 550.00	1 872.00	20.34
2005	2 712.69	1 693.49	22.32
2006	2 898.31	2 136.65	21.94
2007	3 102.64	2 420.03	22.37
2008	3 502.73	2 842.78	22.90
2009	4 001.04	3 317.33	24.26
2010	4 587	3 686	25
2011	5 252	4 331	24
2012	6 224	5 019	31

13－13 农村住户总收入

单位:元

	1995	2000	2008	2009	2010	2011	2012
总收入	**1 602.61**	**2 568.79**	**4 371.03**	**4 904.8**	**5 567.00**	**6 271.00**	**7 597.87**
工资性收入	307.58	731.89	1 677.53	1 947.46	2 226.00	2 642.90	3 316.22
#在非企业组织中的劳动收入	72.43	308.20	345.28	339.34	366.00	284.01	354.46
在本地企业中得到的收入	201.47	270.20	786.56	993.97	1 183.00	1 790.23	2 211.61
外出从业收入		105.83	545.69	614.16	678.00	568.67	750.15
家庭经营收入	1 206.98	1 653.66	2 286.55	2 482.48	2 767.00	2 964.24	3 432.82
农业收入	709.05	929.62	1 695.3	1 787.12	1 985.00	2 149.00	2 578.75
林业收入	7.12	1.30	6.66	7.21	13.00	31.62	42.38
牧业收入	173.47	121.21	237.93	278.81	314.00	147.87	158.16
渔业收入			1.02	1.32			0.06
工业收入	12.16	25.32	6.47	9.94	16.00	5.32	
建筑业收入	29.59	99.65	17.32	24	398.00	33.23	11.53
运输业、邮电业收入	71.86	155.44	151.9	150.73	176.00	223.28	271.61
批发和零售贸易、餐饮业收入	50.74	44.18	93.4	111.88	105.00	224.46	287.74
社会服务业收入	22.51	39.60	25.35	42.37	47.00	82.80	40.84
其它家庭经营收入	129.33	229.64	41.63	56.8	53.00	56.83	36.70
转移性收入	61.93	83.38	198.66	250.68	291.00	331.36	434.63
财产性收入	26.13	99.86	208.28	224.18	283.00	333.30	414.20
平均每人纯收入	1 143.00	2 005.02	3 502.73	4 001.04	4 587.00	5 252.13	6 224.32
工资性收入	307.58	731.89	1 677.53	1 947.46	2 226.00	2 642.90	3 316.22
在非企业组织劳动得到收入	72.43	308.20	345.28	339.34	366.00	284.01	354.46
在本乡地域劳动得到收入	201.47	270.20	786.56	993.97	1 183.00	1 790.23	2 211.61
外出从业得到收入		105.83	545.69	614.16	678.00	568.67	750.15
家庭经营纯收入		1 068.13	1 429.29	1 589.63	1 806.00	1 963.50	2 067.67
第一产业纯收入		702.72	1 138.03	1 259.7	1 430.00	1 453.45	1 690.04
第二产业纯收入		98.84	17.65	24.39	41.00	25.53	9.30
第三产业纯收入		266.57	273.61	305.54	334.00	484.52	368.33
财产性纯收入		97.08	208.28	224.18	283.00	331.36	414.20
转移性纯收入		75.91	187.62	239.76	272.00	314.77	426.24
现金纯收入			3 027.31	3 666.2	4 182.00	4 966.54	5 824.06
实物纯收入			475.42	334.83	406.00	286.00	400.25

13－14 农村住户总支出

单位:元

	1995	2000	2008	2009	2010	2011	2012
总支出	**1 615.08**	**2 045.87**	**3 769.08**	**4 254.63**	**4 740.00**	**5 572.00**	**6 686.70**
家庭经营费用支出	388.99	432.74	736.69	747.71	811.00	798.00	1 072.21
农业生产支出	261.87	277.75	524.46	515.65	558.00	620.00	734.35
林业生产支出	2.13	1.04	6.18	5.08	8.00	20.00	30.23
牧业生产支出	68.69	60.29	171.43	181.97	204.00	69.00	108.15
渔业生产支出	0	0.84	0.05	0.10			0.03
工业生产支出	0.97	2.36	0.21	0.23			
建筑业生产支出	2.81	23.77	4.88	8.29	8.00	13.00	2.14
运输业、邮电业支出	31.54	53.63	23.82	22.53	25.00	24.00	62.68
批发和零售贸易、餐饮业支出	6.88	3.09	2.48	3.30	3.00	42.00	120.70
社会服务业支出	4.1	3.88	0.98	0.93	2.00	3.00	7.78
其他家庭经营支出	9.93	5.31	2.12	7.24	1.00	6.00	6.02
购置生产性固定资产支出	49.9	63.52	62.69	64.95	85.00	78.00	101.46
缴纳税金	22.15	10.75	0.75	2.32		1.00	0.12
生活消费支出	1 108.63	1 409.97	2 842.78	3 317.33	3 686.00	4 331.00	5 018.93
财产性支出		2.78	2.21	11.66	5.00		8.91
转移性支出	37.91	110.84	122.57	106.49	152.00	364.00	485.08

13－15 农村居民家庭平均每人生活消费支出

单位:元

	1995	2000	2008	2009	2010	2011	2012
生活消费支出	**1 108.63**	**1 409.97**	**2 842.78**	**3 317.33**	**3 686**	**4 331**	**5 018.93**
按消费类别分							
食品	662.42	611.96	1 284.87	1 405.63	1 624	1 831	2 052.16
其他食品		115.37	138.05	162.87	199	216	256.30
在外饮食		36.48	151.37	176.8	196	220	274.42
衣着		105.63	203.53	245.09	305	413	476.14
居住		236.62	432.17	539.44	622	695	931.95
家庭设备用品及服务		63.69	109.89	180.15	197	267	318.36
医疗保健		119.41	208.09	234.82	250	452	382.50
交通和通讯		55.43	266.01	308.34	290	367	423.95
文教娱乐用品及服务		170.48	303.4	341.63	334	215	339.48
其他商品和服务		46.74	34.82	62.22	63	90	94.40
#商品性支出		7.47	16.6	33.77	38	69	71.89
服务支出		39.27	7.05	9.26	25	21	22.51
货币性消费	721.44	1 141.94	2 449.99	2 900.76	3 256	4 030	4 760.18
食品	297.13	360.97	892.25	989.09	1 194	1 531	1 794.17
衣着		105.61	203.53	245.09	305	413	476.14
居住		219.62	432.11	539.42	622	695	931.19
家庭设备用品及服务		63.67	109.87	180.14	197	267	318.36
医疗保健		119.41	208.09	234.82	250	452	382.50
交通通讯		55.43	266.01	308.34	290	367	423.95
文教娱乐用品及服务		170.48	303.4	341.63	334	215	339.48
其他商品及服务		46.74	34.72	62.22	63	90	94.40
#商品性支出		7.47	16.5	33.77	38	69	71.88
服务支出		39.27	18.23	28.45	25	21	22.51

13－16 农村居民家庭平均每人生活消费支出构成

单位:%

	1995	2000	2008	2009	2010	2011	2012
生活消费支出	**100.00**	**100.00**	**100.00**	**100.00**	**100.00**	**100.00**	**100.00**
按消费类别分							
食品	59.75	43.40	45.20	42.37	44.06	42.27	40.89
其他食品		18.85	4.86	4.91	5.40	4.99	5.11
在外饮食		5.96	5.32	5.33	5.32	5.08	5.47
衣着		7.49	7.16	7.39	8.27	9.54	9.49
居住		16.78	15.20	16.26	16.87	16.05	18.57
家庭设备用品及服务		4.52	3.87	5.43	5.34	6.16	6.34
医疗保健		8.47	7.32	7.08	6.78	10.44	7.62
交通和通讯		3.93	9.36	9.29	7.87	8.47	8.45
文教娱乐用品及服务		12.09	10.67	10.30	9.06	4.96	6.76
其他商品和服务		3.31	1.22	1.88	1.71	2.07	1.88
#商品性支出		0.53	0.58	1.02	1.03	1.59	1.43
服务支出		2.79	0.25	0.28	0.68	0.49	0.45
货币性消费	100.00	100.00	100.00	100.00	100.00	100.00	100.00
食品	41.19	31.61	36.42	34.10	36.67	37.99	37.69
衣着		9.25	8.31	8.45	9.37	9.54	10.00
居住		19.23	17.64	18.60	19.10	16.05	19.56
家庭设备用品及服务		5.58	4.48	6.21	6.05	6.16	6.69
医疗保健		10.46	8.49	8.10	7.68	10.44	8.04
交通通讯		4.85	10.86	10.63	8.91	8.47	8.91
文教娱乐用品及服务		14.93	12.38	11.78	10.26	4.96	7.13
其他商品及服务		4.09	1.42	2.14	1.93	2.07	1.98
#商品性支出		0.65	0.67	1.16	1.17	2.07	1.51
服务支出		3.44	0.74	0.98	0.77	0.49	0.47

13－17 农村居民家庭平均每人主要消费品消费量

	1995	2000	2008	2009	2010	2011	2012
粮食(原粮)(千克)	196.80	216.24	200.4	182.45	182.45	147.96	150.52
蔬菜(千克)	110.07	35.64	41.44	62.43	62.43	53.12	41.47
食油(千克)	14.26	5.46	6.21	5.45	5.45	7.65	8.21
猪牛羊肉(千克)	17.88	12.56	13.14	16.64	18.84	13.94	11.68
家禽(千克)	1.01	0.21	1.31	1.42	1.42	1.80	1.86
蛋及蛋制品(千克)	3.72	2.03	3.47	3.23	3.23	4.18	4.96
鱼虾(千克)	0.88	0.56	1.05	0.96		0.97	1.08
食糖(千克)	0.86	1.08	4.35	1.2	1.20	0.97	1.32
酒(千克)	3.55	4.96	6.14	7.49	7.49	8.04	9.17

13－18 农村居民家庭平均每百户年底耐用消费品拥有量

	1995	2000	2008	2009	2010	2011	2012
自行车(辆)	131.22	150.96	104.41	104.22		76.83	75.77
空调机(台)			2.16	1.86	1.57	1.70	0.91
洗衣机(台)	48.60	66.60	90.20	96.27	96.67	96.21	98.58
家用电冰箱(台)	4.86	8.88	37.54	44.02	40.78	56.08	66.65
摩托车(辆)	4.86	4.44	30.20	32.94	39.22	32.62	40.66
黑白电视机(台)	63.18	48.84	10.88	4.41	4.51	1.30	0.95
彩色电视机(台)	24.30	62.16	111.37	110.59	112.16	111.81	105.12
影碟机(台)		28.70	46.67	44.61		32.34	25.36
中高档乐器(台)			1.08	1.08		0.06	0.97
照相机(架)	4.86	4.44	9.02	11.47	6.76	6.00	7.09

13－19 农村居民家庭平均每户年末生产性固定资产原值

单位：元

	1995	2000	2008	2009	2010	2011	2012
合计	**2 037**	**5 473**	**7 512**	**8 869**	**9 311**		
#役畜、产品畜	468	620	965	1 267	1 213	329	471
大中型铁木农具	146	289	297	291	435	484	479.6
农林牧渔业机械	262	1 498	2 529	2 628	2 588	2 618	2 723
工业机械	32	141	66	19	12		
运输机械	796	1 133	694	1 085	1 035	1 245	2 884

13－20 农村居民家庭平均每百户拥有主要生产性固定资产数量

	1995	2000	2008	2009	2010	2011	2012
汽车（辆）	1.88	4.05	2.65	3.43	2.16	2.88	5.19
大中型拖拉机（台）	2.12	1.05	2.35	3.04	7.16	5.24	6.74
小型和手扶拖拉机（台）	18.61	32.70	33.33	34.02	35.1	25.86	28.56
机动脱粒机（台）	0.59	0.45	2.55	0.88	0.69	1.15	5.88
胶轮大车（辆）	4.48	16.26	1.96	2.06	1.47	4.82	2.04
农用水泵（台）	0.24	1.60	4.22	4.02	4.22	1.64	2.83
役畜（头）	25.44	36.00	20.29	21.86	24.8	8.57	7.59
产品畜（头）	8.24	9.12	29.22	25.59	30.88	15.87	19.45

13－21 农村住户建房和居住情况

	1995	2000	2008	2009	2010	2011	2012
建房情况(户均)							
年内新建房屋面积(平方米)	1.35	2.99	1.4	2.82	1.33	0.4	2.90
年内新建房屋价值(元)	406.35	430.54	968.23	1 688.5	892.74	290.42	2 214.24
#砖木结构面积(平方米)		1.08	0.71	1.7	1.01	0.23	1.27
钢筋混凝土结构面积(平方米)		1.78	0.68	1.04	0.23	0.17	1.61
居住情况(户均)							
年末住房面积(平方米)	77.47	83.94	112.21	100.44	97.77	108.03	125.28
#砖木结构面积(平方米)	26.68	41.78	46.65	48.93	51.05	42.13	57.93
钢筋混凝土结构面积(平方米)	4.33	22.40	49.94	33.91	33.40	59.32	54.27
年末住房价值(元)	6 270.00	6 622.00	47 196.56	41 281.31	40 645.59	66 214.62	102 511.60
人均指标							
平均每人年末住房面积(平方米)	17.21	17.21	22.9	24.26	24.00	27	31.41
平均每人年内新建房屋面积(平方米)	0.28	0.65	0.33	0.68	0.66	0.4	0.72

13－22 各县区家庭户的住房面积

(2012 年)

	调查户住户(户)	调查户人数(人)	人均住房建筑面积(平方米/人)	#刚混面积
兰州市	**550**		**31.41**	**13.60**
城关区	60	220	72.3	68.41
七里河区	60	248	41.26	22.97
西固区	60	220	39.19	18.31
安宁区	60	229	54.27	44.72
红古区	60	259	29.59	29.59
永登县	80	330	28.17	10.67
皋兰县	90	358	20.73	
榆中县	80	311	28.23	6.75

13－23 各县区农民人均纯收入

单位:元/人

	2005	2008	2009	2010	2011	2012
兰州市	**2 713**	**3 503**	**4 001**	**4 587**	**5 252**	**6 224**
城关区	7 373	9 759	10 942	12 381	14 176	16 274
七里河区	4 274	5 450	6 108	6 905	7 899	9 558
西固区	4 727	6 018	6 741	7 587	8 702	10 128
安宁区	4 732	6 158	6 961	7 869	9 034	10 514
红古区	4 630	5 904	6 615	7 480	8 505	10 155
永登县	2 071	2 692	3 106	3 524	4 053	4 900
皋兰县	2 113	2 790	3 207	3 705	4 275	5 083
榆中县	1 866	2 392	2 748	3 156	3 582	4 263

主要统计指标解释

城镇居民家庭总收入 指被调查城市居民家庭调查户中生活在一起的所有家庭成员在调查期得到的工资性收入、经营性收入、财产性收入、转移性收入的总和，不包括出售财物和借贷收入。

城镇居民家庭可支配收入 指被调查的城市居民家庭可用于最终消费支出和其它非义务性支出以及储蓄的总和，即居民家庭可以用来自由支配的收入。它是家庭总收入扣除经营性支出、交纳的个人所得税、个人交纳的社会保障费以及调查户的记账补贴后的收入。

城市居民家庭消费性支出 指被调查的城市居民家庭用于本家庭日常生活的全部支出，包括食品、衣着、居住、家庭设备用品及服务、医疗保健、交通和通信、娱乐教育文化服务、其它商品和服务八大类等。包括用于赠送的商品或服务。不包括罚没、丢失款和缴纳的各种税款（如个人所得税、牌照税、房产税等），也不包括个体劳动者生产经营过程中发生的各项费用。

城镇居民家庭全部收入 指被调查城市居民家庭全部实际收入，包括经常或固定得到的收入和一次性收入。不包括周转性收入，如提取银行存款、向亲友借款、收回借出款以及其他各种暂收款。

农村居民家庭纯收入 指农村常住居民家庭总收入中，扣除从事生产和非生产经营费用支出、缴纳税款和上交承包集体任务金额以后剩余的，可直接用于进行生产性、非生产性建设投资、生活消费和积蓄的那一部分收入。农村居民家庭纯收入包括从事生产性和非生产性的经营收入，在外人口寄回带回和国家财政救济、各种补贴等非经营性收入；既包括货币收入，又包括自产自用的实物收入。但不包括向银行、信用社和向亲友借款等属于借贷性的收入。

农村居民家庭生活消费支出 指农村常住居民家庭用于日常生活的全部开支，是反映和研究农民家庭实际生活消费水平高低的重要指标。

十四、市州主要经济指标

14－1 地区生产总值

（2012 年）　　单位：亿元、%

	地区生产总　　值	第一产业	第二产业	第三产业	地区生产总值构成	第一产业	第二产业	第三产业
兰州市	1 564.41	45.14	744.70	774.57	100	2.89	47.60	49.51
嘉峪关市	269.1	3.8	220.2	45.1	100	1.41	81.83	16.76
金昌市	243.39	13.38	184.48	45.53	100	6.07	75.34	18.59
白银市	433.77	48.58	248.6	136.59	100	11.32	57.23	31.45
天水市	413.9	79.4	162.6	171.9	100	19.18	39.28	41.54
武威市	341.6	82.7	150.4	108.4	100	24.22	44.04	31.74
张掖市	291.89	83.79	103.68	104.42	100	28.71	35.52	35.77
平凉市	325.4	69.4	153.9	102.1	100	21.32	47.3	31.38
酒泉市	574.6	69.8	307.3	197.4	100	12.15	53.49	34.36
庆阳市	530.3	73.9	329.5	126.9	100	13.94	62.14	23.92
定西市	224.1	68.6	60.2	95.4	100	30.59	26.86	42.55
陇南市	229.6	61	69.1	99.5	100	26.56	30.1	43.34
临夏州	151.9	32.1	46.4	73.5	100	21.13	30.57	48.4
甘南州	96.7	21.8	26	49	100	22.49	26.91	50.6

14－2 地区生产总值指数

（上年＝100）　　（2012 年）　　单位：%

	地区生产总　　值	第一产业	第二产业	第三产业
兰州市	13.4	7.6	12.2	14.8
嘉峪关市	16.4	7.2	18.2	12.2
金昌市	16.5	7.5	17.3	15.6
白银市	14.7	7.3	16.6	14.0
天水市	13.4	8.1	16.5	13.0
武威市	15.1	8.3	18.6	16.0
张掖市	12.2	7.1	14.3	14.0
平凉市	14.1	8.4	16.0	15.0
酒泉市	16.1	7.6	20.2	12.9
庆阳市	16.1	9.2	18.2	14.5
定西市	13.1	9.0	17.7	13.0
陇南市	13.1	7.5	18.3	12.6
临夏州	14.8	8.5	18.2	15.5
甘南州	13.0	7.3	16.3	14.0

14－3 工业、投资、消费主要指标

单位:亿元、%

	规模以上工业增加值		固定资产投资额		社会消费品零售总额	
	2012 年	增长	2012 年	增长	2012 年	增长
兰州市	538.15	11.5	1 239.18	42.34	749.12	17.11
嘉峪关市	169.0	19.5	93.4	43.1	33.6	17.0
金昌市	159.3	20.3	184.9	45.7	51.0	17.6
白银市	192.6	19.6	320.9	45.0	120.4	18.1
天水市	88.3	17.8	416.5	42.6	177.4	18.2
武威市	88.9	23.6	416.0	45.6	104.4	18.1
张掖市	59.8	14.4	209.6	44.3	94.5	18.0
平凉市	108.0	17.0	418.0	44.3	122.2	18.0
酒泉市	195.1	23.4	784.2	45.4	124.4	18.2
庆阳市	281.2	19.0	889.9	41.8	130.6	18.2
定西市	20.5	23.3	392.3	44.2	73.3	17.3
陇南市	35.3	21.5	410.4	41.1	57.4	17.5
临夏州	15.7	17.8	202.1	44.6	47.5	18.2
甘南州	13.3	15.2	174.5	41.0	26.8	18.0

14－4 财政收入、城乡人民收入

单位:元、%

	公共财政预算收入		城镇居民人均可支配收入		农民人均纯收入	
	2012 年	增长	2012 年	增长	2012 年	增长
兰州市	103.73	19.93	18 443	15.6	6 224	18.5
嘉峪关市	15.5	22.7	22 006	16.2	10 999	18.2
金昌市	13.3	17.0	23 295	16.0	7 885	17.5
白银市	24.1	40.8	18 532	16.1	4 497	17.9
天水市	35.2	15.5	15 177	16.3	3 864	18.3
武威市	14.5	42.6	15 397	16.1	6 133	18.1
张掖市	12.7	23.7	14 395	16.1	7 504	16.0
平凉市	21.4	29.3	15 506	16.1	4 215	17.7
酒泉市	21.2	28.3	20 062	16.2	9 645	18.2
庆阳市	53.1	19.8	16 662	15.8	4 262	16.0
定西市	13.1	31.1	14 281	16.2	3 612	17.5
陇南市	16.1	22.6	14 077	16.1	3 088	17.8
临夏州	9.1	32.7	11 428	17.1	3 167	17.6
甘南州	6.8	24.7	13 970	15.8	3 610	16.2

十五、全国主要指标对比

15－1 土地面积与人口

单位：平方公里、万人

	土地面积	全市总人口	#市区人口	年平均人口
直辖市				
北京	16410.54	1297.46		1287.69
上海	6340.5	1426.93		1423.15
天津		993.2	812.5	994.82
重庆	82269	3343.44		
省会城市				
兰州	13086	321.52	206.37	322.41
西安	10108	795.98	572.76	793.9
西宁	7649	224.74	152.2	197.94
银川	9025.38	204.63	132.67	203.60
乌鲁木齐	13787.9	257.8	251.81	253.58
成都	12121	1173.35	554.18	1168.32
贵阳	8034	374.53	222.46	375.33
昆明	21012.54	543.48	241.48	543.76
呼和浩特	17224	230.32	122.01	231.29
南宁	22122	713.5	274.55	712.5
石家庄	15848	1005.33	247.09	1001.31
沈阳	12860	724.79	522.12	723.74
哈尔滨	53068	993.5	471.4	933.40
长春	20571	756.9	362.98	759.3
海口	2304.84	161.59		161.99
杭州	16596	700.52	445.43	698.12
济南	8177	609.21	352.17	607.92
福州	11968	655.27	192.06	652.34
广州	7434.4	822.3	677.97	818.44
南京	6587.02	638.48	553.34	637.42
南昌	7402.36	507.87	225.16	506.41
太原	6988	365.84	284.13	365.43
合肥	11445	710.53	222.17	708.33
郑州	7446.2	766.6	309.2	762.8
长沙	11815.96	660.62	297.9	658.62
武汉	8494.41	821.71	821.71	824.48
其他城市				
大连	12574	590.31	299.17	589.42
烟台	13746	650.29	180.27	651.03
青岛	11282	769.56	363.9	767.96
宁波	9816	577.71	226.11	577.06
威海	5797	253.57	65.57	253.71
深圳	1996.85	287.62	287.62	277.76
珠海	1724.32	106.55	106.55	106.28
厦门	1573.16	190.92	190.92	188.09
苏州	8488	647.81	328.99	645.07
无锡	4627	470.07	241.08	469.02

注：人口数为户籍人口。

15－2 地区生产总值

单位:万人、亿元、%

	地区生产总值		第一产业增加值	
	2012 年	增长	2012 年	增长
直辖市				
北京	17879.40	7.7	150.20	3.2
上海	20101.33	7.5	127.80	0.5
天津	12893.88	13.8	171.60	3.0
重庆	11459.00	13.6	940.01	5.3
省会城市				
兰州	1564.41	13.4	45.14	7.6
西安	4369.37	11.8	195.59	6.0
西宁	851.09	15.0	31.17	5.3
银川	1140.83	12.5	51.06	5.5
乌鲁木齐	2060.00	17.3	25.00	6.5
成都	8183.94	13.0	348.07	3.8
贵阳	1700.30	15.9	72.28	8.5
昆明	3011.14	14.1	159.16	6.4
呼和浩特	2475.57	11.0	120.52	4.5
南宁	2503.55	12.3	324.09	5.2
石家庄	4500.20	10.4	452.20	3.6
沈阳	6606.80	10.0	315.20	5.1
哈尔滨	4550.10	10.0	506.80	9.2
长春	4456.60	12.0	317.50	4.3
海口	820.58	9.4	57.74	6.2
杭州	7803.98	9.0	255.93	2.5
济南	4812.68	9.5	252.92	4.7
福州	4218.29	12.1	367.64	4.7
广州	13551.21	10.5	213.76	3.2
南京	7201.57	11.7	185.06	4.9
南昌	3000.52	12.5	147.19	4.6
太原	2311.43	10.5	36.02	5.2
合肥	4164.34	13.6	229.05	5.4
郑州	5547.00	12.0	142.40	4.0
长沙	6399.91	13.0	272.31	4.0
武汉	8003.82	12.5	301.21	4.5
其他城市				
大连	7002.80	10.3	451.40	5.1
烟台	5281.38		377.31	
青岛	7302.11	10.6	324.41	3.2
宁波	6582.21		268.52	
威海	2337.86	9.4	180.11	5.0
深圳	12950.08	10.0	5.56	－18.2
珠海	1503.76	7.0	39.02	4.9
厦门	2817.07	12.1	25.21	0.4
苏州	12011.65	10.1	195.08	4.4
无锡	7568.15	10.1	137.22	4.6

15－2续表

	第二产业增加值		#工业增加值		第三产业增加值	
	2012 年	增长	2012 年	增长	2012 年	增长
直辖市						
北京	4 059.30	7.5	3294.30	7.0	13669.90	7.9
上海	7 912.77	3.1	7159.36	2.8	12060.76	10.6
天津	6 663.82	15.2	6123.06	15.8	6058.46	12.6
重庆	6 172.33	15.6	5181.01	15.9	4346.66	12.0
省会城市						
兰州	744.70	12.2	562.42	11.8	774.57	14.8
西安	1 893.79	11.8	1340.75	12.4	2279.99	12.2
西宁	439.52	18.3	377.19	19.5	380.40	11.8
银川	624.91	15.1	474.29	15.3	464.86	10.1
乌鲁木齐	878.00	16.0			1157.00	18.6
成都	3 790.62	15.6	3149.61	16.5	4000.25	11.5
贵阳	717.32	18.8	534.73	16.2	910.70	14.1
昆明	1 378.48	16.1	1008.42	15.6	1473.50	13.0
呼和浩特	902.30	12.1	737.55	11.0	1452.75	10.8
南宁	958.96	18.1	704.32	18.7	1220.50	9.6
石家庄	2 240.70	12.0	1800.20	13.5	1807.30	10.0
沈阳	3 389.10	11.4	3304.70	11.0	2902.50	8.9
哈尔滨	1 638.90	10.9	677.40	10.0	2404.40	9.4
长春	2 291.50	13.1	1922.10		1847.60	11.8
海口	201.67	10.3	136.67	9.1	561.17	9.4
杭州	3 626.88	8.5	3190.32	9.1	3921.17	10.1
济南	1 938.14	9.2	1603.08	9.7	2621.62	10.1
福州	1 917.00	14.8	1493.48	14.0	1933.65	10.6
广州	4 720.65	8.5	4264.16	9.1	8616.80	12.0
南京	3 170.78	11.9	2748.46	11.0	3845.73	11.8
南昌	1 690.85	13.6	1288.14	13.7	1162.48	11.9
太原	1 035.57	9.7	784.28	12.2	1239.84	11.3
合肥	2 303.91	15.4	1813.91	17.0	1631.38	12.3
郑州	3 208.40	14.8	2874.80	15.7	2196.10	8.4
长沙	3 592.52	14.5	3051.94	15.7	2535.08	12.0
武汉	3 869.56	13.2	3203.66	13.7	3833.05	10.0
其他城市						
大连	3 634.80	10.6	3207.40	10.7	2916.70	10.6
烟台	2 985.09		2694.25		1918.98	
青岛	3 402.23	11.5	3041.31	11.9	3575.47	10.5
宁波	3 516.84		3170.07		2796.85	
威海	1 249.30	9.7	1122.80	9.7	908.45	9.7
深圳	5 737.64	7.3	5355.85	7.3	7206.88	12.3
珠海	776.36	3.1	720.25	2.7	688.38	12.1
厦门	1 374.01	12.6	1163.93	12.8	1417.85	11.7
苏州	6 502.25	7.8	6055.10		5314.32	13.5
无锡	4 012.03	9.3	3717.88	9.0	3418.90	11.3

15－3 规模以上工业企业主要指标

单位:亿元、%

	工业总产值		工业增加值		工业产品产销率
	2012 年	增长	2012 年	增长	
直辖市					
北京	15 596.21	7.5	3 033.32	4.6	99.0
上海	31 548.41	-0.4	6 446.14	2.9	99.0
天津	24 017.18	14.8	6 122.92	15.8	98.9
重庆	13 104.02	18	5 181.01	15.9	97.5
省会城市					
兰州	2 055.42	9.4	538.15	11.5	94.8
西安	4 023.19	15.1	1 144.29	13.0	96.7
西宁	1 031.17	8.7	323.14	15.1	97.8
银川	1 640.82	35.1	430	16.0	98.1
乌鲁木齐	2 150.78	8.2	679.45	15.2	98.1
成都	7 853.68	19.0	2 589.00	17.2	98.5
贵阳	1 802.85	22.0	480.23	22.1	90.5
昆明	2 844.68	13.6		15.7	96.3
呼和浩特	1 304.87	10.8		11.1	
南宁	2 100.37	11.8	633.67	22.0	95.2
石家庄	7 643.15		1 800.18	13.5	
沈阳	12 702.30	16.7	3 304.70	11.0	98.7
哈尔滨	2 851.60	11.2	667.40	10.0	98.0
长春	8 262.60	17.4	1 822.30	11.0	98.8
海口	515.86	8.6	108.21	9.3	99.0
杭州	12 844.26	7.3	2 393.59	10.9	98.8
济南			1 357.40	10.1	97.6
福州	5 890.58	15.7	1 464.51	15.1	96.9
广州	16 066.43	11.5			
南京	11 405.12	11.8	2 571.98	11.1	98.33
南昌	3 856.50	14.6	967.26	14.8	98.7
太原	2 541.12	5.5	782.96	13.5	98.5
合肥	6 600.14	18.3	1 653.54	17.4	96.9
郑州	10 632.42	24.1	2 613.77	17.2	98.0
长沙	7 058.32	18.1	2 309.62	14.7	98.4
武汉	9 018.88	15.3	2 711.47	115.2	97.1
其他城市					
大连	9 992.10	14.7	2 822.20	11.0	96.7
烟台	12 596.55	11.2		11.4	99.1
青岛	14 426.08	15.1			98.7
宁波	12 155.08				97.0
威海	5 626.87		1 077.89	10.5	97.9
深圳	20 883.90	7.8	5 091.42	7.3	98.5
珠海	3 072.56	3.8	664.93	6.3	98.0
厦门	4 430.79	13.1	1 072.57	12.5	99.0
苏州	28 745.54		5 879.93	7.4	98.6
无锡	14 446.85	2.9	3 056.90	7.1	97.6

15－4 规模以上工业企业主要效益指标

单位:亿元、%

	企业数(个)	亏损企业数(个)	工业经济效益综合指数(%)	利润总额	
				2012 年	增长
直辖市					
北京	3692	623	253.5	1267.89	12.3
上海	9694		262.8	2131.33	－2.8
天津	5342			2100.66	11.7
重庆	4946	628	262.0	608.29	10.4
省会城市					
兰州	344		271.1	－25.50	431.3
西安	936	172	229.6	132.80	1.1
西宁	196			15.77	－24.9
银川	310	71		31.03	－35.7
乌鲁木齐	370	99	188.5	175.40	0.3
成都	3188		268.5	581.31	31.8
贵阳	401		259.5	337.47	31.9
昆明	878		326.31	151.99	－7.3
呼和浩特	273	78		99.95	33.5
南宁	940		295.9	134.35	46.1
石家庄	2388			562.72	10.4
沈阳	4034	268	354.3	730.50	2.5
哈尔滨				103.20	12.7
长春	1081	131		658.70	
海口	154	30	229.7	40.00	－0.2
杭州	5921	954		751.75	－4.8
济南	1519	165	246.9	176.90	－9.8
福州	2077	194	264.4	331.58	13.7
广州	4373			780.41	－10.4
南京	2514	395		604.44	2.5
南昌	1015	89	292.5		23.2
太原	440	157	203.3	18.43	－69.9
合肥	2087	172	312.5	358.55	22.7
郑州	2560	163	195.9	890.12	4.8
长沙	2282	133	387.9	608.45	3.8
武汉	2103			361.75	3.1
其他城市					
大连					
烟台	2867	238		971.15	11.0
青岛	4783	504	309.7	670.73	9.7
宁波	6804	1034		553.21	
威海	1640	136	253.7	308.11	
深圳	5692	1329	187.1	1064.77	－5.2
珠海	927	218	176.6	164.38	－0.7
厦门	1503	353	205.7	227.81	－22.4
苏州	10444	2449		1251.57	－5.7
无锡	5248	1016	238.6	878.69	－7.8

15－5 固定资产投资

单位:亿元、%

	固定资产投资额		#城镇固定资产投资额		房地产开发投资额	
	2012 年	增长	2012 年	增长	2012 年	增长
直辖市						
北京	6462.81	9.3	5853.06	7.1	3153.40	3.9
上海	5254.38	3.7				
天津	8871.31	18.1	8340.26	18.2		
重庆	9380.00	22	8462.03	19.2		
省会城市						
兰州	1239.18	42.3			223.3	39.9
西安	4243.43	26.6	2825.64	27.8	1281.9	28.6
西宁	700.48	32.7			158.2	34.9
银川	918.73	25.2	853.19	21.4	275.7	32.8
乌鲁木齐	1010.30	59.0	1003.00	60.9	216.3	10.6
成都	5890.10	17.9			1890.0	18.5
贵阳	2482.56	55.1	2402.48	56.3	908.5	94.4
昆明	2345.91	25.1			919.1	45.2
呼和浩特	1301.43	26.1	1301.43	26.1	448.0	30.0
南宁	2585.18	28.1	2517.61	31.9	362.7	-7.3
石家庄	3728.65	20.0	3673.33	21.4	833.2	5.6
沈阳	5625.40	23.3	5350.09	21.3	1943.0	15.3
哈尔滨	3950.00	31.1	3950.00	31.1	772.0	37.4
长春	3172.90	30.4	3172.90	30.4	649.7	-2.5
海口	510.38	29.2	510.38	29.2	175.6	21.0
杭州	3722.75	20.1	3722.75	20.1	1597.4	22.6
济南	2186.10	20.4	2186.10	20.4	663.3	25.8
福州	3234.78	21.1	3234.78	21.1	972.3	0.9
广州	3758.39	10.1	3612.22	9.9		
南京	4683.45	16.8	4558.49	21.3	1015.8	13.3
南昌	2403.24	23.8	2251.91	25.3	344.4	23.0
太原	1320.63	28.9	1320.63	28.9	364.7	16.9
合肥	4001.10	23.7	3867.35	23.7	913.8	3.8
郑州	3669.80	22.1	3561.20	22.7	1095.1	18.2
长沙	4011.96	20.3	3742.32	20.8	1032.0	16.4
武汉	5031.25	20.0	5016.08	20.1	1574.9	22.8
其他城市						
大连	5624.4	23.5			1396.5	26.1
烟台	3043.92	20.5	2470.4	21.1		
青岛	4153.90	22.3				
宁波	2901.43		2343.58			
威海	1595.45	20.2	1314.21			
深圳	2314.43	12.3	2314.43	12.3		
珠海	787.62	23.6	778.60	23.6		
厦门	1332.64	18.1	1322.98	18.2		
苏州	5266.49	20.2	5142.51		1263.4	5.4
无锡	3618.07	16.1			974.4	11

15－6 社会消费品零售总额与职工工资

单位：亿元、元、%

	社会消费品零售总额		居民消费价格总指数	在岗职工年人均工资	
	2012 年	增长		2012 年	增长
直辖市					
北京	7702.82	11.6	103.3	85307	
上海	7412.30	8.8	102.8		
天津	3921.43	15.5	102.7	62225	
重庆	3961.19	16.0	102.6	45392	13.4
省会城市					
兰州	749.12	17.1	102.4	44492	14.18
西安	2236.06	15.5	102.8	45846	10.0
西宁	317.46	17.0	102.7	44093	12.1
银川	316.02	15.1	102.6		
乌鲁木齐	834.35	20.1	103.4		
成都	3317.70	16.0	103.0	38221	9.6
贵阳	683.19	16.9	102.6	42974	11.1
昆明	1493.80	17.5		45094	8.3
呼和浩特	1022.20	14.9	103.1	44402	9.7
南宁	1255.59	17.0	105.7	43847	9.3
石家庄	1894.80	15.6	102.8	39669	13.4
沈阳	2802.20	15.5	103.0	49900	9.1
哈尔滨	2394.60	15.7	103.2	41774	14.6
长春	1739.64	15.0	102.3		
海口	436.30	12.7	103.3	40805	7.2
杭州	2933.63	15.5	102.5	56418	3.7
济南	2323.60	14.9	102.4	48829	
福州	2259.03	19.1		48089	15.3
广州	5977.27	15.2	103.0	63752	10.9
南京	3103.82	16.2	102.7	60404	10.4
南昌	1116.54	18.4	102.9	43771	10.5
太原	1129.51	16.1	102.1	48102	
合肥	1293.62	16.7	102.2	50722	11.6
郑州	2289.90	15.2	102.7	41480	16.7
长沙	2454.71	15.7	102.3		
武汉	3467.37	14.4	102.8	48942	7.2
其他城市					
大连	2224.05	15.5	103.4		
烟台	1859.82	15.1	101.8	41628	10.2
青岛	2564.50	14.9	102.7	37399	14.2
宁波	2329.26		101.7	56257	
威海	953.87	14.6	101.8	38799	10
深圳	4008.78	16.5	102.8	59010	7
珠海	635.20	12.7	102.8	48486	18.5
厦门	881.91	10.2	102.1	52526	13.9
苏州	3254.00	15.0	102.7	57622	
无锡	2427.94	14.4			

15 -7 进出口

单位:亿美元、%

	进出口总额(海关口径)		出口总额	
	2012 年	增长	2012 年	增长
直辖市				
北京	4079.16	4.7	596.50	1.1
上海	4367.58	-0.2	2068.07	-1.4
天津	1156.23	11.8	483.14	8.6
重庆	532.04	82.2	385.71	94.5
省会城市				
兰州	33.94	83.35	26.92	123.79
西安	130.14	3.3	72.99	25.3
西宁	9.34	14.5	6.62	11.6
银川	13.64	12.7	10.75	32.1
乌鲁木齐	104.00	15.2	80.60	20.4
成都	475.39	25.5	303.61	32.4
贵阳	50.51	34.0	42.14	51.6
昆明	144.1	20.1	56.86	-13.9
呼和浩特	17.01	-16.0	8.33	-18.6
南宁	41.47	65.2	25.17	51.5
石家庄	129.48	-8.7	73.38	3.6
沈阳	127.48	20.1	59.65	23.6
哈尔滨	53.30	4.2	18.60	-17.8
长春	196.80	13.4	29.04	27.9
海口	42.16	-0.7	17.98	6.2
杭州	616.83	-3.6	412.62	-0.6
济南	91.47	-12.1	57.20	-5.4
福州	310.60	-10.5	211.31	-12.4
广州	1171.67	0.9	589.15	4.3
南京	552.83	-3.6	319.16	3.4
南昌	82.87		64.66	
太原	84.74	-0.6	42.42	21.1
合肥	176.42	43.3	136.28	74.3
郑州	358.30	124.0	202.60	110.3
长沙	86.93	16.1	51.74	26.7
武汉	203.54	-11.0	107.48	-8.3
其他城市				
大连	641.13	6.8	346.82	11.2
烟台	478.02	5.4	283.59	6.2
青岛	732.08	4.2	408.20	3.6
宁波	965.73		614.45	
威海	135.59	3.4	84.54	3.1
深圳	4667.85	12.7	2713.70	10.5
珠海	456.69	-11.6	216.31	-9.8
厦门	744.91	6.2	454.02	6.5
苏州	3056.92		1746.89	
无锡	707.75		413.14	

15－8 财政收入与支出

单位：亿元、%

	地方财政总收入		#公共财政预算收入		公共财政预算支出	
	2012 年	增长	2012 年	增长	2012 年	增长
直辖市						
北京			3314.90	10.3	3685.30	13.6
上海	3743.71	9.2			4184.02	6.9
天津			1760.02	21.0	2143.21	19.2
重庆			1703.49	14.5	3046.36	18.5
省会城市						
兰州	406.08	16.0	103.73	19.93	202.60	15.45
西安	753.07	15.9	396.96	24.6	597.49	20.8
西宁	160.66	12.0	54.77	21.0	185.32	23.5
银川	187.26	5.9	113.13	20.7	186.74	26.7
乌鲁木齐			252.00	22.2	295.60	24.0
成都	2331.26	3.8	780.90	18.9	983.85	16.0
贵阳	488.02	21.6	241.19	28.9	349.33	25.9
昆明	824.41	14.3	378.40	19.1	525.54	19.0
呼和浩特	316.30	10.9	178.64	18.0	276.30	8.2
南宁	421.99	16.1	229.72	23.3	364.00	20.4
石家庄	573.39	17.2	272.28	23.1	464.09	13.5
沈阳	1095.30	13.8	715.04	15.3	766.09	19.8
哈尔滨	581.40	15.8	354.70	18.1	643.60	16.5
长春	927.70	15.5	340.80	18.1	555.50	7.1
海口	210.43	14.4	73.17	20.1	113.81	14.5
杭州	1627.89	9.3	860.00	9.5	786.28	5.2
济南	1610.30	16.1	380.80	17.0	465.70	17.3
福州	597.39	18.1	382.01	19.4	410.73	13.1
广州	4300.00	8.1	1102.40	12.5	1343.65	13.3
南京	2044.23	4.4	733.02	15.4	769.65	15.6
南昌	500.16	21.6	240.02	28.3	345.51	15.4
太原	454.49	15.6	215.67	23.4	277.44	15.9
合肥	694.36	11.3	389.50	15.1	572.10	20.5
郑州	974.60	18.8	606.70	20.8	700.60	23.7
长沙	796.58	15.6	490.65	15.2	624.62	19.9
武汉	2093.68	16.6	828.58	23.1	874.78	14.3
其他城市						
大连			750.10	15.2	890.96	21.2
烟台			357.36	17.9	476.87	17.0
青岛	2449.69	1.7	670.18	18.4	765.98	16.3
宁波	2206.03	－－	725.50		828.44	
威海	421.48	－3.3	158.40	16.1	244.31	21.8
深圳			1482.08	10.6	1565.71	－1.6
珠海			162.60	13.4	212.15	11.4
厦门	739.46	13.4	422.91	14.1	460.98	18.5
苏州	3177.96		1204.33	9.4	1113.47	10.8
无锡			658.03	7.0	647.70	9.3

15－9 金融

单位:亿元、%

	金融机构存款余额		#城乡储蓄存款余额		金融机构贷款余额	
	2012 年	增长	2012 年	增长	2012 年	增长
直辖市						
北京	79620.57	12.2	21419.28	13.2	35441.73	9.3
上海	63555.25	9.2	19506.70		40982.48	10.2
天津	20293.79	15.4	6991.09		18396.81	15.5
重庆	18934.83	19.6	8472.51	20.3	15131.22	16.4
省会城市						
兰州	4589.26	19.71	1743.18	17.77	3672.85	25.87
西安	12125.53	16.3	4787.03	15.2	8635.22	14.1
西宁	2374.47	26.7	823.15	22.0	2334.05	25.3
银川	2108.28	16.8	901.47	24.3	2282.97	17.4
乌鲁木齐	4819.10	18.1	1715.97	16.7	3245.33	27.1
成都	20354.00	19.0	7060.00	18.8	15630.00	13.5
贵阳	4394.37	21.9	1498.20	19.8	3479.47	15.5
昆明	8909.03	17.2	2989.82	13.4	8459.69	12.8
呼和浩特	3805.76	19.4	1243.27	18.0	3707.22	15.3
南宁	5627.18	19.0	1863.80	17.9	5501.28	13.5
石家庄	7706.38	14.1	3732.62	15.1	4052.82	10.4
沈阳	10275.35	15.5	4318.84	15.8	7852.71	14.0
哈尔滨	7360.30	12.3	3320.70	14.6	5558.00	14.1
长春	6643.30	18.2	2767.40	18.3	5828.30	11.0
海口	2582.97	11.7	952.15	13.2	2425.78	17.3
杭州	19599.85	8.2	6022.00	9.7	17215.93	8.3
济南	9798.50	18.4	2888.70	19.0	7406.20	7.4
福州	7707.28	13.8	2939.46	15.2	6711.77	15.2
广州	29006.99	12.5	11310.69	12.7	18023.02	10.3
南京	16131.41	13.3	4465.37	12.5	12314.41	5.0
南昌	5723.14	12.6	1853.57	15.6	4728.01	16.3
太原	8902.46	17.4	3021.50	13.3	6376.21	12.5
合肥	6913.84	20.1	2065.57	22.3	6136.03	16.7
郑州	10448.30	16.5	3845.50	18.2	6794.10	11.1
长沙	8731.49	18.7	2981.31	18.0	8267.15	10.8
武汉	13131.59	14.0	4728.66		10627.60	
其他城市						
大连	10322.34	13.5	4160.47	13.3	8127.38	13.4
烟台	5054.35		2767.33		3327.52	
青岛	9434.89		3757.60		7946.55	
宁波	11602.32		4175.96		11300.32	
威海	1982.16	11.5	1205.74	14.3	1329.76	
深圳	25910.24	13.7	8389.06	12.9	17305.47	10.1
珠海	3115.51	8.1	1216.75	12.1	1750.51	18.1
厦门	5151.40	6.9	1680.19	12.1	4555.91	12.9
苏州	17663.50	17.5	5845.91	14	14877.84	16.5
无锡	10293.40	10.5	3763.82	12.7	8024.00	10.2

15－10 城乡人民收入与支出

单位:元、%

	城镇居民人均可支配收入		城镇居民人均消费性支出		农民人均纯收入	
	2012 年	增长	2012 年	增长	2012 年	增长
直辖市						
北京	36469	10.8	24046	9.4	16476	11.8
上海	40188	10.9	26253	4.6	17401	11.2
天津	29626	10.1	20024	8.7	13571	14.1
重庆	22968	13.4	16573	10.7	7383	13.9
省会城市						
兰州	18443	15.6	14168	14.7	6224	18.5
西安	29982	15.4	21434	11.0	11442	15.4
西宁	17634	11.3			7802	17.6
银川	21901	12.4	16390	9.8	8068	14.1
乌鲁木齐	18385	13.9	13785	17.3	10356	22.8
成都	27194	13.6	19054	7.1	11501	14.2
贵阳	21796	12.2	15718	9.9	8488	15.0
昆明	25240	12.0	16990		8040	12.8
呼和浩特	32646	13.1	21095	10.4	11361	13.2
南宁	22561	12.8	15292	10.5	6777	15.9
石家庄	23038	12.2	13378		8993	15.0
沈阳	26431	13.3	20003	10.2	13045	12.7
哈尔滨	22499	12.3	17615	8.5	11443	19.1
长春	22970	12.1	17863	9.4		
海口	22331	13.2	15736	9.7	8134	13.1
杭州	37511	10.1	22800	0.7	17017	11.6
济南	32570	12.7	20032	11.0	11786	13.2
福州	29399	12.9	20010		11492	13.7
广州	38054	10.5	30490	8.1	16788	13.3
南京	36322	12.8	23493	13.1	14786	12.8
南昌	23602		16450		9730	14.7
太原	22587	12.1	13970	6.6	10079	13.4
合肥	25434	13.2	18758	19.5	9081	15.5
郑州	25301	12.6	16779	14.9	12530	13.4
长沙	30288	14.5	19460	9.4	15763	17.6
武汉	27061	14	18813	9.8	11190	14.0
其他城市						
大连	27539	13.4	20417	8.3	15990	12.5
烟台	30045	13.2	20315	10.4	13298	13.5
青岛	32145	12.5	20391	5.7	13990	13.1
宁波	38043		22887		18475	0.0
威海	28630	13.2	18549	9.1	13962	13.2
深圳	40742	11.6	26728	11.0		
珠海	32978	14.8	24083	13.8	13399	13.0
厦门	37576	11.9	24922	11.7	13455	12.8
苏州	37531		23092		19396	0.0
无锡	35663		23000			12.6

中国统计出版社最新图书简目

（仅供参考，以最后出书为准）

统计资料

中国统计年鉴-2013
2013中国发展报告
中国劳动统计年鉴-2013
中国建筑业统计年鉴-2013
中国商品交易市场统计年鉴-2013
中国民政统计年鉴-2013
中国科技统计年鉴-2013
中国高技术产业统计年鉴-2013
全国农产品成本收益资料汇编-2013
大中型批发零售和住宿餐饮企业统计年鉴-2013
第二次全国R&D资源清查资料汇编－工业企业卷
第二次全国R&D资源清查资料汇编－综合卷
中国统计摘要-2013
中国第三产业统计年鉴-2013
中国社会统计年鉴-2013
中国人口和就业统计年鉴-2013
中国房地产统计年鉴-2013
中国贸易外经统计年鉴-2013
中国农村统计年鉴-2013
中国教育经费统计年鉴-2013
中国科学技术协会统计年鉴-2013
中国住户调查年鉴-2013
中国县域统计年鉴-2013
中国人才资源统计报告-2011
中国民族统计年鉴-2013
国际统计年鉴-2013
中国区域经济统计年鉴-2013
中国城市统计年鉴-2013
中国工业经济统计年鉴-2013
中国能源统计年鉴-2013
2013中国地区经济监测报告
中国农产品价格调查年鉴-2013
中国农村贫困监测报告-2013
工业企业科技活动资料-2013
中国价格统计年鉴-2013
中国农村全面建设小康监测报告-2013
中国零售和餐饮连锁企业统计年鉴-2013
2010年中国第六次人口普查公报

2013年省级综合统计年鉴系列

北京 天津 河北 山西 内蒙古
河南 湖北 湖南 广东 广西
辽宁 吉林 黑龙江 上海 江苏
海南 重庆 四川 贵州 云南
浙江 安徽 福建 江西 山东
西藏 陕西 甘肃 青海 宁夏
新疆 新疆生产建设兵团

2013年市（县）级综合统计年鉴系列

天津滨海新区
运城 忻州 临汾 呼和浩特 鄂尔多斯
上海浦东新区 南京 苏州 无锡
杭州 宁波 绍兴 台州 温州
厦门经济特区 宁德 南昌 上饶
十堰 荆州 荆门 咸宁 长沙 广州
石家庄 唐山 邯郸 太原 大同
包头 通辽 沈阳 大连 长春 吉林
常州 徐州 南通 盐城 镇江 淮安
金华 嘉兴 衢州 舟山
济南 青岛 潍坊 郑州 洛阳 南阳
东莞 惠州 深圳 桂林 南宁 柳州
贵阳 昆明 西安 兰州 庆阳
长治 阳泉 晋城 朔州 晋中
四平 哈尔滨 黑龙江垦区
宿迁 泰州 连云港 扬州 江阴 丹阳
福州 福州经济技术开发区
三门峡 商丘 平顶山 武汉 宜昌
来宾 河池 海口 三亚 成都 绵阳
银川 乌鲁木齐

2010年人口普查资料系列

中国2010年人口普查资料
浙江 安徽 福建 江西 山东
西藏 陕西 甘肃 青海 宁夏
中国分县2010年人口普查资料
北京 天津 河北 山西 内蒙古
河南 湖北 湖南 广东 广西
新疆 新疆生产建设兵团
中国分乡镇、街道2010年人口普查资料
辽宁 吉林 黑龙江 上海 江苏
海南 重庆 四川 贵州 云南
河南省各市2010年人口普查资料丛书
中国分民族2010年人口普查资料

“十一五”规划教材

统计学（“十二五”规划，黄良文）
抽样调查理论与实践（“十二五”规划，冯士雍）
统计学（“十二五”规划，单微）
试验设计（“十二五”规划，茆诗松）
贝叶斯统计（“十二五”规划，茆诗松）
统计学：从数据到结论（十二五规划，吴喜之）
医学统计学（陆守曾）
非参数统计（吴喜之）
多元统计分析（任雪松）
经济计量学教程（贺铿）
社会统计学（蒋萍）
国民经济核算教程(杨灿)
概率论与数理统计（茆诗松）
应用时间序列分析（王振龙）
质量管理统计方法 （茆诗松）
市场调查与预测（蒋志华）
概率论与数理统计(经济、管理类专业使用，朱胜）
现代金融投资统计分析（李腊生）
统计指数理论及应用（徐国祥）
统计实验系列教材（许涤龙）
统计学原理（非统计专业用，朱胜）

重点图书

挑大学选专业2013—高考志愿填报指南
挑大学选专业2013—考研择校指南